中国社会科学院创新工程学术出版资助项目

马克思主义专题研究文丛

马克思主义史学理论研究

（第2辑·2012）

卜宪群 王建朗 张顺洪 ● 主编

中国社会科学出版社

图书在版编目(CIP)数据

马克思主义史学理论研究（第2辑·2012）／卜宪群，王建朗，张顺洪主编.—北京：中国社会科学出版社，2013.1
　　ISBN 978 - 7 - 5161 - 2039 - 2

　　Ⅰ.①马…　Ⅱ.①卜…②王…③张…　Ⅲ.①马克思主义—史学理论—研究—文集　Ⅳ.①A851.692 - 53

中国版本图书馆 CIP 数据核字（2013）第 002236 号

出 版 人	赵剑英
责任编辑	孔继萍
责任校对	孙洪波
责任印制	李 建

出　　版	中国社会科学出版社
社　　址	北京鼓楼西大街甲 158 号（邮编 100720）
网　　址	http://www.csspw.cn
	中文域名:中国社科网　　010 - 64070619
发 行 部	010 - 84083685
门 市 部	010 - 84029450
经　　销	新华书店及其他书店

印刷装订	北京一二零一印刷厂
版　　次	2013 年 1 月第 1 版
印　　次	2013 年 1 月第 1 次印刷

开　　本	710 × 1000　1/16
印　　张	22.25
插　　页	2
字　　数	373 千字
定　　价	65.00 元

凡购买中国社会科学出版社图书,如有质量问题请与本社联系调换
电话:010 - 64009791

前　　言

以毛泽东、邓小平、江泽民为核心的党的三代领导集体和以胡锦涛同志为总书记的党中央始终高度重视党的理论工作，重视全党对马克思主义理论的学习和研究工作。

2004 年 1 月，《中共中央关于进一步繁荣发展哲学社会科学的意见》下发，并决定实施马克思主义理论研究和建设工程。

为贯彻落实党中央关于把中国社会科学院努力建设成为马克思主义坚强阵地、党和国家的思想库智囊团、哲学社会科学的最高殿堂的要求，中国社会科学院采取了一系列重要措施。2009 年初决定把加强马克思主义理论学科建设与理论研究作为一项重要工作来抓，并成立中国社会科学院马克思主义理论学科建设与理论研究工作领导小组。领导小组成立后，一方面注重抓好马克思主义理论学科组织机构的建设，设立马克思主义理论类别的研究室和中心等；同时又注重马克思主义基础理论研究。

为了推进马克思主义基础理论研究，决定从 2011 年开始编辑出版"马克思主义专题研究文丛"，每年收录全国范围内相关学科领域具有代表性的文章。

中国社会科学院马克思主义理论学科建设
与理论研究工作领导小组
2011 年 9 月

目　　录

理论与方法论研究

马克思主义社会形态理论研究

中国马克思主义史学理论研究

马克思主义唯物史观与中国史研究

马克思主义唯物史观与世界史研究

理论与方法论研究

历史唯物主义的史学功能

——论历史事实·历史现象·历史规律

陈先达

　　唯物主义历史观是我们观察当代一切问题的立场、观点、方法，也是我们研究历史的基本理论和方法论。在当代，如果对任何国际和国内问题的分析，没有坚持历史唯物主义的观点就很难得出正确结论，对历史问题的研究同样如此。一个人，如果不具备分析现实问题的能力，也很难期待他在历史研究中有重大建树。因为一个学者对眼前发生的现实问题都缺少判断力和分析力，怎么能期待他对几百年、几千年前已经湮没的不可直接接触的历史事件和人物发表中肯的评论和见解呢？不可能。有些人对历史之所以敢于胡说，就是因为认为历史反正是已经过去了的事，死无对证。如果这样对待历史研究，那除了戏说和虚构外，不可能有严肃认真的科学研究。一个不理解现实的人也不可能理解历史。历史观之所以重要，就在于它确立了对待历史的态度。不同历史观不能改变历史既成事实，但它能决定如何书写历史，即把客观历史事实转变为完全不同的历史著作。不同历史观下的历史书写肯定不一样。这就是我们倡导重视历史唯物主义的原因。也是笔者之所以在"历史唯物主义与当代中国"为主题的论坛上，没有把发言放在现实问题上，而是放在史学功能问题上的原因。因为近些年来，随着唯物主义历史观被边缘化，历史事件和历史人物的翻案之风盛行，凸显了历史观的混乱。

　　历史唯物主义不是历史学，它不可能提供任何具体的历史知识，但这并不说明它对历史没有认识价值。任何哲学都不能提供具体知识，但哲学并不因此而失去它的重要作用。沃尔什在《历史哲学导论》中论及自然哲学时说："即使哲学家不能以任何方式增加我们对于自然界知识的总量，或者增加我们对自然过程的理解，他还是科学思维的特点和前提，对于科学观念的确切分析和科学的某一分支与另一分支的关系，可以说出某种有用的东西，他对逻辑技巧的掌握可想而知是会有助于澄清科学工作中的实际困难的。"① 这个论断同样适用于历史唯物主义。历史唯物主义既包括对历史过程的本质的认识，即我们通常说的历史本体论问题；也包括我们如何认识历史，即历史认识论、历史方法论和历史价值论问题。二者在历史唯物主义中是统一的，不存在西方的思辨历史学与批判历史学对立的问题。

我不可能全面讨论历史理论中的全部问题，仅就其中一个问题，即历史事实、历史现象和历史规律的问题谈点看法。根据历史唯物主义观点，可以概括地说，历史事实具有一次性、历史现象具有相似性、历史规律具有重复性。不能正确理解历史事实、历史现象和历史规律各自的特点及其内在关联性，就不能确立正确的史学理论。

一 历史事实的一次性

历史事实的本质是人类的实践活动，它突出地表现为重大历史事件和历史人物。历史事实的最大特点是不可重复性，它构成一个国家和民族的独特的历史。希腊有伯罗奔尼撒战争，中国没有；中国有赤壁之战，希腊罗马没有。他们有苏格拉底、柏拉图、亚里士多德，我们没有；我们有孔孟老庄，他们没有，诸如此类。你有的历史事件和人物我没有，我有的你也没有，这叫历史事件和人物的不可重复性。不仅不同国家、不同民族历史事件和人物不可重复，就是同一国家、同一民族的不同时期也是不可重复的，都是一次性的。中国绝不会有两次相同的赤壁之战，两个毛泽东，两次井冈山斗争。时间和空间是历史运动的客观因素。任何历史都是特定空间和时间发生的事件。无怪苏轼的《念奴娇·赤壁怀古》开头就是，"大江东去，浪淘尽，千古风流人物"。足见中国古代诗词中的怀古之作感叹相同。时间的一度性和空间的具体性，决定了历史事件和人物的不可重复性。

什么是历史事实？历史有事实吗？有的哲学家和历史学家说，历史事

① [英] W. H. 沃尔什：《历史哲学导论》，何兆武、张文杰译，北京大学出版社2008年版，第15页。

实都是历史学家眼中的事实，是经过筛选的所谓事实，而不是客观历史自身的事实。历史自身的事实是无法知道的，知道的都是进入历史学家眼中的事实，这些事实只能说是历史学家的事实。也就是说，历史事实是经历史学家书写以后才成为事实。人类历史上有多少人和事湮没无闻，不能成为历史事实？如果没有《三国志》的记载，曹操、刘备、孙权以及赤壁之战能成为历史事实吗？历史上的人和事，只有通过历史学家的书写才成为历史事实。因此结论是历史根本不存在本来面目的问题。正如世界没有本来面目而只能是人眼中的世界一样，历史事实也只能是历史学家眼中的事实。这种说法只强调历史书写的主体性，而忽视历史事实的客观性。

其实，历史事实以两种不同方式存在：一种是人类历史的全部客观过程。这是尚未被全部发现或被书写的历史事实，是一个有待不断发掘和永远研究的领域。另一种是被书写的历史事实。被书写的历史事实我们可以称为历史史实。历史史实不能仅仅是某一历史学家眼中的所谓事实，仅仅是某一学者眼中的所谓史实并不能就认为是历史事实。历史书写中的历史史实不能仅仅是个人的，而必须是具有共识和确切证据的历史事实。这一点，沃尔什也承认。他说："一个历史学家所引证的事实如果确切可信的话，就在任何意义上都不是他个人的所有物，倒不如说是每一个有理智的人如果进行调查的话，都必定要同意的那种东西。法国大革命爆发于1789年，并非对于与英国人相对立的法国人才是真实的，或者对于那些拥护法国革命的人才是真实的，而对那些厌恶它的人就不真实了；它只不过是一桩事实而已，无论我们喜欢不喜欢它。"① E. H. 卡尔也反对那种完全否认历史事实，片面强调解释决定事实的观点。他说："不能因为从不同角度去看，山会呈现出不同的形状，就推论出山在客观上是没有形状或有许多形状。并不能因为解释在建构历史事实中起着必要的作用，也不能因为现有的解释不是完全客观的，就推论出这一解释同另一解释同样好，就推论出历史事实在原则上没有服从客观解释的义务。"② 这些看法比起克罗齐、柯林武德的观点，应该说更客观一些。

当然，客观的历史事实必须经过历史学家的发掘和整理才能为人所知，但书写的历史史实应该包含历史事实的真实性。我们不可能完全做到

---

① ［英］W. H. 沃尔什：《历史哲学导论》，第176页。
② ［英］E. H. 卡尔：《历史是什么?》，陈恒译，商务印书馆2007年版，第112页。

这一点，但历史研究应该以此为立足点。历史事实应该具有客观性、共同性，它对所有历史学家都应该是事实。但历史学家的共识只能是其条件之一，而不是历史客观性的唯一标准。如果存在历史事实的真伪之辨，在确证之前不能称之为历史事实，而只能称之为历史书写中假定的所谓历史史实。这种事实不见得是历史事实。历史学中的伪造、歪曲、无中生有的所谓历史史实并不罕见。我们只要看看当前流行的关于毛泽东历史著作中的所谓揭秘，就知道其中有多少是历史事实，有多少是一些人捕风捉影甚至蓄意伪造的所谓历史事实。我们应该注意分辨历史事实和历史书写中的所谓历史史实。应该追求历史书写中的史实尽量接近、比较真实地反映历史客体，即历史事实。

从历史唯物主义的认识论来看，历史史实与历史事实应该具有同一性。根本没有历史事实根据的所谓历史史实，是不足信的。这种书写的历史，不可能是信史。但并不是所有历史上发生过的历史事实都会成为史学中的历史史实。只要它成为历史学中的历史史实，肯定有它的重要之处，因为历史学不是有闻必录。例如下雨，是最常见的自然现象，并不是都具有历史认识价值。可雨在秦末陈胜吴广起义中成为大事。这当然是由于延误戍期当斩的秦朝苛法，成为陈胜吴广被迫起义的诱因，因而遇雨延期被司马迁写入《陈涉世家》，成为重要的历史事件。如果没有遇雨延期当斩的秦朝苛法，雨不能成为加速陈胜起义的诱因，就不会成为司马迁所记载的历史史实。杨玉环因白居易的《长恨歌》而著名。后宫佳丽三千留名者只此一人，当然是由于记载，可是如果杨贵妃不是唐玄宗因安禄山造反奔蜀，并成为平息马嵬坡六军爆发兵变的牺牲品，也不可能为历史所记载。自古以来有多少后宫佳丽，无名无姓者比比皆是。但是如果马嵬坡兵变、杨玉环被绞杀根本不是历史事实，也不可能成为历史史实。由于有事实而被记载，由于被记载而彰显事实，因此历史事实并不是单纯因记载而成为历史史实，而应该确有其事实才成为史学事实。

有人说，历史事实确有其事只能是假说，历史事实如康德的物自体一样永远无法知道，知道的只能是书写中的历史史实。这种说法是不对的。被书写的历史史实不能是某一个人主观认定的，它必须有文献资料根据，有考证学甚至考古学的根据。尽管考古发掘也可能有争论，例如关于河南安阳安丰乡高穴村曹操高陵墓的真伪就有争论，但只要发掘的实物与历史文献中的记载吻合，就可能是真实的。孔子重视文献作为历史史实根据的价值。他说过："夏礼吾能言之，杞不足徵也；殷礼吾能言之，宋不足徵也。足，则吾能徵之矣。"当然，对某些历史事实的真实性会存在争论，这可以通过举证和其他多种历史研究方法来解决。怀疑、存疑，不能成为把历史事实归为历史物自体的哲学根据。如果以怀疑论眼光观察一切，昨天的自然界是否存在也可以怀疑，因为昨天已经过去，昨天的存在状态已无法验证。当然，史学中的历史事实不应该也不可能是客观历史的全部。如果追求事无巨细、完备无遗的真实，历史学永远不能成为科学。因为历史中的一枝一叶、详细的细节是无法知道的，也不一定要知道。

对历史学来说，历史的真实性有两个层次：一个是事实的真实性，另一个是规律的真实性。在第一个层次上，我们不可能达到完全真实，历史事实会不断消失在历史自身的发展进程中。我们不是当事人，我们根据史料、文献、文物、档案来重构过去。如果我们追求绝对真实性，必然会争论不休。在这个层次上，我们要求的是具有重大历史价值的事件和人物的真实性，而不是全部细节的真实性。是不是有"七月七日长生殿，夜半无人私语时"，让文学家去想象、去构造，它不是历史学家的工作，但安史之乱、玄宗奔蜀、马嵬兵变和杨玉环成为平息兵变的牺牲品，则应该是历史事实。第二个层次的历史真实性是规律的真实性。历史学不是单纯事实的叙述，而应该同时是对事实的解释，是对事实相互间关系的理解。解释不仅仅问"是什么"，而要问"为什么"。解释"为什么"就是探索原因，必须进入因果关系领域；必须从事情发展的多种可能性，研究为什么可能性是这样实现，而不是那样实现？必须分析可能与现实、必然性与偶然性及其相互关系，这就进入对历史规律发掘的深层次探索。规律是在历史事实发展过程和动因的深处，历史学应该在事实真实的基础上作出规律性的解释。历史学并不是单纯研究历史规律的学科，它是历史学而不是历史哲学，但它离不开历史规律。要使历史史实的选择、过滤与安排中包含的解释具有合理性和可理解性，就必须包含对历史事件和历史过程的因果性、必然与偶然、根据与条件、可能与现实、历史人物的作用与局限等历史原因和发展的合理解释。许多戏说之类的电影之所以不真实，不仅在重大事实上不真实，在规律这个层次上显然更不真实。皇权至上的封建社会，不可能有康熙、乾隆如此微服私访，亲民、怜民、爱民的帝王。这种构建在影视范围内一定程度上允许，但它不是正史，所以绝不能也不应该充当历史知识的传播者。必须使观众明白这是戏，而不是史，以免误导。

历史学本质上不同于文学。尽管历史的书写可以具有高度的文学色彩，特别是中国文史哲高度结合的传统更使史学具有文学特色。但史学不同于文学。史学追求的是历史真实，而文学追求的是艺术真实。历史真实不能虚构，因为它的真实是合乎历史事实的，而艺术真实可以想象，艺术的真实是合乎情理，即合情合理的。如果历史艺术化、文学化，就会失去史学的功能与价值，它至多是文学的变种。确实，凡是持这种主张的学者都把历史与文学归为一类，历史不是科学也不可能是科学，它只能是学者对所谓事实的主体描述和艺术创造。史学家创造历史就是最具代表性的说法。其实，历史学中的史实，在多大程度上反映客观历史事实，是衡量一本历史著作科学水平的尺度。一部根本违背历史事实的所谓历史书，只能称之为对历史的伪造或戏说。可以肯定，对历史真相的追求不容易，但历史最起码应该尊重事实，尽量不歪曲事实。如果历史违背事实，其他一切都免谈。就这一点说，在历史科学中，历史事实与在自然科学中的事实同样重要，只是更难把握而已。只有忠实于事实才能忠实于真理。没有事实就没有任何科学，历史要成为科学同样如此。

我们并不否认，由于历史的特点，它是已经过去的甚至非常久远的年代。由于时空间隔，历史科学就其被书写的历史来说不可能把握全部事实。客观历史是无数历史事件，包括重要和不重要的、决定性和不具有决定性的事件和人物。历史科学不可能详尽无遗地包括全部历史的客观过程。这不可能，也无必要。如果要求历史书无所不包，那就不是历史书，而是客观历史本身。可历史本身不经过研究、不经过书写是不可能为人所知的。我们所知道的历史都是被书写后的历史。历史应该经过书写，但书写的历史应该力求符合历史事实。这是历史科学中的困难之处，也是科学历史观之所以重要的原因。

历史学追求的是被书写的历史事实的客观性，而不是全部历史的客观性。自然科学也不例外。任何一门自然科学都只能有限地把握对象而不能全部囊括对象。天上的星星无穷无数，真正被天文学家发现并命名的只是无限宇宙中星体的极少的一部分，难道天文学中的星星只是天文学家眼中的星星，而不是客观的星体吗？任何科学包括自然科学都是科学家对事实的过滤、选择，剔除一些、留下一些。为什么？因为科学研究的是问题，是发现问题、提出问题、解决问题，而不是无穷的细节。关键是支撑提出和解决问题的事实是不是真实的。而不在于它是否经过选择和过滤。科学不是举例，必须概括、归纳、提升，这样它必然有所取舍，而不是事无巨细、有文必录。历史学更是如此，它对材料会选择、会过滤，会按照自己个人的意图使用这些材料，但材料的使用不能是主观的、随意的。列宁说过："在社会现象领域，没有哪种方法比胡乱抽出一些个别事实和玩弄实例更普遍、更站不住脚的了。挑选任何例子是毫不费劲的，但这没有任何意义，或者有纯粹消极的意义，因为问题完全在于，每一个别情况都有其具体的历史环境。如果从事实的整体上、从它们的联系中去掌握事实，那么，事实不仅是'顽强的东西'，而且是绝对确凿的证据……如果事实是零碎的和随意挑出来的，那么它们就只能是一种儿戏，或者连儿戏都不如。"①

实证主义史学家强调让事实说话，有一定合理性，但也有片面性。事实不会说话，让事实说话的是史学家。但史学家说话也不能是自说自话，如果没有事实根据，就是胡说。我们不仅要尊重历史事实，而且要善于理解事实，理解事实之间的内在联系。这同样要求科学的历史观。

在历史学中，历史事实和价值判断是结合的，因此有学者认为，史学中没有事实，而只有对历史的价值判断。这种说法不对。历史有事实，因为历史的本质是人的追求目的性的活动。人的活动，无论是经济活动、政治活动或文化活动都是群众性的、真实的、客观的、为人们经验能观察到的、具有可见性的活动。历史事件或历史人物就是历史活动中的事件和人物。只要承认历史是人的活动，活动必然有过程有结果。过程和结果，就是历史实实在在的内容和事实。如果作为人类活动成果的历史不是事实，同理，当前人的活动也不会是事实。因为我们现在的活动，就是明天的历史，而我们今天称之为历史的东西，就是昨天的现实。一切都是过程，一切都会成为历史。如果历史不可信，那就等于现实也不可信。否定历史的客观性就是否定现实的真实性。

毫无疑问，历史学中的历史事实往往容易与历史的价值判断纠缠在一起。在自然科学的研究中，自然科学家同样有自己的理想追求、有热情、有欲望，甚至功利心。自然科学研究会有既成的理论框架、思维模式、科学认识。在自然科学研究中，科学家的价值观可以成为助跑的动力，但不能进入研究的结论之中。自然科学的结论的真理性必须具有可证性、实验

---

① 《列宁全集》第28卷，人民出版社1990年版，第364页。

具有可重复性、被证明为真理的原理具有公共性，而且可以通过技术转化获得实践的有效性。

历史价值观不同于自然科学的价值观。历史价值观影响对历史资料的选择和安排，并最终影响对历史事件的解释和结论。当客观历史变为历史叙述时，不同的历史学家可以有多种写法、多种观点和多种结论。我们必须强调书写可以多方式、多角度，但其依据的历史事实必须是真实的。如果以历史的书写代替历史的事实，只能重新坠入以历史的叙述取代历史事实的实用主义历史观。

任何历史学的记载或对历史事实的叙述，都会包含某种价值倾向，价值判断中可以有事实，而且事实叙述中也会有价值评价。我们应该学会区分而且可以区分哪些属价值判断，哪些属事实叙说。E. H. 卡尔在《历史是什么?》中，虽然承认历史事实的客观性，但还是更偏重价值对事实选择作用的过滤性。他批评那种认为"历史学家可以在文献、铭刻等等诸如此类的东西那里获得事实，就像在鱼贩子的案板上获得鱼一样"，强调"相信历史事实的硬核客观独立于历史学家的解释之外的信念是一种可笑的谬论，但也是一种难以根除的谬论"。① 历史事实是客观的，是不以研究者的意志为转移的；而历史事实变为历史史实当然要经过历史学家的选择。历史学家的价值选择只与自己书写的历史史实相关，而与历史事实的客观性无关。历史是以往人类活动的既成事实，是任何历史学家无法改变的。能篡改伪造的是被书写的历史史实，而不是历史事实。不同的价值评价属于历史学，而不是属于客观历史本身。历史事实即使一时被遮蔽终究会被揭示。

历史价值评价具有主体性、多元性，但任何具有科学性的评价不能是单纯的一己之见，不能是个人的主观认定，它必须具有事实依据。南京大屠杀是历史事实，有争论的是人数的多少而不是事件的有无和事件的性质。人数多少属于量的规定性，而屠杀属于质的规定性，是对整个南京大屠杀性质正确把握的基础。南京大屠杀是经过"远东国际军事法庭的调查报告"以及"远东国际军事法庭"确认的，并对大屠杀的元凶、甲级战犯"松井石根处绞刑，谷寿夫被引渡给中国政府处死"。多少年来，日本军国主义残余侵略势力一直在大造翻案"舆论"，声称"南京大屠杀"是"中

---

① ［英］E. H. 卡尔：《历史是什么?》，第90、93页。

国人捏造的谎言"。历史事实并不会因为价值判断不同而不同。日本少数右翼历史学家可以把自己价值观主导下的所谓事实编入教科书，但终究不能改变历史事实。

不能因为存在不同评价而认为历史无事实，只是一连串的价值判断。我们之所以能分清戏说和正史就是基于历史有事实。历史与现代的关系是多义的。从历史进程看，即从客观历史发展看，现代是历史的继续和延伸。没有历史就没有现在。现在中国的许多问题，能从中国历史传统中得到某种历史说明。历史的时间向度是由过去到现在。可从历史学的角度，即从历史书写的角度，却是从现在到过去。因为历史的书写都是后代对前代历史的书写，它们的视角、兴趣、观点，都会受到所处时代的制约。克罗齐说，"所谓一切真正的历史都是当代史"，只有在这个意义上才具有某些合理性。因为历史学家总是在自己时代下书写历史，因而历史书写具有时代特征，但这不是指历史事实可以不断改写（除非是发现原有历史史实的错误和发现新的历史材料），而是指对历史事实的评价可以提出具有时代特征的新的看法。历史学家站在当代评述过去，尽管价值评价可以有变化，但必须尊重历史事实，而且对事实的叙述必须有历史意识和历史感，即把历史事件、历史人物，放在特定历史条件下来认识，尽量通过新的评价更真实地显现历史具有的真实情况，而不是以作者的当代意识代替历史事实。我们反对影射史学和史学中的实用主义。如果以当代代替历史，按当代来重构历史，这就叫没有历史意识和历史感。即使像有些学者主张的那样把历史看成历史学家与历史的不断对话，这种对话也应该是愈来愈接近真实，接近真理，而不是与事实渐行渐远。历史唯物主义的科学性与价值性的统一要解决的正是这个矛盾，它把历史事实的真实性和历史评价的可变性合理地结合在一起，力求评价越来越接近现实，而不是无视事实的任意翻案。

当然，完全可以有很多事实不清的悬案，但经过不断的发掘、考证、研究，可以逐步达到对事实的一定的把握。历史之谜，正是历史科学要研究的。追求破解历史之谜，就是寻找历史事实。至于发现新事实，纠正前人的失误的重写，不能成为否定历史真实性的根据，恰好证明史学应该尊重事实，否则无必要正误。纠正历史史实中的错误，是从反面证明历史应该尊重事实。

中国历史著作有个好的传统，就是在史学著作中事实与评价有适当区分。陈寿《三国志》在重要人物的传记后都写一段"评曰",表达作者的观点。作者对曹操父子的评论显然不同于拥刘反曹正统史观的小说《三国演义》。史学不同于文学。史学追求信史,这是中国史学的一个好传统。《史记》有"太史公曰",《资治通鉴》有"臣光曰",都是着重把事实与评论分开的,并不以评论代替事实。古代史书的纪传篇,叙事和议论是分开的。某些编年体史书和郡志也有这种体例。当然,由于中国儒家的伦理特色,受儒家思想主导的历史评价,往往着重人物或事件的道德评价,因而对历史事件和人物的作用和地位的正确认识,往往为道德的瑕疵所掩盖。毫无疑问,道德可以作为评价历史人物行为的一种尺度,但不是主要的,更不是唯一的尺度。道德评价往往着重历史事件人物的道德教训,而不是放在整个历史进程中考察它的作用和地位,这种评价有其"唯道德论"的局限性。

历史人物的价值评价,特别是杰出人物的评价往往受政治因素的左右。斯大林逝世后,从赫鲁晓夫直到叶利钦对斯大林的评价,为了标榜自己开辟不同于斯大林的新时代,都极力贬低斯大林,甚至恶毒谩骂斯大林。相反,斯大林的原来对手反而对斯大林怀着比较客观和公正的评价。丘吉尔可说是最坚定的反苏反共的领袖性人物,可是他称赞斯大林"是个卓越的人物,令我们残酷的时代敬仰,他在其中奉献了自己的一生"。还说,斯大林是"在经受岁月艰难考验时领导俄罗斯的天才,是不屈不挠的统帅 H. B. 斯大林……他接手的是用犁耕地的俄罗斯,留下的是原子武器装备的俄罗斯。不,无论是我们说他什么——历史和人民不会忘记这样的人的"。连被俄罗斯共产党赶下台的临时政府总理克伦斯基都说:"斯大林使俄罗斯从灰烬中振兴起来,使它成为一个伟大的强国,粉碎了希特勒,救了俄罗斯和人类。"[①] 斯大林似乎已经预料会发生这种事,他说:"我知道,在我死后有人会把一堆垃圾放到我的坟墓上,但历史之风会无情地刮走它的!"[②] 在敌人包围下一个领导第一个社会主义国家建设社会主义的领导者,专横甚至专权都是可能的,错误也不会少。对斯大林有不同评价可以理解,但历史人物的评价必须有历史感,即把他放在他所处的历史条件

---

① 尤·瓦·叶梅利亚诺夫:《斯大林:未经修改的档案——在权力的顶峰》,石国雄、袁玉德译,译林出版社 2006 年版,第 610 页。

② 同上书,第 617 页。

下来进行评价。任何超越历史的评价都是非历史的。

在历史评价中排除事实只有所谓价值判断，是一切历史虚无主义的理论依据。历史虚无主义就是否认历史事实的客观性和共有性，把一切历史的论断转变为价值判断。而价值判断又完全可以是与事实无关的主观认定。在这种历史观下，各种否认历史的虚无主义就可以乘虚而入。我们在中国当代所见到的否定一百多年来中国革命运动、否定中国共产党、否定领袖性人物历史功绩的现象，都是以所谓重写历史为幌子。所谓重写并不是由于发现新的史料，更科学地更实事求是地书写历史，而是以价值重估为号召恣意歪曲历史。这种所谓重估，往往做的是翻案文章，具有极强的政治意图和意识形态性质。金无足赤，人无完人。任何历史事件和历史人物都会具有不足之处。问题是本质是什么？主流是什么？它在历史中处于何种地位？如果采用以管窥天的思维方式，攻其一点，不及其余，任何杰出的历史人物和伟大历史事件都会被弄得面目全非。这种历史观只能导致历史虚无主义。

二　历史现象的相似性

历史现象不同于历史事件。历史事件不可重复，但历史现象可以具有相似性。尽管历史事件不可脱离它产生的历史条件，但不同历史条件下的历史现象可以有相似之处。中国没有亚历山大大帝，但有秦始皇；没有列宁，但有毛泽东；没有波拿巴第三政变，但有袁世凯和张勋之流的复辟闹剧。这说明只要时代需要，不同时代都会有自己的历史人物和事件。这就是历史现象的相似性。

每个民族都有过战争、有过革命，都会有或大或小的思想家，他们不是苏格拉底，不是孔子，也不一定有他们那么大的贡献，但各民族都会有自己的文化和文化代表人物。每个民族的发展都经过原始时期，有过母系社会、父系社会，有过杂婚，没有一个社会是一步到位的；人类进入阶级社会都存在阶级斗争，《共产党宣言》一开始，就通过列举从奴隶社会到资本主义社会的阶级斗争表明了阶级社会阶级斗争的相似性。总之，各民族和国家的历史事件是独特的，这样才有多样性，但历史现象会有相似性。历史现象的相似性是普遍存在的。从这个意义上说，历史事件具有不可重复性，但历史现象具有相似性。马克思说过："人体解剖对于猴体解剖是一把钥匙。反过来说，低等动物身上表露的高等动物的征兆，只有在高等动物本身已被认识之后才能理解。"这讲的就是资本主义经济关系与前资本主义社会经济关系存在某种相似性，"因此，资产阶级经济为古代经济等等提供了钥匙"。① 资本主义关系的分析之所以有助于理解前资本主义社会，就是因为不同社会形态中的现象有某些相似性。

历史现象相似性的根据是什么？有人说是由于人性的普遍性。例如，因为人性贪婪，因此贪污腐败为各朝各代各国所共有，根本不可能消灭。其实，在历史唯物主义看来，个人主义、贪污腐败的相似性，根源于私有财产制度的相似性。不管是哪种私有制度，生产资料和财富的积蓄属于私人这一点是共同的。以各种方式积累财富是私有制社会生产的目的，也是一种生存状态和生活方式。

经济、政治、道德各个领域中之所以存在某些相似性，不是人性共同性的表现。用人性的共同性解释社会现象的相似性是不对的。人性不能解释历史的相似性，相反人性要由历史来解释。人性所表现出来的某种共性，恰好要由社会的共性来解释。只要有私有制，就会出现阶级、出现剥削，就会出现贪污腐败；只要有社会作为社会存在而不是孤立的个体，在政治上就会有社会组织、社会制度，否则社会就不能运转，要运转就会有大大小小的头头，有最高头头。不管名称是酋长、法老、皇帝、总统，都无所谓，总之有社会就有组织，有组织就有大大小小的头头，就有总头。只要是社会就会有人与人的各种关系，从一般人际关系到夫妇关系与亲属血缘关系，就会有调节这些关系的伦理和道德规范。诸如此类的相似性，只能从社会本性及其历史发展得到合理的解释。

对历史现象相似性的认识就比对单一历史事件的认识进了一步。有相似性才可以从相似性中发现规律。从历史现象相似性中发现规律是历史唯物主义的重要方法。马克思强调历史有相似性，但在强调相似性时，同时反对简单的历史类比，强调历史相似性的原因在不同历史条件下会出现不同的结果。所以马克思在强调资产阶级经济关系与前资本主义经济的某些相似性时，又深刻指出："决不是像那些抹杀一切历史差别、把一切社会形式都看成资产阶级社会形式的经济学家所理解的那样。人们认识了地

---

① 《马克思恩格斯选集》第 2 卷，人民出版社 1995 年版，第 23 页。

租，就能理解代役租、什一税等等。但是不应当把它们等同起来。"① 马克思同时强调对这种相似性加以研究、比较，并注意它们的差异性，从相似和差异中，就能发现理解这种相似性及其不同结果的钥匙，即发现规律性。如果历史现象根本没有相似性，彼此毫无任何共同之处，规律便无从谈起，发现规律也无从谈起。对社会现象相似性和差异性的分析，是走向发现历史规律的必经之门。因为社会历史规律都是长时段规律，它不是支配个别历史事件，而是存在于历史过程中。

三　历史规律的重复性

历史规律又不同于历史现象，它不是相似性，而是历史现象之间的本质联系，是可重复性，而且是不断的重复性。为什么不同民族都在母系、父系社会后，随着私有制产生才会产生阶级，才能进入文明社会？而这一切都与生产力的发展、生产工具的改进密不可分。没有一个社会能够不生产自己需要的生活资料就可以生存，因此生产成为一个社会存在和发展的基础，这是普遍的、每时每刻重复的，这就是规律。为什么历史上有杰出人物，有组织者、领导者？因为任何社会要正常运转，就不能是无政府状态，即没有任何社会组织。社会将来可以没有国家、没有君主、没有总统，但决不会没有组织者、领导者和管理者，否则，社会就不能存在。至于它们如何产生，决定于不同的历史条件。如果世界上有一个国家或民族，从来没有私有制、没有阶级、没有过战争、也没有剥削，这表明它仍然处在原始社会阶段，没有进入文明社会。规律就是历史现象之间的本质联系或称为重复性。

历史规律论与历史决定论有内在联系。因此承认历史规律论，往往导致历史决定论与非决定论之争。有些学者害怕使用历史决定论，似乎承认决定论原则就是目的论、宿命论和机械论。其实，否定决定论的理论和实践的错误导致的唯意志论后果一点也不比承认决定论的错误少。历史唯物主义不是在决定论与非决定论的对立中思维，它是在历史的必然性和偶然性、历史规律的客观性和人的选择性活动中思考决定论问题的。因此，历史唯物主义是历史决定论者，但它是辩证决定论，因为它把社会作为一个

---

① 《马克思恩格斯选集》第 2 卷，第 23 页。

整体，从必然性与偶然性、规律与人的活动相关联中考察历史决定论问题。

有人说，既然是从必然性与偶然性相连中考察历史决定论，那就不能承认历史决定论。这种说法是不对的。因为历史受众多偶然性的影响，历史发展会显出曲折性、多样性和出现各种具有个性的历史人物与各具特色的历史事件。这是真实的历史。可是，所有偶然性对历史的作用，都不可能超过一定时期的生产方式和经济发展水平对社会总体状态的制约作用。恩格斯形象地把生产方式称为历史波动的中轴线。全部偶然因素的作用都是以它为中心上下摆动。大量偶然性的存在使必然性的实现更为丰满和多样，因此历史的色彩从来是丰富的斑斓多样的。但这不会改变社会生产方式起最终决定作用的原则。历史周期越长，生产方式最终的决定作用越明显。在历史唯物主义中，决定论的本质是承认在影响社会的多种因素中，有一种因素是起最终决定作用的主导因素，这就是物质资料生产方式。

人与规律关系是一个争论不休的难题。有些论者说，历史既然是人们自己的活动，是人们自己创造的，就不能强调历史必然性，而应该强调人的自由选择，这样人才不会成为必然性的奴隶，才能真正说历史是人们自己创造的。他们还特别强调，既然历史是人创造的，因而历史研究应该研究人的特别是个人的动机。没有个人动机的历史是不可想象的。毫无疑问，历史人物的心理动机，甚至情感、脾气、性格、精神状况乃至年岁、身体健康状况都能成为影响历史进程的因素。但这些对历史的影响作用是暂时的，并非恒定的、永久作用的因素。它可以延缓或加速历史进程，但不能根本改变历史的方向。如果由于这些而发生历史方向的改变，那肯定有一个更大的力量在起作用。无论是赫鲁晓夫、戈尔巴乔夫或叶利钦的个人性格或其他专属个人因素，都不是足以解释苏联解体和资本主义复辟的决定性原因。

历史人物的内心动机，是很难捉摸的。对历史人物来说最现实、最重要的是他们的行为，而支配行动的是动机。没有无缘无故的动机，也没有不表现为行为的动机。研究心理动机，就必须研究产生动机的原因及其在行为中的表现。因此对伟大历史人物进行心理研究，与其说是研究他的主观心理动机，不如说是研究推动他们行动的动因。恩格斯曾经专门谈如何研究历史人物的动机问题。他说："如果要去探究那些隐藏在——自觉地或不自觉地，而且往往是不自觉地——历史人物的动机背后并且构成历史的真正的最后动力的动力，那么问题涉及的，与其说是个别人物即使是非常杰出的人物的动机，不如说是使广大群众、使整个整个的民族，并且在每一民族中间又是使整个整个阶级行动起来的动机。"并且指出，研究这些动机"是能够引导我们去探索那些在整个历史中以及个别时期和个别国家的历史中起支配作用的规律的唯一途径"。① 所谓整个阶级的动机即群众性的动机，实际上就是社会思潮。社会思潮往往比个别历史人物的所谓内心心理动机重要得多。社会思潮往往是推动整个阶级而不是个人行动的动机，而社会思潮的产生肯定有其原因，因而对一个时期社会思潮的研究，就有可能探索到当时历史人物的动机，因为杰出人物的动机往往以浓缩的、鲜明的、突出的形式反映社会思潮。透过对一个处于变革时期社会思潮的原因的分析，就能引导走向发现历史的规律。如果只停留在历史人物个人纯主观动机特别是所谓内心心理，是不可能真正解释历史的。列宁曾批判过旧历史理论的两个缺点，其中一个就是"以往的历史理论至多只是考察了人们历史活动的思想动机，而没有研究产生这些动机的原因，没有探索社会关系体系发展的客观规律性，没有把物质生产的发展程度看做这些关系的根源"②。心理史学是研究历史的一个角度，但如果把历史学变为心理学，就无法走出唯心主义历史观动机论的困境。

历史是人创造的与历史的规律性如何能不陷入悖论呢？我们是否只能选择其中之一：要不承认规律否认历史是人的自我创造，要不承认人的自我创造否认历史的规律？其实，这种所谓悖论是学者思维方式自身的矛盾，而不是历史自身的矛盾。客观历史就是这样的，人既创造历史，成为历史的剧作者，又是演员，成为历史舞台中的角色。

人怎么可能既是剧作者又是演员呢？这可以从两个不同层面来理解。第一，从代际关系说，历史是一个过程。历史是人创造的，人是剧作者，可是任何一代人都不是在自己选择的条件下进行活动的，而是在先辈留下的生产力和文化传统条件下进行的。也就是说，人的自主创造活动的结果成为下一代人的活动的出发点。这种条件对于后代来说是既成的、给予的，具有某种制约作用。这是每个时代的传统与当代问题。从这个意义上说，人在总体上既是剧作者又是演员。马克思在《路易·波拿巴的雾月十

---

① 《马克思恩格斯选集》第 4 卷，人民出版社 1995 年版，第 249 页。

② 《列宁选集》第 2 卷，人民出版社 1995 年版，第 425 页。

八日》中对拿破仑三世作为政变角色以及对传统作用的分析就贯穿这个原则。第二，从同时代说，可以比喻性地把历史看成一个大舞台。人都是自己时代历史活动的参与者，都是能动的剧作者，可是由众多合力形成的条件和规律，又成为任何个人活动的限制，人成为不能超越自己社会关系决定的演员。这说明，从一个时代来说，人既是剧作者又是演员。

当然，剧作者和演员具有形象的比喻意义。人在社会领域中并不是不能更改台词变换角色的演员。每代人受制于传统又以自己的活动改变传统并创造新的传统；每个人既受制于合力又以自己的活动参与形成新的合力。这就是主体的选择性活动。人面对历史传统和社会条件，可以在多种可能性中进行选择。例如，19世纪下半叶的中国逐渐形成三种可能性：一是仿效日本明治维新走西方资本主义道路；二是走清王朝为挽救大厦倾倒而口头许诺的君主立宪道路；三是走俄国十月革命道路。前两种可能性行不通。尽管有些人主张全盘西化，但没有真正西化过，因为西方资本主义阻止中国发展自己的资本主义，而中国又没有比较强大的民族资产阶级承担起在中国发展资本主义的任务；第二条路也走不通，因为清政府不可能真正推行君主立宪。它要维护的是清王朝的专制体制，仍然维护中国社会的封建社会本质，因此维新运动被镇压，洋务运动也成效甚微；结果只有第三条路。第三条路不是无主体的历史必然性的自我实现，而是经过中国共产党人几十年浴血奋斗，牺牲了无数先烈得到的。历史提供的永远是可能性，必然性的实现总是要通过由可能性变为现实的过程。可能性是历史条件决定的，而可能性的实现和以何种方式向现实转化，决定于人的能动性的发挥和正确的抉择。

人的创造性与历史规律性是不是绝对对立的？认为既然人是历史的创造者，一切决定于人，历史发展就不可能也不应该有规律。这种说法是不对的。人的活动与历史规律并不是直接的创造与被创造关系。规律的载体不是人的实践活动，而是在实践中形成的不以人的意志为转移的社会关系。社会规律是社会运行的规律，社会关系在人的实践活动中一旦被创造出来，就具有不依赖于任何个人的特性。私有财产制度当然是人创造的，它不是自然界原来就有的，可私有财产制度一旦产生并成为社会的经济基础，它的运行就会按照私有制度特有的规律运行。只要有私有财产制度，就不可能阻止与它相关的阶级存在、阻止维护私有制度的国家存在、阻止贫富对立、阻止两极分化。再如纸币是印币厂印出来的，可只要投放市场，它就受货币流动规律支配，当纸币发行超过需求，就会通货膨胀。大量发行纸币又想企求物价稳定，两者兼得是不可能的。国民党当年在大陆发行金圆券，一麻袋钱买一盒火柴就是如此。机关枪大炮也阻止不了社会规律起作用。社会历史规律同样是不以人的意志为转移的，意志支配的是人的活动，而人类活动的创造物一旦产生出来就按它自身的规律运行。人的活动是创造性的，可这种创造物运行的规律并不取决于创造者，而是取决于被创造物自身本性及其相互关系。这就是为什么人创造了制度又会成为自己创造的制度的被奴役者的秘密所在。

历史事件、历史现象、历史规律三者紧密相连。没有历史事件，就没有历史事件的相似性，没有历史事件的相似性，就没有规律的重复性。重复性存在于相似性中，相似性存在于单个不可重复的事件中。历史事件和历史人物的产生都具有某种偶然性；而历史相似性表明，这种偶然性中存在某种必然性，否则不会有历史的相似性。正是从历史相似性中发现历史规律，发现历史的重复性。马克思在《给〈祖国纪事〉杂志编辑部的信》中对相似性与规律性的关系作过深刻论述。他说，"极为相似的事变发生在不同的历史环境中就引起了完全不同的结果。如果把这些演变中的每一个都分别加以研究，然后再把它们加以比较，我们就会很容易地找到理解这种现象的钥匙"。① 历史事件即历史事实是最根本的；相似性是它们之间的共同点，而规律是从共同点分析中发现的。一个个孤立的历史事实不可能理解，它只有在相似性中才能理解；而相似性和差异性的原因，则从规律中才能得到合理的解释。

历史唯物主义关于历史事实的客观性、历史现象的相似性和历史规律的重复性观点，能为我们在当代思辨历史哲学和批判历史哲学的对立中，确立一个正确对待历史研究的科学视角。史学功能不应成为历史唯物主义理论工作者遗忘的角落。我们既要重视现实，也要重视历史。

（原载《中国社会科学》2011 年第 2 期）

---

① 《马克思恩格斯选集》第 3 卷，人民出版社 1995 年版，第 342 页。

列宁的历史认识论

李　杰

　　列宁是伟大的无产阶级革命领袖，马克思主义理论家、宣传家，他的一生都献给了俄国和世界的无产阶级革命事业。列宁从事革命事业时，为了掌握和运用马克思主义，总结俄国革命的经验，曾努力学习和运用历史知识，并进行了必要的历史研究。虽然他不像普列汉诺夫曾以专业的历史研究为学术追求，但由于唯物史观是建立在历史科学的认知上的，掌握历史知识是理解和运用唯物史观的内在要求；加之俄国革命是一项前无古人的创举，必须重视实践经验的总结，这使得列宁十分重视运用历史知识和历史研究。列宁的历史认识论是在与各种社会和党派思潮的交锋中形成的。他指出："工人运动的历史现在表明，在一切国家中，工人运动都必然（而且已经开始）经历一种斗争，即正在成长、壮大和走向胜利的共产主义运动首先而且主要是同各自的（对每个国家来说）'孟什维主义'，也就是同机会主义和社会沙文主义的斗争；其次是同'左倾'共产主义的斗争。"[①] 列宁在批判俄国民粹主义、共运第二国际修正主义、各种小资产阶级或左或右倾的机会主义、孟什维克派别的错误策略、布尔什维克党内对德和约问题上的错误观点的过程中，通过运用历史知识或研究历史的方式进行论战和反驳，形成了一系列如何认识和研究历史的作用、价值和意义的观点。将这些观点用历史认识论的范畴加以整合，可以表现出列宁的历史认识论。以下从列宁如何论述历史认识的起源与目的、历史认识的对象与功能、历史认识的价值与检验、历史认识的意义与评价等几个方面叙述列宁的历史认识论。

　　在历史认识的起源与目的方面，列宁认为，历史认识起源于弄清现实

---

① 《列宁全集》第39卷，人民出版社1986年版，第70页。

问题的需要，是现实中存在的问题，迫使人们去追问历史，从而产生出历史认识。历史认识是一种从历史经验中寻求解决现实问题答案的认识。列宁在阐述小资产阶级社会主义和无产阶级社会主义的区别时曾说："在俄国，各种落后的社会主义学说之所以根深蒂固，自然是由于俄国落后的缘故。最近 25 年来的全部俄国革命思想史，就是马克思主义同小资产阶级民粹派社会主义作斗争的历史。"① 这里，列宁把一部"俄国革命思想史"的形成，从客观方面作了解答，即它是"俄国落后的缘故"，也从主观方面作了解答，"是马克思主义同小资产阶级民粹派社会主义作斗争的历史"。显然，列宁认为，关于俄国革命的历史认识的产生，起源于弄清楚19 世纪末 20 世纪初俄国社会现实的需要，起源于当时各种社会思潮和思想流派之间的交锋。

列宁在批判民粹派理论家米海洛夫斯基对唯物史观的曲解时，阐述过唯物史观历史认识起源于现实需要的问题。米海洛夫斯基在评说唯物史观的理论价值时曾认为，因为第一，"事物的历史进程的实质根本不可捉摸"②，第二，"唯物主义者把自己的社会学理论建立在黑格尔的三段式上"③，因此，唯物史观对于人类历史的解释是不能成立的。米海洛夫斯基的评说是针对恩格斯什么是唯物史观的论证有感而发的，列宁为恩格斯作了辩护。列宁认为，恩格斯虽然用起初是原始共产主义，接着是私有制，然后是资本主义的例子等说明唯物史观解释历史的认识价值，但"恩格斯立论的重心在于：唯物主义者的任务是正确地和准确地描绘现实的历史过程"。④ 进而列宁着重指出，唯物史观的创始人马克思、恩格斯"从未打算用黑格尔的三段式来'证明'任何事物"，他"只是研究和探讨现实过程"。列宁认为，马克思、恩格斯在分析和回答现实问题时，并不是从所谓的"三段式"等概念出发的，而是从人们的实践活动出发的。他曾举例说："马克思和恩格斯参加 1848—1849 年的群众革命斗争的时期，是他们一生活动中最令人瞩目的中心点。他们从这一中心点出发来判定各国的工人运动和民主运动的成败。他们为了最明白最清楚地判定各个不同阶级的

---

① 《列宁全集》第 12 卷，人民出版社 1987 年版，第 38 页。
② 《列宁选集》第 1 卷，人民出版社 1995 年版，第 30 页。
③ 同上书，第 30 页。
④ 同上书，第 31 页。

内在本性及其倾向也总是回过来研究这一中心点。"①

无产阶级专政学说是列宁在继承马克思、恩格斯相关思想的基础上，作出重大发展的学说。列宁发展这一学说，是为了解决俄国革命的现实问题，即如何建设革命后的国家政权问题。列宁在论说这一问题时，学习运用了上述马克思、恩格斯追溯历史，从历史中寻求答案的方法。他指出："在国际范围内，革命专政学说的历史尤其是无产阶级专政学说的历史，同革命社会主义的历史特别是马克思主义的历史是吻合的。其次，——这一点自然是最重要的——被压迫被剥削阶级反对剥削者的一切革命的历史，是我们对专政问题的认识的最主要材料和来源。"② 这里列宁把认识无产阶级专政的历史、马克思主义的历史、社会主义革命的历史，看作现实中"对专政问题的认识的最主要材料和来源"，鲜明地体现出了列宁认为历史认识起源于现实需要的思想。列宁认为，关于无产阶级专政的历史认识是解决现实中如何建立无产阶级专政的保证。他说："无产阶级专政问题，毫不例外是一切资本主义国家现代工人运动的根本问题。要透彻地说明这个问题，必须知道这个问题的历史。"③ 为此，列宁曾花了很大的精力研究法国巴黎公社起义和 1905 年俄国革命的经验教训，从中获取历史智慧，为形成无产阶级专政学说提供了历史依据和事实证明。

列宁认为，历史认识的目的是为了提高劳动者阶级的自我意识，增强他们的历史自觉性和主动性，让他们充分发挥出创造世界历史的主体作用。列宁指出，这一思想是马克思、恩格斯的一贯思想，运用马克思主义必须掌握这一思想。他说："马克思和恩格斯对工人阶级的功绩，可以这样简单地来表达：他们教会了工人阶级自我认识和自我意识，用科学代替了幻想。"④ 又说："马克思学说中的主要的一点，就是阐明了无产阶级作为社会主义社会创造者的世界历史作用。"⑤ 列宁认为，掌握马克思恩格斯的这一思想，是推进俄国革命进程的需要。他在总结 1905 年俄国革命经验时，针对孟什维克忽视革命中工人和农民群众表现出来的历史主动性问题，特别指出："马克思最重视的是群众的历史主动性。要是我们俄国社

① 《列宁选集》第 1 卷，第 748 页。
② 《列宁全集》第 39 卷，人民出版社 1986 年版，第 367 页。
③ 同上书，第 367 页。
④ 《列宁选集》第 1 卷，第 89 页。
⑤ 《列宁选集》第 2 卷，人民出版社 1995 年版，第 305 页。

会民主党人从马克思身上学到怎样来估计俄国工人和农民在 1905 年 10 月和 12 月所表现的历史主动性,那该多好啊!"①

列宁进一步提出,历史认识有助于工人运动的健康发展,因为工人和农民自我意识的提高,将使他们能够更多地掌握马克思主义的精髓,正确地吸取社会主义运动的经验教训,制定更为科学有效的革命策略。列宁指出:"各国工人运动的经验,帮助我们根据具体实践问题来理解马克思主义策略的实质。"②"俄国过于长久的惨痛的血的经验,使我们确信这样一个真理:决不能只根据革命情绪来制定革命策略。制定策略,必须清醒而极为客观地估计到本国的(和邻国的以及一切国家的,即世界范围内的)一切阶级力量,并且要估计到历次革命运动的经验。"③ 这里,列宁屡次提到的注重经验的问题,就是加强对历史的认识的问题。列宁在批判民粹主义的错误时指出,由于民粹主义不能客观地估计俄国历史的进程,因此不能正确地判断俄国社会的现实问题,它所形成的理论脱离了俄国革命的需要。能够符合俄国社会革命需要的理论,应当"以详细研究俄国历史和现实为基础",使"这种理论合乎科学要求",这样,"无产阶级反抗思想的任何觉醒都必然会把这种思想引上社会民主主义的轨道"。④ 列宁从重视历史经验的角度,批判了民粹主义。

列宁在解答俄国革命性质问题时,也批判了社会革命党人将民主主义和社会主义革命混淆起来的错误观点,而这种批判也是立足于历史认识作出的。列宁深刻地指出,具有小资产阶级意识的社会革命党人,主张俄国跳过民主主义革命阶段,直接进行消除一切剥削和压迫的社会主义革命,是一种不切实际的幻想。他们看不到"在我们俄国,眼前摆着两种不同的社会力量的两种不同的斗争。无产阶级在一切存在着资本主义生产关系的地方……进行反对资产阶级的斗争。作为小土地占有者阶层,即小资产者阶层的农民进行反对一切农奴制残余、反对官吏和地主的斗争"。⑤ 对此,列宁指出,社会革命党人之所以产生"'用不着'区别两种性质不同的社会战争"的错误认识,是由于"完全不懂政治经济学和世界革命史"。

① 《列宁全集》第 14 卷,人民出版社 1988 年版,第 379 页。
② 《列宁全集》第 20 卷,人民出版社 1989 年版,第 70 页。
③ 《列宁全集》第 39 卷,第 43 页。
④ 《列宁选集》第 1 卷,第 77 页。
⑤ 《列宁全集》第 12 卷,第 42—43 页。

在历史认识的对象与功能方面，列宁认为，历史认识的对象是处于特定历史时期中的社会关系，认识社会关系就是认识人的活动、认识人自身，因为人的活动体现了人是处在一定社会关系中的。列宁批评了民粹派理论家把个人作为历史创造者的观点，指出："历史是由个人创造的这一原理在理论上毫无意义。全部历史本来由个人活动构成，而社会科学的任务在于解释这些活动。"① 列宁主张："唯物主义的社会学者把人与人间一定的社会关系当作自己研究的对象，从而也就是研究真实的个人，因为这些关系是由个人的活动组成的。"② 他强调指出："我从来不说'历史是由活的个人创造的'（因为我觉得这是一句空话），但是，我在研究实际的社会关系及其实际的发展时，也正是研究活的个人活动的产物。"③ 马克思、恩格斯认为，人的本质是由社会关系决定的，研究社会关系才可能正确反映人的本质，从而反映社会的本质，历史认识的科学化就是从这一决定论开始的。列宁从它出发界定历史认识的对象，坚持了唯物史观历史认识论的科学性。列宁在这段话里谈到的社会学指的是社会科学，因此对历史学是适用的。

从历史认识的对象是社会关系出发，列宁提出了社会事实的概念。列宁认为，"个人的社会活动，即社会事实"。④ 这里，列宁进一步把历史认识的对象概括为社会事实。列宁提出这一概念，仍然强调的是"社会"二字。他主张，历史认识的对象是个人，这毫无疑义，但唯物史观主张的个人是从事社会活动的个人，社会活动就是社会事实。社会活动或社会事实是历史认识的对象。列宁举了一个例子来说明这个问题。他在研究俄国农村的土地制度和土地政策时提出，弄清楚俄国土地制度并制定出科学的土地政策，必须以俄国农村的社会关系为基础。列宁说："我们认为阶级斗争在俄国土地制度方面也是一个关键性的事实。我们制定自己的全部土地政策（当然，土地纲领也在内）的根据，就是始终承认这个事实及其产生的一切后果。"⑤ 这里列宁将阶级斗争作为社会事实进行表述，而阶级斗争体现了社会关系的本质。

---

① 《列宁全集》第 1 卷，人民出版社 1984 年版，第 359—360 页。
② 同上书，第 368 页。
③ 同上书，第 370 页。
④ 同上书，第 367 页。
⑤ 《列宁全集》第 6 卷，人民出版社 1986 年版，第 318 页。

列宁认为，自由主义民粹派忽视研究生产过程中人与人之间的社会关系，即社会生产关系，是导致其理论不切合俄国社会实际的原因。他指出只有按照马克思主义理论所提出的社会生产关系决定历史发展的原理，才能形成包括历史学在内的科学的社会科学理论。他指出："理论工作的方向应当是具体地研究俄国经济对抗的一切形式，研究它们的联系和一贯发展"，"应当把我国现实作为一定生产关系的体系给以完备的说明，应当指明劳动者在这个体系下遭受剥削和剥夺的必然性，指明经济发展所昭示的摆脱这个制度的出路"。① 这对历史认识的对象是社会关系的定义作出了高度的概括。

对什么是历史认识的功能，列宁从三个方面作出了说明。列宁认为，认识人类历史发展的趋势，是历史认识的第一个功能。他指出："马克思主义和其他一切社会主义理论的不同之处在于，它出色地把以下两方面结合起来：既以完全科学的冷静态度去分析客观形势和演进的客观进程，又非常坚决地承认群众（当然，还有善于摸索到并建立起同某些阶级的联系的个人、团体、组织、政党）的革命毅力、革命创造性、革命首创精神的意义。"② 马克思、恩格斯认为，人类的历史既是一个自然过程，又是人的有目的的活动的产物，这是人类历史的两个基本特征，在解释人类历史的进程时，要将这两个方面结合起来。列宁继承了这一思想，并从历史认识论的角度进行了阐述。

列宁在研究俄国资本主义发展问题时，结合批判民粹派和合法马克思主义的错误，论述了上述问题。列宁认为，在俄国开展社会主义革命必须弄清楚的一个前提是，俄国现阶段处于什么历史发展阶段，只有对俄国社会发展程度作出科学判断，才有可能制定出正确的革命纲领。为此，列宁对俄国资本主义发展问题进行了开创性的、深入的研究。通过研究，列宁发现，对于俄国资本主义的发展，民粹派和合法马克思主义都只对其中的一个基本特征给予了注意，而忽视了它们的统一，陷入了理论的片面性。民粹派看到了资本主义的剥削给劳动者阶级带来的危害，但没有看到资本主义的历史进步性。合法马克思主义看了资本主义的历史合法性，但没有谴责资本主义给劳动者阶级带来的危害。列宁指出："民粹派认为，批判

---

① 《列宁选集》第1卷，第77页。
② 同上书，第747页。

资本主义，只须肯定剥削的存在，只须肯定剥削和政策之间的相互作用等等就够了"，"只须从自己的理想出发，从'现代科学和现代道德观念'出发把它加以斥责就够了"。① 而合法马克思主义是客观主义者，他们"谈论'不可克服的历史趋势'"时，"证明现有一系列事实的必然性时，总是有站到为这些事实辩护的立场上"。② 列宁指出，与民粹派和合法马克思主义不同，马克思主义在解释俄国资本主义历史进程时，总是首先确定它的生产关系或者说特殊的社会经济形态性质，并对"这种经济形态的活动规律和发展规律"作出"客观研究"。对资本主义的批判，"不是建立在对'个人'的道德判断上，而是建立在对实际发生的社会过程的确切表述上"。③ 其次，不仅指出俄国资本主义"过程的必然性，并且阐明究竟是什么样的社会经济形态提供这一过程的内容，究竟是什么样的阶级决定这种必然性"。"确切地肯定现有社会经济形态和它所产生的对抗关系"，"揭露阶级矛盾，从而确定自己的立场"。④

列宁认为，从以往的历史事件中吸取经验教训，作为制定现实斗争策略的依据，是历史认识的第二个功能。列宁指出："一切革命史的全部经验教导我们，当我们在进行任何一种群众运动或阶级斗争的时候，尤其是现在这种不仅席卷了整整一个国家，甚至是一个幅员辽阔的国家，而且波及各种国际关系的阶级斗争的时候，首先和主要的是必须把估计客观情况作为自己策略的根据，必须用分析的态度来考察革命的进程迄今为止的情况。"⑤ 列宁认为，以往的历史事件之所以能够为现实提供依据，是因为历史常常有许多相似之处，吸取历史经验教训，能够为人们认识现实的需要提供客观性。

十月革命成功后，俄国建立了苏维埃政权，以列宁为首的共产党人主张和德国单独签订和平协议，退出第一次世界大战，以便集中人力、物力恢复俄国经济。但党内的"左派共产主义者"却主张继续进行战争。这是事关新生的红色政权生死存亡的大事。为了帮助他们转变立场，争取到多数人的支持顺利签订合约，列宁在多个场合、多家报刊上演讲和发表文章

---

① 《列宁全集》第 1 卷，第 404—405 页。
② 同上书，第 362—363 页。
③ 同上书，第 404—405 页。
④ 同上书，第 362—363 页。
⑤ 《列宁全集》第 34 卷，人民出版社 1985 年版，第 86 页。

阐明自己的观点。列宁在演讲和文章中援引了德国和法国签订蒂尔西特和约的历史事件为自己的观点作论证。

在拿破仑第一对德国的战争中，1807 年 7 月德国不堪战争重负被迫与法国签订了蒂尔西特和约。蒂尔西特和约是一个对德国极其苛刻的和约，德国要向法国提交足以使其财政破产的大量赔款，出让一半以上的土地，还要派军队随同拿破仑征战。但列宁指出德国签订这个和约在当时是必要的，因为这给了德国以喘息之机。"几年之后，普鲁士恢复了元气，并且在解放战争中，利用了决不是同拿破仑进行解放战争而是同他进行帝国主义战争的强盗国家的援助，推翻了拿破仑的压迫。"① "这个和约并没有使德国沦亡，相反，它是一个转折点，使民族得到保护和复兴。"列宁指出，俄国的情况和德国有共同点，"我们也正处在这种转折点的前夕，情况大体相似。"② 列宁坚定地认为，如果新生的俄国和德国签订和约结束战争，将同样会使俄国得到喘息之机，并在以后争取到废除和约的条件。他说："我们签订了蒂尔西特式和约，我们也会取得我们的胜利，获得我们的解放，正如德国人在 1807 年签订蒂尔西特和约之后，在 1813 年和 1814 年便达到了从拿破仑压迫下解放出来的目的一样。"③ 在列宁的争取下，俄国终于与德国签订了布列斯特和约结束了战争。签订布列斯特和约是列宁运用历史经验解决现实问题的典型例证，充分证明了历史认识的社会功能。

列宁认为，根据历史事实和经验提供的依据，对历史的未来发展提出预见，是历史认识的第三个功能。列宁指出："马克思的社会主义""不仅仅限于解释过去，而且大胆地预察未来，并勇敢地用实际活动来实现未来。"④ 列宁生活的时代是一个资本主义发展到垄断阶段的时代，垄断资本主义和自由资本主义的重要区别在于，在历史的运动中，垄断资本主义更多地和国家政权、民族冲突相联系，资本这时已经不再像 19 世纪那样能够由资本家个人自由地扩张和积累。国家力量、民族意志成为历史运动的重大影响力。在这样的时代背景下，列宁对人类历史未来发展的预见，更多的是从国家演变、帝国主义战争、民族独立等角度提出的。列宁作出这些预见时，是以历史事件和历史经验为依据的。

① 《列宁全集》第 33 卷，人民出版社 1985 年版，第 385 页。
② 《列宁全集》第 34 卷，第 100 页。
③ 《列宁选集》第 3 卷，人民出版社 1995 年版，第 432—433 页。
④ 《列宁选集》第 2 卷，人民出版社 1995 年版，第 440 页。

列宁指出,由于国家力量、民族意志在历史发展中作用的增强,19 世纪曾经风靡一时的无政府主义、社会改良主义思潮退出了历史舞台,不使用暴力、不依靠革命政权就不可能改造社会。他说,20 世纪"使人们再也不能提出旧的改良主义和无政府主义。旧的改良主义和无政府主义已被战争所埋葬。谈论用各种改良办法来改造这个把几千亿卢布投入战争的资本主义社会,谈论不通过革命政权和暴力、不经过一些极大的动荡改造这个社会,现在已经不行了"。① 相反,列宁预见到将来帝国主义战争的不可避免性,由此引发的民族独立运动兴起的必然性,社会主义国家诞生的可能性。列宁指出:"只要帝国主义者和资产阶级仍然掌握政权,一场新的同样的战争就不可避免。日本和美国之间新的争吵和冲突有增无减。这些争吵和冲突是两国在几十年的外交斗争中积累起来的。在私有制的基础上战争不可避免。在抢夺了大批殖民地的英国与自认为是受骗上当的法国之间战争不可避免。"② 列宁的预见为历史所证实,资本主义国家间争夺资源的第二次世界大战在十月革命十几年后爆发。根据对人类未来历史发展作出的判断,列宁曾组织了共产国际,在世界范围内开展民族解放运动和社会主义革命。在领导国际共产主义运动的过程中,列宁对"左派"共产党人否认党的领导、党的纪律的错误进行了批判,强调在帝国主义时代,要争取革命胜利没有党的坚强领导是不可能的。在列宁的领导下,共产国际取得了重大进展。对此,列宁指出:"共产国际所以强而有力,在于它吸收了全世界帝国主义大厮杀的教训",它是在总结世界历史运动的事件和经验的基础上取得成就的。

在历史认识的价值与检验方面,列宁认为,历史认识的价值是用事实说话,即用事实说明事物,用事实检验观念。在列宁看来,事实就是历史,事实就是知识,事实就是预言。列宁说:"马克思主义是以事实,而不是以可能性为依据的。""马克思主义者只能以经过严格证明和确凿证明的事实作为自己的政策的前提。"③ 还说:"既然提到历史,就应该说明各种具体问题。"④ 这些观点指出了历史认识用事实说话的历史认识价值。列宁在解答布尔什维克和孟什维克的争论的方法论问题时曾说:"事变使人

---

① 《列宁全集》第 38 卷,人民出版社 1986 年版,第 220—221 页。

② 同上书,第 221 页。

③ 《列宁全集》第 47 卷,人民出版社 1990 年版,第 477 页。

④ 《列宁全集》第 25 卷,人民出版社 1988 年版,第 213 页。

们抛弃了解决派别分歧的旧办法，抛弃了那种大量发表文字材料、不停地进行争论、动辄实行分裂的旧办法，而掌握了一种新的学习的办法。这个办法就是用事实、事件和世界历史的教训来检验一切。"① 从这里我们可以看到，列宁认为，用逻辑的一贯性、彻底性论证观念的严密性、完整性，是哲学认识事物的方式，但是仅有这种方式还不能有效论证事物。论证事物的合理存在，还需要一种方式，这就是历史认识的方式，即用事实说话的方式，而用事实说话就是用历史作出论证。列宁指出了事实就是历史的含义。他说："当马克思主义者谈到俄国资本主义的必然性、不可避免性和进步性的时候，他们是从大家公认的事实出发的。"② 还说："事实是顽强的东西。"列宁指出了事实就是知识的含义。他说："用对一切事实的了解来丰富自己的头脑，没有这种了解就不可能成为一个现代有学识的人。"③ 列宁指出了事实就是预言的含义。他说："神奇的预言是童话。科学的预言却是事实。"④

列宁还以是否包含了丰富的事实，作为评价历史书籍价值的标准。列宁认为，如果一部书缺乏事实，那么价值就不大，如果事实丰富，那么价值就比较大。例如，当列宁看到《俄国历史概要》一书时，认为它"结构和叙述都很新颖。读起来很有趣味"，"应该成为一本教科书"，并"译成欧洲各国文字"。但在赞扬的同时，列宁也提出了"一点小小的意见"，即补充一个年表和著作的页码索引。列宁认为："学生要想不是**肤浅地了解**，要想知道事实，要想学会对比新旧科学" 就必须如此。⑤ 列宁还对《从革命走向革命》一书，提出过相同的意见。列宁指出："在小册子里作者革命信念的坚定性、他对革命坚定不移的信心是好的。关于党应当是什么样的党，论述得好。对社会民主党人的批评也是好的。"在经过这一番赞扬后，列宁指出该书"**一个极大的缺点是——完全缺乏事实**。这就使小册子没有力量"。列宁认为，应当改写一下，全书 55 页当中，"用 44 页来写确切的事实（社会民主党和革命的历史，以及匈牙利反革命的历史）——提供事实的梗概，留下 15 页写评论"。"不这样改写，小册子就毫无力量，

① 《列宁全集》第 34 卷，人民出版社 1985 年版，第 12 页。
② 《列宁全集》第 1 卷，人民出版社 1984 年版，第 356 页。
③ 《列宁全集》第 39 卷，人民出版社 1986 年版，第 300 页。
④ 《列宁全集》第 34 卷，人民出版社 1985 年版，第 441 页。
⑤ 《列宁全集》第 50 卷，人民出版社 1988 年版，第 40 页。

不能用"。① 与上述两部书的作者不同，《现代史　从法兰克福和约到现在》一书的作者是"一个坏蛋"、一个"俾斯麦主义者"。列宁在读到这部书的时候，并没有因为作者的立场而否定书中的历史认识价值。他一方面指出："由于作者顽固的反动，关于社会主义谈得非常少。"但另一方面也指出："这本书作为事实的综合材料和参考资料，还是很有用的。这种简单的综合提供了作为**时代**主要特征的**帝国主义**和**民主运动**的图景"。② 列宁在研究帝国主义问题时，大量参考了资产阶级、小资产阶级民主派学者的著作，对书中收集的原始资料和历史事实进行摘录和使用。

从以上不难看到，列宁用事实说明事物，用事实检验思想的观点，赋予了事实等于真实、等于客观的含义。在这一意义上，可以说，列宁认为，历史认识的价值就是真实性、客观性。事实和历史、真实、客观可以画等号。但列宁认为，在历史认识中，并不是所有叙述事实的认识都是真实、客观的，都能构成历史。那些只是孤立地表述事实，罗列事实的历史认识，并不能正确反映历史真实，反映历史的客观性。事实是有联系的，没有不发生联系的事实，孤立的事实是不真实的，孤立的事实不是事实。列宁对《英美钢铁工业和纺织工业的组织形式》一书批注到，"主要是讲历史，没有多大意思，罗列事实"③，指的就是这种状况。对《殖民史》一书也有同样批注，"本身看来是枯燥无味的事实罗列"。列宁对这类书籍的批评，指出了它们在叙述事实时，缺乏辩证法思维、缺乏科学的认识论的指导，受到了形而上学思维的束缚，片面地、孤立地、静止地叙述事实。列宁认为，在历史认识中要消除罗列事实的不全面性，"要真正地认识事物，就必须把握住、研究清楚它的一切方面、一切联系和‘中介’"。要"从事物的发展、‘自己运动’、变化中来考察事物"。④ 列宁强调指出，从历史认识论的角度看，"马克思主义的全部精神，它的整个体系，要求人们对每一个原理只是（α）历史地，（β）只是同其他原理联系起来，（γ）只是同具体的历史经验联系起来加以考察"。⑤ 能不能正确地反映事实，叙述事实，是一个关系到能不能科学地运用马克思主义的事情。列宁

---

① 《列宁全集》第50卷，人民出版社1988年版，第68页。
② 《列宁全集》第54卷，人民出版社1990年版，第769页。
③ 同上书，第58页。
④ 《列宁全集》第40卷，人民出版社1986年版，第291—292页。
⑤ 《列宁全集》第47卷，人民出版社1990年版，第464页。

指出："要继承黑格尔和马克思的事业，就应当**辩证地**探讨人类思想、科学和技术的历史。"① 列宁写作《帝国主义是资本主义的最高阶段》一书，参考了大量文献，目的就是从事物的联系中把握事实。列宁"阅读了经济史、科学技术史、政治史、外交史、战争史、殖民史、民族解放运动史、工人运动史等方面的许多文献，收集了世界经济地理和国际贸易等方面的重要资料。他查考过的用多种文字出版的各国的书籍、学术论文、报刊文章和统计资料有几百种"②，摘录资料和草拟的札记合计共有 700 多万字。从列宁列举在 "《1870 年以来世界历史主要资料综合试作》表格纲目草稿"的内容，可以看到列宁关于帝国主义论的写作，是从经济、社会、工人运动、政党政治、社会改革、民族运动、民主运动、外交政策、殖民政策等相互联系的各种事实方面着手的。

在历史认识的意义与评价方面，列宁认为，历史认识对历史事件和历史人物作出历史意义的判断和历史道德的评价，需要处理好决定论和意志自由、历史必然性和个人作用之间的关系。虽然历史意义判断表现了历史的客观性方面，历史道德评价表现了历史的主观性方面，但列宁主张，这两种关系是处于对立统一之中的，必须在它们既互相对立又互相统一的关系中并把握它们。列宁指出："决定论思想确认人的行为的必然性，摒弃所谓意志自由的荒唐的神话，但丝毫不消灭人的理性、人的良心以及对人的行动的评价。恰巧相反，只有根据决定论的观点，才能作出严格正确的评价，而不致把什么都推到自由意志上去。同样，历史必然性的思想也丝毫不损害个人在历史上的作用：全部历史正是由那些无疑是活动家的个人的行动构成的。"③

列宁主张的只有依据历史必然性才能给予历史意义奠定客观性的思想，在列宁批评孟什维克忽视历史必然性，仅从人的行动评价俄国 1905年革命的错误时得到了充分体现。1905 年 12 月发生的俄国革命，是一个重要的历史事件，曾为 1917 年十月革命的成功奠定了基础。但孟什维克编辑的《1905 年 12 月的莫斯科》一书，没有对起义的内容和性质作任何完整的叙述，只是通过起义中发表的一些言论来表达自己的见解。列宁指

① 《列宁全集》第 55 卷，人民出版社 1990 年版，第 122 页。
② 《列宁全集》第 54 卷，人民出版社 1990 年版，前言，第 11 页。
③ 《列宁选集》第 1 卷，人民出版社 1995 年版，第 26—27 页。

出，这种做法体现出的历史认识存在三个错误：第一，把起义表现为为数不多的战斗队同军队的冲突。但又在许多地方谈到全体民众走向街头。这种矛盾的表述是在玩弄文字游戏，不能算作"科学的分析"。第二，"编者根本不想剖析一下军事组织同军事技术的联系问题，直接的武装斗争和辅助斗争的相互关系的作用问题"，而只是"摘引了战斗组织的宣言的一些片断"就作出结论，"这里连一点进行严肃历史研究的影子也没有"。[1] 第三，"编者先生的结论是，无产阶级作为群众并没有行动起来"，这表明编者"迂腐到这般地步"，"竟从极其严肃的历史资料中得出这样庸俗的结论"。[2] 从以上列宁的分析可以看出，列宁认为，由于该书没有对革命发生的历史必然性进行叙述，只是根据起义中的人的行为意向，并且是不完整的行为意向就对起义作出评价，这样的评价不可能是科学的历史认识。

列宁认为，必须深入研究 1905 年革命发生的历史进程和隐藏于其中的历史必然性，才能对革命作出客观正确的评价。他指出："在每一个急剧的历史转变关头，我们要估计到各个阶级整个的阶级对比关系，而不是抽出个别例子和个别特殊事件，只有这样，我们才会感到自己是稳固地立足于对可靠事实的分析之上。"[3] 列宁多次在演讲、报告、文章中总结 1905 年革命的经验，阐述其历史意义，并作出历史评价。列宁叙述了革命从罢工开始启动，后来转向起义的整个进程，分析了革命产生的客观条件、进行起义的方式、军队转到人民方面来的条件、起义的战术、起义力量的组织等方面的经验教训。列宁的结论是："由罢工和示威进而构筑个别街垒，由构筑个别街垒进而构筑大批街垒并同军队进行巷战。无产阶级的群众性的斗争走到了各种组织的前面，由罢工发展成了起义。这是俄国革命在 1905 年 12 月取得的最伟大的历史成果。"[4] 列宁认为，无产阶级已经行动起来，实行夺取国家政权的革命，这就是 1905 年革命的历史意义。从这里我们看到，列宁通过阐述历史必然性客观评价了 1905 年革命，否定了孟什维克随意的历史评价。

列宁还从历史必然性的角度，评价了十月革命的历史意义。他指出，十月革命的"国际意义是指我国所发生过的事情在国际上具有重要性，或

① 《列宁全集》第 13 卷，人民出版社 1987 年版，第 385 页。
② 同上书，第 387 页。
③ 《列宁全集》第 34 卷，人民出版社 1985 年版，第 92 页。
④ 《列宁全集》第 13 卷，第 366—367 页。

者说，具有在国际范围内重演的历史必然性"。① 这种历史意义的重要体现
是，"无产阶级实现无条件的集中和极严格的纪律，是战胜资产阶级的基
本条件之一"。② 列宁认为，这个"基本条件"产生于俄国历史的特点。
他指出："布尔什维主义所以能够建立并且在 1917—1920 年异常艰难的条
件下顺利地实现极严格的集中和铁的纪律，其原因仅仅在于俄国有若干历
史特点。"③ "一方面，布尔什维主义是 1903 年在最坚固的马克思主义理论
基础上产生的。""另一方面，在这个坚如磐石的理论基础上产生的布尔什
维主义，有了 15 年（1903—1917）实践的历史，这段历史的经验之丰富
是举世无比的。"④ 从列宁的分析中我们可以看到，列宁阐述了十月革命的
历史必然性和历史意义的内在联系。它表现为，十月革命是马克思主义在
俄国革命实践中的产物，无产阶级意志的集中和行动的严密纪律性，是十
月革命成功的保证。如果其他国家要取得社会主义革命的胜利，同样要走
提高无产阶级战斗力的路子。列宁指出："要真正使整个阶级，真正使受
资本压迫的广大劳动群众"都站到革命立场上来，跟随革命政党前进，
"需要这些群众自身的政治经验。这是一切大革命的一条基本规律。"⑤
"由此我们可以得出一个对我们极其重要的、应当作为我们全部活动的指
南的结论：在历史上，取得胜利的是能够带领多数居民前进的阶级。"⑥

　　列宁认为，马克思主义者对于历史作出的道德评价是有党性原则的，
这就是：应当从一定的阶级立场出发评价历史，而这一出发点的依据是历
史主动性。列宁指出："马克思最重视的是群众的历史主动性。""唯物主
义本身包含有所谓党性，要求在对事变作任何评价时都必须直率而公开地
站到一定社会集团的立场上。"⑦ 列宁的依据历史主动性才能为历史道德评
价提供正确的主观性标准的思想，在列宁评价人类历史上的革命事件时得
到了充分体现。列宁指出："从马克思的全部历史观点出发，必然会对人
类发展的革命时期给予高度的评价，因为正是在这样的时期，所谓和平发
展时期慢慢积累起来的许多矛盾才能够解决。正是在这样的时期，各个不

① 《列宁选集》第 4 卷，人民出版社 1995 年版，第 132 页。
② 同上书，第 135 页。
③ 《列宁全集》第 39 卷，人民出版社 1986 年版，第 5 页。
④ 同上书，第 6 页。
⑤ 《列宁选集》第 4 卷，人民出版社 1995 年版，第 201 页。
⑥ 《列宁全集》第 37 卷，人民出版社 1986 年版，第 341 页。
⑦ 《列宁全集》第 1 卷，人民出版社 1984 年版，第 363 页。

同的阶级在确定社会生活形式方面的直接作用才得到最有力的表现，而后来长期以更新的生产关系基础为依托的政治'上层建筑'的基本方面才得以建立。"① 列宁认为，人类历史上发生的大革命事件，虽然有些没有取得当时想要的成果，却为历史的长远发展提供了前提，作了铺垫，从这一意义上看，这些革命事件也可以说是成功了。因为，在这些革命事件中人们的历史主动性发挥得最为充分。

列宁在评价法国大革命的历史功过时指出："拿法国大革命来说吧"，"任何一个自觉地对待历史的人都会说，法国革命虽然被粉碎了，但它毕竟是胜利了，因为它为全世界奠立了曾是无法消灭的资产阶级民主、资产阶级自由的基石"。②

列宁在评价1848年德国革命、1871年巴黎公社起义中的马克思恩格斯的行为时指出："马克思和恩格斯在估计革命时机很快到来这一点上，在希望革命（例如1848年德国革命）获得胜利这一点上，在相信德意志'共和国'很快成立这一点上……有很多错误，常常犯错误。他们在1871年也犯了错误——当时他们一心一意想'把法国南部发动起来，使巴黎公社得到挽救'"的错误，他们"为此而牺牲了一个人所能牺牲的一切，冒了一个人所能冒的一切危险"。但他们所犯的这种错误，与官气十足的自由派"表现的平庸智慧比较起来，要千倍地高尚，千倍地伟大，千倍地有历史价值"。③

列宁在新生的苏维埃俄国面临欧洲帝国主义的严重挑战有可能被颠覆的危急关头，评价俄国十月革命时指出："即使明天帝国主义者把布尔什维克的政权推翻，我们一点也不会为我们夺取了政权而后悔。任何一个代表劳动群众利益的觉悟工人都不会为这一点而后悔，都不会怀疑我们的革命毕竟是胜利了。"④ "俄国工人阶级一定能用他们充满错误的革命行动来争得自由，推动欧洲前进。让那些在革命方面没有行动的庸人以没有错误而自夸吧。"⑤

也正是从历史主动性出发，列宁对劳动者的历史创造精神给予了高度

---

① 《列宁选集》第1卷，人民出版社1995年版，第747—748页。
② 《列宁全集》第36卷，人民出版社1985年版，第354页。
③ 《列宁选集》第1卷，第728页。
④ 《列宁全集》第36卷，第354页。
⑤ 《列宁选集》第1卷，第728页。

评价。他指出："1919 年 5 月 10 日莫斯科—喀山铁路工人在莫斯科举行的第一次共产主义星期六义务劳动，要比兴登堡或者福熙和英国人在 1914—1918 年帝国主义大战中的任何一次胜利具有更大的历史意义。"① 而对于资产阶级学者忽视劳动者创造精神的历史认识给予了批评。列宁在一篇书评中谈到，《现代史　从法兰克福和约到现在》这部书的"突出的特色是：白痴作者以学究式的精确性提供了有关每一个小国王和王族的活动以及荷兰女王的流产（原文如此！第 440 页）等等的日期等，可是一笔也没有提到 1907 年罗马尼亚的农民起义！"②

从以上可以看到，列宁认为如果缺乏历史主动性的视觉，缺乏党性原则，就不可能站在劳动者的立场上评价历史。而不能做到这一点，就不可能对历史事件和历史人物作出正确的历史意义的判断和历史道德的评价。

列宁对托尔斯泰这个 19 世纪俄国伟大的作家、思想家所作的评价，充分体现了列宁在评价历史人物时将决定论和意志自由、历史必然性和个人作用结合起来的思想。当列宁从决定论和历史必然性的角度进行评价时，列宁指出，由于"几百年来农奴制的压迫和改革以后几十年来的加速破产，积下了无数的仇恨、愤怒和生死搏斗的决心。要求彻底铲除官办的教会，打倒地主和地主政府，消灭一切旧的土地占有形式和占有制度，清扫土地，建立一种自由平等的小农的社会生活来代替警察式的阶级国家，——这种愿望像一根红线贯穿着农民在我国革命中的每一个历史步骤"。③ "作为俄国千百万农民在俄国资产阶级革命快要到来的时候的思想和情绪的表现者，托尔斯泰是伟大的。"④ 当列宁从意志自由和个人在历史上的作用进行评价时，他指出，托尔斯泰的思想是俄国"农民起义的弱点和缺陷的一面镜子，是宗法式农村的软弱和'善于经营的农夫'迟钝胆小的反映"。⑤ "作为一个发明救世新术的先知，托尔斯泰是可笑的。"⑥ 由于列宁能够从上述两个方面对托尔斯泰进行评价，就使列宁关于托尔斯泰的历史认识深刻而正确，经受住了历史长时期的考验。

---

① 《列宁全集》第 37 卷，人民出版社 1986 年版，第 16 页。
② 《列宁全集》第 54 卷，人民出版社 1990 年版，第 769 页。
③ 《列宁选集》第 2 卷，人民出版社 1995 年版，第 243 页。
④ 同上书，第 243 页。
⑤ 同上书，第 244 页。
⑥ 同上书，第 243 页。

列宁的历史认识论对于建设当代中国唯物史观历史认识论有重要的现实和理论意义，这体现在以下几个方面：

第一，列宁指出了唯物史观历史认识发生论与非唯物史观历史认识发生论的区别，前者从事实出发，后者从概念出发。列宁指出："过去任何一门科学都从形而上学开始，其最明显的标志就是：还不善于着手研究事实时，总是先验地臆造一些永远没有结果的一般理论。"① 列宁在阅读黑格尔的《历史哲学》时摘录了书中的这样一段话，"我们德国人多半在应当如何写历史这方面费尽心思，而不是去写历史"，并写下批语："‖机智而聪明！"② 这从一个侧面说明了唯物史观历史认识发生论的实践意义。西方分析历史哲学认为，历史认识起源于先天假设判断，是人的头脑中先验地存在的价值观决定了历史认识的发生，否定历史认识发生于社会实践。受这种观点的影响，当代一些历史学工作者较少关注现实，而把主要精力放在历史认识概念的梳理上，离弃了唯物史观历史认识论的视阈。列宁的历史认识论可以为解决这一争论提供启示。

第二，列宁强调了唯物史观历史认识目的论与非唯物史观历史认识目的论的区别，前者主张历史认识的目的是提高人们的自我意识，提高无产阶级的阶级觉悟，帮助人们认清历史和现实的联系，把握历史的趋势，自觉地从事人类历史进步事业。后者主张历史认识是一种文化活动，主要目的是为了文化本身，忽略了历史认识对于现实的实践作用。列宁指出："社会主义学说正是在它抛弃了关于合乎人的本性的社会条件的议论，而着手唯物主义地分析现代社会关系并说明现在剥削制度的必然性的时候取得成就的。"③ 列宁的这一思想发展了唯物史观历史认识论，它提供了一个简明的判断标准，将马克思主义史学和非马克思主义史学区别开来了。在历史认识乃至历史学走向多元化的今天，我们仍然需要将体现社会主义价值观的历史认识和历史学作为主流史学，列宁的唯物史观历史认识目的论为此提供了指导。

第三，列宁非常突出地强调了历史认识具有党性原则，指出唯物史观历史认识的本质是站在劳动者阶级的立场上评价历史。西方分析历史哲学

---

① 《列宁选集》第 1 卷，人民出版社 1995 年版，第 11—12 页。
② 《列宁全集》第 55 卷，人民出版社 1990 年版，第 269 页。
③ 《列宁选集》第 1 卷，第 52 页。

曾认为，列宁主张的历史认识具有党性原则的观点，会导致历史认识进而是历史科学不可能做到客观，这是不对的。社会关系的存在、阶级的存在、社会集团的存在是客观的事实，认为历史认识受到这一客观事实的制约，赋予了历史认识予客观性，这怎么能说违反了历史认识的客观性要求呢？将主观意识作为客观事实进行研究和判断，比之将其作为主观现象进行研究和判断，是更为科学的做法，它是唯物史观历史认识论和非唯物史观历史认识论的一个基本区别。

第四，西方马克思主义认为，列宁主张的认识是对物质的反映，是一种倒退到康德二元论的观点，这是应该讨论的。结合列宁重视历史主动性的观点，可以认为列宁是重视认识主体作用的。列宁对认识主体能动性作用的认识，包含着有什么样的认识主体，就会产生什么样的历史认识判断等内容，这怎么能说列宁忽视认识主体的能动作用，认为认识只是简单地、机械地、照相一般地反映物质呢？列宁提出的历史主动性概念具有丰富的内涵，它是历史本体论和历史认识论的统一。一方面，它表明了列宁重视人类历史上出现过的历史主动性，认为它是推动历史进步的动力；另一方面，也表明了列宁主张历史认识主体要发挥人的主观能动性认识历史。列宁的历史主动性概念包含着重视认识主体的能动性的思想。

（原载《史学理论研究》2011 年第 2 期）

关于马克思主义史学研究方法与路径的思考

——读毛泽东"古今中外法"札记

提要："古今中外法"是毛泽东同志对马克思主义史学研究方法和路径的一种概括，作者通过史学史上的及其亲历的实例谈自己的学习感受，分析其内涵和特点，如在"古今"关系上相续相涵，互补互证，在"中外"关系上相抗相依（对立统一），亦异亦同（个性共性）等等，认为这种方法建立在对历史发展规律深刻认识的基础之上，反映了马克思主义史学的内在要求。

一

延安整风期间，1942 年 3 月 30 日，毛泽东同志在中共中央学习组发表了《如何研究中共党史》的讲话，提出了"古今中外法"：

> 如何研究党史呢？根本的方法马、恩、列、斯已经讲过了，就是全面的历史的方法。我们研究中国共产党的历史，当然也要遵照这个方法。我今天提出的只是这个方法的一个方面，通俗地讲，我想把它叫作"古今中外法"，就是弄清楚所研究的问题发生的一定的时间和一定的空间，把问题当作一定历史条件下的历史过程去研究。所谓"古今"就是历史的发展，所谓"中外"就是中国和外国，就是己方和彼方。

> 谈到中国的反帝斗争，就要讲到外国资本主义、帝国主义如何凶恶地侵略中国。讲到中国无产阶级，就要讲到世界无产阶级，讲到中国无产阶级政党——共产党的斗争，就要讲到马、恩、列、斯

他们怎样领导国际无产阶级同资本主义和帝国主义作斗争。这就叫"中外法"。中国是"中",外国是"外"。借用这个意思,也可以说,辛亥革命是"中",清朝政府是"外";五四运动是"中",段祺瑞、曹汝霖是"外";北伐是"中",北洋军阀是"外";内战时期,共产党是"中",国民党是"外"。如果不把"外"弄清楚,对于"中"也就不容易弄清楚。世界上没有这方面,也就没有那方面。所以有一个"古今",还有一个"中外"。辛亥革命以来,五四运动、大革命、内战、抗战,这是"古今"。中国的共产党、国民党,农民、地主,工人、资本家和世界上的无产阶级、资产阶级等等,这就是"中外"。①

这是马克思主义的发展观、联系观、整体观以及对立统一规律在历史研究中的具体运用。这种方法把世界及其包含的万事万物视为前后相续的过程和普遍联系的系统,要求人们研究事物发展过程的来龙去脉,研究事物在普遍联系系统中内部和外部的关系。"古今中外"应作灵活的多层次的理解。"古今",第一层意思是时代意义上的"往古"和"当今"(也可以扩大一点理解为古代和近现代),要求立足当今研究往古。第二层意思是过程意义上的、以所研究事物的时点为坐标的"既往"(古)和"当前"(今)。两者均表现为时间上纵向的联系。由于过程是前后相续的,"古"中有"今"(今之源、今之胚),"今"中也有"古"(古之延,古之遗)。"中外",第一层意思是地域意义上的"中国和外国",要求立足中国,放眼世界②。第二层意思是事物相关性意义上的"己方和彼方"。"己方"是作为研究中心的事物或问题,故可称为"中"。"彼方"或者是与"己方"构成对立统一体的另一方(即毛泽东说的,"世界上没有这方面,也就没有那方面"),或者是与"己方"共

---

① 载《毛泽东文集》第2卷。

② 关于"古"和"今"基点在"今";"中"和"外"基点在"中",毛泽东1942年5月延安文艺座谈会讲话表述得最为清楚,他谈到批判地吸收优秀文艺遗产时,再一次提出"古今中外法",并别开生面地比喻为:"屁股坐在中国的现在,一手伸向古代,一手伸向外国。"(参阅孙国林《〈在延安文艺座谈会上的讲话〉的版本》,《中华读书报》2002年5月15日),后来毛泽东把它概括为"古为今用,洋为中用"的原则。

居于某种系统中的相关事物①，故可称为"外"。两者均可理解为空间上横向的或辐射状的联系。由于事物的可分性和关联的普遍性，"中"中有"外"，"外"中也有"中"②。"中外"和"古今"相互结合，是不能分开的。因为任何事物或系统都表现为过程，而任何过程都是在事物或系统内部矛盾双方的相互联系相互斗争中，以及在其与外部事物或系统的相互关联中向前发展的。

"古今中外法"深刻揭示了马克思主义史学的研究方法与认识路径，视野宏大、内容丰富、思想精湛，表述又那样的通俗简明，鲜明地体现了毛泽东思想和语言的风格。它不但适用于党史研究，而且适用于一切历史研究，其基本精神也可以用以指导文化、科技、教育、外交等各项工作。

我是在21世纪初读了范文澜的《古今中外法浅释》之后，才顺藤摸瓜找到毛泽东同志这篇文章的，颇恨相见之晚。近年用它来分析中国马克思主义史学发展中的一些问题，思考我们在经济史研究和农史研究中经历的一些事情，时有所悟，"似曾相识"，倍感亲切。

二

中国共产党人和马克思主义史学家对中国封建社会的认识，在某种意义上正是遵循"古今中外"比较研究的路径。

中国固有的"封建"是西周春秋的"封邦建国"，秦始皇统一中国以后就被废除了。虽然以后人们把封爵而不治民（"封"而不"建"）的制度也称为"封建"，拓展了它的内涵，但都是指一种政治制度。在相当长的时期内，中国是相对封闭的，人们观察历史以自我为中心，只把往古与当今比较，自然无所谓"中外"比较；断断续续将近两千年的"封建"制与郡县制孰优孰劣之争也属此范围。这种情况到近代才发生了变化。鸦片

---

① 在一个社会中，经济与政治、文化、军事是相互关联的，构成一个系统。毛泽东同志1941年9月13日在《关于农村调查》讲话中，提出要用"四面受敌"法研究中国社会，"把它分成政治的、经济的、文化的、军事的四个部分来研究"，然后予以综合（载《毛泽东文集》第二卷）。这是把社会系统作为一个整体进行分析综合研究。如果按"古今中外法""己方和彼方"关系来说，研究这个系统中某一方面（如经济史）时，应该同时了解其他方面（政治、文化、军事等）的状况及其演变，前者就是"己方"，后者就是"彼方"。

② 参见范文澜《古今中外法浅释》，初刊1942年9月3日延安《解放日报》，收入《范文澜全集》第10卷。

战争打开了中国的国门，使中国陷入半殖民地的百年沉沦，同时激发了中国人民奋起的百年抗争。在这个过程中，中国人被迫睁眼看世界，开始拿中国历史与西方比较，开始吸收西方的历史观念。正是在这样的背景下，严复1903年底翻译出版爱德华·詹克斯《社会通诠》时，用西欧中世纪的feudalism概念分析中国历史，并以"封建"对译之。从此，"封建"被理解为世界各国都要经历的社会发展的阶段，而不单纯是中国古代的一种政治法律制度。不久，马克思主义传入中国，封建社会被进一步视为人类历史依次嬗递的基本生产方式和社会形态之一。马列主义关于社会形态和封建社会的学说，成为中国共产党人和马克思主义史学家观察、研究中国社会和历史的工具。

"封建"概念的这种演变，以及马列主义封建观的传播，是中国人通过古今中外比较来考察历史的结果。这种历史现象产生在资本主义世界体系已经形成，而中国被迫成为这个体系附庸在时代条件下。毛泽东同志说："自从帝国主义这个怪物出世之后，世界的事情就联成一气了，要想割开也不可能了。"[1] 从此以后，要研究和解决中国任何重大的历史问题（而不是个别的枝节问题），"古今中外"的视野，都是不可或缺的。

自严复以后，中国历史上存在过相当于西欧feudalism的封建社会，已为学界所承认；但不少学者心目中的封建社会是西周或三代。至于战国秦汉到鸦片战争时期的中国，也属于封建社会，是经过长期的论争以后才逐步被多数学者所认同的。这种认识经历了一个从现实到历史的逆向考察的过程。

早在五四运动以前，中国的先进分子就揭示了当时社会文化的封建性。如1915年陈独秀在《新青年》第一卷第一号《敬告青年》中指出，"固有之伦理、法律、学术、礼俗，无一非封建制度之遗"。著名社会学家、五四运动学生领袖之一的陶孟和（陶履恭），1918年对江苏省震泽镇农民状况进行了调查，指出当时的农民与欧洲封建社会的农奴"不见有何分别"[2]。这是近代先进的中国人从现实出发通过古今中外比较而产生的认识。中国共产党成立以后，为了把握革命的航向，早期共产党人运用马克思主义的唯物史观考察和分析中国现实社会及其性质。他们指出，当时的

---

① 《论反对日本帝国主义的策略》（1935年12月27日），《毛泽东选集》第1卷。
② 《新青年》第四卷第三号（1918年3月15日）。

中国"还是法国大革命以前封建社会的状态"①，是"半独立的封建国家"②，并于 1922 年 7 月中共二大上，第一次明确提出了反帝反封建的民主革命的纲领。中国社会具有严重的封建性的这种认识，在大革命期间为社会各界所广泛接受，"封建"一词也在日常生活中流行开来③。1927 年，大革命失败，关于当时中国社会的性质，中国共产党内和国际共产主义运动内部都出现了不同意见的激烈争论，作为重新检讨和制定革命的战略策略的基础，如何确定当时的社会性质，又成为对革命生死攸关的迫切问题。1928 年 6—7 月举行的中共六大在深入分析当时社会性质的基础上，肯定了"中国经济底特点，土地关系底特点，很明显是半封建制度"④，重申革命的性质仍然是资产阶级民主革命⑤，从而在惊涛骇浪中把握住了革命前进的正确航向。但争论并没有结束，从党内的托陈反对派和党外的"新生命派"的发难开始，争论公开化，从党内扩展到社会，从现实扩展到历史，这就是 20 世纪 20 年代末到 30 年代初关于中国社会性质、中国社会史和中国农村社会性质的大论战。其中，中国社会史论战是中国社会性质论战的延续，它反映了马克思主义传入中国后，人们对中国国情的认识由现实到历史的逆向发展路线⑥。秦汉以后、鸦片战争以前的中国属于封建社会，是在这次论战中得到系统的论证而逐渐被多数史学工作者所接受的⑦。

---

① 中国共青团团刊《先驱》创刊号（1922 年 1 月 15 日）"发刊词"。

② 1922 年 6 月 15 日发表的《中国共产党对时局的主张》。

③ 在中国社会史论战中，王亚南说过："所谓'封建军阀'、'封建思想'一类术语，早就流行于一般文人学士之口。"（《中国社会史论战》第一辑，第 39 页）陈啸江也说过："封建说法之所以繁盛的原因，当回溯 1925—1927 革命的时候，那时把一切旧的都看作封建的，因而亦在被打倒之列。"（《西汉社会经济研究·导言》，新生命书局 1936 年版）

④ 中国共产党第六次代表大会《土地问题决议案》，载中共中央书记处编《六大以来党的秘密文件》，人民出版社 1981 年版，第 31 页。

⑤ 中国共产党第六次代表大会《政治决议案》，载《六大以来党的秘密文件》，第 3 页。

⑥ 1937 年何干之在《中国社会性质问题论战》中回顾这一论争时写道："为了彻底认清目前的中国社会，决定我们对未来社会的追求，逼着我们不得不生出清算过去社会的要求。……这一场论争所涉及的问题是非常复杂的——由目前的中国起，说到帝国主义侵入前的中国，再说到中国封建制的历史，又由封建制说到奴隶制，再说到亚细亚生产方法。所有这一切，都是为了决定未来方向而生出彻底清算过去和未来的要求。"见《何干之文集》第 1 卷，北京出版社 1993 年版，第 186 页。

⑦ 详情可参阅李根蟠《中国"封建"概念的演变和封建地主制理论的形成》，《历史研究》2004 年第 2 期。

这种"逆向"考察的认识过程表明，中国共产党人和马克思主义史学家对中国封建社会的认识不是从某种概念出发的经院式学术，而是扎根于现实生活，扎根于广大群众的革命实践的。为什么大革命期间人们就普遍接受共产党关于当前社会封建性质的论断？这并非由于共产党赋予"封建"这个概念什么蛊魅人的魔力，而是因为当时人们在现实的政治、经济、文化生活中，都可以强烈地感到这种与五四以来倡导的民主科学精神格格不入的封建性事物的无可置疑的存在。既然鸦片战争以后的中国社会是半封建半殖民地社会，那么，"鸦片战争以前的中国是封建社会"就是其逻辑的前提，因为半封建半殖民地社会正是由它演变而来的。前一种认识必然导致后一种认识。早在1923年，中国共产党创始人之一的李达，就在《中国商工阶级应有之觉悟》等文中首次提出了中国周秦至清末是封建社会，鸦片战争以后进入了半殖民地半封建社会的观点①。虽则当时还来不及作具体的论证。事实上，鸦片战争以后中国社会半殖民地半封建性质的正确判断，中国共产党新民主主义革命的成功实践，为鸦片战争前中国是封建社会的认识提供了最坚实的基础。现在有些论者试图用"不符合中国固有'封建'的本义"等否定秦汉以来社会的封建性质，未免"舍本逐末"了。你想证明鸦片战争以前的中国不是封建社会吗？请你首先证明鸦片战争以后的中国不是半殖民地半封建社会，证明中国共产党反帝反封建的新民主主义革命纲领是不符合实际的吧。哪一个学者能够做到这一点呢!？

这种逆向认识过程及其得出的结论之所以是正确的，可以从"古今中外法"及马克思的有关论述中获得合理的解释。

中国共产党人和马克思主义史学家不是象牙塔中的学者，他们是为了革命的需要、为了解决现实问题而研究历史的。"古为今用"表达了共产党人研究历史的基本立场和基本取向，不同于"为学术而学术"的经院式研究。过去和现在是不能割断的前后相续的过程。要认识现在，不能不了解它的过去，因为过去蕴藏着现在的源头和胚芽。反过来，要了解过去，也不能离开对现在的认识，因为现在包含了从过去发展而来或由过去遗留下来的东西。毛泽东同志历来注重对历史的研究，他说："只有讲历史才

---

① 该文载于湖南自修大学《新时代》第1卷第4号。参见洪认清《李达的历史理论和史学思想》，载《船山学刊》2001年第2期。

能说服人。"① 他又说："马克思讲过，首先研究近代社会，就容易理解古代社会。这是倒行的，却要快些。"② 我们上文所说的"逆向考察"，就是毛泽东同志在这里讲的"倒行"。引文所指是马克思"人体解剖对于猴体解剖是一把钥匙"的名言。现在把马克思的原话比较完整地迻录于下：

> 资产阶级社会是历史上最发达的和最复杂的生产组织。因此，那些表现它的各种关系的范畴以及对于它的结构的理解，同时也能使我们透视一切已经覆灭的社会形式的结构和生产关系。资产阶级社会借这些社会形式的残片和因素建立起来，其中一部分是还未克服的遗物，继续在这里存留着，一部分原来只是征兆的东西，发展到具有充分意义，等等。人体解剖对于猴体解剖是一把钥匙。低等动物身上表露的高等动物的征兆，反而只有在高等动物本身已被认识之后才能理解。因此，资产阶级经济为古代经济等等提供了钥匙。③

虽然马克思在这里具体谈的是考察资产阶级社会对研究古代社会的意义，他阐述的原理对历史研究是普遍适用的。既然"资产阶级经济为古代经济等等提供了钥匙"，那么，对鸦片战争以后社会的剖析，当然可以为认识鸦片战争以前社会提供"钥匙"了。

这是马克思主义史学理论的重要思想，也是马克思主义史学研究方法的重要特点。毛泽东的"古今中外法"包含和体现了这一思想。"古今"相续相涵，所以"古今"也可以相互观照，既可以以古观今，也可以以今验古；当然，这样做并不抹杀古今的差异。在这个意义上，"古今互证"和"古为今用"一样，都应视为"古今中外法"题中应有之义。

再看"中外"。"古今中外法"要求人们放眼世界，进行中外比较，把要研究的事物放在世界格局中的适当位置予以考察。正确中外比较的关键是要处理好共性（普遍性）和个性（特殊性）的关系。毛泽东同志说："这一共性个性、绝对相对的道理，是关于事物矛盾的问题的精髓，不懂得它，就等于抛弃了辩证法。"（《矛盾论》）上文谈到，近代以来，

---

① 毛泽东：《总结经验，教育干部》（1961 年 6 月 12 日），载《毛泽东文集》第 8 卷。
② 毛泽东：《同音乐工作者的谈话》（1956 年 8 月 24 日），载《毛泽东文集》第 7 卷。
③ 马克思：《〈政治经济学批判〉导言》，《马克思恩格斯选集》第 2 卷，人民出版社 1972 年版，第 108 页。

中国"封建"概念两度演变，马克思主义"封建社会"的概念被人们广泛接受，本身就是古今中外比较研究的结果。它的前提之一就是承认人类历史发展具有共性。这种认识并非凭空来的，这是近代中国人睁眼看世界的结果，是中国人历史观念的一大进步。严复谈到国家时曾经说过："国家为物，所足异者，人类不谋而合。譬如我们古有封建，有五等，欧洲亦有封建、五等。吾古有车战，西人亦然。平常人每见各国之异而怪之，实则异不足怪，可怪者转是在同。于其所同，能得其故，便是哲学能事。"① 这话说得不错。我们的认识不应该从严复这里倒退。当然，承认共性并不抹杀个性的存在，相反，应该十分重视对事物个性的认识和把握。因为共性是从不同事物的个性中抽象出来的，没有孤立存在的共性，共性寓于个性之中，或者说，个性和共性共存于具体的事物中。我们的认识路线应该是异中求同，以同观异。即从不同个性的事物中发现其共性，又以这种共性的认识为指导观察研究具有不同个性的新事物。有人认为马克思所讲的封建社会只是西欧历史的特例，用马克思的封建社会理论研究中国历史就是西欧中心论。这是没有根据的②。毛泽东反对洋教条、反对西方中心论最坚决，他提倡"洋为中用"，就是要求人们以"我"为中心观察、学习和借鉴外国的先进东西，而反对不加分析地照搬，这当然是以承认中国的历史和现实有自己的特殊性为其前提之一的。但他又不赞成所谓"中学为体、西学为用"的提法，他指出："'学'是指基本理论，这是中外一致的，不应该分中西。"③ 这是承认中国和外国之间存在共性，存在某种可以会通之处。和"洋为中用"一样，一定意义上的"中外会通"，也是毛泽东"古今中外法"的题中应有之义。在毛泽东看来，马克思主义的基本原理是普遍适用的，但在不同的国家有不同的表现形式。马克思主义的普遍真理要与中国革命的具体实践相结合。对历史研究而言，马克思主义的普遍真理要与中国历史实际相结合。马克思、恩格斯研究各国历史，发现它们之间的共同规律性，提出以经济为基础的社会形态依次嬗递的理论，封建社会就是这些社会形态之一。它属于唯物史观的基本原理，具有普遍性，也是

---

① 《严复文集·政治讲义第二会》（1905年）。

② 我在《"封建"名实析议》一文（载《史学理论研究》2007年第2期）对此有所分析，有兴趣的学者可以参阅。

③ 毛泽东：《同音乐工作者的谈话》（1956年8月24日），载《毛泽东文集》第七卷。

"不应该分中西"的。在社会史论战中，学者们施辩为文，基本上都采用唯物史观的话语体系，没有人提出反对马克思主义关于封建社会的理论（起码表面上是如此），但在如何认识中西社会的共性和特性上却表现出不同的认识路线。在一些学者看来，封建社会只能像西欧中世纪那样，他们不懂得西欧封建社会是共性与个性的共存体，当看到秦汉以后的中国有些不同于西欧中世纪的特点，如是集权而非分权，商业资本较发达，自然经济不那么严格，就认为中国秦汉以后不是封建社会。如果说论战中有西欧中心论，这倒比较像。因为它把西欧封建社会模式绝对化，以此作为认识和判别中国社会性质的唯一标准。马克思主义史学家不是这样，他们承认封建社会可以有不同的表现形式，西欧封建社会既有其普遍性的一面，又有其特殊性的一面，中国的封建社会也应该是共性与个性共存的。秦汉以后的中国社会，既有与西欧封建社会相同的地方，又有与西欧封建社会不同的地方，属于封建社会中区别于西欧的一种类型，而不是不同于封建社会的另一种社会形态。还应该指出，中国共产党人和马克思主义史学家对中国封建社会的认识，不是各自孤立的个人行为，是合成一个群体为认识主体的。不同的研究者在不同时期的不同论著中，各有侧重，有的（有时）强调普遍性，有的（有时）强调特殊性，在研究中也会出现偏颇或彼此不一致的地方，但他们的研究又是相互补充、互相激荡而交融在一起的。作为一个群体，中国马克思主义史学家研究中国封建社会遵循的正是马克思主义的普遍真理与中国历史实际相结合的路线。"封建地主制"理论的形成就是这方面最重要的成果之一。①

中国共产党人和马克思主义史学家对中国封建社会的认识过程的开始，可以追溯到中国共产党的成立以至五四运动前。在那以后很长一段时间，毛泽东同志还没有作关于"古今中外法"的讲话，而我们今天回顾起来，"古今中外法"竟像是为这一认识过程所做的总结。可见，"古今中外法"与马克思主义史学的研究理路存在着某种必然的联系，或者说，运用"古今中外法"进行研究，在某种意义上是马克思主义史学的内在要求。

---

① 参阅参李根蟠《"封建地主制"理论是中国马克思主义史学的重大成果》，《河北学刊》2007年第1期。

三

已故著名经济史家严中平有一个关于经济史研究方法的著名论断——破"四就",立"四新"。所谓破"四就",就是不能就中国论中国,不能就近代论近代,不能就经济论经济,不能就事论事。所谓立"四新",就是要求或者提出新的问题;或者提出新的观点;或者提出新的资料;或者运用新的方法。这是从近代史研究的立场说的。1986 年中国经济史学会成立时,严中平被推举为首任中国经济史学会会长,根据新形势的要求,他对破"四就"作了具体化和拓展性的说明:"必须对外国经济史有相当程度的了解,不能就中国论中国;必须对政治、法律、典章制度乃至社会心理有一定程度的了解,不能就经济论经济;必须对经济发展全过程有所了解,不能就所研究的那个时代而论那个时代;必须重视理论上的提高,不能就事论事。"①

显而易见,破"四就"与"古今中外法"的精神是吻合的:"不能就近代论近代"与"古今"对应;"不能就中国论中国"与"中外"中的"中国和外国"对应;"不能就经济论经济"与"中外"中的"己方和彼方"对应;"不能就事论事"则强调马克思主义的指导和理论的提升。《如何研究中共党史》是毛泽东同志在延安整风运动中的一个内部讲话,没有收入《毛泽东选集》,1980 年才刊登在《党史研究》该年第 1 期上。在当时的情况中,未必有多少经济史研究者注意到它。严中平是否看过这篇文章,不得而知。可以肯定的是:不管严中平是否从"古今中外法"中受到启发,"破四就"是他在马克思主义的指导下长期研究经济史的心得和经验。严中平青年时代就接受了唯物史观,并终生用它指导自己的研究。1943 年,任职于中央研究院社会科学研究所的严中平,编写出版了《中国棉业之发展(1289—1937)》。汪敬虞先生告诉我,新中国成立后进驻社会研究所(即后来的中国社会科学院经济研究所)的军代表称,严中平在抗战时期与延安隔绝的条件下完成的这一著作,与延安马克思主义史学家的研究结论是一致的。严中平成为新中国经济史研究的学术带头人,

---

① 严中平:《在"中国经济史学会"成立大会上的开幕词》,《中国经济史研究》1987 年第 1 期。

成为中国经济史学科奠基者，是顺理成章的事情。我于 1980 年底到经济研究所以后，多次听老同志讲到严老的"破四就"。据我所知，严老在中国经济史学会大会上的讲话，是在经济史研究的一些老同志中讨论过的。因而，"破四就"也可视为经济所老一辈经济史研究者治史经验的总结。它被经济史学界学者所首肯，在某种意义上已成为中国社会科学院经济研究所经济史研究室的"室训"①。

另一位著名的成绩卓著的经济史学家吴承明也说过，经济史研究，"哪怕是个小专题，也要心怀大势。所谓大势即古今中外"②。这是吴承明先生的夫子自道。他学术研究的重要特色是古为今用，洋为中用，融通古今中外，都体现了"古今中外法"的精神。这是他能够在经济史研究中多所开拓和创获的重要原因之一。

20 世纪 80 年代以来，经济史界（以至整个史学界）存在并行不悖的"分"与"合"两种倾向。在学科越分越细、课题越来越专的同时，出现了全方位、长时段综合考察的研究取向。我当时在《中国经济史研究》编辑部工作，分析学术动态、组织学术讨论也是我们的工作之一。我们认为学科细分固然是研究深入的要求，而综合和贯通的研究取向尤其值得注意和提倡。这是因为在全球化过程中，人类物质文明虽然取得巨大进步，环境问题和社会问题却越来越严重，因此经济与环境、资源、人口、社会等协调的可持续发展已经成为世界各国有识之士的共识，综合性的科学研究成为不可抗拒的潮流，不少经济史学者自觉地把经济史研究与环境史、社会史、文化史等结合起来。又，新中国成立以来，历史研究主要是按断代进行的，经济史研究亦大体如此。中国历史悠久，史料浩繁，按断代收集材料和进行研究有其方便之处，事实上，断代史和专门史研究共同为通史研究提供良好基础。但断代研究也有其局限性。历史研究者早就有研究清史的不懂明史叫"清史不明"，研究明史的不懂清史叫"明史不清"的说法。经济史不同于政治史，政治史表现为大量政治事件的堆积，经济史虽然也要研究一些重大事件，但主要是要搞清经济结构、经济形态和经济过程，更需要有中长时段的研究。为此，从 1993 年起的十多年，我们联合各地的学者举办不定期的小型学术研讨会——"经济史论坛"。参加者有

---

① 参看经济所网站对中国经济史研究室的介绍。
② 在 1994 年中国经济史论坛的一次研讨会上的发言。

研究不同断代史和不同专门史的，有研究中国史的，有研究世界史的，也有研究现实经济的。每次就一个共同关心的重大问题进行多学科和长时段的研讨。"经济史论坛"受到学界的欢迎，收到较好的效果，它弥补了不同专业、不同断代研究者各自研究的不足，在一定程度上推进了中国经济史学科的发展。我们这样做的时候并没有与毛泽东同志提倡的"古今中外法"联系起来，我当时并不知道毛泽东同志的这篇文章。直到新世纪初我读到毛泽东同志的文章以后，才豁然开朗，觉得我们的做法是符合"古今中外法"精神的。

这一事例再次说明了"古今中外法"是马克思主义史学的内在要求，不管研究者是否明确采用这个术语和是否自觉到这一点。

四

我国近代意义的农史研究，萌发于 19 世纪初，作为一个独立学科，则形成于新中国建立初期，它是在"整理祖国农业遗产"① 的旗帜下发展的。1955 年 4 月农业部主持召开"整理祖国农业遗产座谈会"，吹响了农史研究的进军号，接着，成立了第一个专业的农史研究学术机构——农业遗产研究室，该室编辑的第一份农史研究的学术刊物亦命名"农业遗产研究集刊"。"整理祖国农业遗产"的口号的提出，显然与毛泽东同志的论述和指示有关。早在 1938 年《中国共产党在民族战争中的地位》一文中，毛泽东就论述了用马克思主义的方法批判地总结和继承我国珍贵的历史遗产的重要性。1939 年《中国革命与中国共产党》指出，中华民族是有"优秀的历史遗产的民族"。历史遗产或称文化遗产，区别于近人所称的"自然遗产"。1940 年的《新民主主义论》，毛泽东又提出"清理古代文化发展过程"，以"发展民族新文化，提高民族自信心"的任务。1942 年在延安文艺座谈会上关于"古今中外法"的讲话虽然是对文艺工作者说的，但继承古代遗产为"今"所用的精神是适合于一切遗产的。而农业遗产正是我国历史文化遗产的重要组成部分。整理祖国农业遗产座谈会的召开和

---

① 早在 20 世纪上半叶（甚至可以追溯到 19 世纪末），面对西方近代农学的引进，为了保存中国传统农学的精华，并使之与西方近代农学相结合，一些有识之士已经着手收集农业历史资料和进行相应的研究，相当于后来的"农业遗产研究"，但没有使用这个概念。

中国农业遗产研究室的成立，得到周恩来总理的关怀和指导，实际上体现了毛泽东主席的思想和意图。这两件事与《全国农业发展纲要》（四十条）的酝酿、制定和颁布基本上同步。提出整理祖国农业遗产的目的，是为新中国农业的发展提供经验和借鉴，也符合毛泽东同志"古为今用"的一贯思想。因此，在某种意义上可以说，新中国的农史学科是在党和政府的扶持下、在"古今中外法"精神的指导下形成和发展的。

在农史学科的发展中，随着研究领域的拓宽，"农业遗产"概念相应有所演进，我们也可以在其中发现它与"古今中外法"的某种联系。

在新中国的前十七年，农业遗产整理的重点是古农书整理校注和传统文献中农业史资料的收集，这方面的工作很有成效，为农史学科的发展奠定了坚实的基础。但"农业遗产"的概念并非只是指古农书和有关文献，而是把农民历代相传的实践经验包括进去的。20世纪50年代农史界的领军人物万国鼎对此给予高度评价，指出由于农民不能像医生那样自己著书立说，他们的宝贵经验能被农书记录下来的只是很少一部分，因此，在整理农书的同时，"必须广泛而深入地调查研究那些世代流传在农民实践中的经验和实践后获得的成就"。①另一位农史界前辈学者王毓瑚也有类似论述。在他们看来，"农业遗产"不但包括已经定格的文献和文物，而且包括仍然活在农民实践中的经验和创造。

这些"活"遗产相当一部分保留在农谚中。农业部1958年开始组织大规模的农谚收集工作，由农业出版社吕平主持整理，从收集的10万余条农谚中归纳并整理为31400余条，编成《中国农谚》上、中、下三大册，这是我国第一部全面系统完备的农谚资料集。②

中国农业遗产研究室负责人之一陈恒力对《补农书》的整理也值得一提。陈恒力是延安时期的老红军，只读过小学，靠自学达到可以整理农书的水平。他和助手王达多次深入《补农书》的"故乡"杭嘉湖地区调查，把农书研究和实地调查相结合，写成了很有特色、很有分量的《补农书研究》，该书至今仍然是研究明清农学史、经济史和江南地方史必读的参考书。这位可敬的老红军开创了农业遗产整理的一种方向。毛泽东同志的

---

① 万国鼎：《祖国的丰富的农业遗产》，《人民日报》1956年8月4日。转引自《万国鼎文集》，中国农业科学技术出版社2005年版，第316页。

② 该书1965年编就，因"文化大革命"的缘故，至1980年才由农业出版社正式出版。

"古今中外法"在延安是广为流传的,陈恒力在延安期间不一定听过毛泽东的有关讲话,但他一定了解毛泽东的有关主张,他的工作直接体现了古今结合、古为今用的精神。

在 1978 年以后,农史研究进入发展的新阶段,农史学科在研究范围、研究资料和研究方法上,都大为拓展。除原有的农书和农业文献外,考古文物成为重要的资料来源,农业考古还发展为专门的研究领域。利用民族志、文化人类学、民俗学和社会调查等"活"材料研究农史也有长足发展。1993 年 11 月,长期从事农谚收集整理的中国农业历史学会副会长吕平同志在农史学会第六次学术交流会上作了《建立农业考现学刍议》的发言。他所说的"农业考现"是受到"农业考古"的启发而提出。可以认为"农业考现"是相对于"农业考古"而言的,但这里的"古"已经不但包括地下文物,而且包括传统文献。"考现"是指发掘、利用、研究传世文献和考古文物之外的存在于"现世"的"活"资料。为什么要"考现"呢?历史是无限延续的,传统和现实不能割断,在现实社会的生产和生活中不乏与传统有关的因素和事物,或者是传统的传承,或者是传统的发展,或者是传统的变异,或者是传统的残片;它们有的表现为实物形态,有的表现为习俗、技艺、谣谚、信仰等。中国幅员辽阔、民族众多,各地区自然环境差异很大、经济政治发展很不平衡,不同社会形态、不同经济类型纷然杂陈,为我们研究历史提供十分丰富和十分珍贵的"活"材料。农史界早有重视"活"遗产的传统,改革开放以后,这一传统又有新发展。"考现学"是在这些实践基础上所做的新概括,是农史学界"农业遗产"概念的一个发展。

吕平同志提出"考现学"时已经年近八秩,他没有来得及把它系统化和具体化就离开了人世。但吕平身后事情的发展却为"考现"提出的合理性、必要性和前瞻性提供了有力的证明。汹涌澎湃的现代化和全球化的浪潮,使各地区各民族的传统文化受到极大的冲击,对生态环境造成严重的损害,威胁着人类的可持续发展,保护生态环境,发掘和继承传统文化的精华,保护人类文化的多样性,已经成为刻不容缓的任务。在这样的背景下,2002 年联合国启动了"全球重要农业遗产"保护项目。如何遴选和确定"全球重要农业遗产"?联合国粮农组织指出,它是"农村与其所处环境长期协同进化和动态适应下所形成的独特的土地利用系统和农业景观,这些系统与景观具有丰富的生物多样性,而且可以满足当地社会经济与文化发展的需要，有利于促进区域可持续发展"。可见，能够入选"全球重要农业遗产"保护项目的农业遗产，是在现实生活中传承和发展的，而不是只存在于历史的。它属于农业遗产中的"活"遗产的一部分。项目的上述要求与中国传统农业的实践及其形成的传统农学的理念是一致的，它说明中国传统农学在现代化过程中仍然有其合理性和生命力，也说明了继续发掘和利用传统农业的"活"遗产十分必要，具有现实意义。"全球重要农业遗产"保护项目的提出，以可持续发展为目标，为保护利用"活"的农业遗产开辟了新的路径，为农史研究的发展提供了新的契机和推力。

作为"考现"对象的"活"遗产，与固化了的文献、文物，共同构成"农业遗产"鼎足而立的三大领域。文献、文物、固态、活态的遗产不是相互孤立的，可以结合起来，互补互证。这不但是研究资料的开拓，而且是重要的研究方法，其意义超越了农史研究的范围。而它的理论根据正是"古今中外法"的"古今相续相涵"和"古今互补互证"。

五

谈到这里，不妨把话题稍为扩展一下。

马克思主义史学和新历史考证学是五四运动以后出现在中国史坛的两个最重要的学派，并先后主导了中国史学，对 20 世纪中国史学的发展影响至巨，给中国史坛留下了珍贵的遗产。新历史考证学派研究理路的重要特点之一，是重视史料的收集和新史料的发掘，强调"新学问"对"新史料"的依存关系。从王国维、陈垣到傅斯年、陈寅恪，治史方法各有特点，共同点是利用各种不同史料相互对勘和比较研究，以鉴别史料的真伪和价值，剔发根据单一的传统文献史料难以显露出来的意义。他们尤其重视考古资料的利用。19 世纪末以来，随着西方近代考古方法和治史观念的传入，甲骨文、汉晋简帛、敦煌文书等考古文物资料相继发现，突破了以前治史单纯依靠传世文献的局面。王国维在实践基础上提出了以"地下之新材料"和"纸上之材料"相印证的"二重证据法"而蜚声史坛，传统史学由此开了新生面。马克思主义史学也非常重视考古材料。郭沫若高度评价王国维的成就，称他为"新史学的开山"。他自己也着力甲骨文、金文的考释，并首次用之于古代社会形态的研究。新中国成立后，考古学备受政府和学界的重视，进入了持续辉煌的黄金时代。

马克思主义史学除了传统文献和考古文物外，还注意民族学等"活"的资料利用。恩格斯执行马克思的"遗言"，利用摩尔根对北美易洛魁人调查研究的成果，"复原"人类的原始社会形态及其向阶级社会的过渡，写出《家庭、私有制和国家的起源》一书。书中称仍然保持某种原始状态的后进民族为"社会的化石"，形象地揭示民族学（人类学）材料对研究人类社会发展历史的重大意义，为学界所广泛传引，影响至巨。由于马克思主义创始人的率先垂范，中国共产党和马克思主义史学家十分重视民族学材料的发掘利用。范文澜热情推荐刘尧汉利用民族调查材料写成的《一个彝族地区底社会经济结构在明清两代迄解放前的发展过程——由奴隶制向封建制过渡之一例》，风趣而耐人寻味地把用以治史的民族学资料比作生机勃勃的"山野妙龄女郎"，认为与她打交道可以打破诸佛菩萨的清规戒律，开创史学研究的新境界，这件事成了新中国史坛的一段佳话①。从20世纪50年代开始，党和国家多次组织大规模的少数民族社会历史调查。在不同领域利用民族学材料治史逐渐蔚然成风。

但经典作家对"活"材料的利用不限于民族学材料，而是包括现实生活中能够帮助我们认识既往社会的所有"活"材料。我们在上文引述过马克思《〈政治经济学批判〉导言》中的一段话对此作了透彻的阐述。马克思是以"资产阶级社会"为例予以说明的。他指出，资产阶级社会存在前资本主义社会的残片和因素包括两类，一类是过去遗留而未及克服的东西，另一类是过去只是胚芽或征兆而现在获得充分发展的东西。这两类东西都可供研究利用，不但可以据此"复原"一些具体事物的历史形态，而且可以"透视一切已经覆灭的社会形式的结构和生产关系"。马克思本人正是这样做的。他研究资产阶级社会，揭示了资本主义剥削的本质是攫取剩余价值，以此反观前资本主义社会，发现古代奴隶制和封建农奴制作为剥削制度本质上也是对生产者剩余劳动的无偿占有，只是占有的方式各不相同。在资本主义制度下，剩余劳动表现为利润；在封建制度下，剩余劳动表现为地租；在奴隶制下，必要劳动和剩余劳动在形式上无法区分，都表现为为主人的无偿劳动。由此可见，"以今证古"，其理至明，其用至大。

---

① 范文澜：《介绍一篇待字闺中的稿件》，《光明日报》1956年5月24日。

在历史研究中利用仍然"活"在"现世"中前代遗物，以前不是没有人主张过，但像马克思、恩格斯那样对此进行全面深入的思考和实践，并在学理上作了透彻阐述的，恐怕没有别人了。这是马克思主义史学独具特色的极其重要的理论方法，为史学研究指出了重要途径和开拓了广阔的前景。其意义是限于古文与古物互证的"二重证据法"无法比拟的。越来越多的马克思主义史学家和受马克思主义影响的学者正沿着马克思主义创始人指引的这条道路继续前进。

20世纪80年代以后，中国史坛又出现了所谓"三重证据法"，这是"二重证据法"的推衍和扩展。它有好几个版本，纸上材料和地下材料之外的第三"证据"，或谓是民族学、民俗学，或谓是文化人类学，或谓是口述史料，或谓是实地调查材料（包括文书、实物和口述等）。它们都属于现世活材料的范畴，这些材料受到人们的重视，无疑与马克思、恩格斯上述理论方法的影响有关。但民族学、民俗学、文化人类学资料只是现世活材料中的一部分，口述史料、实地调查材料则是它们的载体，各种版本的"三重证据法"都没有完整地包容现世"活"材料的全部内容。相比之下，我觉得"考现"一词能够比较完全地包容各种现世"活"材料，能够比较完整地体现马克思主义史学"以今证古"的精神，所以，我倾向于"考古"与"考现"、"固态"与"活态"材料相结合的提法。

以上通过若干具体事例谈我学习"古今中外法"的一些领悟和思考，我的这些认识自然是粗浅的，并非对"古今中外法"的全面解读，更非对马克思主义史学研究方法与路径的全面研究。1942年在延安的范文澜同志学习毛泽东的讲话以后，十分兴奋地写出了《古今中外法浅释》一文，称誉"古今中外法概括了整个唯物辩证法"。我在学习中也深深感到"古今中外法"是建立在对历史发展规律深刻认识的基础上的，为我们的研究提供了开阔的视野和缜密的思路。它和《实践论》、《矛盾论》中所揭示的发现问题、分析问题、解决问题，以及在广泛占有资料的基础上去粗取精、去伪存真，由此及彼、由表及里的研究方法相辅相成，构成完整的体系。这是值得我们深入挖掘的宝库，我们应该更自觉地掌握和运用它。

（原载《史学史研究》2011年第3期，收入本书时作者作了若干补充修改）

中国共产党与历史科学的发展

张剑平

百余年来，中国历史学的发展是中国史学发展史上极为重要的一个阶段，取得了显著的成效，其主要标志是古老的历史学开始具有近代科学的品格，成为中国人文社会科学的一个重要门类，从事历史教学和科研工作成为一种职业，科学的历史知识开始走向普通的大众。百余年来，中国历史科学的发展与中国共产党的重要领导人、党的路线方针政策有着多方面的联系。正确认识和评价中国共产党和历史学发展的关系问题，仍然是学术界值得研究和讨论的重要问题。这里，我们对这一问题予以论述，以纪念中国共产党诞辰 90 周年。

一 中国共产党推动了马克思主义新史学的产生

20 世纪 20—40 年代，是中国历史学走上科学化道路的开始阶段。这期间，大学历史学专业纷纷创建，胡适、何炳松、傅斯年、陈寅恪、李济、梁思成等一些在欧美和日本留学归国的专业史学家、考古学家、建筑学家等纷纷走上大学的讲坛和历史学研究所，北京大学、燕京大学、清华大学等著名大学也培养出顾颉刚、罗尔纲、吴晗等一批年轻史学家。在广大史学家的共同努力下，考古学和中国古代史、社会经济史等门类的研究取得了显著成效。作为"新史学"的一个重要流派，马克思主义历史学也在这三十年间逐渐发展起来，并在中国通史、中国古代史、中国思想史、中国近现代史和革命史等方面取得了显著成效。中国马克思主义历史学的产生和发展，是中国新民主主义革命发展的直接产物，这其中也凝结了中国共产党人的心血和智慧。

在反帝反封建的革命洪流中，一些中国共产党的重要领导人和知识分子逐渐聚集在马克思主义历史学的旗帜之下。李大钊、李达、蔡和森、恽代英、瞿秋白等中共早期重要领导人，为马克思主义在中国的进一步传播、马克思主义历史学的创立做出了开拓性的贡献。五四运动前后，李大钊在北京的几所大学讲堂和有关刊物发表演讲和文章，大力宣传马克思主义学说，提倡用唯物史观理论为指导创建新的历史学。1922 年，李达等创办的人民出版社制订了"马克思主义丛书"出版计划，翻译和出版了一些介绍马克思主义的著作。随后，李大钊、李达等与胡适、梁启超、张东荪等各种反马克思主义的思潮展开了论战，马克思主义在中国得到进一步的传播。李大钊的《史学要论》，李达的《女权运动史》、《社会学大纲》，蔡和森的《社会进化史》、《中国共产党史的发展》，瞿秋白的《社会科学概论》、《中国共产党历史概论》，恽代英的《中国民族革命运动史》等著作，开辟了中国马克思主义史学发展的新道路。1927 年"大革命"失败后，在探讨中国革命发展道路的艰辛历程中，在社会史大论战中，中国马克思主义历史学进一步发展起来，郭沫若、吴玉章、吕振羽、翦伯赞、何干之、侯外庐、华岗、邓拓等一批接受马克思主义的知识分子和革命者，在这一时期走上了马克思主义历史学的研究道路。中国现实社会的苦难，促使郭沫若由一个"泛神论"的自由主义者，投身到轰轰烈烈的北伐战争之中，"大革命"失败后，郭沫若走上了历史研究的道路，1930 年出版了《中国古代社会研究》这部马克思主义历史学的开山著作。1928 年 12 月，吴玉章和林伯渠合作，在苏联莫斯科中山大学撰著了三万字的《太平天国革命以前中国经济、社会、政治的分析》这一重要历史学论文，并为共产国际执委会写了十余万字的《八一革命》报告，系统回顾和总结了"大革命"的历史，这些都推动了中国马克思主义历史学的发展。20 世纪 30 年代，"唯物史观"作为学术新思潮，在中国学术界产生了广泛的影响。受中国社会史大论战的影响，在美国学习经济学的翦伯赞，在日本学习经济学的吕振羽、何干之，相继转而研究历史。在德国翻译《资本论》的侯外庐，转而从事中国古代思想史的研究。华岗在从事革命运动过程中，撰著了《中国大革命史》。在毛泽东、周恩来为代表的中国共产党人的大力支持和鼓励下，抗日战争时期，马克思主义历史学在延安和重庆都有了很大的发展。范文澜、郭沫若、吕振羽、翦伯赞、侯外庐等在中国通史、中国古代史、中国近代史、中国思想史等领域，都出版了具有鲜明的马克思主义特色和具有较高学术价值的论著。这一时期，尹达、田家英、刘大年、胡华、胡绳等也逐步成长为马克思主义历史学家。新中国成立前夕，中国马克思主义史学家队伍已逐步形成，马克思主义历史学在中国古代史、思想史、中国近代史和中共党史等领域都有了自己的地位。

为了进一步探讨中国革命的发展道路，毛泽东撰著了《中国革命与中国共产党》、《新民主主义论》等重要论著，明确表达了中国共产党人关于周秦以来中国封建经济制度和政治制度的特点，农民战争对历史的巨大推动作用，中国近代半殖民地半封建社会的基本矛盾和特点，中国新民主主义革命的对象、任务、动力、性质和前途，以及中国近代的各个阶级和他们与中国革命的关系等重大问题。毛泽东为首的中国共产党人明确指出："中华民族的发展（这里说的主要是汉族的发展），和世界上别的民族同样，曾经经过了若干万年的无阶级的原始公社的生活。而从原始公社崩溃，社会生活转入阶级生活那个时代开始，经过奴隶社会、封建社会，直到现在，大约有了四千年之久。""中国自从脱离奴隶制度进到封建制度以后，其经济、政治、文化的发展，就长期的陷在发展迟缓的状态中。这个封建制度，自周秦以来一直延续了三千年左右。""地主阶级这样残酷的剥削和压迫所造成的农民阶级的极端的穷苦和落后，就是中国社会几千年在经济上和社会生活上停滞不前的基本原因。封建社会的主要矛盾，是农民阶级和地主阶级的矛盾。""地主阶级对于农民残酷的经济剥削和政治压迫，迫使农民多次的举行起义，以反抗地主阶级的统治。……中国历史上的农民起义和农民战争的规模之大，是世界历史上所仅见的。在中国封建社会里，只有这种农民的阶级斗争、农民的起义和农民的战争，才是历史发展的真正的动力。""自从一八四〇年的鸦片战争以后，中国一步一步地变成了一个半殖民地半封建的社会。……中国封建社会内的商品经济的发展，已经孕育着资本主义的萌芽，如果没有外国资本主义的影响，中国也将缓慢的发展到资本主义社会。外国资本主义的侵入，促进了这种发展。"[①] 毛泽东关于中国历史的上述论断，奠定了中国马克思主义历史学的理论基础，标志着中国马克思主义史学理论的创立。这些理论认识以后逐渐被贯彻在马克思主义历史学论著之中，也极大地推动了中国马克思主义历史学的发展。在延安整风运动中，毛泽东率领党的高级干部系统研究和讨论中国共产党的历史，出版了《六大以来》、《六大以前》等重要的大

---

① 中共中央文献研究室编：《毛泽东选集》，第 622—626 页。

型历史文献，毛泽东发表了《如何研究中共党史》重要报告，经过广泛深入的讨论和研究，在党的六届七中全会上，最终形成了《关于党的历史问题的若干决议》这部在中共党史学发展史上具有里程碑意义的重要文献。延安时期，毛泽东为代表的中国共产党领导人关于中国历史的上述基本认识，他们所强调的历史研究的马克思主义的阶级分析和矛盾分析以及要注意历史的相互联系的研究方法，他们所主张的批判地继承历史遗产的原则，以及在整风中所形成的党的重要历史文献，极大地推动了中国马克思主义历史学的发展。

　　长期以来，历史知识仅仅局限于少数知识分的狭小圈子里，20世纪初，历史学作为一门学科走进了中国大学的讲堂。在抗日战争中，中国共产党人将历史知识的学习作为学习运动的重要内容，提出要对中国历史开展全面系统的研究，要继承从孔子到孙中山这笔重要的历史遗产，这极大地推动了马克思主义历史学的发展。在1938年10月召开的中共中央六届六中全会上，毛泽东明确提出："指导一个伟大革命运动的政党，如果没有革命理论，没有历史知识，没有对于实际运动的深刻了解，要取得胜利是不可能的。""学习我们的历史遗产，用马克思主义的方法给以批判的总结，是我们学习的另一任务。"① 在延安异常艰苦的生活环境中，在毛泽东和中共中央宣传部的大力支持下，范文澜写出了《中国通史简编》、《中国近代史》（上编），毛泽东指出中国共产党人从此对于历史有了自己的发言权。在延安，中共中央在马列学院和中央研究院先后设立了历史研究室、中国历史研究室，范文澜、尹达等就中国古代社会分期问题在《中国文化》上发表文章展开讨论，尹达出版了自己的考古学著作《原始社会史》。张闻天、陈昌浩、杨松、邓力群在延安干部教育和理论宣传中，从事中国近现代革命运动史的研究，编著出版了《中国现代革命运动史》、《近代世界革命史》、《中国近代史参考资料》等著作。吕振羽从重庆、苏北辗转到延安，毛泽东对其历史研究工作也给予鼓励和大力支持，延安重印了他的《中国政治思想史》，《解放日报》发表了他的"中国历史讲话"系列文稿。在延安，郭沫若的历史剧《屈原》、《虎符》等多次上演，他的《甲申三百年祭》被毛泽东列为整风文献，在《解放日报》连载并出了单行本。在延安干部历史教育中，中国革命史、中共党史、联共（布）党史，

---

① 中共中央文献研究室编：《毛泽东选集》，第533页。

是各级领导干部必须学习的课程。在华北革命根据地，华北联大、华北大学、北方大学等，都设立了专门的历史研究和教学单位，吴玉章、范文澜、何干之等著名历史学家，为推动历史研究和培养马克思主义史学家队伍做出了巨大的贡献。在中央的大力支持下，史学工作者和文艺工作者经过努力，创作了新编历史剧《逼上梁山》、《三打祝家庄》，郭沫若的《甲申三百年祭》也被改编为历史剧，这些历史剧的上演，既增加了广大党员干部和士兵的历史知识，也对他们进行了深刻的思想教育。正是由于中国共产党人重视历史的学习和研究，抗日战争和解放战争时期，中国马克思主义历史学有了很大的发展，历史知识得以普及，并为培养广大党员干部的革命的理想和人生观发挥了极其重要的作用。

新中国成立前，在中国历史学界，虽然占主导地位的仍然是国民党政府把持的著名大学和研究院所，"实证派史学"处于主流的地位，但在中国共产党人的倡导和大力支持下，马克思主义历史学作为新史学的重要流派已经在中国史坛崛起。

二 中国共产党与新中国历史学的发展

新中国成立后十七年，与哲学社会科学其他学科一样，历史科学有了突飞猛进的发展，取得了辉煌的成就。这些成就的取得，与党的正确的领导、党和政府的大力支持，是密不可分的。

新中国成立前夕，在政治协商会议上通过了具有宪法性质的《共同纲领》，其中第五章第44条规定：提倡用科学的历史观点，研究和解释历史、经济政治和国际事务，这为新中国历史学的发展指明了方向。1953年，中共中央成立了"中国历史问题研究委员会"，9月21日召开第一次委员会议，决定在中国科学院近代史研究所的基础上，组建三个历史研究所，创办《历史研究》杂志，这又从组织方面进一步推动了新中国历史研究队伍的形成和发展。新中国成立后，在党和政府的大力支持下，在中国史学会的推动下，历史学教学科研队伍重新组建。1949年7月，中国新史学研究会筹备会成立，1951年正式创建了"中国历史学学会"，著名的马克思主义史学家郭沫若、范文澜、吴玉章、翦伯赞等担任主要领导人，学会提倡以马克思主义理论为指导开展历史科学的研究。

1949年底，中国科学院一成立，就设立了近代史研究所、考古研究所。1954 年和 1964 年，又先后建立了古代史研究所和世界历史研究所。科学院的历史研究机构，在推动新中国历史学科的发展过程中，发挥了重要的排头兵的作用。1955 年 6 月，经国务院批准，中国科学院实行学部和学部委员制度，哲学社会科学学部是当时的四大学部之一。尹达、王亚南、向达、吴玉章、吴晗、吕振羽、李亚农、李达、杜国庠、侯外庐、胡乔木、胡绳、范文澜、夏鼐、陈伯达、郭沫若、陈垣、陈寅恪、陈翰笙、冯友兰、刘大年、翦伯赞、邓拓、郑振铎、嵇文甫等著名史学家、考古学家、经济史专家、哲学史专家任哲学社会科学部学部委员，著名历史学家郭沫若、范文澜、翦伯赞、尹达、向达被推举为哲学社会科学部常务委员会委员。① 历史学各研究所也实行学术委员制度，翦伯赞、吴晗、何干之、胡绳、黎澍、田家英等一些著名史学家被聘为各研究所的学术委员。1956 年，成立了国务院科学规划委员会，刘大年担任中国科学院哲学社会科学规划办公室主任，出席了全国科学规划工作会议，郭沫若、范文澜、翦伯赞等许多著名史学家参与了"十二年社会科学远景规划"的制定工作。同年，中国科学院组成了以郭沫若为首的中国历史教科书编辑委员会，由郭沫若、陈寅恪、陈垣、范文澜、翦伯赞、尹达、刘大年七人组成了中国历史教科书编审小组。② 1958 年 2 月，国务院科学规划委员会又聘请了何干之等著名史学家担任历史学科规划组成员。国务院科学规划委员会除了制定了"十二年哲学社会科学规划"之外，经常就哲学社会科学发展的重大问题展开讨论，对推动学科的发展也作出了重要贡献。1951 年 6 月，国家实行新的研究生招生制度。1956 年，仿照苏联实行了副博士研究生制度，中国科学院和一些师资力量雄厚的高校都招收了副博士研究生。如中国科学院历史研究所第二所，贺昌群、唐长孺、邓广铭、陈乐素分别招收隋唐史、宋史方向的研究生；冯家升、傅乐焕指导辽金史及维吾尔族、满族方向的研究生；陈垣、翁独健、韩儒林、吴晗、郑天挺分别招收元、明、清方向的研究生；侯外庐、向达分别招收中国社会思想史、中西交通史方向的研究生；此外，侯外庐和白寿彝共同招收中国社会经济史方向的副博士

---

① 参见《人民日报》1955 年 6 月 4 日，1955 年 6 月 11 日；嵇文甫为 1957 年增聘学部委员，参见《光明日报》1957 年 5 月 31 日。

② 中国社会科学院科研局组织编选《刘大年集》，中国社会科学出版社 2000 年版，第 466 页。

研究生。① 20 世纪 50 年代中期，国家派出了一些赴苏联的留学生，他们中的一些人对于中国世界史学科的发展做出了突出的贡献。后来所谓的"史学革命"打乱了研究生的招生，1962 年国家又恢复了研究生招生制度，科学院和一些高等院校著名史学家招收了一批历史学的研究生和进修教师。

经过 1952 年全国的院系调整，到 1955 年底，全国 14 所综合大学和 43 所师范学院，都设立了历史系，开展历史教学和科研工作。从事历史学教学的教师和研究生从 1953 年的不足 500 人发展到 1962 年的 10000 余人。为了建立新中国科学的历史教学体系，在高教部和中宣部领导和支持下，史学工作者多次就历史学教学大纲展开讨论。1956 年 7 月 5—15 日，高教部召开高等学校文史科教学大纲审定会，160 多位专家学者根据"百家争鸣"的方针展开讨论，这次会议对高等学校的中国古代史、中国近代史、亚洲史、世界史教学计划和教学大纲展开讨论，特别是对中国古代史和近代史的分期问题进行了深入的研讨，确定了综合大学历史学教学大纲。② 1956 年 4 月 9—12 日，教育部召开师范院校历史系（科）中国古代史及中世纪史教学大纲座谈会，会议就如何处理中国历史上奴隶社会与封建社会的分期和封建社会的内部分期问题，以及民族问题、大纲编写体例问题等交换了意见，达成了一些基本共识。③ 同年 8 月 6—18 日，教育部委托北京师范大学主持高等师范学校教学大纲讨论会，审定了文史系科 20 种科目的教学大纲。1961 年，中共中央书记处书记的邓小平，决心纠正 1958 年"教育革命"以来高等教育的混乱局面，在中宣部常务副部长周扬领导下，决定组织各学科专家编写一批高水平的文科教材。3 月，由中宣部发起的文科教材编写会议预备会在北京举行，翦伯赞、周一良、齐思和、邓广铭、杨向奎、黎澍、陈翰笙、白寿彝、郑天挺、杨生茂、田珏等参加了历史组的会议，历史组确定以翦伯赞为组长，尹达、郑天挺、周一良为副组长。这次会议拟定了历史专业教学方案，对历史专业的培养目标、课程设置、时间安排及学生阅读书目，都仔细予以推敲，充分听取代表意见，经过充分讨论，最后下发全国。会议确定的历史教材编选计划有：《马克

---

① 参见《光明日报》1956 年 8 月 25 日第 4 版广告。

② 《全国综合大学一百多位文学史学专家根据百家争鸣的方针审定教学大纲》，《人民日报》1956 年 7 月 24 日。

③ 《教育部召开师范院校中国古代史及中世纪史教学大纲讨论会》，《历史研究》1956 年第 7 期。

思主义经典作家论历史科学》（黎澍主编）、《史学概论》、《中国史稿》（郭沫若主编）、《中国通史简编》（范文澜主编）、《中国史纲要》（翦伯赞主编）、《世界通史》（周一良、吴于廑主编）、《中国历史文选》（周予同主编）、《中国史学名著选》（郑天挺主编）、《外国史学名著选》（吴于廑主编）、《中国史学史》（白寿彝、吴泽主编）、《外国史学史》等。为了增强学生古文献阅读能力，决定编写《中国通史参考资料》（翦伯赞、郑天挺主编，共八册）、《世界通史参考资料》（周一良、吴于廑主编）以及《中国史学名著选读》六册（《左传选》、《史记选》、《汉书选》、《后汉书选》、《三国志选》、《资治通鉴选》）。到 1966 年"文化大革命"前，上述教材及其参考书陆续出版，这极大地推动了历史学科的建设和发展。

针对范文澜、郭沫若对于中国古代史分期问题的重大分歧意见，毛泽东提出学术上要开展"百家争鸣"，并将这一方针作为《历史研究》办刊的指导原则，这极大地推动了历史研究工作的开展。在郭沫若、范文澜、翦伯赞、侯外庐、邓拓、胡绳等著名史学家的推动下，史学界很快展开了中国古代史分期、中国近代史分期、中国封建土地所有制的性质问题、中国资本主义萌芽问题、汉民族的形成问题等重大历史问题的讨论。据学者统计，到 60 年代，史学界围绕古史分期问题发表文章 300 余篇、土地所有制问题文章 150 余篇，资本主义萌芽问题发表文章 200 余篇，而围绕农民战争问题的讨论的文章多达 2300 余篇[①]，各个重大专题都出版了论文集或者学者个人的专著，这极大地推动了历史研究的开展，为马克思主义历史学主导地位的确立奠定了坚实的学术基础。在中国史学会和中国科学院等多家单位共同努力下，历史资料的整理工作也取得了显著成效，如大型资料集《中国近代史资料丛刊》、《中国近代经济史参考资料》，"二十四史"和《资治通鉴》的标点注释工作，《中国历史地图集》的撰著工作等，都取得了显著成效。

新中国历史学发展也历经曲折，最为突出的是现实政治运动对历史学发展的影响。由于我们过分地强调"古为今用"、历史为政治服务，历史研究与现实社会之间的冲突也时常发生。新中国成立不久，就粗暴地展开了对电影《武训传》的批判，以后在胡适思想批判时，将史料当做资产阶级学风予以简单否定。对马克思主义的理解和运用也有不熟练和"教条

① 参见周朝民等著《中国史学四十年》，广西人民出版社 1989 年版，第 29—38 页。

化"的缺陷，为了突出劳动人民的地位，有人对历史上的帝王将相采取了
全盘的否定；将阶级观点作为马克思主义的主要内容或唯一内容，导致了
阶级分析的贴标签和非历史主义思潮的泛滥；将五种社会形态学说当做铁
的定律，结果对中国历史发展的复杂性缺乏深刻的认识和理解。在社会主
义革命和社会主义建设中，面对复杂的国际国内形势，由于缺少经验，党
的指导方针的失误也影响到历史学的正常发展。如"反右"的严重扩大
化，严重挫伤了向达、雷海宗、陈梦家、荣孟源等具有爱国情怀和积极要
求进步的著名历史学家；1958 年"大跃进"影响之下的所谓的"史学革
命"，对陈寅恪等史学家展开粗暴的批判；1959 年到 1960 年，对尚钺等史
学家的所谓"修正主义"思想展开批判。特别是 1963 年之后，在阶级斗
争形势的影响下，对翦伯赞的历史主义观点、罗尔纲的李秀成"伪降说"、
吴晗的《海瑞罢官》等展开了粗暴的政治批判，最终导致了"文化大革
命"的爆发，中国历史学遭受了灭顶之灾。"文化大革命"初期，大学停
止了招生，研究人员绝大部分脱离了正常的研究工作，翦伯赞、吴晗、何
干之等著名史学家遭受残酷的迫害相继离开人世，郭沫若、范文澜也处境
艰难。"文化大革命"中后期，在周恩来、邓小平的努力下，极"左"思
潮在一定范围内得到了遏制，随着一批"工农兵"学员进入大学，教学和
科研工作逐渐恢复，在毛泽东、周恩来的亲自过问下，"二十四史"和
《清史稿》的标点以及《中国历史地图册》的编著工作得以恢复，白寿
彝、谭其骧等著名史学家重新开始了工作；1975 年，遭受残酷迫害的吕振
羽、侯外庐等史学家也得以解放；《考古》和《历史研究》杂志复刊。但
在"四人帮"和"左"倾路线影响下，正常的历史研究工作仍然难以进
行，在评法批儒政治运动影响下，"影射史学"这一极"左"政治的化身
出现在新中国的史坛。这一时期，马克思主义被肆意歪曲，历史成为现实
阶级斗争的化身，历史学的科学性被严重践踏。

三 新时期中国历史学的新发展

十一届三中全会之后，随着党的"实事求是"思想路线的重新确立，
中国开始了以经济建设为中心的新时代。新时期中国历史学突飞猛进的发
展，与我们所处的和平的建设环境，与党的第二代和第三代人的理论指
导，与党和政府的大力支持是密不可分的。

经过广泛深入的讨论，1981 年 6 月，通过了《关于建国以来党的若干历史问题的决议》，这标志着中国共产党人对毛泽东的历史功绩和过失以及新中国成立三十多年的历史作出了科学的总结，这部决议对于中国近现代历史和中共党史的研究和发展具有重要的理论指导作用。结合中国近现代历史，邓小平多次强调坚持马克思主义、坚持社会主义的必要性和重要性。江泽民总书记在 1995 年的一次讲话中说："讲学习，历来十分重要。我们这个国家和民族，自古以来就以重视学习、讲究学问之道而著称于世。我国历史上出现了许多有作为的政治家、志士仁人和著名学者，他们的建树都是同勤于学习、具有丰富的知识分不开的。今天你不学习马克思列宁主义、毛泽东思想和邓小平建设有中国特色社会主义理论，不学习历史知识、经济知识和其他科学文化知识，你的思想理论水平和精神境界怎么提高，怎么能防止发生错误和失误？"[①] 1996 年夏天，中央政治局先后邀请 8 位著名历史学家到中南海作报告，并将这些报告的内容作为文件印发县团级以上干部学习。2004 年中央启动了马克思主义理论建设重大工程，为了加强大学生的历史学素养，培养他们的爱国情操，在大学生中开设了《中国近现代史纲要》和《毛泽东思想及中国特色社会主义理论》思想政治理论课。2009 年，马克思主义理论建设工程历史学教材《史学概论》也率先出版，其他教材也将陆续问世。2009 年 9 月颁布的《中共中央关于加强和改进新形势下党的建设若干重大问题的决定》明确提出：加强思想道德建设，加强党的优良传统教育，加强中华优秀文化传统教育，引导党员、干部带头弘扬以爱国主义为核心的民族精神和以改革创新为核心的时代精神，自觉践行社会主义荣辱观，培养高尚道德情操和健康生活情趣，保持昂扬奋发的精神状态。明确规定，将《中共党史》纳入党校、行政学院、干部学院的教学体系之中；组织编写适合领导干部、党员、群众、大中小学生等不同对象阅读的党史教材和读物；要扩大党史宣传，普及党史知识。这些对于历史学科的发展都有直接的促进作用。

新时期以来，党和政府为历史学科的发展也做了大量的组织和推进工作。1977 年 5 月，中国社会科学院成立，经过一系列的准备，1978 年各项工作逐步开展起来。1977 年恢复高考制度，1978 年研究生也开始招生，到 1980 年，全国高校历史学专业学生达到 15000 人，1981 年，第一批研

---

① 《江泽民文选》第一卷，第 483—484 页。

究生毕业。20世纪80年代培养的硕士、博士研究生，不少人现在都成为各领域的学术领军人才。90年代后期，国家加大了博士研究生培养的力度，一大批具有博士学位的史学工作者走上了教学和科研岗位，目前，省级以上高等学校教师和科研队伍，基本上实现了博士化，这些受过更好的专业训练的博士们正在为推动中国历史学各个领域的进一步发展发挥着重要的作用。1978年，国家开始制定哲学社会科学发展规划，1979年3—4月，历史学、世界历史、考古学学科发展规划讨论会相继举行，历史学"六五"和"七五"发展规划相继制定和启动。1979年，各专业史学会如雨后春笋般纷纷成立，1980年中国史学会正式恢复。到1979年底，全国22个省的史学会得以恢复和组建，并且新建了45个专门的研究会，成立了38个史学研究机构，84所院校建立了历史系、政史系、历史研究室，另外还建立了17个专门的历史研究所或研究室。① 80年代初期，国家启动了新一轮的地方志编修工作，目前全国各省市县的地方志编修已经完成，出版了数量巨大卷帙浩繁的地方志，这也为地方历史、经济、文化、社会的研究提供了丰富的资料。与此同时，国务院专门成立了古籍整理领导小组，许多大学成立了古籍整理研究所，古籍整理和出版工作取得了显著的成效。新时期以来，考古和博物馆事业也有了很大的发展，重大考古发现层出不穷，每年评出的"十大考古发现"振奋人心。新时期以来，国家为历史学科的发展也投入了大量的财力支持。90年代末期和新世纪，国家先后启动了"夏商周断代工程"、"中华文明探源工程"、"大型清史编撰工程"重点科技攻关项目，每个项目投入数亿元资金予以支持，通过这些项目，对近百年来的考古学和清代历史文献及其研究成就予以系统梳理和研究，现在这些重大工程已经初见成效，这对于历史学科的发展具有极其重要的推进作用。现在，国家"六五"、"七五"以来的重大历史研究项目的成果也纷纷问世，如白寿彝教授主编的十二卷本大型《中国通史》、六卷本《中国史学史》，中国社会科学院历史研究所、经济研究所等单位承担的《中国经济通史》，北京大学历史系马克垚教授主编的《世界文明史》，李新等主编的《中国新民主主义革命时期通史》，中国社会科学院白钢主编的《中国政治制度史》，张海鹏主编的多卷本《中国近代通史》，吴于廑、齐世荣主编的6卷本《世界通史》，武寅主编的38卷本《世界

---

① 参见《中国历史学年鉴》（1979），人民出版社1981年版，第341—351页。

史》等，这些重要成果的出版，使得中国历史学研究的面貌大大改观，标志着历史学发展到一个新的阶段。

新时期国家的改革开放政策，学术研究的"百家争鸣"方针，对于历史学的发展也发挥了重要的推进作用。改革开放极大地推动了中外的学术交流，20世纪80年代初，美国的黄宗智、德国的罗梅君等外国学者相继到中国调查、访学，这成就了他们的学术事业。一批中国学人在封闭多年之后也走出国门，北京大学的罗荣渠教授、罗志田教授，清华大学的李伯重教授、张国刚教授，四川大学的何平教授，华东师范大学的朱政惠教授等诸多学人，在学术上之所以能取得骄人的成绩，皆得益于同国外的学术交流。目前，全国各科研院所、著名大学，都有一批具有国外学术经历的学者。中外学术交流非常频繁，各种类型的国际学术讨论会不断，这些也得益于我们的开放政策。"百家争鸣"是推进学术发展的重要方针，2011年2月刚刚故去的著名历史学家何兹全先生对此深有感触，他在晚年的回忆录中说："1978年后，学术界又活跃起来，各种学会恢复活动，常常召开各种类型、各种问题的学术讨论会。印象深的是1978年10月，在长春举行的'中国古代社会分期讨论会'。会开得很热烈。知识分子寂寞了多年，开始又能畅言，且又是个热门话题，无不热烈发言，各抒己见。……我在会上作了'魏晋之际封建说'的发言。大家都能畅所欲言地讨论。"① 在改革开放的和平环境中，中国历史学不断开拓进取，目前，历史学科辖下的8个二级学科，即史学理论与史学史、中国古代史、中国近现代史、世界历史、历史地理学、历史文献学、专门史、考古学及博物馆学，都有了突飞猛进的发展。现在，省一级的高等学校，大部分都获得了历史学一级学科博士学位授予权。在新时期，原来曾被忽视的社会史、文化史、环境史成为历史研究的热门领域。中国近现代史学科，中华民国史、抗日战争史、中华人民共和国史等领域的研究取得了显著的成效，一些过去被视为禁区的领域也得到了学者的充分关注，历史研究空白不断得到弥补，历史研究视野不断扩大，多学科的交叉成为历史学发展的新趋势。这些都显示出历史学科在新时期出现了欣欣向荣的局面。

---

① 何兹全：《爱国一书生》，华东师范大学出版社1997年版，第340—341页。

四　应正确认识和评价中国马克思主义史学

五四运动前后，在西方多种社会政治思潮面前，一部分先进的知识分子，选择了马克思主义，成立了中国共产党。为了使贫穷落后的国家走上繁荣富强的道路，摆脱黑暗、专制和受奴役的悲惨境界，无数革命先烈前赴后继，在中国共产党的领导下，中国人民经过轰轰烈烈的艰苦卓绝的斗争，最终赢得了新民主主义革命的胜利，建立了新中国。历史选择了马克思主义、选择了中国共产党、选择了社会主义道路。在 20 世纪这一伟大的历史进程中，中国马克思主义史学作为新史学的一个重要流派，不断发展和壮大，逐渐成为中国历史学的主流。马克思主义史学是中国近现代社会历史和学术发展的必然产物。正确认识和评价马克思主义史学及其成就，既是中国近现代史学研究的重要问题，也是关系到中国历史学未来发展的重大问题。在对马克思主义史学评价方面，有学者认为，在 1979 年以前，中国史学家探讨的问题多是从意识形态出发的"假问题"；也有人认为，马克思主义史学本质上是一种典型的"党派史学"，是政治与学术合法结合所产生的非理性的"怪胎"。进入 20 世纪 90 年代之后，肆意贬低马克思主义史学的科学性，大肆抬高民国学术大师的倾向也在蔓延，有人主张回到傅斯年。这些观点，很值得学术界进一步讨论。

不可否认，中国马克思主义史学与中国共产党人有着千丝万缕的关系，从事马克思主义史学研究的人，有相当一部分也是共产党员。但是，将马克思主义史学称作"党派史学"，是非理性的"怪胎"，是站不住脚的。因为，马克思主义史学是指以马克思主义理论和方法从事历史学研究，或者说，历史学研究成果中包含着马克思主义的立场观点和方法。中国马克思主义史学，虽然是 20 世纪中国政治、思想文化的产物，与中国共产党人也存在着千丝万缕的联系，但它决不是史学与政治结合的非理性的"怪胎"，它的科学性是不可否认的。新中国成立后不久，在中国史学会成立大会上，吴玉章就强调应该根据实事求是的精神对历史材料作科学的研究，范文澜、翦伯赞也曾检讨自己过去著作中的"非历史主义"观点。1959 年之后，面对"史学革命"中出现的非历史主义思潮，吴玉章、范文澜、郭沫若、翦伯赞、吴晗等著名历史学家挺身而出，强调历史研究要有科学的态度，强调历史主义的原则，反对片面地否定历史上的帝王将相，反对片面的阶级观点，反对把一部中国历史变成农民战争史，他们真正代表了中国马克思主义历史学发展的正确方向，体现出马克思主义史学的科学品格。在 20 世纪五六十年代，范文澜修订的《中国通史简编》，内容更为丰富，并以其材料充实和文笔优美，受到了社会各界的喜爱；侯外庐的《中国思想通史》、翦伯赞主编的《中国史纲要》等著作，也具有很强的科学性。中国史学会编辑的《中国近代史资料丛刊》，中国科学院经济研究所等单位编辑出版的《中国近代经济史参考资料》，在材料的选择方面有自己的倾向性，但是，尽量保留历史的原貌是各部资料的显著特点，这些大部头资料的科学性也显而易见。新中国马克思主义史学也不是总是在"党派史学"的政治下发展的，正是由于历史研究的内容和现实阶级斗争的矛盾冲突，最终，翦伯赞、吴晗、侯外庐，包括郭沫若、范文澜等著名史学家，在"文化大革命"中都受到了批判和冲击。不可否认，由于过分强调"古为今用"、"历史为政治服务"，在"以阶级斗争为纲"的年代里，在"文化大革命"后期，在批林批孔政治运动中，确实出现了"影射史学"这一政治与史学相结合的怪胎，但"影射史学"绝非马克思主义史学，而是打着马克思主义和历史学招牌的极"左"政治的化身，它的突出特征是将历史和现实随意的联系和比附，大肆歪曲和根据政治需要改铸历史。粉碎"四人帮"之后，中国历史学界对"影射史学"展开了深入的批判，并将其抛进了历史的垃圾堆。

从推进中国历史学的科学化方面，提出意识形态与史学的关系问题，具有重要的意义。但是，要求历史学绝对摆脱意识形态的影响，将意识形态与历史学的科学性相对立，显然是难以成立的，在任何国家都是难以行得通的。将意识形态影响下历史学界曾经讨论的问题一律称为"假问题"，也具有很大的片面性。问题的关键，不在于历史研究是否受到意识形态的影响，而在于意识形态影响下的历史研究成果是否站在科学的基础之上，是否是科学的论断，是否具有科学性。"文化大革命"是在"阶级斗争"观念影响之下爆发的，将一部中国历史歪曲为路线斗争、阶级斗争和农民起义的历史，这最终葬送了中国的马克思主义历史学。新时期，国家以经济建设为中心，告别了坚持多年的"阶级斗争"观念，这是时代和历史的进步。从现实"以经济建设为中心"的观念出发，有些人对中国历史上的革命提出了严厉的指责，提出了"告别革命"，也有学者认为过去的历史研究是从革命的意识形态出发，写出的历史是片面的革命史，提出"告别战时时代"，这同样也是以现实比附历史，具有很大的片面性。不可否认，将一部丰富多彩的中国历史弄成革命史、农民战争史，无疑具有很大的片面性。新时期中国社会史、思想文化史等领域的突出成就，使得中国历史学的面貌发生了很大的改观，丰富多彩的历史逐步展现在人们面前。但是，我们不能由此否定中国历史上的革命，否定中国革命历史，否定革命史学，更不能将"革命"与历史上的"改革"、"改良"相对立。因为，"革命"是中国历史发展的极其重要的方面，中国古代历史上的农民战争，中国近代历史上反帝反封建的革命，对于中国历史的发展都产生了重要的影响，革命史是中国马克思主义历史学的重要方面。不可否认，早期马克思主义史学理论及其著述不少具有过分强调"革命"、局限于"革命"的历史局限性，但是，它们的科学性是不可否认的。

傅斯年等学者为中国近代历史学的发展做出了突出的贡献，他强调历史研究要重视材料，"有一份材料说一份话，有十份材料说十份话，没有材料不说话"，他主持的中央研究院，在艰苦的环境下，为推动中国历史学的发展做出了重要的贡献。新中国成立后，由于政治信仰的巨大差异，由于马克思主义史学和传统的考据方法的明显区别，我们曾简单地将历史考据的方法称为资产阶级的方法，对这批史学家的成果也采取了简单否定的态度，这显然是错误的。新时期历史学界竭力纠正"以论代史"的恶劣学风，纠正历史学界的空疏学风，强调重视历史材料，对民国时期的史学大师也做出了公正的评价，这是历史学发展的反映，但是，也出现了新的偏向。一些学者大肆抬高民国时期的史学大师，对郭沫若、范文澜为代表的中国马克思主义史学家及其学术成果采取了简单的否定和排斥的态度，这实际上又走向了另一个极端。强调历史研究要重视材料，本身没有问题，因为历史学首先是一门实证性的科学。但提出"回到傅斯年"，实际上与20世纪80年代初的"回到乾嘉去"，没有多大区别，都是极端片面的认识。不可否认，民国时代出现了陈寅恪、陈垣、胡适、傅斯年、顾颉刚、钱穆等一批史学名家，他们对于中国历史学的发展都曾做出过重要的贡献，他们采取实证的方法从事历史学研究取得了巨大的成绩，对于他们的著述，我们应该认真消化和吸收，汲取其积极的学术营养。但是，民国时代的中国历史学毕竟仅仅是中国近现代历史学发展的一个阶段，所取得的学术成就也难以与新中国成立六十多年来历史学发展的巨大成就相比较。考证的方法既有其方法论的重要性，但也有很大的局限性。考据所研究的问题，绝大部分是较为细小的历史细节，缺少对历史的宏观审视，缺少对于历史本质的认识，而马克思主义史学的研究方法，正可以弥补考证的不足。新中国成立后，在党和政府大力推动下，掀起了轰轰烈烈的学习马列主义的热潮，陈垣、罗尔纲、吴晗、唐长孺等一大批原来从事实证研究的历史学家，自觉学习马克思主义的理论和方法，他们中不少人用马克思主义理论研究历史同样取得了新的更大的成就，罗尔纲、童书业等是这批学者的代表。今天，我们有马克思主义理论的指导，中国历史学已经发展到一个新的阶段，这时再强调"回到傅斯年"，只能是在马克思主义历史学发展道路上的倒退。

马克思主义理论和中国历史研究的结合，不仅没有降低历史学的科学性，而且极大地推动了中国历史学的发展和进步。马克思、恩格斯吸收了19世纪以前人类思想的精华，结合当时的社会政治、经济和革命斗争形势，创立了自己的学说和理论体系。马克思主义的唯物史观、辩证的分析方法，是人类认识历史和现实的重要理论和方法。英国著名史学家巴勒克拉夫在《当代史学主要趋势》中称马克思主义是能够自圆其说的唯一的历史哲学，马克思是最不教条、最灵活的作者。法国年鉴派史学代表人物勒高夫也高度评价马克思主义史学对年鉴派史学发展的影响，称马克思主义史学促进了社会经济史的研究，促进了历史学的跨学科的研究，促进了对下层民众社会生活的关注和研究。马克思的社会经济形态学说推动了中国马克思主义史学家对中国历史社会发展阶段和特点的探讨，正是由于恩格斯的《家庭、私有制和国家的起源》没有一句话讲到中国，郭沫若力图撰写一部中国的家庭私有制和国家的起源，才在其引导下出版了《中国古代社会研究》。在马克思主义史学发展过程中，也曾出现了教条化的倾向，这一方面由于对马克思主义理论运用不熟练而造成的，实际上，像范文澜等杰出的马克思主义史学家，都坚决反对教条主义，强调马克思主义经典作家的论断许多是讲欧洲情况的，我们需要坚持的是马克思主义的立场观点和方法，而不是个别结论。我们不能把马克思主义史学发展中出现的教条化的做法，归罪于马克思主义学说本身，也不能归罪于这些著名的马克思主义史学家。马克思主义的阶级分析方法，对于阶级社会历史人物和重大历史事件的研究，也有极大的作用。对于阶级分析的滥用和出现的贴阶级标签的做法，并不是马克思主义阶级分析的本意。马克思主义理论与中国历史研究的结合，促进了中国历史学的研究，促进了历史学与经济学、社会学、文化人类学等学科的结合，这种认识已经成为学术界的共识。20世纪80年代初，面对"回到乾嘉去"的学术思潮，尚钺、尹达、罗尔纲、刘大年等一批著名的史学家，强调以马克思主义理论为指导，白寿彝等史学家提出探讨"建设具有中国特色的马克思主义历史学"这个重大命题。在新时期，中国马克思主义史学不断开拓进取，取得了辉煌的成果。在新世纪，在中国共产党的正确领导下，在党和政府的大力支持下，在中国特色社会主义理论指导下，我们的历史学家应该进一步担负起历史的重任，不断推进马克思主义史学理论的创新，推进中国历史学的新发展。

（原载《史学理论研究》2011 年第 3 期）

马克思主义社会形态理论研究

马克思社会形态理论的形成及重大历史意义

靳辉明　　洪光东

唯物主义历史观是马克思一生最伟大的理论贡献，是马克思主义思想体系的理论基石。列宁称之为"是科学思想中的最大成果"①，"是唯一的科学的历史观"，"是社会科学的同义词"②。他强调说，"不言而喻，没有这种观点，也就不会有社会科学"③。这个评价是十分正确，十分中肯的。而社会形态理论则是唯物主义历史观的一个核心思想。没有这个思想便不会有唯物主义历史观。正是人类社会形态及其更迭规律的发现，马克思才终于揭开了人类历史之谜，实现了人类历史观的伟大变革。

但是，一个时期以来，理论界有些人对马克思的社会形态理论提出不少质疑，否定社会规律的客观性，认为人类历史中的一切都是人的实践活动创造出来的，这里有规律也只能是人的实践活动的规律，而实践通常总是在人的意志支配下进行的，"因此它纯粹是一种思辨的思维运动"④。有的人更为清楚地把社会历史规律说成是"认识的产物"，是"人的思想和意志所创造的"，"只是一种逻辑概念"⑤。上述这些观点，十分清楚地否定马克思的社会形态理论科学性和客观性，宣扬一种唯心主义历史观。有的人还公开反对用马克思五种社会形态理论分析研究人类历史，包括我国社会发展史，这就更值得商榷了。当然，从新的视角，用新的材料，重新思考我国古代史上的一些问题，研究我国历史的分期问题是可以的，也是

---

① 《列宁专题文集——论马克思主义》，人民出版社 2009 年版，第 68 页。
② 《列宁专题文集——论辩证唯物主义和历史唯物主义》，人民出版社 2009 年版，第 163 页。
③ 同上书，第 161 页。
④ 参见《历史研究》2001 年第 4 期，第 8 页。
⑤ 参见《历史研究》2000 年第 2 期，第 4、7 页。

有益的，但是否定马克思的社会形态理论的科学性及其在我国历史研究中的运用就不对了。对于这样一些重大理论问题，我们必须研究清楚，并给予科学的阐明。

下面我们对马克思社会形态理论的形成和演进，以及如何正确地认识这个重要思想，从历史、理论和实践相结合的角度来阐明自己的看法。

一　人类社会历史观演进的几种形态

历史观是人们在社会实践中对社会现象的本质、社会发展过程和历史规律的认识，是人们对于社会历史的一个总的看法。综观人类思想史，人们在改造客观世界中，在对自然认识的同时便开始了对自身的认识，而认识自然现象比认识社会现象要困难得多，复杂得多，漫长得多。这是因为，与人们对自然的认识不同，这里认识的对象是人类自身及其发展，它涉及人的活动、人的社会关系、人的利益，以及人的思想、意志和感情等。这些因素在很长时期影响了人们对社会历史的科学认识。可以这样概括，人类对自身历史的认识，经历了一个从"神"到"人"，再到用物质生产和社会关系去说明社会历史的、漫长的、曲折的发展进程。回溯人类的自我认识史便会发现，历史越是久远，人们对自己历史的认识便越是带有浓重的神秘色彩。在一个相当长的历史时期内，人们既不能正确说明自然界，更不能正确解释社会现象，而把这一切都归之于一种超自然的神秘的力量。"神"是当时人们回答历史之谜的总答案，神学历史观在很长的历史时期禁锢着人们的头脑。这种情况不论是在中国还是在外国，都是如此。这是人类对自己历史认识的一个不可避免的阶段。它不仅是物质生产力和人们精神世界发展的产物，而且也是人们的需要，特别是统治阶级进行政治统治的需要。例如，中国的"天命""天道"观，认为国家的治乱兴衰，帝王将相的出现，都是由上天安排好了的。其兴，必有祯祥；其亡，必有妖孽。在西方则认为，上帝是世界万物的最高"主宰"，"一切现存的事物都是由神布排的"（托玛斯·阿奎那）。说法不同，实质则一，都是在宣扬一种唯心主义的神学历史观。尽管历史上有许多哲学家和无神论者，提出"人是万物的尺度"（西方的普罗塔哥拉）和"人事为本，天道为末"（中国的仲长统）的卓越见解与之抗衡，但也不能根本抹掉这层覆盖在人类社会机体上的神学阴影。但是，社会实践是强大的推动力，随着工商业和自然科学的迅速发展，以及人们认识视野的进一步扩展，冲破这种神学历史观也是不可避免的，而且前一阶段的发展，已经为后一阶段的发展准备了进步的因素。

"文艺复兴"时期开始的人道主义思潮，标志着从"神"到"人"的历史性转折。这一历史观的重大转折，根植于当时的社会经济和政治的事实之中，是资本主义生产方式和科学进一步发展的结果。正如恩格斯所说，即使宗教包含的某些材料所发生的变化，也都是"由造成这种变化的人们的阶级关系即经济关系引起的"①。人类历史观的变化就更是如此了。诚然，人道主义历史观较之神学历史观是一个巨大的进步，它使人们对社会现象的认识从天上下降到人间，开始用"人"而非用神来解释社会历史现象。但是，这种历史观所理解的"人"是一种抽象的人，而不是生活在现实中的人，它并且用这种"人"去解释人类历史和社会现象，所以，以抽象的"人"和"人性"说明社会历史现象的人道主义历史观虽然比神学历史观是一个进步，但仍然还是一种唯心主义历史观。从总体来说，不论是神学历史观还是人道主义历史观，实质都是用某种观念来解释历史的唯心史观。因为，不论是"神"还是"人"，都是被抽象化了的观念的产物，并把它们"描述成历史的动力"。德国著名的古典哲学家黑格尔，更是把这些形形色色的认识抽象化为绝对观念，认为这种绝对观念才是世界万物的终极动因。黑格尔不仅使这种理论更加精致，而且还赋予它以辩证的因素。在漫长的历史时期里，唯心主义历史观统治着人们对社会现象的认识。

随着资本主义生产方式的进一步发展，社会矛盾的尖锐化和阶级关系的明朗化，以及人类思想发展也积累了丰富的材料，揭开历史之谜和社会现象本质的条件已经成熟。于是，唯物主义历史观在已有认识的基础上，在研究"现实的人"和回答时代课题的过程中便应运而生，从而实现了人类历史观的伟大变革。完成这一历史任务的是德国人卡尔·马克思。

马克思在历史观上的伟大变革就在于，他在继承前人已取得的思想成果的基础上，把唯物主义推广到社会历史领域，用唯物辩证的观点去认识和说明社会历史现象，揭示了人类社会的发展规律，从而把人们对社会历史的认识奠定在科学的基础之上。应当说，这在人类思想史上具有破天荒

① 《马克思恩格斯文集》第4卷，人民出版社2009年版，第312页。

的意义。

二　马克思社会形态理论的逐步形成和完整表述

马克思社会形态理论，也即五种社会形态理论的形成，是一个逐步发展的过程，是一个随着马克思对世界历史和对资本主义社会不断探讨和研究而逐步深化和成熟的过程。这个理论绝不是主观臆断，而是在批判地继承前人思想成果的基础上，研究了已有的和新发现的大量历史资料才逐渐形成起来的。它是人类历史观发展的自然的结果。只有真正了解其形成发展过程，才能正确和深刻地认识五种社会形态理论的科学性和它的重大意义。

1. 马克思社会形态理论的初步形成

众所周知，马克思是在 19 世纪 40 年代的德国开始自己的理论活动的，因此，他不可能不受当时德国精神环境的影响，特别是费尔巴哈人本主义哲学的影响。但是，他通过自己的理论探索，终于找到了摆脱这种理论困境的出路。马克思之所以能够超越前人，完成社会历史观的伟大变革，在于他把握住了两个关键性问题，并从理论上成功地解决了它。其一，他超越了关于"人"的抽象议论，而把自己研究的基点放在探讨"现实的人"和"人的世界"上，从而揭开了长期蒙在人和人类社会之上的神秘面纱。正如马克思所说：这种历史观所由出发的前提"是人，但不是处在虚幻的离群索居和固定不变状态的人，而是处在现实的、可以通过经验观察到的、在一定条件下进行的发展过程中的人"。"这是一些现实的个人，是他们的活动和他们的物质生活条件。"① 马克思正是通过研究人的物质生产活动和这种活动赖以进行的社会关系，才一步步地接近了唯物主义历史观。

其二，马克思在前人取得的思想成果的基础上，深入地研究现实的社会关系和经济关系，形成了关于生产关系的重要思想。这是马克思超越前人的最具有理论价值和革命意义的思想。众所周知，在马克思以前，资产阶级经济学家已经提出并阐明了生产力的概念，甚至对生产关系思想也有过某些零星的猜测，但是他们没有也不可能提出生产关系的科学概念。提

---

① 《马克思恩格斯文集》第 1 卷，人民出版社 2009 年版，第 525、519 页。

出并阐明生产关系的思想是马克思的伟大功绩。马克思在他从事理论研究活动之初，就开始探讨人的物质利益、占有关系和异化劳动等问题，通过这一研究，他逐步认识到在物的关系的背后隐藏的人与人的社会关系。他在同恩格斯第一部合著《神圣家族》中就已经认识到："对象作为为了人的存在，作为人的对象性存在，同时也就是人为了他人的定在，是他同他人的人的关系，是人同人的社会关系。"① 所以，列宁说，马克思在1845年写成的《神圣家族》已经"接近"自己的"体系"，即社会生产关系的基本思想②。

接着，马克思在《德意志意识形态》中对之作了全面的阐发。在这里，马克思深入研究了生产劳动和社会分工问题，以及人们生产活动得以进行的社会条件。首先，马克思尖锐地批判了思辨哲学完全忽视生产活动和历史的现实基础的观点，把"生产物质生活本身"看成是历史活动的首要前提，进而考察了物质生产活动赖以进行的社会条件，指出："生命的生产，无论是通过劳动生产自己的生命，还是通过生育而生产他人的生命，就立即表现为双重关系：一方面是自然关系，另一方面是社会关系。"③ 稍后，马克思更明确地说："为了进行生产，人们相互之间便发生一定的联系和关系；只有在这些社会联系和社会关系的范围内，才会有他们对自然界的影响，才会有生产。"④ 就是说，只要进行生产活动，必然产生人与自然的关系和人与人之间的社会关系，否则，任何生产活动都不可能发生。其次，马克思通过对社会分工研究，对社会关系的不同情况和性质有了进一步的认识，指出"分工的每一个阶段还决定个人在劳动资料、劳动工具和劳动产品方面的相互关系"⑤。这里不仅指明了人们的生产关系（这时更多地使用交往形式的概念）受着分工的制约，而且揭明了生产关系诸要素及其相互关系，以及个人因在生产活动中的地位和对产品的关系的不同而处于不同的生产关系中，实质上揭明了人们的不同的阶级关系。再次，马克思通过对各种交往形式和交往关系的深入分析，进一步认识到人们的精神交往不过是"人们物质关系的直接产物"，而在各种社会关系

---

① 《马克思恩格斯文集》第1卷，第268页。
② 《列宁全集》第55卷，人民出版社1990年版，第13页。
③ 《马克思恩格斯文集》第1卷，第532页。
④ 同上书，第724页。
⑤ 同上书，第521页。

中生产关系又是最基本的，它不仅是政治制度和国家的现实基础，而且也是一切实际的财产关系的真实基础。这样，马克思就从人们的各种关系中划分出了决定其他一切关系的最基本的关系。正如马克思在 1846 年 12 月 28 日致帕·瓦·安年科夫的信中所说的："他们的物质关系形成他们的一切关系的基础。这种物质关系不过是他们的物质的和个体的活动所借以实现的必然形式罢了。"① 最后，马克思把生产关系看成是不断发展变化的，而这种发展变化是由分工和生产力的发展引起的。"分工的各个不同发展阶段，同时也就是所有制的各种不同形式。"② 在《德意志意识形态》写成后一年，马克思在《哲学的贫困》一书中，以更为精确的语言表述了上述思想，他说：历史运动创造了社会关系，"随着新生产力的获得，人们改变自己的生产方式，随着生产方式即谋生的方式的改变，人们也就会改变自己的一切社会关系。手推磨产生的是封建主的社会，蒸汽磨产生的是工业资本家的社会"③。马克思反复强调，生产关系不是永恒的，它随着生产力的发展而发展和变化。从上述可见，在这个时期，马克思全面地阐明了生产关系的基本思想，可以说，生产关系概念已经形成了。

生产关系概念的形成，不仅对生产力诸要素结合的性质和方式有了更为科学的认识，而且有可能揭明生产过程本身内在结构，揭明生产力和生产关系的辩证统一关系。据此，进而揭示了人类社会的基本矛盾、发展动力和运动规律，解答了长期困扰人们的历史之谜。生产关系及其与生产力辩证统一的思想的形成，使马克思创立社会形态理论迈出了决定性的一步。

所谓社会形态，通常理解为是经济基础与上层建筑的统一，是一个社会的经济基础、政治机构和观念上层建筑的有机统一而构成的社会有机体。社会形态是一个整体概念。它既有稳定的质的规定性，又是一个活的机体，而生产关系和所有制关系在其中起着基础性作用。生产力和生产关系的矛盾运动，推动着社会形态不断地从低级向高级发展变化。

关于五种社会形态思想的形成和表述经历了一个不断演进的过程。最早在《德意志意识形态》中，马克思基于对生产力发展和社会分工的分

① 《马克思恩格斯文集》第 10 卷，人民出版社 2009 年版，第 43 页。
② 《马克思恩格斯文集》第 1 卷，第 521 页。
③ 同上书，第 602 页。

析，研究了分工各个不同阶段的交往形式和所有制关系，把以往的"部落所有制"、"古典古代的公社所有制和国家所有制"、"封建的或等级的所有制"、"现代所有制"或资产阶级所有制，作为人类社会演进的几个历史时期，并对未来共产主义社会的特征进行了富有预见性的分析，初步形成了关于人类社会历史发展的五种社会形态的思想。

其后，马克思在《雇佣劳动与资本》和《共产党宣言》等著作中，对他刚刚形成的社会形态思想作了进一步的更为准确的阐明。他在研究资产阶级社会的生产关系时，对社会形态思想明确地表述道："各个人借以进行生产的社会关系，即社会生产关系，是随着物资生产资料、生产力的变化和发展而变化和改变的。生产关系总合起来就构成社会关系，构成所谓社会，并且是构成一个处于一定历史发展阶段上的社会，具有独特的特征的社会。"① 很显然，这里比《德意志意识形态》更清楚地阐明了社会形态的概念。接着，他又对历史上的几种社会形态作了新的表述："古典古代社会、封建社会和资产阶级社会都是这样的生产关系的总和，而其中每一个生产关系的总和同时又标志着人类历史发展中的一个特殊阶段。"② 这里不仅是思想内涵，而且概念的表述都前进了一步。《共产党宣言》基于唯物主义历史观，结合当时的革命形势，着重从阶级斗争的角度，对奴隶社会、封建社会和资产阶级社会的生产方式和阶级关系作了分析，指出"至今一切社会的历史都是阶级斗争的历史"，突出地阐明了未来共产主义社会的历史必然。在这里，实际上揭明了人类社会形态的历史演进，以及推进历史发展的社会力量。

2. 马克思社会形态理论的深化和最初的表述

不可否认的是，在 19 世纪 40 年代，由于史前史料的缺乏和对东方社会研究不多，所以马克思对社会形态演进的看法主要囿于西方社会，就说是，那时马克思并未将视线投向东方这块古老而神秘的土地。50 年代后，一方面，与 1848 年革命失败后归于沉寂的欧洲不同，亚洲爆发了大规模的革命运动；另一方面，英国国内对于在印度的殖民统治以及议会围绕东印度公司等问题都产生了不小的争论。这些客观现实引发了马克思对东方问题的关注，开始探讨亚细亚的生产方式。就研究成果看，他发表于《纽

---

① 《马克思恩格斯文集》第 1 卷，第 724 页。
② 同上书，第 724 页。

约每日论坛报》上的一些文章以及与恩格斯的通信可以算是这时期的集中体现。此时，马克思关注重心乃是东方社会的现实状况及其在外来冲击下的历史命运问题，但同时他在研究中也涉及了东方社会具有的个性特征，如不存在土地私有、在村社制度中过着闭关自守的生活、国家专制等，即后来表述的"亚细亚生产方式"①，并认为东方"一切现象的基础是不存在土地私有制。这甚至是了解东方天国的一把真正的钥匙"②。由于马克思刚刚涉猎东方社会，加之史料的影响，他更多关注的是东方社会的个性特点，而并没有认识到东西方社会的共性。进而提出的不同于西欧社会的"亚洲式的社会"③，也是将东方社会视为一种区别于"西欧式的社会"的地域性社会。

随着史料的丰富与研究的深入，马克思进一步发现这种生产方式并不为印度所独有，其在亚洲其他地方也是一种客观存在，并在一定程度上保留下来。如"在爪哇东海岸的巴厘岛，印度人的这种组织还完整地和印度人的宗教一起保存下来，它的痕迹和印度人的影响一样，在整个爪哇都可以看到"④。在世界上其他地方，马克思也发现了与这种生产方式类似的制度。1853 年，在探讨被称为"克兰"的苏格兰氏族时，他指出："某一克兰，即氏族，所居住的地区就属于该氏族，正如俄国的农民公社所占用的土地不属于个别农民而属于整个公社一样。可见，所在地区是氏族的公有财产。在这种制度下，现代意义上的私有财产是谈不上的。同样，克兰成员的社会地位同生活在我们现代社会条件下的个人的地位也是无法相比的。""在任何情况下，土地都是氏族的财产，在氏族内部，尽管有血缘关系，但是人们之间也有地位上的差别，正像所有古代亚洲的氏族公社一样。"⑤ 在这里，已经暗含了亚细亚生产方式并非为亚洲所独有的意思。其后，马克思在《1857—1858 年经济学手稿》中进一步分析了它的普遍意义，即其在美洲的墨西哥、秘鲁，欧洲的凯尔特人、罗马尼亚人、斯拉夫人、古希腊罗马以及日耳曼民族都先后存在过，并在部分地方还发现了它

---

① 在本文中，"亚细亚生产方式"与"亚细亚所有制"是作为同义语使用的；而对它的分析也参考了赵家祥、[日] 盐泽君夫等学者的理论观点。

② 《马克思恩格斯文集》第 10 卷，第 112 页。

③ 《马克思恩格斯文集》第 2 卷，人民出版社 2009 年版，第 686 页。

④ 《马克思恩格斯文集》第 10 卷，人民出版社 2009 年版，第 118 页。

⑤ 《马克思恩格斯全集》第 8 卷，人民出版社 1961 年版，第 571、572 页。

的痕迹。这些发现使得他有可能将其与人类社会历史进程联系起来进行思考，并获得新的认识。

　　马克思在《1857—1858 年经济学手稿》一书第二篇的"资本主义生产以前的各种形式"中，对"亚细亚生产方式"作了进一步探讨。在该文中，马克思比较和分析了资本主义生产方式之前东西方社会存有的三种公社所有制形式：亚细亚所有制、古代所有制与日耳曼所有制，并从中发现了更为本质的东西。在他看来，这些所有制形式除具有共同点外，彼此之间还存有一些明显的差别。以最具决定意义的土地所有制与财产关系为例，在亚细亚所有制中，"人类素朴天真地把土地当做共同体的财产"，单个人的财产"本身直接就是公社财产"，其"并不是同公社分开的个人的财产，相反，个人只不过是公社财产的占有者"。在古代所有制中，"公社财产——作为国有财产——即公有地，在这里是和私有财产分开的"，即这里已经"存在着国家土地财产和私人土地财产相对立的形式"，并且"后者以前者为中介"；而在日耳曼所有制中，"个人土地财产既不表现为同公社土地财产相对立的形式，也不表现为以公社为中介，而是相反，公社只存在于这些个人土地所有者本身的相互关系中。公社财产本身只表现为各个个人的部落住地和所占有土地的公共附属物"①。正是在这些详细分析的基础上，马克思认识到，与后两种所有制相比，亚细亚所有制本身就是直接的公有制，因而也是三种所有制形式中最为原始的。由此，他明确指出："仔细研究一下亚细亚的、尤其是印度的公有制形式，就会证明，从原始的公有制的不同形式中，怎样产生出它的解体的各种形式。例如，罗马和日耳曼的私有制的各种原型，就可以从印度的公有制的各种形式中推出来。"② 这样，他实际上已经把这种亚细亚所有制形式看做人类社会的最初阶段，置于"古典古代社会"之前，对人类社会演进阶段有了进一步的、尽管还是朦胧的认识。显然，远古社会仍然是需要深入探讨的问题。

　　至此，马克思社会形态理论不仅思想内容更加丰富，而且"社会形态"这一重要概念也已提出。马克思在《德意志意识形态》等著作中，主要是用所有制形式和由生产关系总和构成的特定历史阶段的"社会"表示社会形态的思想。马克思首次使用"社会形态"术语来表述人类社会的变

---

① 《马克思恩格斯文集》第 8 卷，人民出版社 2009 年版，第 124、127、133 页。
② 《马克思恩格斯文集》第 5 卷，人民出版社 2009 年版，第 95 页，注释（30）。

更，是在 1852 年 12 月至 1853 年 3 月写成的《路易·波拿巴的雾月十八》中。马克思借用"形态"这个地质学术语来表示人类历史上处于特定阶段的社会总体。他在讲到旧的法国革命时的英雄们，都穿着罗马的服装，讲着罗马的语言，来实现当代的任务，即利用解除封建桎梏发展国内工业生产力，"在法国境外则到处根据需要清除各种封建的形式，为的是要给法国资产阶级社会在欧洲大陆上创造一个符合时代要求的适当环境。但是，新的社会形态一形成，远古的巨人连同一切复活的罗马古董……就都消失不见了"①。在这里，马克思论及的社会形态，虽然特指资产阶级社会，但"社会形态"作为一个唯物史观中一个特指处于人类历史上特定阶段社会总体的范畴而最终被确定下来了。

正是基于上述的思想进展，在 1859 年的《〈政治经济学批判〉序言》中，马克思对唯物主义历史观作了经典性表述，最后指出："大体说来，亚细亚的、古希腊罗马的、封建的和现代资产阶级的生产方式可以看做是经济的社会形态演进的几个时代。"② 至此，马克思社会形态理论得到最初的、但比较完整的表述。

3. 马克思社会形态理论走向成熟和完整表述

在 19 世纪 60 年代后，在创作巨著《资本论》时期，马克思不仅继续将"亚细亚所有制"看做人类社会的最初阶段，同时，他还通过对亚洲与欧洲古代社会史的研究，继续深化着对社会形态演进的认识。正如恩格斯指出的，这段时间里，他们不仅进一步研究了存在于印度以及受印度影响的爪哇地区的公社所有制情况，还研究了从印度到爱尔兰的一切印欧人民在低级发展阶段时的所有制状况。通过这些研究，马克思越来越确信，"亚细亚所有制"具有世界意义，其完全可以被认为是人类社会的最早形态。这时，马克思特别重视历史学家毛勒对欧洲马尔克制度所作的考察和研究。马尔克村社制度的发现及对其所作的深入研究，使得马克思更加深信，欧洲各国的"土地私有制只是后来才产生的"③，它也是在土地公有制的基础上发展起来的；而建立在土地公有基础上的农村公社的存在是一切民族的普遍现象。马克思开始把马尔克制度称为欧洲各地的亚细亚所有制

---

① 《马克思恩格斯文集》第 2 卷，第 471 页。
② 同上书，第 592 页。
③ 《马克思恩格斯文集》第 10 卷，第 281 页。

形式，指出"欧洲各地的亚细亚的或印度的所有制形式都是原始形式，这个观点在这里（虽然毛勒对此毫无所知）再次得到了证实"①。可见，在马克思看来，欧洲社会的马尔克制度与东方社会的"亚细亚所有制"在本质上是相同的，"亚细亚所有制"这种形式也普遍存在于欧洲社会的早期，土地公有制是每个民族发展的必经阶段。这样，"亚细亚所有制"成为东西方社会共有的最早社会形态，五种社会形态理论进一步走向成熟。

最后，在马克思晚年，也就是在 19 世纪 70 年代下半期和 80 年代初，他阅读了大量俄文第一手资料，收集了包括摩尔根《古代社会》在内的大量关于人类史前社会与东方社会的史料，集中力量研究了史前社会和东方社会，摘录形成了有着丰富思想内容的"人类学笔记"、"历史学笔记"以及各种书信等一大批理论成果，最终揭开人类史前社会的秘密，阐明了五种社会形态依次演进理论中所蕴涵的丰富的辩证思想。在研究中，马克思不仅认识到社会形态在具体演进过程中的跳跃性，提出东方落后国家有可能利用"世界历史"所提供的各种条件而跨越资本主义"卡夫丁峡谷"的设想，还进一步深化了对"亚细亚所有制"的认识，即认为，"亚细亚所有制"并不是最原始的社会形式，而只是人类社会从"以公有制为基础的社会向以私有制为基础的社会的过渡"阶段，在此之前，还存在一个既无私有制又无阶级对抗与阶级压迫现象的氏族社会阶段，马克思进而将之表述为"原生的社会形态"。② 史前社会研究的新成果，特别是对摩尔根《古代社会》的研究，使马克思逐渐认识到，在人类的幼年时代，由于生产力的极度低下，生产关系还包裹在血缘关系的胎胞之中，它还不是决定和支配其他社会关系的关键，人类自身生产起着更为决定性的作用，即自然形成的血亲关系胜过经济关系而构成了整个社会制度的基础。对于这两种生产及其辩证关系，马克思认为，越往前追溯，人类自身生产作用越大，个人也就会越依附于血缘亲属关系；而随着生产力的发展，物质生产以及基于物质生产之上的经济关系作用才日益增大，并最终取代前者而在社会中发挥决定性作用。但是，在原始时代，氏族是以血缘为基础的人类社会自然形成的原始形式。可见，这时马克思对人类史前时期已经有了比较清晰的认识。

①　《马克思恩格斯文集》第 10 卷，第 281—282 页。
②　《马克思恩格斯文集》第 3 卷，人民出版社 2009 年版，第 586 页。

在马克思逝世后，恩格斯依据马克思的晚年研究成果和当时的史料发现，写出了《家庭、私有制和国家的起源》一书，在书中，他用"人类原始社会"① 这一概念来表述人类社会的最初形态，也就是马克思所说的"原始时代"和"原生态社会形态"。可见，称人类社会的最初形态为原始社会，是符合马克思的原意的，这一概念后来成为学术界和理论界公认的用语。至此，马克思五种社会形态理论，即原始社会、奴隶社会、封建社会、资本主义社会和未来的共产主义社会，及其发展更替规律的理论，不仅是思想内容，而且其用语都达到了成熟的程度。

从马克思社会形态理论的形成和成熟的过程来看，这个理论是马克思考察了整个世界历史，研究了大量历史资料、包括人类史前史的资料，经过多年科学研究后而确立起来的。它不是马克思的主观臆断，而是经过长期刻苦研究而得出的科学结论；它不是人的思维规律，而是对社会历史发展客观规律的科学揭示；它不是仅仅适用于欧洲，而是普遍适用于世界历史的发展进程。

五种社会形态区分的标准，我们认为，是依据生产方式即生产力与生产关系结合的不同而区别开来，其最基本的划分标准是生产关系和所有制关系。马克思之所以能够创立社会形态理论，关键是他通过对人类社会的横向剖析，从一切社会关系中划分出生产关系这个决定其他一切关系的最基本和最原始的关系，并将社会生产关系归结于生产力发展的高度，从而揭示出社会形态的性质及其矛盾运动的规律，并将社会历史进程理解为生产力推动下，生产关系不断生成与被取代的自然历史过程。如前所述，生产关系思想是马克思唯物史观和社会形态理论形成的关键所在，也是区分不同社会形态的重要依据。马克思从最早表述社会形态的思想时使用的是"所有制形式"，一直到后来也是通过研究"亚细亚的所有制"、"东方式的所有制"和"西方式的所有制"概念，最终确立起关于社会形态的理论。可见，在马克思思想中，生产关系和所有制关系居于至关重要的地位。从理论上讲，生产关系和所有制关系是生产力发展的结果和测量器，是生产得以进行的物质载体，它具有一种稳定性。它可以把不同性质的社会和社会形态区别开来，是不同社会和社会形态的质的规定性。

社会形态理论的科学价值就在于，它基于经济的、客观的事实去分

---

① 《马克思恩格斯选集》第 4 卷，人民出版社 1995 年版，第 16 页。

析、研究人类历史，从客观事实的分析中，而不是从观念中得出结论，从而把人们对社会历史的认识真正建立在科学的基础之上了。正如马克思所说的，这样就"可能用自然科学的精确性指明（社会历史——作者）的变革"，也才可能基于生产力与生产关系的辩证运动，把人类社会发展"理解为一种自然史的过程"。这是人类历史观的伟大变革。列宁将马克思的唯物史观称为"科学思想中的最大成果"，是"唯一的科学的历史观"，就是对马克思社会形态理论的科学价值最中肯、最恰当的评价。

三 要正确理解和把握马克思的五种社会形态理论

由社会形态理论的形成过程可以看出，马克思的研究并不只局限于西欧社会，其也涵盖包括东方社会在内的世界诸多民族和地区，它具有普遍意义。但是，并不是说各个国家和民族都必须按照五种社会形态的进程向前发展。历史发展既遵循一般规律，也会因不同国家、民族的特殊的历史条件而呈现跳跃式的发展。马克思正是基于不同民族和地区社会历史的深入对比研究，由具体到抽象，由个别上升到一般，形成了涵盖人类整体历史的社会形态理论。但这个理论的运用，像马克思主义的其他基本原理的运用一样，"随时随地都要以当时的历史条件为转移"。[①] 五种社会形态理论是科学，因此，要研究它，要用马克思历史辩证法去把握它。要正确理解马克思社会形态理论，运用这个理论具体分析、研究社会历史的发展，应当处理好以下几种辩证统一关系。

1. 客观规律性与历史选择性的统一

所谓客观规律性，是指人类社会在发展中始终受不以人的意志为转移的规律的支配，它强调人类历史进程与社会形态的更迭是一个自然历史过程。而历史选择性则是指历史发展也是一个有目的的、能动的发展过程，作为社会主体的人能够在其中发挥自己的主观能动性作用。在马克思看来，客观规律性与历史选择性的统一乃是历史演进的首要特质。

在对社会历史的研究中，马克思是从人的物质实践出发来探讨社会的矛盾运动以及经济因素在社会发展中的基础性作用。在他看来，物质生产力是人类历史发展的最终动因，人们创造历史，但他们只能在既定的历史

———————————

① 《马克思恩格斯文集》第 2 卷，第 5 页。

条件下创造历史，"人们不能自由选择自己的生产力——这是他们的全部历史的基础，因为任何生产力都是一种既得的力量，是以往的活动的产物。可见，生产力是人们应用能力的结果，但是这种能力本身决定于人们所处的条件，决定于先前已经获得的生产力，决定于在他们以前已经存在、不是由他们创立而是前一代人创立的社会形式"①。人们只有在前人创造的物质条件的基础上遵循客观规律，才能发挥创造历史的作用。人们既然不能自由地选择生产力，也不能自由地选择前人所提供的社会形式，即不能自由地选择某一种社会形态。这就是说，人们的创造性和历史的选择性，不是任意的，不是没有条件的，否则，就会陷入历史唯心主义。

当然，在探讨客观规律性的同时，马克思绝没有忽视人在历史发展中的能动性，相反，他不止一次地强调人们创造历史的作用，认为历史的活动就是群众的事业。正如恩格斯所言，与自然史不同，"在社会历史领域内进行活动的，是具有意识的、经过思虑或凭激情行动的、追求某种目的的人；任何事情的发生都不是没有自觉的意图，没有预期的目的的"②。历史规律并不是外在于人的活动的孤立物；作为历史主体的人，其活动并不是为了实现历史规律，而是为了其自身生产和发展的需要才进行着活动的。因此，没有有目的的人的活动，便不可能有人类历史，从而使历史发展呈现出其合目的性的一面，即人们在遵循社会发展规律的基础上，还具有一定的历史选择性。"但是，不管这个差别对历史研究，尤其是对各个时代和各个事变的历史研究如何重要，它丝毫不能改变这样一个事实：历史进程是受内在的一般规律支配的。"③ 也就是说，人的有目的的活动可以对社会历史发生重大影响，但它不可能改变历史规律。实际上，在探索中，马克思是既从目的性出发，探讨历史发展的客观规律；又从规律性出发，认识历史发展的目的性，并将二者有机结合起来，论证了社会形态演进乃是合规律性与合目的性的辩证统一。只有将这两者统一起来，才能正确地认识社会历史的发展。将这两者割裂开来或对立起来，就会陷入历史唯心论或历史宿命论。

2. 普遍性与特殊性的统一

① 《马克思恩格斯文集》第 10 卷，第 43 页。
② 《马克思恩格斯文集》第 4 卷，第 302 页。
③ 同上书，第 302 页。

　　在这里，普遍性是指同一种社会形态在不同国家和民族之间所体现出的共性；而特殊性则是指它们在具有共性的同时又会呈现出差异性，表现出其各自的特点。按照唯物辩证法观点，普遍性与特殊性、共性与个性是辩证统一关系，普遍性寓于特殊性之中，通过特殊性表现出来，而特殊性总是与普遍性相联系而存在。在探索中，马克思正是通过对不同地区与民族社会历史的系统考察和研究，并对其进行了科学抽象，从而区分了人类社会历史先后存在的几种社会形态，形成了对各种社会形态的一般认识。他认为，就其中任何一种社会形态而言，它都存有一些普遍性的东西，有其固有的客观规定性。也正是这些规定性的存在，才使对它们的概括以及对历史发展规律的把握成为可能，而这些反映着特定社会形态本质的东西也便成为区别于其他社会形态的根本标志。

　　当然，在人类历史中，社会形态总是具体的，抽象的社会形态是不存在的。因此，马克思在坚持普遍性的同时，并不认为社会形态的存在及其发展在不同地区和民族中会整齐划一而毫无差别，相反，任何社会形态都会由于多种因素的作用而在不同地区和民族中呈现出其各自特点，表现出自己的差异性。在《资本论》中，马克思曾明确指出："相同的经济基础——按主要条件来说相同——可以由于无数不同的经验的情况，自然条件，种族关系，各种从外部发生作用的历史影响等等，而在现象上显示出无穷无尽的变异和色彩差异，这些变异和差异只有通过对这些经验上已存在的情况进行分析才可以理解。"① 马克思在《资本主义生产以前的各种形式》中区分的三种不同的公社所有制："亚细亚的所有制形式"、"古代的所有制形式"与"日耳曼的所有制形式"。恩格斯在《家庭、私有制和国家的起源》中区分了西欧的"古代的劳动奴隶制"和"东方的家庭奴隶制"，并认为它们都是"充分发展的奴隶制"，所有这些都表明，马克思主义创始人在注重对事物的一般本质的研究同时，决不忽视对特殊事物的关注。相反，在马克思看来，对特殊事物的研究是科学研究的出发点，正如他在批判德国思辨哲学时所强调的，重要的"在于把握特殊对象的特殊逻辑"②。

　　鉴于社会形态在不同国家和民族呈现出的差异性，马克思还特别强

---

① 《马克思恩格斯文集》第 7 卷，人民出版社 2009 年版，第 894—895 页。
② 《马克思恩格斯全集》第 1 卷，人民出版社 1956 年版，第 359 页。

调，各个国家和民族在不同社会形态中所具有的典型性也是不同的。在他看来，由于各种因素的作用和所处的历史条件的变化，并非一切民族的每一个社会形态都会在发展中表现得很典型，一些国家可能在其中某个社会形态发展得较为典型，而在其他阶段则不仅经历时间相对较短，而且其发展得也不够典型，这种现象在历史发展中也是屡见不鲜的。比如我们中国，封建社会比较典型，经历的时间也比较长，而资本主义的发展就不够典型。俄罗斯的情况也大体如此。这是社会形态在其发展中的一种差异性的表现。

在历史研究中，应当自觉地把握和运用普遍性和特殊性的辩证方法，否则，很难正确认识复杂纷纭的社会现象及其发展规律。毛泽东曾经讲道，共性与个性、普遍性与特殊性是矛盾问题的精髓，不懂得它就等于抛弃了辩证法。正确把握两者的关系，对于社会科学研究，尤其是对历史的研究，具有非常重要的意义。

3. 渐进性与跳跃性的统一

所谓渐进性发展，是指社会形态在历史发展中总是按照其固有规律逐渐演进，它显示历史发展有着一种客观必然的趋势。而跳跃性则是指在特定条件下，一些国家和民族因各种历史条件和因素的作用，突破常规而呈现一种跳跃式发展，从而实现对历史进程中某种社会形态的跨越。与其他特质一样，渐进性与跳跃性也是统一的，共同体现着历史发展的应有特色。

一般说来，历史发展的渐进性与客观规律性之间有着比较密切的联系，这既由于它是由历史发展"合规律性"决定的，同时又是它的重要体现。在历史进程中，一方面，物质生产力的发展、社会形态的更替都体现为一个不断"扬弃"的过程，后一种社会形态在发展中会吸收之前社会形态所积累的成果；另一方面，"无论哪一个社会形态，在它所能容纳的全部生产力发挥出来以前，是决不会灭亡的；而新的更高的生产关系，在它的物质存在条件在旧社会的胎胞里成熟以前，是决不会出现的"①。这就决定了历史发展与社会形态的演进必然是一个渐进过程，即表现为社会形态由低级阶段向高级阶段不断演进。

但是，马克思论及的历史渐进性，并不是要求每一个国家和民族都按

① 《马克思恩格斯文集》第2卷，第592页。

部就班地进行更替，那是不符合其历史辩证法的。相反，他认为，在历史发展的具体进程中，一些国家和民族可能会利用时代发展造就的有利条件，在社会规律的可能性空间内跨越特定社会形态的整体或局部，有时甚至是几个社会形态，从而使社会形态在具体发展中呈现出跳跃性。现实中，日耳曼人、美国人的发展历史就是例证，而马克思立足于"世界历史"视角提出的俄国社会可能跨越资本主义"卡夫丁峡谷"的理论也是明证。当然，与其他内在规定性一样，顺序性与跳跃性也不是矛盾的。因为社会形态的跳跃不是无限度的，不是无条件的，它还是在社会发展一般规律之内，其并没有违背历史发展的基本趋势。马克思在创立社会形态理论时，以德意志封建国家建立为例说明了这一历史现象。他强调地指出，处于原始社会的日耳曼人，如果不依从罗马帝国已有的生产力和交往形式，就不可能建立起德意志封建国家。他说："封建制度决不是现成地从德国搬去的。它起源于征服者在进行征服时军队的战时组织，而且这种组织只是在征服之后，由于在被征服国家内遇到的生产力的影响才发展为真正的封建制度的。"① 所以，不能因为历史进程出现了跳跃性，因而便否定历史的渐进性发展，否定社会形态发展的一般规律。社会形态演进的跳跃性不是对渐进性与顺序性的否定，而是它的补充。正如列宁在论及这一点时所指出："世界历史发展的一般规律，不仅丝毫不排斥个别发展阶段在发展的形式或顺序上表现出特殊性，反而是以此为前提的。"② 现在，我们更应该防止这样一种倾向：即因某个国家和民族跨越了某一社会形态，因而便否定马克思社会形态理论的普遍性和科学性。

4. 统一性与多样性的统一

与上述紧密联系的还有历史发展的统一性和多样性。就社会形态的演进来看，所谓统一性是指不同国家和民族在其社会形态演进过程中都会体现出一些共同性、重复性和常规性的特质。而多样性强调的则是不同国家和民族的具体社会形态演进过程的差别性，即社会形态在演进中所体现出的个别性、具体性与偶然性。

众所周知，马克思从物质生产力出发形成了关于社会形态演进的一般进程的思想。他认为，在一般情况下，一个国家或民族在历史发展中会沿

---

① 《马克思恩格斯文集》第 1 卷，第 578 页。
② 《列宁专题文集——论社会主义》，人民出版社 2009 年版，第 357—358 页。

着原始社会、奴隶社会、封建社会和资本主义社会循序渐进，并最终进入共产主义社会，体现出人类历史发展的基本趋势。这是因为，生产力在历史发展中始终发挥着基础性作用，同样的生产力水平就会有大致相同的生产关系、经济基础以及矗立其上的上层建筑，即处于大致同一种社会形态。正如马克思所言："手推磨产生的是封建主的社会，蒸汽磨产生的是工业资本家的社会。"① 虽然这个过程在不同国家和民族并不一定是同步的，但这已经证实了马克思揭示的社会发展规律的普遍意义所在。正如列宁所言："一分析物质的社会关系……立即就有可能看出重复性和常规性，把各国制度概括为社会形态这个基本概念。"② 列宁在这里所说的重复性和常规性，实际上就是指不同国家和民族在社会形态演进的统一性。而马克思也正是抓住这种统一性、重复性和常规性，从而揭示出历史发展中社会形态演进的一般规律。

不过，马克思同时也认为，由于社会形态总是具体的，因而不仅同一种社会形态在不同国家和民族会表现出一定的差异，社会形态在演进中的具体轨迹也不可能是完全相同的，甚至"极为相似的事变发生在不同的历史环境中就引起了完全不同的结果"③。这除了是由于自然社会条件差异外，人的主观能动性和群众的首创精神在其中也发挥了很大的作用。由此，不同国家与民族在演进中也会呈现出一定的差别，从而表现出具体发展道路的多样性。马克思就曾研究过包括欧洲、亚洲、美洲以及非洲等地诸多民族的不同发展道路；而在晚年时期，他还结合时代发展出现的新情况，得出俄国社会发展中的"跨越"可能，进一步明示并验证了演进道路的多样性。在马克思看来，统一性与多样性也并不是矛盾的，多样性是统一性的具体表现形式，而统一性则是存在于多样性之中的，它们是辩证地结合在一起的。正是这种结合，表现出了人类历史发展的生动性和丰富多彩。

总之，社会现象是错综复杂的，历史发展道路也不是笔直的，马克思社会形态理论只是为我们提高了一个研究社会历史的最基本的观点和方法，只有从不同国家和民族的具体历史条件出发，用唯物辩证的方法去进

① 《马克思恩格斯文集》第1卷，第602页。
② 《列宁专题文集——论辩证唯物主义和历史唯物主义》，第161页。
③ 《马克思恩格斯文集》第3卷，第466页。

行研究，才能得出符合历史实际的结论。

这就要求人们在理解和运用时，绝不能将其当做教义。对此，恩格斯曾告诫道："马克思的整个世界观不是教义，而是方法。它提供的不是现成的教条，而是进一步研究的出发点和供这种研究使用的方法。"① 当然，方法总是同立场和观点结合在一起的。马克思也曾对将社会形态理论教条化、公式化倾向作过尖锐的批评，他强调指出唯物史观并不是"超历史"的"一般历史哲学理论"，而"使用一般历史哲学理论这一把万能钥匙，那是永远达不到这种目的的，这种历史哲学理论的最大长处就在于它是超历史的"。② 马克思主义创始人的这些论述，已经为后人指明了对待和运用社会形态理论的科学方法，在他们看来，社会形态理论是高度抽象概括的产物，是揭示人类社会发展一般规律的科学，但它同时也是具体的，不存在脱离具体历史条件的社会形态，因此正确地对待社会形态理论，必须要结合不同国家与民族的实际作具体的分析。这样才能真正体现出马克思社会形态理论的科学价值。

马克思关于社会形态理论，不仅指导我们进行历史科学的研究，正确地认识人类社会发展的历史进程和规律，而且给世界工人阶级和广大劳动人民指明了前进的方向，指导他们变革旧的资本主义社会形态，为实现消灭了人剥削人的、人们得以全面发展的共产主义社会而不懈奋斗。马克思社会形态理论，过去是而且将来也是广大人民认识世界和改造世界的强大思想武器。

（原载《中国社会科学》2011 年第 1 期）

---

① 《马克思恩格斯文集》第 10 卷，第 691 页。
② 《马克思恩格斯文集》第 3 卷，第 467 页。

马克思关于社会形态演进理论的
四次论说及其历史哲学含义

庞卓恒

　　马克思多次提出过社会形态依次更迭的论说，每次论说的时代背景、语境、历史指向和列举的社会形态名目和更迭顺序都不相同，但有一个共同点，就是列举那些形态和更迭顺序都只是作为"大体上"讲的历史例证，用以说明人类社会形态有一个从低级向高级发展的普遍规律，绝不是要认定其中每个形态和更迭顺序都是各个民族"普遍必经"的阶段，绝不是要描绘那样一个"一般发展道路"的公式。他始终一贯强调的是，各个民族的社会形态从低级向高级发展的规律是共同的，但具体的发展道路和模式是千差万别的。这是马克思社会形态理论的核心内容。他在不同场合举出不同的历史例证，都是为了揭示和阐明这个核心内容。下面我们试从马克思有关社会形态的四次论说体察他的社会形态理论的这个核心内容及其发展。

　　第一次论说是在《德意志意识形态》中表述的。在那里，马克思和恩格斯根据他们当时掌握的西欧历史知识，把西欧资本主义以前的所有制形式的更迭顺序归纳为："第一种所有制形式是部落（Stamm）所有制"；"第二种所有制形式是古典古代的公社所有制和国家所有制"；"第三种形式是封建的或等级的所有制"①。有的学者认为那是马克思、恩格斯对全人类历史一般都要经历的原始公社制、奴隶制和封建制这三个阶段的最初的、还不够完善的表述。这是误解。首先需要看到马克思、恩格斯作此论说的历史背景和语境是，他们当时主要是为了驳斥以鲍威尔等人为代表的青年黑格尔派的唯心史观和费尔巴哈从机械唯物论转轨的唯心史观，指出

---

　　① 《马克思恩格斯文集》第 1 卷，人民出版社 2009 年版，第 521—522 页。

历史并不是他们想象的观念演化史，而是人们的生产力及其决定的分工和包括所有制在内的"交往方式"（这个概念有些接近于他们后来所说的"生产关系"、"生产方式"和"社会形态"）从低级向高级发展的历史。他们由此提出"分工发展的各个不同阶段，同时也就是所有制的各种不同形式"①。接着他们举出"第一种所有制形式……"、"第二种所有制形式……"、"第三种形式……"作为证明原理或规律的历史例证。凭什么说那只是以西欧历史为例证呢？第一，文中所说"古典古代的公社所有制和国家所有制"的具体内容全是就古希腊、罗马的城邦公社或城邦国家而言的，未曾涉及任何非西方民族的历史。第二，文中所说的"封建的或等级的所有制"也是特指西欧封建制的。他们始终认为非西欧国家未曾有过西欧那种"罗马—日耳曼封建制"。② 其三，马克思在那个时期对历史的考察范围主要集中在欧美历史。他在 1843 年 6 月至 10 月期间撰写的《克洛茨纳赫笔记》是他在那个时期考察历史的珍贵记录，其中包括《历史—政治

---

① 《马克思恩格斯文集》第 1 卷，人民出版社 2009 年版，第 521 页。

② 有的论者由此认定中国未曾有过封建社会。其实马克思只是肯定包括中国在内的非西方国家未曾有过西欧那种"罗马—日耳曼封建制"，并未断言它们不可能经历与西欧封建制本质相同而形态不同的社会。他在《资本论》中论述封建地租和人身依附形态的多样性时对此说得十分清楚。他说："在直接劳动者仍然是他自己生活资料生产上必要的生产资料和劳动条件的'所有者'的一切形式内，财产关系必然同时表现为直接的统治和从属的关系，因而直接生产者是作为不自由的人出现的；这种不自由，可以从实行徭役劳动的农奴制减轻到单纯的代役租。在这里，按照假定，直接生产者还占有自己的生产资料，即他实现自己的劳动和生产自己的生活资料所必需的物质的劳动条件；他独立地经营他的农业和与农业结合在一起的农村家庭工业。这种独立性，不会因为这些小农（例如在印度）组成一种或多或少带有自发性质的生产公社而消失，因为这里所说的独立性，只是对名义上的地主而言的。在这些条件下，要能够为名义上的地主从小农身上榨取剩余劳动，就只有通过超经济的强制，而不管这种强制是采取什么形式。它和奴隶经济或种植园经济的区别在于，奴隶要用别人的生产条件来劳动，并且不是独立的。所以这里必须有人身的依附关系，必须有不管什么程度的人身不自由和人身作为土地的附属物对土地的依附，必须有真正的依附农制度。如果不是私有土地的所有者，而像在亚洲那样，国家既作为土地所有者，同时又作为主权者而同直接生产者相对立，那么，地租和赋税就会合为一体，或者不如说，不会再有什么同这个地租形式不同的赋税。在这种情况下，依附关系在政治方面和经济方面，除了所有臣民对这个国家都有的臣属关系以外，不需要更严酷的形式。在这里，国家就是最高的地主。在这里，主权就是在全国范围内集中的土地所有权。但因此那时也就没有私有土地的所有权，虽然存在着对土地的私人的和共同的占有权和使用权。"（马克思：《资本论》第 3 卷，人民出版社 1975 年版，第 890—891 页）这里清楚地表明，马克思认为西欧中世纪那种"罗马—日耳曼封建制"同印度的乃至"亚洲的"（也就是他所说的"亚细亚的所有制形式"，只是中译文用词不同）小农依附形态具有共同的本质：都是在小生产和自然经济占主导地位的物质经济基础上的、以人身依附关系为特征的社会。（参见拙文《封建社会本质特征的共同性及其具体形态的多样性》，载中国社会科学院历史研究所编《封建名实问题讨论文集》，江苏人民出版社 2008 年版）

笔记》5 册、《法兰西历史笔记》1 册、《英国历史笔记》3 册、《法兰西、德意志、英国、瑞典历史笔记》4 册、《德意志和美国历史笔记和国家、宪法著作摘要》5 册。没有涉及欧美以外的历史。①

　　第二次论说，是马克思在《政治经济学批判（1857—1858 年草稿）》中提出"三大社会形式"或"三大阶段"的论说。他说道："人的依赖关系（起初完全是自然发生的），是最初的社会形式，在这种形式下，人的生产能力只是在狭窄的范围内和孤立的地点上发展着。以物的依赖性为基础的人的独立性，是第二大形式，在这种形式下，才形成普遍的社会物质变换，全面的关系，多方面的需求以及全面的能力的体系。建立在个人全面发展和他们的共同的社会生产能力成为他们的社会财富这一基础上的自由个性，是第三个阶段。第二个阶段为第三个阶段创造条件。因此，家长制的、古代的（以及封建的）状态随着商业、奢侈、货币、交换价值的发展而没落下去，现代社会则随着这些东西一道发展起来。"② 把这一论说同《德意志意识形态》中的论说相比较，可以看到有一个突出的不同点，就是他把"家长制的、古代的（以及封建的）状态"合并在一起，总称为以"人的依赖关系"为特征的"最初的社会形式"或第一大阶段；而且其中的"家长制"形态（patriarchy，有的译为宗法制或宗法封建制）显然就是他在同一文稿中多次提到的"亚细亚的"或"东方的"形态。这是我们第一次看到马克思把"亚细亚"或"东方社会"纳入他的社会形态理论视野之内。这是马克思的社会形态理论的一次重大发展。促成这一发展的一个重要历史背景是，亚洲几个大国在 19 世纪 50 年代相继出现反侵略、反封建的人民大起义，如 1848—1852 年的伊朗巴布教徒起义、1851—1864 年的中国太平天国起义和 1857—1858 年的印度民族大起义，这一系列起义引起了马克思的深切关注，他从中看到了东方各国人民的反抗斗争与西方国家的无产阶级革命运动互相推动的可能性，从而加强了对东方国家的研究。而且，他不是仅仅从那些事件的现实意义上研究。他是"一个从历史起源和发展条件来考察每一件事物的人"③。这促使他从东方国家现实势态

---

　　① 参见拙文《从多样性探寻规律——马克思历史学笔记的启示》，《历史研究》1994 年第 2 期；聂锦芳：《清理与超越——重读马克思文本的意旨、基础与方法》，北京大学出版社 2008 年版，第 60 页。

　　② 《马克思恩格斯全集》第 46 卷上，人民出版社 1979 年版，第 104 页。

　　③ 梅林：《马克思传》，人民出版社 1965 年版，第 639 页。

的研究进而追溯到对它们的历史文化起源和演进的探索，而且把这一探索
纳入他对整个人类历史发展的进程和规律的探索视野之内。正因为把"东
方社会"纳入了探索视野，促使马克思把人类历史发展规律的共同性和各
民族发展道路的多样性的思考升华到了一个新的高度。这突出表现在这部
文稿的"［III. 资本章］"中标题为"资本主义生产以前的各种形式"那一
节中。在那里，马克思根据他当时掌握的历史资料认为，人类社会最早出
现的所有制形式，是"亚细亚公社所有制"。那是土地完全公有的、最原
始的公社。需要注意的是，马克思虽然称之为"亚细亚公社所有制"，只
是因为西方学者首先在印度发现并且报道了它的存在，后来发现那种完全
公有的公社在别的地方也存在过，而且马克思认为那种类型的公社在"一
切文明民族初期"① 都存在过，因此，在完全的、最原始的公有制这个含
义上，马克思把"亚细亚公社所有制"作为一个"类型"的名称而不是特
定的地域性名称来使用。这是马克思笔下的"亚细亚所有制形式"或"亚
细亚生产方式"的第一层含义。关于这一层含义，他在同一时期撰写的
《政治经济学批判》的一个注里表达得十分清楚。他在那里写道："近来流
传着一种可笑的偏见，认为原始的公社所有制是斯拉夫族特有的形式，甚
至只是俄罗斯的形式。这种原始形式我们在罗马人、日耳曼人、赛尔特人
那里都可以见到，直到现在我们还能在印度遇到这种形式的一整套图样，
虽然其中一部分只留下残迹了。仔细研究一下亚细亚的、尤其是印度的公
社所有制形式，就会得到证明，从原始的公社所有制的不同形式中，怎样
产生出它的解体的各种形式。例如，罗马和日耳曼的私人所有制的各种原
型，就可以从印度的公社所有制的各种形式中推出来。"② 基于这样的认
识，他按照历史和逻辑相结合的顺序，认为"第二种形式"，是"罗马的、
希腊的（简言之，古典古代的）形式"，在那里，公有制和私有制是并存
的，而且从中产生了奴隶制。他认为，更晚出现的第三种形式是"日耳曼
所有制"，在那里个体私有制占了主导地位，只是不种庄稼的林木草地作
为公社成员放牧采樵的公用地。农奴制就在这个基础上产生出来；然后，
从农奴制产生出近代西方的资本主义私有制。马克思认为，古希腊、罗马
那种公私并存的所有制和个体私有占主导地位的日耳曼所有制都是作为完

① 《马克思恩格斯全集》第 13 卷，人民出版社 1962 年版，第 21 页。
② 同上书，第 22 页。

全的原始公有制类型的"亚细亚公社所有制"解体的产物；但是，这种原始公有制在亚洲或"东方"许多国家由于"共同劳动"或协作生产的需要而长期保存下来；但也逐渐发生蜕变，突出表现是，"在大多数亚细亚的基本形式中，凌驾于所有这一切小的共同体之上的总合的统一体表现为更高的所有者或唯一的所有者，实际的公社却只不过表现为世袭的占有者……而在这些单个的共同体中，每一个单个的人在事实上失去了财产，或者说……对这单个的人来说是间接的财产，因为这种财产，是由作为这许多共同体之父的专制君主所体现的统一总体，通过这些单个的公社而赐予他的"①。这就是马克思笔下的"亚细亚所有制形式"或"亚细亚生产方式"的第二层含义。在第二层含义上，它主要表达进入阶级社会以后的"东方社会"或"亚洲社会"的基本特征，其中包括：作为公社成员的"每一个单个的人在事实上失去了财产"，因此在他们中间就不会发生贫富分化，因此也就不会产生古希腊、罗马那样的奴隶制和中世纪西欧那样的农奴制。因此，马克思在谈到奴隶制、农奴制时指出，"这不适用于例如东方的普遍奴隶制，这只是从欧洲的观点来看的"②；还因为凌驾于各个小共同体之上的"专制君主"具有"许多共同体之父"的身份，马克思又把它简称为"家长制的关系"，在他归纳的"三大形式"或"三大阶段"中，把它同西欧"古代的（以及封建的）状态"合在一起，总称为以"人的依赖关系"③为特征的"最初的社会形式"或第一大阶段。从这里，我们看到马克思的"三大阶段"论说中包含着一个发展规律相同而具体道路相异的人类社会形态演进图景：各民族的社会形态都要随着生产能力的发展从低级向高级推进，经过以"人的依附关系"为特征的第一大阶段，进入以"物的依赖基础上的人的独立性"为特征的第二大阶段，再进入第三大阶段，其特征是"个人全面发展和他们的共同的社会生产能力成为他们的社会财富这一基础上的自由个性"的普遍化，也就是《共产党宣言》说的"每个人的自由发展是一切人的自由发展的条件"那样一个联合体——共产主义社会。这是普遍的、共同的规律。但是各民族进入这三大阶段的道路和模式是多种多样的。古希腊人和罗马人在原始公有制的公社

---

① 《马克思恩格斯全集》第 46 卷上，人民出版社 1979 年版，第 473 页。
② 《马克思恩格斯文集》第 8 卷，人民出版社 2009 年版，第 147 页。
③ 这里译文中的"人的依赖关系"也就是前面引用马克思《资本论》中论述封建地租多样性那段译文中的"人的依附关系"，都是讲的 personal dependency，只是中文版的译文用词有差别。

解体后形成了"古典古代的所有制形式",从中产生出奴隶制;日耳曼人的原始公有制解体后形成了"日耳曼所有制形式",从中产生出"罗马—日耳曼"式的农奴制为基础的封建制;在亚洲或"东方","亚细亚"式的原始公有制逐渐蜕变为"专制君主"统辖之下的"普遍奴隶制",又称"许多小共同体之父"统辖之下的"家长制"。它们都属于第一大阶段上的社会形态。其中唯有西欧一些民族首先从第一大阶段转入第二大阶段,亚洲或"东方"许多民族长期滞留在第一大阶段上,大都遭到西方殖民主义的侵略和统治。它们会怎样进入第二大阶段呢?马克思的严谨科学态度使他不愿去做毫无现实依据的猜测。但是,他对英国在印度进行殖民统治的现实状况和演变趋势的分析中,谈到"英国的干涉……破坏了这种小小的半野蛮半文明的公社,因为这摧毁了它们的经济基础;结果,就在亚洲造成了一场前所未闻的最大的、老实说也是唯一的一次社会革命";"英国不管干了多少罪行,它造成这个革命毕竟是充当了历史的不自觉的工具"①。从这些论述来看,马克思当时似乎认为像印度这样的"东方社会"沦为殖民地以后,不得不在资本主义殖民统治的苦难中发展资本主义工商业,使新的生产力和新的阶级力量发展起来,然后摆脱殖民枷锁,同西方无产阶级一起,通过推翻资本主义统治的社会革命,才能建设不再有剥削和压迫的新世界。不过总的来看,马克思对"东方社会"怎样向前发展还没有形成比较系统的看法。他显然意识到,他对人类社会形态从低级向高级演进的规律的认识还有待进一步的升华。这从他后来的研究指向可以证明。

下面我们再看马克思有关社会形态演进规律的第三次论说,也就是《〈政治经济学批判〉序言》的论说。他在那里说道:"大体说来,亚细亚的、古希腊罗马的、封建的和现代资产阶级的生产方式可以看作是经济的社会形态演进的几个时代。"② 不少论者认为这是马克思对人类社会形态演进历程最完整的定论。这是严重的误解。我们需要仔细了解马克思写作那篇序言的历史背景和语境,才能比较准确地理解那些论说的含义。那篇序言是为马克思即将出版的《政治经济学批判·第一分册》写的序言,而那个第一分册本是从前面提到的那部《政治经济学批判(1857—1858 年草

---

① 《马克思恩格斯文集》第 2 卷,人民出版社 2009 年版,第 682、683 页。

② 同上书,第 592 页。

稿）》中抽出的一部分扩充而成的。因此，要理解序言中简略地提及的那几个社会形态名称的具体含义，就必须从草稿的有关部分，特别从其中被标为"资本主义生产以前的各种形式"那一节去寻求答案。这样我们就能理解到，序言说的"古希腊罗马的"和"封建的"生产方式，全是就"欧洲"而言的。其中"古希腊罗马的"一词，过去一直被译成"古代的"，按字面上说没有译错，可是这样就很自然地被理解为泛指一切民族古代时期的生产方式，而这是背离马克思本意的。马克思在那部草稿中阐述"古代的所有制"的具体内容时，指出那就是"罗马的、希腊的（简言之，古典古代的）形式"①。中央编译局在最新出版的《马克思恩格斯文集》中把它改译为"古希腊罗马的"，这才准确地表达了马克思的本意。至于序言中说的"亚细亚的"生产方式，显然是就我们前面已经说明的该词的第一层含义，即"原始公有制"的含义而言的，不可能具有它在亚洲或"东方"蜕变成为"普遍奴隶制"或"家长制"的第二层含义。这样我们就可以看出，序言中所列举的四种生产方式的演进序列全是就欧洲、特别是西欧历史而言的。我们同时也能看到，这一演进序列所包含的从低级向高级推进的核心内容，同前述第一、第二次论说也是完全一致的。

最后我们再来看马克思涉及社会形态演进理论的第四次论说，也就是马克思在1877年10—11月写的《给〈祖国纪事〉杂志编辑部的信》和1881年2—3月间写的《给维·伊·查苏利奇的复信》和那封信的初稿、二稿、三稿中提出的论说。这些论说包含着马克思的社会形态理论的重要发展的内容。我认为其中最重要的发展主要是在两个方面：其一，申明他在《资本论》中对资本主义产生过程的概述是"明确地把这一运动的'历史必然性'限制在西欧各国的范围内"的②；断然反对把他"关于西欧资本主义起源的历史概述彻底变成一般发展道路的历史哲学理论"③。其二，第一次明确指出像俄国那样具有"东方社会"特征——"一种或多或少集权的专制制度凌驾于公社之上"④——的国家可以"不经过资本主义制度的卡夫丁峡谷"而建立社会主义社会。把这两个方面的内容结合起来，再把第四次论说同前面三次论说联系起来，使我们对马克思的社会形态理论

---

① 《马克思恩格斯全集》第46卷上，人民出版社1979年版，第478页。
② 《马克思恩格斯文集》第3卷，人民出版社2009年版，第570、589页。
③ 同上书，第466页。
④ 同上书，第575页。

有一种全新的理解。

什么因素促使马克思对自己的社会形态理论做出如此重大的发展呢？答案是：俄国剧烈的社会变革现实中出现的走资本主义道路还是社会主义道路的激烈论争，促使马克思再一次系统地深入思考人类社会形态演进规律的问题。

19世纪中叶以后，俄国的社会变革问题逐渐成为马克思关注的焦点之一。当时，一批革命民主主义知识分子投入为改变俄国现状而斗争的行列。反对沙皇专制制度的革命浪潮日渐高涨。俄国知识界就俄国社会前途问题展开了激烈争论，焦点就是赫尔岑提到的那个"永远令人不安的和新的问题"，即"俄国必须经过欧洲发展的一切阶段呢，还是俄国的生活要依着别的法则来前进呢？"① 具体些说，就是在俄国应该促进农村公社的毁灭而走西欧式的资本主义道路，还是应该在保存公社的基础上走社会主义道路这个问题。各家争论当中牵扯到是否应该把马克思先前关于印度农村公社的毁灭和西欧资本主义产生和发展的"历史必然性"理解为一切民族都必然要经历的普遍规律的问题。这一系列事态很快进入了马克思敏锐的视野。他决定对俄国的现状和历史、特别是俄国和世界其他国家农村公社的历史，做一番系统的研究。为此，他以极大毅力掌握俄文，查阅了大量有关的俄文资料和专著，包括伊·德·别利亚耶夫的《俄罗斯的农民》、瓦·伊·谢尔盖也维奇的《市民会议和公爵》、费·斯卡尔金的《在穷乡僻壤和在首都》、康·阿·涅沃林的《俄罗斯民法史》、尼·卡拉乔夫的《古代和当代俄国的劳动组合》、赫列尼科夫的《蒙古入侵前俄国历史上的社会和国家》等著作，并作了摘记。因为俄国问题的争论直接涉及社会主义是否会有不同的道路以及一切国家是否都必然或必须经过西方式的资本主义道路问题；面对着这些涉及社会主义事业的命运和唯物史观的根本观点的问题，马克思当然不能沉默。正是在这样的背景下，他于1877年写了《给〈祖国纪事〉杂志编辑部的信》，针对俄国自由主义民粹派思想家米海洛夫斯基对唯物史观和《资本论》的曲解，严正地指出："他一定要把我关于西欧资本主义起源的历史概述彻底变成一般发展道路的历史哲学理论。一切民族，不管他们所处的历史环境如何，都注定要走这条道路，——以便最后都达到在保证社会劳动生产力极高度发展的同时又保证

---

① 参见《普列汉诺夫哲学著作选集》第1卷，三联书店1959年版，第143页。

人类最全面发展的这样一种经济形态。但是我要请他原谅。他这样做，会给我过多的荣誉，同时也会给我过多的侮辱。"①

本来，早在 19 世纪 40 年代，马克思和恩格斯在《德意志意识形态》和《共产党宣言》等著作中就十分明晰地从独特的历史环境论证了西欧社会形态演进的独特性。例如在谈到希腊、罗马的"古典古代的公社所有制和国家所有制"时，他和恩格斯指出"这种所有制是由于几个部落通过契约或征服联合为一个城市而产生的"②；在谈到西欧封建制度的起源时，他们指出："封建制度决不是现成地从德国搬去的③。它起源于征服者在进行征服时军队的战时组织，而且这种组织只是在征服之后，由于在被征服国家内遇到的生产力的影响才发展为真正的封建制度的"④；"趋于衰落的罗马帝国的最后几个世纪和蛮族对它的征服本身，使得生产力遭到了极大的破坏……这些情况以及受其制约的进行征服的组织方式，在日耳曼人的军事制度的影响下，发展了封建所有制"⑤；在谈到西欧资本主义的起源时，他们认为西欧的资本主义和资产阶级正是从农奴制中萌生出来的。如他们指出："不要忘记，单是维持农奴生存的必要性和大经济的不可能性（包括把小块土地分给农奴），很快就使农奴对封建主的贡赋降低到各种代役租和徭役地租的平均水平，这样就使农奴有可能积累一些动产，便于逃出自己领主的领地，并使他有希望上升为市民，同时还引起了农奴的分化。可见逃亡农奴已经是半市民了"；⑥ "从中世纪的农奴中产生了初期城市的城关市民；从这个市民等级中发展出最初的资产阶级分子"⑦。这就意味着，没有西欧那样的历史环境，就不可能产生西欧那样的以农奴制为基础的封建制度和资本主义制度。到 19 世纪 50 年代，马克思比较系统地研究了"东方"国家的历史和现状以后，更加坚信西欧和"东方"社会的发展道路和模式是各不相同的。由此看来，马克思在《给〈祖国纪事〉杂志编辑部的信》中申明他关于资本主义产生和发展的必然性的历史概述只限于

---

① 《马克思恩格斯文集》第 3 卷，人民出版社 2009 年版，第 466 页。

② 《马克思恩格斯文集》第 1 卷，人民出版社 2009 年版，第 521 页。

③ 这句译文中"德国"一词（Germany）字面上看没译错。但是西欧封建制产生时，德国还不存在。似应将"德国"改译为"日耳曼"。

④ 同上书，第 578 页。

⑤ 同上书，第 522 页。

⑥ 《马克思恩格斯文集》第 1 卷，人民出版社 2009 年版，第 147 页。

⑦ 《马克思恩格斯文集》第 2 卷，人民出版社 2009 年版，第 32 页。

西欧各国，同他一贯坚持的看法并无区别。但是需要看到，他是针对一些人把他的历史概述曲解成为"一般发展道路的历史哲学"，并由此认定他认为一切民族都不可避免地要经过资本主义的发展阶段，而对此加以断然否定，这里就有了新的含义，那就是由此必然导出非西方民族完全可能沿着不同于西方资本主义的道路发展下去。而这正是马克思当时系统地重新审视他提出的唯物史观和社会形态理论所要解决的一个核心问题。

这里涉及了怎样理解马克思晚年研读大量涉及东西方两千多年的经济、社会和政治历史的著作，并写下两大系列的人类学笔记和《历史学笔记》的目的、动机及其主导思路的问题。

人类学笔记写作时间为1879—1881年。《历史学笔记》写作于1879—1882年。也就是说，这两大系列笔记的写作时间同马克思1877年10—11月写的《给〈祖国纪事〉杂志编辑部的信》之后不久到1881年2—3月间写作《给维·伊·查苏利奇的复信》和那封信的初稿、二稿、三稿的写作时间跨度上基本吻合。这意味着两者之间的思想内容势必有一定的联系。而且，我们仔细查阅一下《给维·伊·查苏利奇的复信》的初稿、二稿、三稿中涉及农村公社的内容，就能发现其中有不少与人类学笔记吻合之处。这使我们有理由推测，马克思晚年写作那两大系列笔记的动机和目的，是要在面对包括俄国在内的"东方国家"持续不断的社会变革浪潮形势下，试图对"东方"国家可能有的变革道路和发展方向作一番系统的探索，并进而对唯物史观的整个理论体系，包括社会形态从低级向高级发展的理论体系，做一番系统的检验和充实、升华的工作。初看起来，人类学笔记和《历史学笔记》的内容似乎互不相干，实际上却是互相衔接的姊妹篇：前者着重于经济和社会制度史方面的内容；后者主要是政治和国家历史方面的内容。这两个方面的内容对于整体性的历史研究是互补的，而且在两个系列的笔记中也是常有交叉的，从涉及的空间范围来看，前者主要涉及非欧洲国家，后者则主要涉及欧洲国家。出现这一差别的原因，看来主要是：在经济和社会制度史方面，马克思显然感到自己最欠缺的是非欧洲国家的有关材料，而当时又正好有这方面的大量著作问世，自然要着力探讨。在政治和国家历史方面，马克思显然也很需要非欧洲国家的有关资料，但他当时能够读到的史书，恰恰缺少这方面的材料，只能在有限范围尽量搜求。

但要看到，马克思当时的动机和思绪，不只限于要回答俄国是否能够走上社会主义的道路和农村公社的命运问题。《历史学笔记》和人类学笔记探讨的内容都远超出了俄国问题的范围。把这两个系列的笔记的内容联系起来解读，就可以看到，马克思当时实际上是要从世界通史的广阔视野上，对人类社会历史发展的普遍规律的统一性与不同时代、不同国家的具体发展道路的多样性的关系，进行一次总体性的再探索，而这种探索的目的，是为了进一步检验和升华唯物史观揭示的历史发展规律的理论体系，为全人类的解放提供科学的理论指南。

人类学笔记的内容可以分为两类。一类是有关原始公有制社会及其怎样向阶级社会过渡方面的研读笔记。路易斯·亨·摩尔根〈古代社会〉一书摘要》、《亨利·萨姆纳·梅恩〈古代法制史讲演录〉一书摘要》和《约·拉伯克〈文明的起源和人的原始状态〉一书摘要》这三部笔记属于这一类。这显然是马克思为了充实他的社会形态理论中先前比较薄弱的原始社会这个环节。另一类是关于"东方"国家农村公社历史的研读笔记。《马·柯瓦列夫斯基〈公社土地占有制，其解体的原因、进程和结果〉一书摘要》和《约翰·菲尔爵士〈印度和锡兰的雅利安人村社〉一书摘要》属于这一类。这两部笔记都是马克思研读刚刚面世的两部新著写下的摘要，并在一些关键之处加了自己的评论。其中最引人注目的，是马克思对柯瓦列夫斯基和菲尔把印度的土地关系类比于西欧的封建土地关系予以断然否定的评论。有的论者把马克思这几段评论当做马克思确立的判断是不是封建社会的标准，并由此认定按照那个标准，中、印等国都不能说存在过封建社会，只能说那是"皇权专制主义"或"集权专制主义"社会。这是离开马克思写作那几段评论的历史背景和具体语境而误作判断的一个典型。如前所述，马克思写作人类学笔记的一个重要历史背景是，俄国知识界就俄国是否能够在保存公社的基础上建立社会主义而避免走资本主义道路的问题发生了激烈争论，而且主张走资本主义道路那一派，也就是马克思指称的"资本主义制度在俄国的崇拜者"[①]，硬说马克思认定资本主义必兴、农村公社必亡，以此来否定对方的主张。马克思为了对此作出严正的回答，着手系统地研究东西方各国农村公社的历史及其不同的演变历史过程。1876 年 5—6 月，他把格·路·毛勒的关于日耳曼公社史的著作作了详细的摘要。同年 12 月，马克思阅读了格·汉森、弗·德默里奇·奥·

---

① 《马克思恩格斯文集》第 3 卷，人民出版社 2009 年版，第 571 页。

乌提舍诺维奇、弗·卡尔德纳斯关于公社制度在塞尔维亚、西班牙和其他国家的演变情况的著作。他还研究了与俄国农村公社有关的大量俄文资料。这些研究构成了他撰写《给〈祖国纪事〉杂志编辑部的信》的科学基础。但是俄国的争论还在继续。马克思也显然感到自己的研究还需要进一步深化。因此，柯瓦列夫斯基和菲尔的著作刚一面世，他就立刻仔细研读，不但做出大篇幅的摘要，还写下多条含义深刻的评论和批注。了解了这样的背景和语境，大概谁也不会去推测马克思要在那里去论证一个辨别什么是封建社会的判断标准，更不会像有的论者想象的那样，马克思断然否定印度社会与西欧封建社会的相似性表明马克思也像西方中心论者那样认为西欧那样的封建社会优于印度和整个"东方"的所谓"集权专制社会"。联系到写作的背景和语境，再来看他是怎样否定两者的相似性，就可以比较清楚地看到那些用语承载的实际含义。他说："由于在印度有'采邑制'、'公职承包制'（后者根本不是**封建主义的**，罗马就是证明）和荫庇制，所以柯瓦列夫斯基就认为这是西欧意义上的**封建主义**。**别的不说，柯瓦列夫斯基忘记了农奴制**，这种制度并不存在于印度，而且它是一个基本因素。"① 这段话中的黑体字是马克思亲手画过着重线的。其中最需注意的是"忘记了农奴制"这句话。它意味着农奴制是西欧封建制最主要的特征，没有西欧那样的农奴制，就不可能有西欧那样的封建制。马克思为什么那么看重西欧的农奴制呢？原因并不是他认为西欧的农奴制优于"东方"的农村公社或"集权专制主义"之类的制度，而是他认为正是从西欧的农奴制中萌生了西欧的资本主义和最早的一批资产阶级分子。所以，以农奴制为基础的"罗马—日耳曼"封建制和资本主义制度都是西欧特有的社会形态，而印度、俄罗斯等"东方"国家按其自身的发展逻辑，是不大可能同西欧走同一条道路的。基于这样的认识，马克思认为印度的农村公社同俄罗斯的农村公社属于同一类型，如果没有被英国殖民统治者摧毁，也可能成为促进印度发展的积极力量。因此，他在笔记中对柯瓦列夫斯基有关印度农村公社的积极作用的描述予以充分肯定，而对英国殖民统治者摧毁农村公社的举措大加谴责。如笔记写道："英国'笨蛋们'〔这是马克思的用语。——编者注〕任意歪曲公社所有制的性质，造成了有害的后果。把公社土地按区分割，削弱了互相帮助和互相支持的原则，

---

① 《马克思恩格斯全集》第 45 卷，人民出版社 1985 年版，第 283—284 页。

这是公社—氏族团体的生命攸关的原则。'笨蛋们'〔这是马克思的用语。——编者注〕自己也说，地广人多的公社，特别有能力减轻旱灾、瘟疫和地方所遭受的其他临时灾害造成的后果，往往还能完全消除这些后果。他们由血缘关系、比邻而居和由此产生的利害一致结合在一起，能够抗御各种变故。"① 马克思还紧接着在资本家的侵入使公社遭到破坏的记述后面加上以下的评语："一切人反对一切人的战争开始了。"② 在《约翰·菲尔爵士〈印度和锡兰的雅利安人村社〉一书摘要》中，马克思也作了类似的评论和批注。

这些历史记录表明，人类学笔记同《给〈祖国纪事〉杂志编辑部的信》和《给维·伊·查苏利奇的复信》及其初稿、二稿、三稿的思路是互相衔接而且完全一致的。而且，只有把它们以及《历史学笔记》联系起来，才能比较充分地理解马克思在他生命的最后几年为进一步发展、充实他提出的历史发展规律和社会形态理论体系所做的工作的科学的历史哲学意义。

就我的认识来说，其中一个突出的科学的历史哲学意义在于，马克思通过对俄罗斯这样一个具有所谓"东方"特色的国家可能走上一条跨越资本主义卡夫丁峡谷而建立社会主义道路的论证，把历史发展规律的统一性和各民族发展道路的多样性的科学理性以及历史发展规律设定的客观条件的限定性与历史活动主体的能动的选择性的关系的科学理性，升华到了一个新的高度。其中包括：

其一，历史必然性不是抽象的、宿命论式的必然性，而是具备了必要而且充分的历史条件下的必然性。西欧在特定历史条件下形成了"罗马—日耳曼"型的农奴制和以那种农奴制为基础的西欧封建制，它给私有财产的积累、竞争和贫富分化留下了较大的空间，生产力在这个比较宽松的空间里发展到一定程度，就形成了要求打破发展私有制和自由竞争的生产生活方式的障碍的阶级力量，而且它逐渐超过了试图阻挡它前进的阶级力量，从而就形成了产生和发展资本主义的必要而充分的条件。在人们还缺乏选择发展道路的自觉意识的情况下，只有西欧具备了那样的必要而充分的条件，因此原生型的资本主义产生和发展的历史必然性只能限于西欧各

---

① 《马克思恩格斯全集》第 45 卷，人民出版社 1985 年版，第 298 页。
② 同上书，第 304 页。

国。非西欧国家的发展道路历史上就与西欧不同，现在和未来也可能会有别于西欧。

其二，唯物史观揭示的人类历史发展规律包含着历史活动主体的能动的选择性；选择意识来源于人们的实际生活体验。不同的阶级实际生活体验不同，选择倾向也就不同。在 19 世纪中叶的俄国，"资本主义在俄国的崇拜者"要选择资本主义道路；革命民主主义者和一些民粹派知识分子反对走资本主义道路，主张在保存农村公社的基础上建立社会主义社会。两者都有获胜可能；但是究竟谁能获胜，最终取决于它在多大程度上赢得普通大众的拥护或沉默的容忍。

其三，马克思认为革命民主主义者的选择有成功的可能，但要把这种可能性变成现实，必须具备以下条件：1. 通过"革命""挽救俄国公社"①。2. 必须"把资本主义制度所创造的一切积极的成果用到公社中来"。必须吸收到公社中来的"资本主义制度所创造的一切积极的成果"包括哪些内容呢？马克思讲道："如果资本主义制度的俄国崇拜者要否认这种进化的理论上的可能性，那我要向他们提出这样的问题：俄国为了采用机器、轮船、铁路等，难道一定要像西方那样，先经过一段很长的机器工业的孕育期吗？同时也请他们给我说明：他们怎么能够把西方需要几个世纪才建立起来的一整套交换机构（银行、信用公司等等）一下子就引进到自己这里来呢？"② 可见，需要引进的积极成果不但包括机器、轮船、铁路等，还包括"一整套交换机构（银行、信用公司等等）"。由此看来，马克思设想的"不经过资本主义卡夫丁峡谷"的社会主义社会可能要经过一段实行市场经济交换的时期。3. 马克思设想，要建立"不经过资本主义卡夫丁峡谷"的社会主义社会，除了要吸收资本主义的一切积极成果外，还须消除旧公社"与世隔绝"的孤立性，因为"在有这一特征的地方，这种与世隔绝的小天地就使一种或多或少集权的专制制度凌驾于公社之上"。马克思设想，"在今天，这个障碍是很容易消除的，也许只要用各公社自己选出的农民代表会议代替乡这一级行政机关就行了，这种会议将成为维护它们利益的经济机关和行政机关"。③ 4. 马克思虽然肯定俄国革命民主

---

① 《马克思恩格斯文集》第 3 卷，人民出版社 2009 年版，第 582 页。
② 同上书，第 571 页。
③ 同上书，第 575 页。

主义者有可能利用当时有利的历史条件通过革命建立"不经过资本主义的卡夫丁峡谷"的社会主义社会，但同时指出还有另外一种可能性，那就是："如果俄国继续走它在 1861 年所开始走的道路，那它将会失去当时历史所能提供给一个民族的最好的机会，而遭受资本主义制度所带来的一切灾难性的波折。"①

把马克思对此所作的一系列有关论证联系起来，就能看得到，马克思的社会形态理论充分肯定历史活动主体对社会形态的选择的能动性，它不但肯定人们在不同历史条件下必然会做出不同的选择，而且肯定在相同的历史条件下不同阶级的人们也会做出不同的选择。但是，任何个人或阶级对社会形态的选择，只有获得劳动大众拥护，或者至少是勉强默认，才可能成为占主导地位的社会形态。实际上，每一个占主导地位的社会形态或生产方式的选择，都是统治阶级和被统治阶级通过无声或有声的斗争达成的结果。有时是统治阶级把自己的选择意志强加于劳动大众。但只有劳动大众在别无选择而不得不容忍的情况下，统治阶级的选择意志才能得逞。例如，在《历史学笔记》中，马克思用了很大篇幅摘记了博塔的《意大利人民史》中有关西欧封建制、农奴制形成过程的阐述，展示了在日耳曼军事首领征服罗马帝国和建立蛮族王国过程中，战争此起彼伏，连绵不断，使统治者和处于极度动荡不宁之中的公社农民都不得不做出谋求生存的对策。于是，"郎哥巴底国王任命了一些公爵，从而造成了一批**封建制度的上层人物。查理大帝使封建制度往下扩展。**{为此}，他与郎哥巴底的显贵举行会议；把至今还驳杂不清的领地按自然疆界（山脉、河流、森林）加以划分，组成了相应数量的州，各个州内的**堡寨和城市的治理权**转交给有**伯爵**（Comte）头衔或有**统率**头衔的显贵人物；那些负责守卫边界的人得到了侯爵的头衔……**凡是**担任行政管理工作的**人都被称为封建主**，有些省则**永远**（？）由他们管理。一些侯爵、伯爵以及普通的封建主也都有权管理**城市、教会、寺院**……最初这种封建主的**管理权**只涉及**军事行政方面。民政机构还保留自己的独立性，国家官职和法律很少改变或毫无改变**；后来由于意大利战事无休无止，**封建统治者抢去了民政权**……逐渐攫取国君的统治权和臣民的权利……"；另外，广大劳动者在连绵不断的战乱中难以生存，只得纷纷投靠寺院或世俗封建主义以求得保护。于是，"人和土

---

① 《马克思恩格斯文集》第 3 卷，人民出版社 2009 年版，第 464 页。

地已难逃封建制度这个恶魔的宰割了，也许可以说，人只不过是代役租和徭役租的征收对象。奴隶制和农奴制交织在一起：前者还没有消失，后者又使那些根据罗马法获得自由的人度日维艰。……一些有权势的人已不满足于强迫这些人当奴隶，他们有权让他们及其子孙永远依附于自己的土地。一部分人不仅用劳动偿还自己的债，而且偿还那些大封建主本人应该想方设法还清的债务。……说到神职人员，无论是结过婚的还是不结婚的，尽管谴责奴隶制，但是全都赞成农奴制，而且很能接受这个制度。他们一旦占有大块土地，就很想把庄稼人牢牢控制住。这样就不必到处去找人，也不必支付工资了。这就是查理大帝统治时期的意大利人民的状况……战争连年不断，这种状况也就越来越坏，因为历代国王既缺士兵，又缺军饷，为此不可能不向一些封建主求援……因此，他们对封建主宽容姑息，对他们的专横暴行视而不见"①。在这种形势下，西欧那种"罗马—日耳曼"或"拉丁—日耳曼"的封建制和农奴制的形成就有其历史的必然性了。"东方"国家的公社制度及其演变，也是在特定的自然和人文环境条件下，直接生产者和统治者各自不同的选择意愿互相斗争或"博弈"的结果。马克思在人类学笔记中提到，有的地方完全公有的原始公社长期保存下来；更多的地方转变成公有私有两重性并存的农村公社；而公私两重性并存的农村公社中，有的公有因素占主导地位而长期保存下来，有的则是私有成分逐渐占据主导地位，最终导致完全被私有制取代而彻底解体。其中每一种结果都首先有直接生产者的选择。直接生产者如果体验到唯有共同劳动共同分配才能保证他们的生存和发展，极力坚持那种生产生活方式，使当地统治者不得不承认现实，那里的原始公有制就可能长期保存下去。如马克思在《马·柯瓦列夫斯基〈公社土地占有制，其解体的原因、进程和结果〉一书摘要》中作了如下的摘记："（保存到现在的）**远古的形式：氏族公社，其成员共同生活，共同耕地，并用共同的（公共的）收益满足自己的需要。**……这种**公社土地占有形式**只在印度北部和西北部的**某些地区保存下来，而其形式是土地只由最近的**亲属即**不分居家庭**（这是梅恩给这种形式的氏族公社所起的名称）的成员**共同所有**（совместное владение）并共同经营。"② 其中的黑体字都是马克思亲手画过着重线的。

---

① 马克思：《历史学笔记》第一册，红旗出版社1992年版，第21—22、140页。
② 《马克思恩格斯全集》第45卷，人民出版社1985年版，第231—232页。

在另一些情况下，劳动者既要求独自生产和经营，又需要公社成员之间互相协作共济，就形成了公有和私有并存的所有制形式，而且如果没有发生严重的贫富分化，这种所有制形式也可能长期保存下来。但是，如果贫富分化达到了一定程度，比较富有的那部分公社成员就会倾向于要求完全的私有化，而与要求保存公有成分的公社成员可能处于势均力敌的地位。这时如果有某个有权有势的外来力量向着要求完全私有化的公社成员一边稍加倾斜，完全私有化的要求就可能很快实现，公社也就随之解体了。马克思在他的笔记中十分仔细地记下了发生在印度的这样的事例："在一个以**伊塔瓦**为活动中心的**办理土地登记的专员的 1818 年报告**［《**西北各省税收档案选编**》第 1 卷］中说：'有些村，**迄今为止还没有土地所有者**。使我们极感惊异的是：我们竟然**找不到柴明达尔**或诸如此类的所有者**存在的任何迹象。在许多村中**，土地占有权还成了**两派争执**的对象，而两派中却没有一方能够提出任何有利于自己的重要证据'……如果**这两派中一方是公社所有者**，另一方是**地方当局**或是有钱有势的居民，那么，**专员们在大多数情况下都站在后一派方面**，他们这样做所持的理由是：'**公社所有者的权利从来没有严格而确切地确定过**，因此，对于**他们是否有任何土地权**的问题也就不可能给以明确的回答。'……关于土地属于某个家庭的问题，常常凭办理土地登记的专员的任意武断和被咨询的**伊斯兰教官员的偏私证词**来决定。这样一来，**土地所有权大都集中在仅仅持有假文契的人手中**；……在**许多**自古以来除了**公社土地所有制**以外不知有其他所有制形式的**村庄中**，终于**确立了大土地所有者和小土地所有者**，前者是**柴明达尔和泰鲁克达尔**，亦即从**整个区及其分区收税的人**，后者是**村长**（朗伯尔达尔）；这两种情况都对**大多数居民**极为不利，他们不管是否愿意，都被迫变成了**依附于地主的佃户阶级**。"① 引文中的黑体字都是马克思亲手画过着重线的。

把马克思所有这些论说和笔记联系起来解读，令我们确信，马克思晚年的确有一个心愿，要通过对世界历史的再次审读，对他提出的历史发展规律，特别是社会形态从低级向高级演进的规律的共同性和发展道路的多样性理论体系做一番系统的检验和升华。令我们永远痛惜的是，他还没有来得及实现这个心愿就停止了呼吸。

---

① 《马克思恩格斯全集》第 45 卷，人民出版社 1985 年版，第 294—296 页。

但是，谋求人类争取自由解放的科学事业和革命实践的事业，自有后来人。

如今，中国共产党人提出的社会主义初级阶段理论和建设有中国特色社会主义理论，就是对马克思的社会形态理论、特别是建立"不经过资本主义的卡夫丁峡谷"的社会主义社会理论的最新发展。中国共产党领导中国人民在实践这一理论中取得的举世瞩目的成就，证明马克思关于社会形态从低级向高级演进的理论是科学，绝不是空想。

（原载《中国社会科学》2011 年第 1 期）

唯物史观与中国古代社会形态研究

——再论"专制"问题讨论中的理论误区

许苏民

20 世纪 40—50 年代，是以胡绳、王亚南、侯外庐为代表的中国马克思主义理论家和历史学家意气风发地驰骋于学术前沿并取得丰硕成果的时代。他们以唯物史观为指导，贯彻社会史与思想史之统一的研究方法，在中国古代社会形态研究方面取得了卓越的成就，提出了很多极为深刻的观点。他们的思想，对于廓清目前"专制"问题讨论中的三大理论误区——否认民主与专制的本质区别、盲目追随钱穆"中国式之民主说"、否认程朱理学为专制政治之护符的观点——实在具有振聋发聩的作用。

一 以唯物史观为依据，分清民主与专制的本质区别

张分田先生认为，"自由主义民主"鼓吹"多元化"，批评"整齐划一"，却企图用自己的价值观来实现民主观的整齐划一，从而陷入了自设的悖论之中。他反复致意：分别专制与民主不是分析历史、判定价值的可靠尺度；对于政治制度，"很难简单地以专制或民主判定优劣"；专制中有民主，民主中有专制，民主也曾铸就暴政。[①]——如此等等，好一派不谴是非、无可无不可的庄禅风格！好一派非本质主义的后现代气象！不意我素来敬佩的张分田先生也成"后教授"了，他居然要用这一套"超越时代"的想法来"重建中国思想史知识体系"！

然而，"好"却不一定"对"，可爱的往往不可信。民主的模式虽有多

---

① 张分田：《"专制"问题论纲——关于"重建中国思想史知识体系"的若干思考》，《天津社会科学》2011 年第 3 期。

种，最基本的是自由主义民主或资本主义民主、社会主义民主或马克思主义民主，也许还有其他什么主义的民主。需要追问的是："多"之中难道就没有"一"吗？不同模式的民主难道就没有民主之所以为民主的共通的深层精神本质吗？也许后派会对我这样"过时的"本质主义提问方式嗤之以鼻、不屑一顾，但我还是要提出这一问题。我以为，胡绳的《理性与自由》一书所阐明的唯物史观的基本学理与他对中国社会和文化走向的认识，就是对这一问题的正确解答。

《理性与自由》一书是胡绳在 20 世纪 40 年代撰写的关于文化论争的论文结集。其中最主要的内容，是针对钱穆的古代社会形态研究和冯友兰的新理学、贺麟的新心学的。与钱穆的"中国式之民主说"相呼应，贺麟、李长之、谢扶雅等人提出了中国传统文化"人本主义说"，——既然自秦迄清的中国社会是民主社会，则作为其意识形态的传统思想自然也就是"人本主义"了，二者真可谓珠联璧合、相映生辉。然而，"不识时务"的胡绳却偏要大讲民主与专制的本质区别。

既笃信唯物史观又熟悉近代启蒙思想的胡绳认为，民主之所以为民主的本质特征，就在于对人的尊严和人的权利的尊重。他说关于人的尊严和人的权利的近代人本主义思想是民主观念的理论前提，民主观念就是从近代人本主义思想里发展出来的。他在 1943 年发表的《思想的漫步》一文中指出：用做西洋名词的翻译，人本主义的原文可以有两个名字：Humanism 与 Anthropologism，假如是后者，那就不过是一种重视人的思想；假如是前者，在中文里也有人译作"人文主义"或"人道主义"，那是到了欧洲文艺复兴期才勃兴的一种新的思潮，其内容却不是用重视人这一点就可以包括得了的。那么什么是"人本主义"的内容呢？胡绳认为，既然学者们把人本主义当做 Humanism 的译文，那么人本主义就不能不和欧洲近代的黎明期——文艺复兴期的"人的发现"运动有着密切的联系。所谓"人的发现"，也可以说是"人的自觉"：自觉是一个独立自主的人，有独立思考的能力，有自主的决定能力，对于一切周围的事情，自己可以负责任。不像在中世纪那样，一个人应该想些什么，做些什么，都已由宗教的教条死死地预定着了。相反，一个人在思想行动上应该是有自由的，是要不断地怀疑、探索、追求、前进的。所谓"人的发现"，又包含着人与人之间的相互承认与尊重的意思，那就是说，每一个人不仅把自己看做是一个独立的人，而且也把他人看做独立的人，也同样有独立的思想与行动的权力与能力。因为从人本主义的精神里发扬了思想的自由，于是就有助于新思想的产生，又因为人与人相互承认与尊重，则从人本主义的精神里必然发展出民主的观念。胡绳强调指出："为了民主生活的发展，中国在文化思想上是非常需要接受人本主义 Humanism 的洗礼的。"①

从这样的人本主义的意义上来看中国传统文化，胡绳指出：固然从中国过去的文化思想中并不是找不出一点人本主义的要素来，但是从根本上说来，中国旧思想中的无论哪一个流派都并不是人本主义的。墨家思想比较上还多带人本主义的成分，但是他们讲上同，讲天志，讲明鬼，那又是非人本主义的了。只有从他们那兼爱尚贤的思想和行侠的精神中还流露着人本主义的气味。从印度来的佛教思想，不用说，更是和人本主义完全对立的；而从本国土壤中生出的道家思想，虽然像是向往于独立自由的生活，但其实却是出发于以人为刍狗的悲观心理，而企图在心理上得到超脱的境界，这种思想与人本主义也是根本对立的。至于儒家思想，纵然可以找出若干人本主义的成分，但是从根本上看我们不能不说：儒家思想并不是人本主义。以为儒家思想是人本主义的唯一理由是，儒家思想学说以人伦观念为中心，但是在我们看来，儒家的人伦观念，不仅不足以证明其为人本主义，相反的，恰恰证明它不是人本主义。因为，凡人的思想行为由独断的教义所严格地规定着，无论这教义是宗教的还是伦理的，那都是反乎人本主义的。倘以为一种思想，只要它讲到人，就可算是人本主义，那是对人本主义的歪曲②。

胡绳特别赞赏《三民主义半月刊》上发表的一篇译自《自由法国》杂志上的文章，文章的原标题是《专制主义与蔑视人道》，译文题为《人的兽性时代》。胡绳引述了该文的内容，说希特勒极端蔑视民众；而对其党员的要求则有两条，一是忠实，二是"你们尽管发财"，从而结成了一个共同作恶的犯罪团体。胡绳据此发挥说，法西斯主义的本质就是专制主义，法西斯统治者不仅不把民众看做人，而只看做是愚蠢的牛马；而且也不把自己的党羽看做人，而只看做是贪婪的狼犬。他又引原作者的话说："原来专制主义与蔑视人道，本是具有连带关系，决不是在我们这个时代才如此的，因为只有专制时代，才带着凶狠残酷的形式，表露那些蔑视人

①　胡绳：《理性与自由》，华夏书店 1946 年版，第 22 页。
②　同上书，第 20 页。

道的事实；亦惟有在人的价值完全丧失的时候，才容忍统治者唆使一班残忍的恶奴，任意荼毒生灵。"胡绳发挥说："现在，我们既站在反法西斯的战线中间，而在自己民族生活的历史上，又曾长期地经过各种各样的独裁政治的专制时代，那么，就更不能不强调人的尊严，人道主义的精神。因此，就必须反对任何'蔑视人道'，不把人当人看的思想和事实。"①

——胡绳关于专制制度的本质是"蔑视人道"、专制政体"带着凶狠残酷的形式"、专制主义具有"贪婪的狼犬"的兽性的论述，完全是对马克思观点的发挥。马克思说："专制制度的唯一原则就是轻视人类，使人不成其为人，而这个原则比其他很多原则好的地方，就在于它不单是一个原则，而且还有事实。专制君主总把人看得很下贱。"② 又说："专制制度必然具有兽性，与人性是不相容的。兽性的关系只能靠兽性来维持。"③ 这是对专制制度之本质入木三分的刻画。

专制主义与蔑视人道相联系，而民主则与人的尊严相联系，尊重人的尊严是马克思主义的思想精髓。胡绳对这一精髓有很深刻的体认。在《思想的漫步》一文中，他专门写了"人的尊严"一节，把人的尊严看做是民主思想的"根本前提"。他说真正的人道精神虽然内容非常广泛，但可用一句话来概括，就是"把人当做人"。把人当做人，这是一句看来很平常的话，而且又像只是同语反复，但其实不然。第一个"人"字所指的不过是生理的人，但人们并不是常将生理的人当做真正的人的；"把人当做人"这句话中的后一个人字所意味着的乃是有独立的感情、独立的意志、独立的思想的人，也就是说，不仅是过着生理的生活，而且过着精神的生活的人。胡绳强调，只有"由自己的感觉、意志和思想来决定自己的行为的人才算得是一个人，只是由别人的感觉、意志和思想来决定自己的行为的人就不能算是真正的人。'上命差遣，身不由己'，这是不把自己当做人的想法：'我说怎样，你就得怎样'，这是不把别人当做人的想法"④。

——人们也许会感到惊讶，如此重视个人，这种观点是马克思主义的观点吗？当然是的，不仅是，而且是唯物史观的出发点。——马克思说：

① 胡绳：《理性与自由》，第29页。
② 《马克思恩格斯全集》第1卷，人民出版社1956年版，第411页。
③ 同上书，第414页。
④ 胡绳：《理性与自由》，第29页。

"任何人类历史的第一个前提无疑是有生命的个人的存在"①，"我们的出发点是从事实际活动的人"②。当所谓"真正的社会主义者"宣称要"阉割掉自己下贱的个人，我们只属于人类"时，我们可以看到马克思表现出何等的异乎寻常的愤怒！马克思确认自由是人的本质，把人的生命活动的本质规定为"自由自觉的活动"。③ 而人的尊严正在于人的自由。胡绳对马克思的这一观点可谓心领神会，他发挥说："把自己当做人，就有了自由；把别人当做人，就有了平等。——有自由，有平等，于是才能有民主。"④ ——这一发挥也绝不是胡绳的杜撰，马克思说得好："必须唤醒这些人的自尊心，即对自由的要求。这种心理已经和希腊人一同离开了世界，而在基督教的统治下则消失在天国的幻境之中。但是，只有这种心理才能使社会成为一个人们为了达到崇高目的而团结在一起的同盟，成为一个民主的国家。"⑤

针对钱穆把文艺复兴以来的西方文化说成是"欧洲中心的殖民文化"而加以排斥的观点，胡绳驳斥说："自然，我们也要从根本上反对那种浸透了阶级统治和殖民地剥削意味的资本主义……但我们同时要看出，就在欧洲资本主义的四百年历史中，——特别是在资产阶级初兴后的向上时期，在文化上也发展起来了一种进步的因素，这就是民主主义文化的进步因素。这种因素虽然本身也带有消极的一面，但是比在她以前一切的人类文化却是更进步的。假如用'殖民地经营'这样一句话来抹杀了这四百年的资本主义文化，否定了其中一切比封建文化更进步的地方，这只足以表明其对于人类文化史的无知而已。"⑥ 为了捍卫科学与民主，驳斥复古主义者对所谓"西洋文化的罪恶"的批判，胡绳在1944年5月专门发表了《什么是世界文化的危机》一文，文章开篇就引证了胡适在1929年写的《我们对于西洋近代文明的态度》中的一大段话，又在文章中间大段引用胡适的论述，并且据此加以发挥——当然是在马克思主义理论基础上的发挥，他在肯定胡适的观点"合理"、"完全是对的"的同时，也指出其观

---

① 《马克思恩格斯选集》第1卷，人民出版社1972年版，第24页。
② 同上书，第30页。
③ 《马克思恩格斯全集》第42卷，人民出版社1979年版，第50页。
④ 胡绳：《理性与自由》，第27—28页。
⑤ 《马克思恩格斯全集》第1卷，第409页。
⑥ 胡绳：《理性与自由》，第79—80页。

点还有不够完备的方面①。胡适是中国自由主义的代表人物，而马克思主义者是决不忌讳认同自由主义的合理思想因素的。

——这种对于欧洲资本主义四百年历史中民主主义文化的进步因素的肯定，对中国现代自由主义思潮的进步因素的肯定，难道也是马克思主义的吗？是的，它正体现着马克思主义的立场、观点和方法。马克思、恩格斯登上历史舞台的时候，法国和德国的近代政治革命（或称资产阶级民主革命）尚未完成，而遥远的东方还处于君主专制的统治之下，在这种历史条件下，马克思、恩格斯首先将自身置于反对欧洲和东方专制主义斗争的最前列。他们强调欧洲大陆的工人阶级必须首先争得民主，所以他们总是屡次说到法国的《人权宣言》和美国《独立宣言》的伟大历史意义，马克思甚至以十分炽热的语言赞扬新大陆的民主制度，盛赞这一制度能使石匠的儿子成为总统，"能使善良的常人也能担负旧大陆需要英雄豪杰才能担负的任务"，称美国总统林肯为"工人阶级的伟大儿子"。② 对于中国，马克思也充满信心地憧憬道："我们欧洲的反动派，在最近的将来势必向亚洲逃跑，一跑跑到中国的万里长城，跑到这个最保守堡垒的门口，那时候，安知他们在那里不会碰到'中华共和国——自由、平等、博爱'这几个大字呢？"③ 马克思、恩格斯在《德意志意识形态》中之所以以大量篇幅批判德国的自由主义，是因为德国资产阶级居然将自己的利益与普鲁士专制统治紧密结合在一起，只是想从专制制度那里分得一杯羹，其实践仅仅表现为普鲁士统治者的自由意志和资产者为了自身利益的无耻钻营；而德国哲学家们热衷于建构的自由主义的哲学体系，也只是反映了他们的善良愿望，让人们借这些关于自由的幻想来自我安慰，但现实却不是如他们所描绘的那种玫瑰式的梦幻般的图景，哲学必须走向社会、走向实践，研究现实的社会关系，才能找到实现真正的自由的途径。自由理念是马克思、恩格斯终身捍卫和为之奋斗的基本理念，恩格斯说得好："自由主义是社会主义之根"④，"现代社会主义……就其理论形式来说，它起初表现为18世纪法国伟大的启蒙学者们所提出的各种原则的进一步的、似乎更

---

① 胡绳：《理性与自由》，第 116、121 页。
② 《马克思恩格斯全集》第 15 卷，人民出版社 1963 年版，第 586 页。
③ 《马克思恩格斯论中国》，人民出版社 1949 年版，第 189 页。
④ 恩格斯：《致卡尔·考茨基》，转引自魏小萍《马克思主义与自由、平等和正义的话题》，《哲学研究》2003 年第 9 期。

彻底的发展。"①

胡绳强调："专制主义的教育只能造就奴才……民主主义的教育才能养成真正的人。……因为在一群奴才中是不能建立民主政治的，在民主政治下的全民教育就是承认与发展全体人民的人格，因为承认所有的人民都是独立自尊有自主能力的人，所以在政治上也就要实现全面的民主政治。"② 胡绳在此说得十分明确，所谓"承认与发展全体人民的人格"不是抽象的，而是具体的，是"承认所有的人民都是独立自尊有自主能力的人"。这就与专制主义的奴化教育划清了界限：所谓"专制主义的教育只能造就奴才"，就在于这种奴化教育是从根本上取消国民之人格的。而所谓"人格"，只能是一个高度个性化的概念：只要讲到人格，都是指的每一个体的人格，如果他（她）还有"人格"的话。一切真伪的认知、一切善恶的判断，一切痛苦和欢乐的感受，甚至对于群体或社会的使命感、责任感等，都只能通过个人并在个人的心灵和行为中展示出来。人格就是"Personity"，就是具体地历史地存在着的活生生的"个人"。一切人格都既是"个体人格"，又是"社会人格"，因为每一个人的存在都是具有社会性的。所以硬说西方人是"个体人格"、中国人是"社会人格"，实在不通。当然，只有在不再把人引导到崇拜权势和金钱的社会中，人才能真正具有健全的人格。

——胡绳的这一论述同样体现了他对唯物史观的深刻理解和他的精湛的马克思主义理论学养。马克思主义并没有抛弃自由主义注重个体精神的独立性和自主性的合理因素，恰恰是在这一点上，最明显地体现着恩格斯关于"自由主义是社会主义之根"的论述：马克思、恩格斯不仅把有生命的、从事实际活动的、具有自由本质的个人作为理论的出发点，而且把人的自由程度作为衡量社会进步的尺度，并且将其作为全部理论的归宿和落脚点。马克思、恩格斯在《共产党宣言》中明确认为共产主义是"以每个人的自由而全面的发展为前提的一切人的全面发展"的社会，确认"每个人的自由发展是一切人的自由发展的条件"。③ 条件即前提，马克思恩格斯为什么不说群体优先的原则是一切人的自由发展的条件或前提呢？对此，

---

① 《马克思恩格斯选集》第 3 卷，第 355 页。
② 胡绳：《理性与自由》，第 34 页。
③ 《马克思恩格斯选集》第 1 卷，第 294 页。

马克思在《1857—1858 年经济学手稿》中作了回答，他说中世纪是"人的依赖关系"，近代资本主义社会是"物的依赖关系"，而把共产主义规定为"自由人的联合体"。这就十分明确地告诉人们，如果不以自由的个人为前提，也就难以与中世纪的"人的依赖关系"划清界限了。

由以上论述可见，民主与专制是有确定区别的，在人的尊严的问题上，来不得半点的含糊。不过，张分田先生关于专制与民主的复杂关系的思考也不是全无道理，这一思考有助于避免学术研究中的简单化、绝对化和片面性的弊病，也可以使人们对中国传统思想中具有的某些民主性或人民性的思想因素更为重视。

二 以唯物史观为依据，确认自秦迄清的中国社会性质为皇权官僚专制社会

"专制"问题讨论中的第二个理论误区是盲目追随钱穆"中国式之民主说"。钱穆认为，中国自秦以下两千年，"绝不是一个君主专制的政府"，而是"中国式之民主政治"。其依据是：第一，皇帝为全国民众共同拥戴。以汉代为例："汉王室……实系中国全国民众共同结合，组织中央政府，设首都于长安，而拥戴刘氏为天子。"第二，宰相制度，帝王非一人大权独揽。第三，政府内部各部门互相制衡，宰相亦不得专权，如唐朝有门下封驳制度，"于宰相建白例许驳正"。第四，科举制度。中国传统政府中之官员，完全来自民间，"是不啻中国政府早已全部由民众组织"。综上所述，钱穆总结说："中国传统政体，自当属于一种民主政体，无可非难。吾人若为言辞之谨慎，当名之曰：中国式之民主政治。"① 如今否认中国传统政治为专制主义的人们，说来说去无非还是钱穆所列举的这些理由。

皇帝是全国民众共同拥戴的吗？稍有历史知识的人都知道，皇位的取得在中国历史上无非是两种方式，一是强夺，二是篡窃，钱穆的这一观点实在不值一驳。至于他所说的宰相制度、门下封驳制度、科举制度等，倒是一个值得认真对待的问题。皇帝至高无上的权力能在多大程度上受到制衡？吴晗的《论皇权》一文对上述各种制度与皇权的关系作了论述，认为这些制度对皇权的制约实在非常有限，其存在丝毫不能说明这就是"中国

① 钱穆：《文化与教育》，广西师范大学出版社 2004 年版，第 82 页。

式之民主政治"。胡绳也指出:"科举制的实行,诚然反映了中国封建政治的一个特质,即它不是贵族政治,而是官僚政治。……这些官僚从上到下,一级一级地像金字塔一样地压在人民的身上,而居于最高顶点的则是专制君主。因此官僚制度之存在并不足以否定君主专制,恰恰相反,它只是在这一庞大的国土上中央集权的君主专制得以维持的有力支柱。"① 胡绳指出了中国传统政治的特质是官僚政治,但真正对此作系统研究的则是王亚南。

王亚南以翻译马克思的《资本论》而驰名海内外。其《中国官僚政治研究》一书,出版于1948年,堪称是一部研究中国古代社会形态的不朽的杰作。在这本书中,他虽然没有系统阐述唯物史观的学理和方法,但人们却可以看到他对唯物史观的理解是何等的全面和深刻。他以经济与政治之统一的标准作为判定社会性质之依据,既看到生产关系、政治制度、社会心理、意识形态的派生关系,又把这些要素看做是一个无穷无尽的相互作用的网络,没有丝毫教条主义的意味,充分展示出唯物史观乃是最全面、深刻而无任何简化、片面性弊病的关于社会发展的学说。王亚南给自己规定的研究任务是:"从社会的意义上理解官僚政治,就是说,在此种政治下,'政府权力全把握于官僚手中,官僚有权侵夺普通公民的自由',官僚把政府措施看为为自己图谋利益的勾当。"② 其中最精彩的部分,乃是他的弟子孙越生所说:"以历史和经济分析为基础,对官僚政治这一官僚主义发展最成熟的形态本身的基本矛盾——官民对立关系做了慧眼独具的剖析。"③

1. 论中国古代官僚政治的"三种性格"

王亚南认为,研究中国古代官僚政治,须得从该政治形态的诸特殊表象讲起。这些特殊的表象分别体现在它的"三种性格"之中:一是长期延续。二千年之政皆是沿袭秦代专制政治而来。而晚近在苏联以"中国通"见称的社会经济史学家魏特夫(Wittvogel)在论到中国中古历史阶段时,特别强调"二千年官吏与农民的国家"这句话,那也不外表示那个历史阶段是由官吏支配农民,是施行官僚政治。官僚不但成了专制政体实行的准

---

① 胡绳:《理性与自由》,第72页。
② 王亚南:《中国官僚政治研究》,中国社会科学出版社1981年版,第20页。
③ 同上书,第2页。

备条件，且还在某种程度上成了专制政体实现的推动力。二是包摄范围之
广阔。以父家长为中心的家族组织，显然存在着一个可供官僚政治利用的
传统。国与家是相通的，君权与父权是相互为用的。一般的社会秩序，不
是靠法来维持，而是靠宗法、靠纲常、靠下层对上层的绝对服从来维持；
于是，"人治"与"礼治"便被宣扬来代替"法治"。中国的学术、思想
与教育，也好像是专门为了专制官僚统治特制的一样，学术、思想乃至教
育本身，完全变为政治工具。三是影响之深入。中国人的思想活动乃至他
们的整个人生观，都拘囚锢蔽在官僚政治所设定的天罗地网之中，使全体
生息在这种政治局面下的官吏与人民、支配者与被支配者都不知不觉地把
这种政治形态看为最自然最合理的政治形态①。

　　2. 论中国专制官僚政治之经济基础——士大夫阶层的特殊利益与农民
的悲惨地位

　　针对某些学者把士大夫阶层说成是一个"超阶级"的社会阶层的观
点，王亚南深入探究了中国专制官僚政治之社会经济基础，揭示了中国的
士大夫阶层的特殊利益。他说对这一问题的研究，虽然不能刻板地硬套一
般社会史的发展公式，但代替贵族行使支配的官僚，并不曾因此就"特殊
到"成为"超阶级"的东西。把他们来同欧洲专制时代的官僚比较，也诚
然像瓦尔加所说，为"一种特殊形式的统治阶级"，但借魏特夫批判黑格
尔的话来说："中国官僚阶层对于所谓'自由'农民，对于农民重要生产
手段的土地，乃至对于土地的收益，不是握有明白的权力么？被拔擢进官
僚阶层的机缘，在客观上，不是单由那些立在官僚候补地位的学者，富裕
地主商人的子弟们，当做特权而预定了的么？"一句话，中国的士大夫阶
层不代表贵族阶级利益，也不可能代表资产者阶级的利益，而是陶希圣讲
对了的那一句话："自有特殊利益。"因为他们自己就是支配者阶级，自己
就是一直同农民处在对立者的地位。中国帝王的政治经济权力，一方面使
他扮演为地主的大头目，另一方面又扮演为官僚的大头目，而他以下的各
种各色的官僚、士大夫，则又无疑是一些分别利用政治权势侵渔人民的小
皇帝。官僚士大夫们假托圣人之言，创立朝仪，制作律令，把大皇帝的绝
对支配权力建树起来，他们就好像围绕在鲨鱼周围的小鱼，靠着鲨鱼的分
泌物而生活一样，这绝对支配权力愈神圣、愈牢固，他们托庇它、依傍它

---

　　① 王亚南：《中国官僚政治研究》，第38—43页。

而保持的小皇帝的地位，也就愈不可侵犯和动摇了①。

　　王亚南认为，中国专制官僚政治上的帝王绝对支配权归根结底是建立在对土地的全面控制上，以及由此所勒取的农业剩余劳动或其劳动生产物的占有上。以对土地的控制和占有表现其经济权力，以如何去成就那种控制和占有的实现表现其政治权力。但无论是经济权力或政治权力，离开了他的官僚机构和官僚系统，都将变成空无所有的抽象。于是，整个政治权力，也即是整个经济权力，如何分配于全体官僚之间始得保持全官僚阶层内部的稳定，就成为官僚头目或最大地主们所苦心焦虑的问题了。聪明的统治者，往往不但破格赐赠以结臣下的欢心，甚或鼓励贪污侵占以瘳野心者的壮志。汉高祖对"萧何强买民田宅数千万"所表示的优容，宋太祖劝石守信等"多积金帛田宅，以遗子孙"的深谋远虑，皆说明专制官僚社会统治者对其臣下，或其臣下对于僚属所要求的只是忠实，不是清廉，至少两者相权，宁愿以不清廉保证忠实。结局是，做官总有机会发财，有官斯有财，有财斯有土，有土斯有社会势力和身份。中国人把做官看得重要，最基本的理由就是官僚政治给予了做官的人或准备做官的人，乃至从官场退出的人，以种种经济的实利，或种种虽无明文确定，但却十分实在的特权②。

　　王亚南认为，一部二十四史既是相研史，又是一部贪污史，而"集权的或官营的经济形态"则是"官僚的政治生活就一般地体现为贪污生活"的最主要的方面。在中国官僚政治体系内，有一种握在官僚手里的特殊的商业、手工制造业和高利贷业。经商成了国家公务的一件重大的事，中国仕宦不像欧洲贵族那样把商业看为"不洁"、"不自然"的作业，且从而"追逐之"。商业如此，伴随商业而产生的高利贷业亦如此。以谷米为重心的商业如此，一切日用品如盐、铁、酒、布也就自然变成官业对象。两汉之际的王莽时代，就有所谓六筦五均的"国家经济"形态出现。官卖、官营、官贷的经济活动，虽然间或也引起一两位好心肠的士大夫发出"与民争利"的叹声，但一般的仕宦却可用"为民兴利"的大口实来使他们的经济活动"合理化"。他们在朝时千方百计地去接近各种形态的官业，在野时又像"先天地"注定是族产、学田、积谷……一类公共产业的经管者。

---

① 王亚南：《中国官僚政治研究》，第60—61页。
② 同上书，第112页。

他们多半原已是地主兼高利贷者，或者某种场合兼为商人或各式小产业经营者，一经在朝在野同"公家经济事业"接触，就很快要"发迹"了。他们无论是"达则兼善天下"地把持朝政，抑是"穷则独善其身"地武断乡曲，始终在把政治作为达成经济目的的手段。而这种倾向，就是直通"贪污之路"的便桥。地方官要在地方发财，不得不贿通京官；京官要通过地方官发财，又不得不敷衍地方官。他们上下其手，交互造成一个贪污大局面。做官被看成发财的手段，做大官发大财，做小官发小财，甚至没有正式取得官阶官衔，而在乡村以似官非官的身份，利用任一机会发混财。

针对钱穆关于传统的中国式的民主社会"土地所有者和佃户实同为国家的公民，并没有不平等的剥削关系"的观点，王亚南依据史实作了严正的驳斥。他指出，从史书的大量记载来看，处于"不但税之，且又役之"，"急政暴虐，赋敛不时"的重压下的农民不得不"常衣牛马之衣，食犬彘之食"，"以饥饿自卖"，并"嫁妻卖子"。"御用史家们吹嘘的'汉唐盛世'，应当不是指着这些在他们看为污浊寒酸的光景，而是就其对极的'豪人之室'、'连栋数百'、'奴婢千群'（见《后汉书》仲长统传）的阔绰场面说的"①。王亚南还特别指出，中国农民困苦的基本原因，与其说是由于正规租赋课担太重，毋宁说是由于额外的、无限制的、不能预测到的苛索过于繁多。他们不像欧洲中世纪农奴只有一个"顶头上司"，即领主直接对他们行使剥削；社会的一切大小官僚豪劣，乃至与他们夤缘为奸的商业、高利贷业者，都能找到机会和口实，个别地或联合地予他们以经济损害。② 总之，"以地主经济为基础的专制官僚统治，一定要造出官、商、高利贷者与地主的'四位一体'场面，又一定要造出集权的或官营的经济形态，更又一定要造出贪赃枉法的风气，而这三者又最可能是息息相通、相互影响的，它们连同作用起来，很快就使社会经济导向孟轲所预言到的'上下交征利，而国危矣'的大破局。中国历史上是不止一次经历了这种大破局的"③。这是对中国历史上周期性的社会震荡之原因的深刻总结。

3. 论科举制度、帝王尊孔和儒家的政治理想

科举制度是钱穆讴歌传统社会为"平等的社会"、为"中国式之民主"

① 王亚南：《中国官僚政治研究》，第84页。
② 同上书，第129页。
③ 同上书，第122页。

的一个重要论据，王亚南依据史实，对这一观点作了廓清。他说，首先要看到，官人举士之法，历代并不限于科举。依宋任子制：一人入仕，其子孙亲族，俱可得官，官愈大，所荫愈多。甚有荫及本宗以外之异姓，荫及门客、医生的。明初荐举盛行，此后亦杂流并用，清以科目、贡监、荫生为正途，荐举、捐纳、吏员为异选。特别是捐纳一项，明有纳粟监之例，清自嘉道以后，内官自郎中，外官自道府而下，皆可报捐。恩荫既行，不仅为变相世袭之继续，且还推恩于贵者之亲故；而捐纳之设，又无异为富者大开方便之门。其次，科举取士的内幕也是污浊不堪。顺治十年的上谕说："提学官未出都门，在京各官开单属托；既到地方，提学官又采访乡绅子弟亲戚，曲意逢迎。甚至贿赂公行，照等定价；督学之门，竟同商贾。"① 王亚南进而指出，专制君主及其大臣们施行统治，没有任意拔擢人的特殊权力，就根本无法取得臣下的拥戴。任何人走上仕途，如全凭考试，他们就不会对上峰表示特殊恩遇，不肯"竭智尽心，以邀恩宠"。所以，任一施行科举制的王朝，都必得为专制君主保留钦定的制举方式，必得为其他大官僚保留铨选、选授、衡鉴一类的拔用方式。科举制也希望能达到选贤任能的目的，但它的更大目的，却在于把人的思想拘囚于一定范式中。其结果是一般士大夫总是熏心于利禄，而不复以国家、民族、人民的安危死活为念。做官第一主义，本来由儒家的政治哲学立下了坚实基础，但其充分发挥却是由于科举制②。

依据马克思关于掌握社会物质基本生产手段的阶级必定要占有或支配社会基本的精神生产手段的观点，王亚南说明了皇帝和官僚集团为什么尊孔的原因：第一，使不合理的物质生产手段的占有取得合理的依据；第二，将借此继续制造出或生产出维护那种占有的动力；第三，将用以缓和或团结同一支配阶级内部的分离力量③。"老子主无名无为，不利于干涉；墨家创兼爱，重平等，尚贤任能，尤不便于专制。惟独孔学，严等差，贵秩序，与人民言服从，与君主言仁政，以宗法为维系社会之手段，而达巩固君权之目的，此对当时现实社会，最为合拍；帝王驭民之策，殆莫善于此，狡猾者遂窃取而利用之，以宰制天下。"④ 因此，夏曾佑推论汉武帝尊

---

① 《东华录》顺治十年。
② 王亚南：《中国官僚政治研究》，第 108—111 页。
③ 同上书，第 69—75 页。
④ 王亚南引苏渊雷《孔学判摄》，载《中国官僚政治研究》，第 69 页。

重儒术之动机，谓其"非有契于仁义恭俭，实视儒术为最便于专制之教耳"①。任何一个专制君主，无论他的天下是怎么得来的，是出于强夺，抑或是由于篡窃，他一登大宝，总不会忘记提出与他取得天下正相反对的大义名分来，借以防阻臣下的效尤"强夺"或"篡窃"。所谓"窃国者侯，侯之门仁义存"，就是这个道理。孔子除了经师和教育家的资格外，还有一个政治说教者的资格，一车两马，历访各国，以冀学之见用，道之得行，而这点却为以后儒家政客官僚，作了投机干禄榜样。至其教人以"言不必信，行不必果"，后儒为目的不择手段的实利主义精神，固因此渊源有自。——当然，对于皇帝为什么尊孔，还是引皇帝说的话最为有力，如清朝雍正五年（1727）秋七月癸酉谕礼部："惟有孔子之教……在君上尤受其益。"②

钱穆说："孔子他们这一般圣贤，都已经将那些人生理想讲得很高深，以后实在很难超越。……汉唐人能够依着先秦这个理想逐渐作去，实在是了不得。中国的理想本来已很高，很完美……将来还要这样做去。"③ 王亚南指出，这是典型的中国士大夫阶层的政治思想的结晶，也是中国官僚政治支配下的必然产物，说明中国士大夫辈对于专制官僚统治中毒之深，陷溺于其中而不能自拔。王亚南从社会心理学的观点揭示了钱穆之流历史学家之所以讴歌专制官僚政治的根源。他说，同一社会事象的反复，会使我们的反应牢固地变成我们的第二天性。在专制官僚政治下，统治阶级的优越感和一般贫苦大众的低贱感，是分别由一系列社会条件予以支持和强化的。而"从古如斯"的政治局面，使统治者与被统治者不期然而然地把既成的社会事象视为当然，而不论它们是如何的不公平和不合理，如何为稍有现代政治意识与人类同情心的人所不忍闻和不忍见。然而，对专制主义官僚主义中毒最深的，毕竟还是一般为那种统治帮忙帮闲的官僚士大夫阶层。因为成见一旦与利害关系结合起来，就会变得非常顽固和不易改变。政治上的实利主义与历史惰性锢蔽了他们，使他们不能相信固有的社会政治形态以外还有什么理想④。

---

① 王亚南引夏曾佑《中国古代史》，载《中国官僚政治研究》，第 69 页。
② 蒋良骐编：《雍正朝东华录》（一），文海出版社 2006 年版，第 232 页。这条史料是我的博士生王呈祥提供的。——引者。
③ 王亚南引钱穆《中国文化传统之演进》，载《中国官僚政治研究》，第 44 页。
④ 王亚南：《中国官僚政治研究》，第 44—46 页。

王亚南依据唯物史观，对区别于西方的中国传统政治的特殊形态作了实事求是的剖析，从而彻底驳倒了钱穆否认自秦迄清的中国社会形态为专制主义的观点，对于一般学者只讲君主的专制而忽略士大夫之专制的观点也是一个很有说服力的补证。唯物史观的方法，说到底，只是实事求是而已。任何一个学者，只要有实事求是的科学态度，都能得出与唯物史观一致或相近的结论，如能将王亚南的《中国官僚政治研究》一书与瞿同祖的《中国法律与中国社会》一书对读，对于客观地认识中国古代社会形态，自会受益无穷。

三 以唯物史观为依据，认清程朱理学的 专制主义本质

社会形态是经济基础和上层建筑的统一，上层建筑又有政治上层建筑与思想上层建筑之分。一般来说，作为思想上层建筑的统治思想与经济基础和政治制度是一致的。惟其如此，则钱穆既肯定传统政治制度，又推崇孔子思想和程朱理学，就不足为怪。令人诧异的是，徐复观既然痛斥钱穆"中国式之民主说"为"良知的迷惘"，却推崇程朱理学是"真正人的觉醒，知识分子的觉醒"[①]。仿佛已成自由主义者的余英时，也作《朱熹的历史世界》一书，以朱熹主张"正君心之非"、主张皇帝应该把国家大事交给宰辅和大臣们共同处理，以及用经筵讲席等方式来考核皇帝的言行等言论来证明他的老师钱穆的观点。在这里，统治思想居然成了政治制度的对立面；在这里，仿佛那些绝顶精明的皇帝如朱元璋、朱棣、爱新觉罗·玄烨之流在选择什么学说作为统治思想方面全都成了白痴，他们要确立一个体现着"真正人的觉醒，知识分子的觉醒"的思想来与自己对着干了。可是国内的一些学者就是不明白这一点，他们除了崇拜钱穆，也对徐复观和余英时的观点趋之若鹜。把政治制度与统治思想加以割裂，美化专制统治思想，遂成为目前"专制"问题讨论中的又一思想误区。

要廓清这一理论误区，回顾一下侯外庐对程朱理学所作的社会史与思想史之统一的研究，是十分有益的。程朱理学是哲学、政治和道德思想的

---

① 徐复观：《中国知识分子的历史性格及其历史的命运》，《徐复观文集》第 1 卷，湖北人民出版社 2002 年版，第 142 页。

混合体。在西方，诚如恩格斯所说，哲学是一个更高地悬浮于空中的思想领域，其与经济和政治的联系往往由于经过了许多中间环节而显得模糊和参差；但中国则不尽然，尤其是像程朱理学这样的作为统治思想的理论体系，其哲理往往是或直接就是为论证政治伦理服务的，其与经济和政治的关系显得非常密切。要认识程朱理学，就必须认真研究传统的皇权官僚专制社会的经济基础和政治制度，研究社会的经济政治结构和阶级关系，这种社会结构和社会关系给思想家究竟提出了什么必须解决的问题。侯外庐作为国际公认的中国马克思主义史学的代表人物、世界级的亚细亚生产方式研究的大师，不仅具有精湛的马克思主义哲学和政治经济学的理论素养，更具有乾嘉朴学的朴实学风和扎实功力，所以他对程朱理学所作的社会分析、逻辑分析和价值判断也就具有高出常人一筹的眼光。

1. 程朱理学与士大夫阶层的特殊利益

侯外庐有一个基本观点，即中国传统社会的土地制度是土地国有制而不是私有制，国家乃是全国土地的最高所有者，正是这种国家对于土地的最高所有权导致了专制主义，构成了专制主义的经济基础。这一观点在史学界至今仍有很大的争议，但无论如何，人们不得不承认，在中国传统社会，决不存在所谓"私有财产神圣不可侵犯"、"风可以进，雨可以进，国王不能进"那种严格的法权意义上的私有制。但这种土地国有又是通过"土地权力上的品级结构"来体现的，土地国有实际上表现为整个专制官僚体制的官有，宝塔式的官僚体制下的各级官员通过其名分而取得了其对于土地之占有的"相对合法的权力"："在中国，我们称他们为身份性地主或品级性地主。一般说来，他们依据名分而有免役免课的特权，因而他们占有的土地具有相对的合法占有的性质。但……其土地权力在一定条件下可以被皇帝追回或追赐以至夺爵、抄没，这就和欧洲领主的不纳不课（immunitas）不同。"① 另外，还存在着"非品级性"或"非身份性"色彩的庶族地主，他们也占有一定的土地，却还没有在名分上使这种占有具有完全合法的性质；或者在取得相对合法性质的同时，又被国家规定的赋役法在贡纳形态上剥夺了地租的一部分以至大部分。而农民，则是以其土地所有权的丧失而换取使用权。

于是，就形成了一种微妙的三角关系：皇权、享有特权的官僚、无特

---

① 侯外庐：《中国思想通史》第 4 卷上册，人民出版社 1959 年版，第 24 页。

权的庶族地主和农民。皇帝要的是自己的最大利益和天下太平；官僚士大夫要维护自己的既得利益，不想让皇帝凭自己的好恶而被夺爵、抄没；而庶族地主和农民最憎恶的就是官僚士大夫的特权。三者的利益博弈在王安石变法的过程中展开。王安石"看到品级性地主阶级以及有特权的官僚贵族的土地兼并在农村剧烈地进行，看到无特权保护的下等农户或贫苦的农民把饥饿的婴孩抛弃路旁，看到在苛税重役下农民丧失生产的能力，看到吏胥的侵渔贪墨……看到饥荒的岁月富人闭籴不出。这一切，对一个'希踪稷契'的进士说来，不能不成为他要求政治改革的刺激因素"①。侯外庐逐条分析了王安石颁布的新法的内容，以大量事实展示，变法是如何限制和触犯了品级性地主的特权、动了他们的钱袋子，又如何切实减轻了农民的负担、让他们口袋里的钱多了一点。于是，作为品级性地主的旧党士大夫结成了反对王安石变法的同盟，他们破口大骂王安石"以贱凌贵"，"志欲破富民以惠贫民"；他们集结于洛阳，于是就有了所谓洛党，于是就有了所谓洛学，主要是二程的理学。王安石变法最终在旧党士大夫的反击下失败，侯外庐以悲凉的笔调描述了这位悲剧人物的身前身后，并给人们以深刻的启迪：在中国传统社会，任何改革，只要触及官的利益就别想成功，从二王八司马到王安石，到张居正，再到戊戌维新，无不如此。

吊诡的是，王安石要伸张皇权，而程朱则要君主"正心诚意"，要"格君心之非"，于是前者就似乎成了专制的化身，后者就似乎成了反专制的斗士了。天下之笑话无过于此。问题的关键在于，王安石依靠皇权、伸张皇权究竟要干什么？侯外庐回答了这一问题，除了限制士大夫的特权、减轻农民的负担外，就是要富国强兵，解决国家严重的财政危机和边患问题，王安石是真正以民众的疾苦、国家的安危、民族的存亡为念的。与此相反，程朱理学"格君心之非"是要干什么？他们要君主恪守孟子所谓"为政不难，不获罪于巨室"的古训，不要信任王安石这样的"奸诈小人"来变乱国家成法；要时时以孟子的"王霸义利之辨"来提撕警醒自己，不要因追求富强而做"喻于利"的"小人"。当然，这里的关键仍然是专制法权所规定的士大夫的利益。侯外庐论证说："王安石注意的是物力户，而打击的是形势户，这就不能不和封建法权发生冲突，皇帝也是不能不怀疑的。《杨龟山集》卷六有两条神宗和王安石关于爵禄和等级制的

---

① 侯外庐：《中国思想通史》第 4 卷上册，第 427 页。

问答，便可以作证。王安石以爵禄可以随意升降，等级上下不必常处于不变地位，曾遭到杨龟山的反驳，说王安石的忽视等级的天命决定论，是'谬悠荒唐之说'，是破坏封建制法权的举措。总之，新法所代表的阶级性是异常明白的。在阶级矛盾的夹缝中，王安石必然要走向悲剧。文彦博对神宗说的，陛下应在和士大夫处或和庶民处之间选择一条路，这话是富有煽动性的。"① 读了侯外庐的这些论述，新儒家所谓"士大夫与皇权的博弈"究竟要干什么，不是很清楚了吗？人们总是指责唯物史观是经济决定论，但经济往往是最能说明问题的，不是吗？

2. 程朱理学："专制主义的理论的中国版"或"权威原理的代数学"

侯外庐不仅重视社会分析，更注重逻辑分析与社会分析之结合。他强调，研究程朱理学，不能把程朱的思想西洋化，更不能把他们马克思主义化。我们所要考察的程朱思想，是 11—12 世纪的二程和朱熹本身，可是浮现在我们眼前的，却是现代一些人所塑造的柏拉图化的程朱，亚里士多德化的程朱、黑格尔化的程朱，甚至是把程朱理学和马克思主义混同在一起的朱熹。要把这种非历史主义的态度改变为历史主义的态度，就要实实在在地研究 11—12 世纪的二程和朱熹本身。侯外庐强调，每个原理都有其出现的世纪，客观唯心主义也各有其出现的世纪，因而有朱熹思想出现的世纪，也有黑格尔思想出现的世纪，不能混同。正如马克思所指出："与权威原理相应的是十一世纪，与个人主义原理相应的是十八世纪"②，朱熹的客观唯心主义正是中国专制主义时代的"权威原理的代数学"③。

他说二程的所谓"天理"，是在品级结构再编制的时期对于特权法律的一种精神上的虚构，并不类似柏拉图的作"形式"解的 idea。其所谓"理"套自禅宗的真如佛性，禅宗"南宗"的大照已经称佛性为"理"。所不同者，道学家的"理"更多地具有着专制主义品级结构里的道德律令的性质。二程常侈言排佛，他们所持的理由，正如契嵩所指出，就是说佛徒逃避了君臣关系，因而不能直接作为维护专制主义的工具。二程赋予"天理"以道德律令的意义，因而为专制主义的法律虚构提供了更有效的哲学根据。二程公开宣布："父子君臣，天下之定理，无所逃于天地之

① 侯外庐：《中国思想通史》第 4 卷上册，第 475 页。
② 《马克思恩格斯全集》第 4 卷，第 148 页。
③ 同上书，第 609 页。

间。""居今之时，不安今之法令，非义也。"为了维护专制特权，二程明白地提出了目的论的世界观："夫天之生物也，有长有短，有大有小。君子得其大矣，安可使小者亦大乎？天理如此，岂可逆哉！"在财产和权力的分配中，"君子"是应该得大头的，这是不可逆的天理。天理规定的秩序就是如此，"天地生物，各无不足之理"，那么守分地"知天命"就是"达天理"，安命地"尽分"也就是"穷理尽性"。后来一切讲伦理纲常的"圣论"以及"劝善书"都自称理学宗传，不是没有根据的①。

关于朱熹思想，侯外庐说，有人总想在朱熹的"理"上找出规律性来，作为"合理的因素"，但我们的答案是否定的。因为这个"理"是特权者，它可以颐指气使，利用权威来自由自在地生天生地，动阳静阴，呼风唤雨，作威作福，它在天为帝，在地为君，所谓"至矣极矣"、"皇哉堂哉"，和一般所说的规律性的理，即和从现实中所分析出的不同的发展形态，并探寻出这各种形态的内部联系不同；相反，这个"理"却任意创造规律。不管是什么超乎物质规律的奇迹和鬼怪，朱熹都肯定说"有此理"。唯一的"理"如何流行显现为"三纲五常"，这是朱熹哲学为专制主义说教的关键之一，因而在他的体系中占据了重要的位置。"三纲五常，礼之大体，三代相继，皆因之而不能变。""纲常万年，磨灭不得。""所谓损益者，亦是要扶持三纲五常而已。三纲五常终变不得。"纲常不但永恒不变，而且是早已被"理"所规定的伦理原则，谁也不能逃避，即所谓"三纲之要，五常之本，人伦天理之至，无所逃于天地之间"。其所谓"理一分殊"之说完全是为专制主义的品级结构和等级制度所树立的理论。专制主义的等级思想是贯彻在朱熹哲学中的一条黑线，不管是他的自然观还是社会观，道德论还是人性论，其最后归宿都是要证明这种"等级差别"，而以"圣人"为宇宙的枢纽（与基督教的上帝不同），圣洁的"圣人"终于下降为现实的皇帝，"净洁空阔"的"理"终于下降为现实的皇极，乃是"专制主义的理论的中国版"②。

不可忽视的是被李泽厚吹嘘为"空前地树立了人的伦理学主体性的庄严伟大"这一程朱理学的道德光环。侯外庐显然不同意这一看法。不错，在程朱理学中，似乎一切都显示为善与恶的对立，然而真正的主体

---

① 侯外庐：《中国思想通史》第 4 卷上册，第 575—576 页。
② 同上书，第 637—638 页。

却不是独立自由的个人，而是"圣人"和等级秩序。"圣人"是至善的"理"的体现者，而民众则经常处于作为罪恶根源的"气"的控制之下，于是"圣人"便"继天立极"地接受了"治而教之"的使命。"圣人"与凡庸的民众的对立，经过理学的思辨结构便被神秘地转化为善与恶的对立或"理"与"气"的对立。朱熹以一个"天真的比喻"将其抽象的思辨转为现实生活的具体，他把天命比喻为皇帝，把"心"比喻做皇帝所差遣的各种品级官位，把"性"比喻做各种职事，把"气禀"比喻做等级制度的不平等存在，人类的"粗细"品级，既指德性学行的品级，也指社会的品级结构；而"圣人"是有例外权的最高的品级，因为他的"气"生来就是透明的，所以能够完全体现"性"即"理"。按照这种颠倒的意识，专制主义对人民的残暴压迫，不仅是道德的，因为它代表了善对恶的征讨；而且是合理的，因为它体现了以精神驾驭物质、"存天理，灭人欲"的最高法则①。在这样的思辨结构中，哪里还有什么独立自由的个人的主体性可言呢？

3. 程朱理学是强化了专制还是缓和了专制

王安石改革要依靠皇权、伸张皇权，官僚士大夫（其中也包括所谓"学者士大夫"）要维护自身的特权也需要依赖和强化皇权，使皇帝能"正心诚意"地"不获罪于巨室"。且看二程和朱熹的论述："君尊臣卑，天下之常理也。"（《二程遗书》伊川语）"三纲五常，天理民彝之大节，而治道之根本。"（《晦庵先生朱文公文集》卷十四）"君臣之际，权不可略重，才重则无君。"（《朱子语类》卷十三）这些话为维护皇权的独占性想得何等的周到啊！二程和朱熹的这些论述，究竟是缓和专制还是强化专制呢？

更有甚者，是以"人伦天理之至"的名义设置了一个"无所逃于天地之间"的专制网罗。专制主义意识形态的根本特征，就是以抽象的整体利益（国家、人民、大多数）的名义剥夺个人权利。如前所引，二程和朱熹都大讲三纲五常是"人伦天理之至"，"无所逃于天地之间"的，这些话似乎是以往的儒家都没有说过的，洁身自好的人对官本位体制惹不起还可以躲得起，可以当隐士，但有了程朱理学就不行了。明太祖朱元璋依据程朱理学而制定了"寰中士夫不为君用，是自外其教者，诛其身而没其家，

① 侯外庐：《中国思想通史》第4卷下册，第638页。

不为之过"① 的恶法（《明史·刑法志一》）。洪武十八年（1385），朱元璋制定《大诰》，有十条规定，其中一条是"寰中士夫不为君用，其罪至抄剳"。又据《明史·刑法志二》记载："贵溪夏伯启叔侄断指不仕，苏州人才姚润、王谟被征不至，皆诛而籍其家。寰中士夫不为君用之科所由设也。"所以黄宗羲要把这一专制恶法的制定归罪于程朱，在《明夷待访录》中痛斥"小儒规规焉以君臣之义无所逃于天地之间"！

程朱理学主张以严刑峻法治天下，"深于用法，而果于杀人"②。他们不仅这么说，而且也这么做。王夫之痛斥朱熹为"申韩之儒"，列举了几条证据：一是"以闺房醉饱之过掠治妇人，以征士大夫之罪"，这是朱熹在1182年任提举两浙东路常平茶盐公事期间对官妓严蕊严刑逼供、以罗织台州知府唐仲友罪名的事。二是"其闻有赦而急取罪人屠割之"，这是绍熙五年（1194）的事，朱熹时任知潭州荆湖南路安抚使，抢在宁宗赵扩的"登极赦书"下达之前，从狱中取出"大囚"十八人，"立斩之"。如此等等，不一而足。王夫之比较客气地说："君子所甚惧者，以申韩之酷政，文饰儒术，而重毒天下也。朱子于此，有遗议矣。"③ 又说："自宋以来，为君子儒者，言则圣人而行则申韩也，抑以圣人之言文申韩而为言也。……后世之死于申韩之儒者积焉！"④ 再看看明清时期的帝王杀人何等残酷，看看笃信程朱理学的曾国藩、李鸿章之流如何杀人如麻，甚至成千成万地屠杀战俘，就可以看到，把程朱打扮成"反抗专制"、"缓和专制"的英雄是多么不合乎历史的实际。

当然，也不能说海外学者对于程朱理学的研究就完全没有某些合理性的因素，他们的论著可以为我们的研究提供参考和借鉴。然而，我们除了读钱穆、徐复观、余英时的书以外，何不也读一读侯外庐、钱锺书、萧萐父这些中国马克思主义学者的论著呢？

（原载《天津社会科学》2011年第6期）

---

① 朱元璋：《大诰·苏州人材第十三》，《全明文》第1册，上海古籍出版社1992年版，第706页。
② 朱熹：《戊申延和奏礼》，《晦庵先生朱文公文集》卷三十七。
③ 王夫之：《尚书引义》卷一，《船山全书》第2册，岳麓书社1988年版，第250页。
④ 王夫之：《老庄申韩论》，《船山全书》第15册，第86页。

"亚细亚生产方式"的社会性质
与中国文明起源的路径问题

卢钟锋

  "亚细亚生产方式"是马克思根据唯物史观的基本原理研究人类早期历史而提出的理论概念。长期以来，因对该理论概念的内涵理解不一而歧见迭出，争论不已，莫衷一是。这场争论，如果从 20 世纪 30 年代中国社会史问题论战算起，迄今已近一个世纪。这场世纪的争论大体可分为：新中国成立前和新中国成立后两个时期。新中国成立前的二十年，这场争论始终围绕着"亚细亚生产方式"的社会性质问题展开，虽众说纷纭，但基本上可归结为："五形态"体系内和"五形态"体系外两说。原始社会说、奴隶社会说、东方奴隶社会说或早期奴隶社会说、东方封建社会说等，可称为"五形态"体系内之说；独特形态说、东方专制主义说或贡纳制说、前资本主义说或混合形态说等，可称为"五形态"体系外之说。可见，新中国成立前这场争论，归根结底，是"五形态说"与"非五形态说"之争，它关系到马克思的"五形态说"是否适用于人类历史进程的根本理论问题。

  新中国成立后，这场世纪的争论在新的历史条件下又有了新的进展。这主要表现在：关于"亚细亚生产方式"问题的讨论更加注重对其理论内涵的研究同马克思主义发展史结合起来，更加注重对其社会性质的研究同东西方文明起源路径，特别是同中国文明起源的路径问题结合起来，因此大大拓展和深化了关于"亚细亚生产方式"问题研究的广度和深度。然而，一个时期以来，受国内外历史研究领域中的非社会形态思潮的影响，这场世纪的争论已逐渐淡出，"亚细亚生产方式"问题不再是历史研究关注的热点。有鉴于此，本文试图通过转换研究视角，重启对于这一历史问题的探讨：第一，从历史与逻辑相统一的角度重新考察马克思提出"亚细亚生产方式"这一理论概念的历史前提和思想内涵;第二,从原始所有制的不同实现形式的角度重新探讨东西方历史的发展道路;第三,从原始共同体生存方式与中国原始聚落形态演变相结合的角度重新研究中国文明起源的路径。

一 马克思《〈政治经济学批判〉序言》的主旨

"亚细亚生产方式"是马克思主义历史学的重大理论问题之一,也是马克思社会形态学说的重要组成部分。其重要性在于:它直接同人类历史进程的两大问题,即五种社会形态的依次更迭和东西方历史的发展道路问题紧密联系在一起。中国历史的发展道路既然是社会形态的变迁过程在中国特定的历史时空的实现形式,那么,它自然不能、也无法回避这一重大理论问题。

众所周知,"亚细亚生产方式"这一理论概念始见于马克思的《〈政治经济学批判〉序言》(1859 年)。它与"古代的、封建的和现代资产阶级的生产方式"被"看作是经济的社会形态演进的几个时代",且名列前茅,成为经济社会形态演进过程的开端。如果说,"古代的、封建的和现代资产阶级的生产方式"分属于奴隶制、封建制和资本主义的经济社会形态,那么,"亚细亚生产方式"应属于哪一种经济社会形态?其社会性质应如何确定?

回顾历史,这是一个长期争论不休而又终无定论的老大难问题。尽管如此,如果从理论和实证的结合上审视有关这一问题的各种主张或说法,如原始社会说,奴隶社会说或东方奴隶社会说,封建社会说或东方专制主义说,东方特殊社会说或混合社会形态说(指涵盖奴隶制和封建制诸生产方式因素在内的一种社会形态),等等;那么,我们认为,原始社会说[①]是

---

① 郭沫若首倡此说。他在《中国古代社会研究》(1930 年)一书中认为,"亚细亚生产方式"是指"古代的原始共产社会"。然而,在此后 20 年里,国内学术界的主流意见不是"原始社会说",而是"东方奴隶社会说"。新中国成立后,关于"亚细亚生产方式"问题有三次大的讨论:50 年代初、60 年代初和 70 年代末 80 年代初。其间,"原始社会说"在时隔 20 年后又"昔日重现"。对此,许多学者纷纷发表相关论文予以肯定。其中,童书业的《论"亚细亚生产方法"》(《文史哲》1950 年第 1 卷第 4 期)、田昌五的《马克思、恩格斯论亚洲古代社会问题》(《历史论丛》1964 年第 1 期)和《世界上古史纲》编写组的《亚细亚生产方式——不成其为问题的问题》(《历史研究》1980 年第 2 期)等,可以视为"原始社会说"在新中国成立后三个时期的代表力作。

更切实而近真。所谓切实，就是更切合马克思社会形态学说史的实际；所谓近真，就是更贴近马克思提出这一理论概念的原意。

为了说明我们的观点，首先必须从分析这一理论概念的出处——马克思《〈政治经济学批判〉序言》（以下简称《序言》）的主旨入手。

马克思的《序言》是首次对唯物史观关于生产力决定生产关系、经济基础决定上层建筑这一基本原理所做的经典概括和表述。他从生产方式内部矛盾性的角度深刻阐明了因生产方式的变革而引起的经济社会形态演变的过程，由此提出了以"亚细亚的、古代的、封建的和现代资产阶级的生产方式"为标志的经济社会形态"演进的几个时代"，旨在说明：人类历史上依次更迭的经济社会形态，归根结底，是生产力与生产关系之间的矛盾和冲突的结果，是生产关系一定要适合生产力性质的历史客观规律所使然。就是说，马克思在《序言》中所阐明的唯物史观基本原理是对整个人类社会而言的，所揭示的历史客观规律是贯串人类历史发展的全过程的，是历史的普遍规律。因此，马克思在《序言》中所说的经济社会形态，既包括对抗形式，也包括非对抗形式，而不是像有的学者所说仅限于对抗形式，因而只能把"亚细亚生产方式"理解为属于对抗形式的经济形态。如果此说能够成立，那么，人类文明时代所经历的就不是三大对抗形式，而是四大对抗形式。显然，这是同恩格斯关于"文明时代的三大时期所特有的三大奴役形式"① 的论断相背离的。不过，主张"对抗形式说"的学者大多是持"奴隶社会说"，认为"亚细亚生产方式"是与古代生产方式并列同属于奴隶制的经济社会形态。虽然"奴隶社会说"避免了同恩格斯的"三大奴役形式"的论断相矛盾，却有违马克思《序言》的主旨。马克思在《序言》里明确地说："亚细亚的、古代的……生产方式"是"经济社会形态演进的几个时代"。既然是"演进的几个时代"，那么，就正好表明："亚细亚的"和"古代的"生产方式不是同一历史发展阶段，而是前后相续的两个历史发展阶段；否则，就不存在依次"演进"的问题了。可见，主张"亚细亚生产方式"同属于奴隶制经济社会形态的"并列说"与马克思《序言》的主旨是相左的。相比之下，"亚细亚生产方式原始社会说"更能体现马克思《序言》的主旨。因为根据《序言》的经济社会形

---

① 指古代的奴隶制、中世纪的农奴制和近代的雇佣劳动制，详见恩格斯《家庭、私有制和国家的起源》，《马克思恩格斯选集》第 4 卷，人民出版社 1995 年版，第 176 页。

态依次演进说，"亚细亚生产方式"作为古代奴隶制生产方式的前行阶段理应属于非对抗形式的经济社会形态，即马克思和恩格斯后来所说的"原始共产主义"的经济社会形态，简称原始社会经济形态。

总之，我们之所以强调讨论"亚细亚生产方式"的社会性质必须从分析《序言》的主旨入手，是因为只有从《序言》主旨的高度去理解和把握才能认清《序言》所阐明的几种生产方式依次更迭的世界历史性质，才不至于把这几种生产方式依次更迭的世界历史过程狭隘化为只适用于西欧地区的历史过程，也不至于把"亚细亚生产方式"从其他几种生产方式中游离出来孤立地就"亚细亚"论"亚细亚"。若此，则是无从准确地为"亚细亚生产方式"进行历史定位，因而也无从准确地认清"亚细亚生产方式"的社会性质。

马克思之所以把"亚细亚生产方式"看作是其他几种生产方式的前行阶段，强调它作为"经济的社会形态演变的几个时代"的前驱先路，至少说明两点：一是马克思的历史眼光的世界性。就是说，他在考察几种生产方式的依次更迭时，其目光并未停留在西方，而是同时面向东方，因为"亚细亚"就在世界的东方。显然，马克思这种从东西方的角度考察生产方式依次更迭过程的眼光是面向世界历史进程的世界性眼光。二是"亚细亚生产方式"的原始性。所谓原始性，是指"亚细亚生产方式"属于人类社会最初的生产方式。下面我们将会看到："亚细亚生产方式"的原始性就在于它的所有制是马克思所说的"古代亚洲的氏族公社"所有制。建立在这种所有制基础上的社会形态，显然属于原始公社制即氏族制的社会形态。

对此，有学者提出质疑："原始社会"与"原始的公社所有制"是两个不同的概念，不能混同。不错，这是两个不同的概念，各有其内涵和外延，不可混同。但是不要忘了，马克思在《序言》中是把几种生产方式的依次更迭作为"经济的社会形态演进的几个时代"定位的。"亚细亚生产方式"自然也不例外。既然"亚细亚生产方式"属于一定的"经济的社会形态"，那么，它的所有制也属于一定的"经济的社会形态"。可见，在《序言》所规定的特定前提下，由"原始的公社所有制"或"亚洲的氏族公社"所有制得出"亚细亚生产方式"属于原始社会的结论并不违背马克思的原意。

必须指出，"亚细亚生产方式"的原始所有制形式并非亚洲所独有，而是也存在于"欧洲各地"。这就表明：亚细亚的原始所有制以及由此所构成的"亚细亚生产方式"是东西方都曾经历过的人类社会的早期阶段，之所以用"亚细亚"命名，只不过是为了说明它的原发性。因此，把"亚细亚生产方式"定性为原始社会不仅于理有据，而且于史有源。

二 原始社会说的历史前提

我们主张"原始社会说"有一个前提，就是：马克思在《序言》里提出"亚细亚生产方式"时，对原始社会的社会结构、财产关系和土地制度等问题已经有所了解、有所认识，而不是像有的学者所说，要等到读了摩尔根《古代社会》一书即 1877 年之后才对原始社会有了明确的认识。我们这样说是有马克思对于苏格兰的盖尔人克兰制度的研究为证的。

按马克思对于苏格兰盖尔人克兰制度的研究见于 1853 年写的《萨特伦德公爵夫人和奴隶制》一文[①]。该文指出：苏格兰长达三个世纪（16—19 世纪初）的"圈地"过程就是把盖尔人的氏族财产"强行"变成"首领"财产的过程，把盖尔人"自古以来的氏族土地""篡夺"为"首领""私人土地的过程"。其实质是：变盖尔人克兰制度即氏族制度为雇佣奴隶制度。为了正确理解这种"篡夺"，就必须弄清盖尔人克兰制度的氏族性质。

根据马克思的分析，盖尔人克兰制度的氏族性质有两大特点：

一是克兰即氏族。在氏族内部，"所有成员都属于同一亲系"；克兰首领的权力"只限于在血缘亲属之内行使"；氏族成员之间有着"血缘关系"，但也存在着"地位上的差别，正像所有古代亚洲的氏族公社一样"。

二是克兰即氏族的土地和财产属于氏族公有。就是说，只有"氏族的公有财产"，而没有"现代意义上的私有财产"和私有土地，正如俄国农民公社一样，土地只属于整个公社，而不属于个别农民。

上述两大特点表明：克兰制度，实质上是以氏族为基本单位的原始氏族公社制度。如果说，"氏族是以血缘为基础的人类社会的自然形成的原始形式"[②]；那么，氏族制度则是人类社会最初的社会制度。克兰制度就是

---

① 《马克思恩格斯全集》第 8 卷，人民出版社 1961 年版，第 569—576 页。
② 《马克思恩格斯全集》第 44 卷，人民出版社 2001 年版，第 407 页（50a）。

属于这样的社会制度。更确切地说，在苏格兰"圈地"运动之前，盖尔人一直过着原始社会的氏族生活：血缘关系是人们相互关系的基础，财产关系为氏族公有制，土地制度为氏族所有制。克兰氏族制度性质的蜕变始于1688年之后建立氏族军队。从此，贡税成了氏族首领收入的主要来源。首领对于氏族族长来说，处于领主地位，而族长对于氏族成员来说，则成了农场主。这一"篡夺"的过程，至1811年以后才彻底完成。可见，对于苏格兰盖尔人来说，1688年之后是其克兰制度由氏族制度蜕变为奴隶制度的关键性年份：此前，盖尔人处于原始氏族社会阶段；此后，盖尔人转入奴隶制社会阶段。所谓"克兰不外是按军队方式组织起来的氏族"①，指的是1688年以后的情况。至于克兰公社里还有贡税的问题，也应作如是观。

从马克思关于克兰制度的原始社会性质及其演变过程的论述中可以看到：以血缘为基础的氏族制度是原始社会的基本制度，故原始社会又称"原始氏族社会"②，而这一基本制度是建立在氏族土地公有制基础之上的，因此，氏族制度的演变必然从改变氏族土地公有制开始。氏族土地公有制，恩格斯称之为"原始土地公有制"③，表明它是原始社会土地所有制的基本形式，也是"历史起源的社会基础"④。

必须指出，马克思关于氏族土地公有制的思想早在唯物史观创立之初（1845—1846年）就已经提出来了。只因受当时历史科学水平的限制，故对"氏族"和"部落"这两个术语的含义尚未能做出精确的界定，而当时所说的"部落"实指渊源于共同祖先的人类共同体，即建立在血缘基础上的一种社会结构，具有后来所谓"氏族"和"部落"的双重含义。所以，马克思和恩格斯在《德意志意识形态》论述所有制的历史形式时，使用"部落所有制"这一当时通行的术语是完全可以理解的。他们把"部落所有制"称作"第一种所有制形式"就含有"氏族所有制"的意味，正好显示这种所有制的原始性质。它是与原始社会的生产力水平、社会分工状况相适应的，其主要特点是：物质资料的生产以渔猎为主，还辅以农耕；分工仅限于家庭内部的自然形成的、"纯生理基础"的"自然分工"；社

---

① 《马克思恩格斯全集》第8卷，第572页。
② 《马克思恩格斯选集》第1卷，人民出版社1995年版，第257页。
③ 同上书，第252页。
④ 同上书，第272页，注2。

会结构仅限于家庭的扩大，包括父权制的部落首领、部落成员和奴隶①，等等。

可见，他们所说的"部落所有制"的"部落"实指由血缘相近的几个氏族组合而成的父权制氏族公社；"部落所有制"就是父权制氏族公社所有制。这种所有制与克兰的氏族土地所有制，可谓名异而实同，或者说，这两种所有制至多只有形式的差异而无实质的区别。

总而言之，早在马克思提出"亚细亚生产方式"这一理论概念之前，他已经通过：先是对"部落所有制"，后是对克兰制度的研究，了解和认识到原始社会的性质特点即氏族制度的原始性质和氏族土地制度的公有性质。这是我们主张"亚细亚生产方式原始社会说"的认识论前提，也是切合马克思社会形态学说的历史实际的。

三　原始社会说的理论根据

那么，"原始社会说"又何以更贴近或符合马克思的"亚细亚生产方式"这一理论概念的原意呢？这需要从所有制问题说起。

众所周知，所有制作为生产关系的第一要素，既是生产方式的核心，也是决定生产方式性质的关键因素。因此，马克思高度评价所有制在"使社会结构区分为各个不同的经济时期"② 方面的作用，认为它是区分经济社会形态的历史发展阶段的重要依据。可见，所有制问题对于确定生产方式性质的极端重要性。探讨"亚细亚生产方式"的社会性质也应作如是观。就是说，应该从分析生产方式的核心即所有制入手以达到对其社会性质的正确认识。

"亚细亚生产方式"的核心，马克思称为"亚细亚的所有制"即"原始的公社所有制"。③ 这里，问题的关键在于对"原始公社"的理解。马克思在论述各种原始公社解体的历史时说："把所有的原始公社混为一谈是错误的；正像地质的形成一样，在这些历史的形成中，有一系列原生的、次生的、再次生的等等类型。"④ 那么，这里所说的"原始公社"究

---

① 《马克思恩格斯选集》第 1 卷，第 68—69 页。
② 《马克思恩格斯全集》第 45 卷，人民出版社 2003 年版，第 44 页。
③ 《马克思恩格斯全集》第 13 卷，人民出版社 1962 年版，第 22 页注 1。
④ 《马克思恩格斯全集》第 19 卷，人民出版社 1963 年版，第 432 页。

竟属于其中哪一种类型呢？有学者认为，马克思所说的"原始公社"是指"农村公社"，因为马克思在谈到"原始的公社所有制"时，是将"亚细亚的"和"印度的公社所有制"相并提的①，而"印度的公社所有制"是属于农村公社的所有制，所以，"亚细亚的所有制"也应属于农村公社所有制。其实，这是对马克思将"亚细亚的"和"印度的公社所有制"并提的误解。马克思将上述两者并提是仅就"土地公有制"而言。因为农村公社的"一个基本特征，即土地公有制"，所以，才把印度的村社土地所有制与"亚细亚的所有制"并提。但是，这并非表明：上述两者处在原始公社历史发展的同一个层次或同一个阶段上。马克思说：印度的农村公社"往往是古代形态的最后阶段或最后时期"。又说：农村公社时期"是从公有制到私有制、从原生形态到次生形态的过渡时期"。不仅如此，"所有较早的原始公社都是建立在自己社员的血统亲属关系上的"，而农村公社则"割断了这种牢固而狭窄的联系"②。可见，农村公社虽然仍属于原始公社的范畴，但是，相对于"较早的原始公社"就要晚出得多，属于原始公社晚期的产物，不是纯粹的原生形态，而是包含次生形态因素的过渡形态。有鉴于此，我们认为，马克思所说的"亚细亚的所有制"不属于农村公社所有制，而是属于"较早的原始公社"所有制，即马克思所说的"古代亚洲的氏族公社"所有制。主要根据有二：

（一）"亚细亚的所有制"是"原始的所有制"的"第一种形式"。相对于"古典古代的所有制形式"和"日耳曼的所有制形式"，"亚细亚的所有制"在时间上要早出很多，在公有制程度上也要高得多。因此，在时间顺序上，马克思将后两者排在"亚细亚的所有制"之后，分别称为"原始的所有制"的"第二种形式"和"第三种形式"，并对这三种所有制形式的公有制程度进行了比较：在第一种形式即"亚细亚的形式"下，公社成员是"共同财产的共有者"，"不存在个人所有，只有个人占有"；在第二种形式即"古典古代的形式"下，公社土地一部分为"公社本身支配"，一部分为"单个的"公社成员所私有，因而存在着土地财产公社所有和私人所有"这种双重的形式"；在第三种形式即"日耳曼的所有制形式"下，"公社所有制仅仅表现为个人所有制的补充"，"在这种情况下，

---

① 《马克思恩格斯全集》第 13 卷，人民出版社 1962 年版，第 22 页注 1。
② 《马克思恩格斯全集》第 19 卷，人民出版社 1963 年版，第 434—435 页。

个人所有制表现为公社所有制的基础"①。可见，在这三种"原始的所有制"形式中，"亚细亚的所有制"公有制程度最高。这是与一切文明民族的历史初期"人类素朴天真"的土地财产观念即"都把土地当作共同体的财产"②的观念相一致的。

（二）"亚细亚的所有制"是以"自然形成的共同体"作为"第一个前提"③。所谓"自然形成的共同体"是指在"血缘、语言、习惯"等方面具有"共同性"的"群体"，包括氏族和部落。它们不是"共同占有（暂时的）和利用土地的结果，而是其前提"。④换言之，是先有"共同体"，然后才有"共同占有"；对于"单个的人"来说，也是如此，即"只有""作为这个共同体的成员，才能把自己看成所有者或占有者"。⑤在这种情况下，人们"都把土地当作共同体的财产"就是十分自然的事。因此，只有"共同体的"所有制即"原始的公社所有制"而不存在个人的土地财产私有制。这是"亚细亚的所有制"的基本特征。惟其如此，马克思将"亚细亚的所有制"即"原始的公社所有制"称为"所有制的原始形式"。

必须指出，虽然"亚细亚的所有制"名为"亚细亚"，但是，它作为"所有制的原始形式"，无论是东方还是西方，都曾经存在过。所以，马克思在看了毛勒关于马尔克、乡村等制度的著作以后，写信告诉恩格斯说："我提出的欧洲各地的亚细亚的或印度的所有制形式都是原始形式，这个观点在这里（虽然毛勒对此毫无所知）再次得到了证实。"⑥也就是说，马克思关于"亚细亚的所有制"作为"所有制的原始形式"也存在于"欧洲各地"的观点，早在毛勒的著作问世之前就已经提出来了。毛勒的著作只是"再次""证实"了马克思此前提出的上述观点而已。正是"亚细亚的所有制"即"原始的公社所有制"的性质决定了"亚细亚生产方式"只能是属于原始社会的生产方式，而"亚细亚生产方式"的原始社会性质表明："亚细亚生产方式"不是东方所专有的历史特性，而是东西方

---

① 《马克思恩格斯全集》第 30 卷，第 470—477 页。
② 同上书，第 466 页。
③ 同上。
④ 同上。
⑤ 同上。
⑥ 《马克思恩格斯全集》第 32 卷，人民出版社 1974 年版，第 43 页。

所共有的历史共性。这种历史共性正好体现了历史发展的统一性。

既然如此，为何还要冠以"亚细亚的"前置词呢？应该说，这与19世纪50年代以后，马克思开始关注东方社会问题，特别是与研究"亚细亚的"，尤其是印度的"原始的公社所有制"问题有关。马克思的研究结果表明：这种"原始形式"虽然在一切文明民族的历史初期都发生过，但是，东方要早于西方，并且只有在"亚细亚"或在印度那里才能为我们提供"这种形式的一整套图样，虽然其中一部分只留下残迹了"①。可见，无论是从发生学的角度，还是从完整性的角度来看，"亚细亚的所有制"作为"所有制的原始形式"较之于"古典的古代所有制形式"和"日耳曼的所有制形式"是更具典型性和代表性。

然而，问题至此并未完结。例如，有学者以马克思在论述"亚细亚的所有制"问题时，将"大多数亚细亚的基本形式"同"东方专制制度"联系起来为由而否定"亚细亚的所有制"的"原始的公社所有制"性质，并由此断言："亚细亚生产方式"是属于奴隶制或东方专制主义的生产方式。对此，应作何解释呢？

不可否认，马克思在论述"亚细亚的所有制"时，特别考察了这一"原始的公社所有制"在东方专制制度下的历史演变，即由以东方公社为代表的"共同体"所有制向以东方专制君主为代表的"统一体"所有制的历史演变。但是，这种历史演变并没有从根本上改变东方公社对于土地占有的实质。为什么？因为东方公社对于土地的"实际占有"的前提"并不是劳动的产物，而是表现为劳动的自然的或神授的前提"。所以，尽管土地所有制形式变为"统一体"的"专制君主"所有，而作为"共同体"的公社则变为"世袭的占有者"，然而，由于公社的"世袭占有"是"共同的占有"②，不是私人的占有，因此，没有发生像克兰首领那样据氏族公社财产为己有的"篡夺"。也就是说，东方公社作为"自然形成的共同体"，它对于土地财产的"共同占有"也是"自然的或神授的"这一特性并不因为在东方专制制度下而改变。马克思把东方公社的这一特性称为"古代类型的公社""天赋的生命力"，认为这种"原始公社"的"天赋的生命力""比希腊、罗马社会，尤其是现代资本主义社会的生命力要强得

---

① 《马克思恩格斯全集》第13卷，第22页，注1。
② 《马克思恩格斯全集》第30卷，第466页。

多",因此,它在"经历了中世纪的一切波折"之后,仍"一直保存到今天"。① 而在所有的"原始公社"中,"亚细亚形式必然保持得最顽强也最长久",因为"亚细亚形式的前提"是"单个人对公社来说不是独立的,生产的范围限于自给自足,农业和手工业结合在一起,等等"②。

然而,这一切只能说明"亚细亚的所有制"由于它的"原始的公社所有制"的性质,因此,从一开始就是非对抗性的经济社会形态的所有制,并构成非对抗性经济社会形态的基础。不过,由于"亚细亚的所有制"的顽强生命力,它不仅可以构成非对抗性的经济社会形态的基础,而且还可以保存在奴隶制社会乃至封建制社会里,成为对抗性的经济社会形态的不占支配地位的所有制形式,只是处于从属地位而已。惟其如此,"亚细亚的所有制"可以继续存在于东方专制制度的对抗性社会里。但是,我们不能因此而否认它的原始所有制的性质,更不能由此断言"亚细亚生产方式"属于对抗性形式的生产方式。因为《序言》所说的"亚细亚生产方式"指的是"经济的社会形态演变"的一个时代,代表着历史发展的一个阶段,而"亚细亚的所有制"当它作为支配形式而成为"亚细亚生产方式"的所有制时,是代表着历史发展的一个阶段即原始社会阶段的。可见,任何试图将"亚细亚生产方式"的原始社会性质说成是奴隶制或东方专制制度的生产方式的做法,都不符合马克思提出这一理论概念的原意。

四　"亚细亚生产方式"的历史共性与 东西方文明起源路径的历史个性

必须指出,我们强调"亚细亚生产方式"作为人类社会早期阶段的历史共性,并不否认它在所有制的实现形式上东西方存在着不同的历史个性;相反地,强调前者的历史共性是以承认后者的历史个性为前提的。因为根据历史辩证法,历史共性只存在于历史个性之中,而历史个性则只不过是历史共性的表现形式或实现形式罢了。人类历史表明:世界上没有离开历史个性而独存的历史共性,也没有不表现历史共性的"纯粹"的历史

---

① 《马克思恩格斯全集》第 19 卷,第 432—433 页。
② 《马克思恩格斯全集》第 30 卷,第 478 页。

个性。毋宁说，历史共性与历史个性统一于历史过程之中，二者犹如表里之须臾不可分离。因此，只有具体深入地研究历史个性才能更充分地展现历史共性，认识和把握历史共性。可见，我们强调"亚细亚生产方式"的历史共性丝毫也不反对具体深入地研究东西方在所有制实现形式上的历史个性；恰恰相反，这是认识和把握"亚细亚生产方式"的历史共性的必然要求。惟其如此，马克思在指出"亚细亚生产方式"的历史共性的同时，还着重分析东西方在所有制的实现形式上的历史个性。这突出地表现在马克思对于雇佣劳动的前提的研究方面。

马克思指出："雇佣劳动的前提，首要的是，劳动者同他的天然的实验场即土地相脱离，从而自由的小土地所有制解体，以及以东方公社为基础的公共土地所有制解体。"① 又说："雇佣劳动"以"自由劳动"为首要前提，而"自由劳动"只有当"劳动者同他的天然的实验场即土地相脱离"时才有可能。然而，想要劳动者同他的土地相脱离而成为"一无所有"的"自由劳动者"，就必须让劳动者同他与土地相结合的两种所有制形式即"自由的小土地所有制"和"以东方公社为基础的公共土地所有制""解体"。这是马克思在研究了雇佣劳动的前提之后得出的结论。为了说明这一结论，马克思不得不回过头去研究所有制的历史，特别是"所有制的原始形式"。因为劳动者之变为"一无所有的""自由劳动者"，"这本身是历史的产物"②，所以，必须从所有制的历史源头作出说明。为此，马克思开始了对"原始的所有制"及其实现形式的研究。

马克思的研究表明："原始的所有制"，实质上，是"原始共同体"的所有制。它表现为原始共同体与同它相联系的"对自然界的所有权"的"原始统一"③。所谓"原始统一"，是就"人类素朴天真地把土地当作共同体的财产"而言的。至于每一个人，只有当他"作为这个共同体的成员"时，"才能把自己看成所有者或占有者"④。这说明原始共同体是"原始的所有制"的前提。对于共同体的成员来说，也是如此。他只有以共同体为"中介"才能成为土地的所有者，而"孤立的个人是完全不可能有土

---

① 《马克思恩格斯全集》第 30 卷，第 465 页。
② 同上书，第 466 页。
③ 同上书，第 488 页。
④ 同上书，第 466 页。

地财产的"①。可见，正是人类早期的"生存方式"造就了共同体同它的土地所有权的"原始统一"，产生了共同体成员对于土地所有权的"素朴天真"的观念，而正因为这种"原始统一"才使原始共同体所有制成为"所有制的原始形式"。

马克思的研究还表明：虽然原始共同体的所有制是"原始的所有制"的本质属性和东西方"所有制的原始形式"，但是，由于东西方的原始共同体"生存方式"不同，因而在原始共同体所有制的实现形式上存在着差异性，出现了不同的所有制形式，这就是马克思在论述雇佣劳动的前提时所说的两种形式"自由的小土地所有制"和"以东方公社为基础的公共土地所有制"。显然，前者是指西方关于原始共同体所有制的实现形式或发展道路；后者是指东方关于原始共同体所有制的实现形式或发展道路。

马克思指出，东方的原始共同体的"生存方式"是"定居"的"生存方式"，西方的原始共同体则过着"动荡的历史生活"②。显然，这是一种非定居的"生存方式"。两种不同的生存方式产生了两种不同社会后果：东方公社的定居生存方式保证原始共同体这种社会结构的稳固性及其内部相互关系的稳定性，有利于维护公社在血缘、语言、习惯等方面的共同性，从而强化了个人对于公社的依存性和从属关系。所以，马克思说：在这种情况下，"共同体是实体，而个人则只不过是实体的偶然因素，或者是实体的纯粹自然形成的组成部分"③。就是说，个人对于共同体不是独立的；他只有"作为这个共同体的成员，才能把自己看作所有者或占有者"。正因为如此，在东方公社那里不存在属于个人的"自由的小土地所有制"，而只能存在"公社的公共土地所有制"。从中，我们可以看到：定居的生存方式是怎样造就"东方公社的公共土地所有制"形式的。

西方的原始共同体所有制形式即"自由的小土地所有制"则是"原始部落更为动荡的历史生活"的"产物"④。如果说，东方公社的公共土地所有制是其定居的生存方式的产物；那么，西方原始共同体的"自由的小

---

① 《马克思恩格斯全集》第 30 卷，第 477 页。
② 同上书，第 465 页。
③ 同上书，第 468 页。
④ 同上。

土地所有制”则是其非定居的生存方式的产物。这是因为非定居的生存方式导致共同体即部落内部结构及其相互关系的不稳定性。正如马克思所说:"部落的纯粹自然形成的性质由于历史的运动、迁徙而受到的破坏越大,部落越是远离自己的原来住地而占领异乡的土地,因而进入全新的劳动条件并使个人的能力得到更大的发展,——部落的共同性质越是对外界表现为并且必然表现为消极的统一体,——那么,单个人变成归他和他的家庭单独耕作的那小块土地——的私有者的条件就越具备。"① 在这里,马克思精辟地分析了非定居的生存方式给西方的原始共同体所带来的冲击:它破坏了原来"纯粹自然形成的"共同体的共同性,使共同体由"实体"变为"消极的统一体",使个人摆脱了对共同体的依存性和从属关系而成为"自由的小土地私有者"。可见,非定居的生存方式是怎样造就了西方的"自由的小土地私有者"的。

总之,"以东方公社为基础的公共土地所有制"是原始共同体所有制的东方实现形式,而"自由的小土地所有制"则是原始共同体所有制的西方实现形式。这两种不同的实现形式导致了东西方在文明起源问题上走着不同的路径。

所谓文明起源的路径是指构成文明诸要素由量变到质变的过程及其实现形式。恩格斯曾经对此作过深刻的分析,从经济、政治和社会等领域揭示出其中的文明要素。概要地说:在经济领域,是土地私有制的产生和作为社会经济单位的个体家庭的出现;在政治领域,是阶级对立的产生和公共权力的设立;在社会领域,是按地区而非按血缘关系划分的基层组织的产生和城市与乡村的分离;等等。而国家则是上述文明要素的概括和总结。所以,恩格斯在分析了构成文明诸要素之后,又分别考察了西方"国家在氏族制度的废墟上兴起的三种主要形式",即雅典形式、罗马形式和德意志形式,指出:"雅典是最纯粹、最典型的形式:在这里,国家是直接地和主要地从氏族社会本身内部发展起来的阶级对立中产生的";在罗马,国家是在平民战胜了氏族贵族,"炸毁了旧的血族制度"之后,"在氏族制度的废墟上面建立"的;在德意志,国家是"直接从征服广大外国领土中产生的",而氏族制度则以"改变了的、地区的形式,即以马尔克制

———————————

① 《马克思恩格斯全集》第30卷,第469页。

度的形式"保存了下来。① 显然，上述三种形式代表了西方在国家的形成问题上的三种路径：雅典形式是从氏族社会内部发展起来的"内发式"的路径，罗马形式是从氏族外部发展起来的"外发式"的路径，德意志形式是通过对外征服而发展起来的"扩张式"的路径。可见，上述三个西方国家在文明起源路径上虽然都具有相同的起点，即都以"自由的小土地所有制"作为通往文明社会的出发点，但是，在国家的形成问题上则走着不同的路径。

如果说，在文明起源路径上具有相同起点的西方，在国家形成问题上尚且存在着不同的实现形式或路径；那么，从一开始就与西方具有不同起点的东方，尤其是作为东方文明古国的中国，在文明起源路径上又具有什么样的特点呢？这是我们必须面对和回答的问题。为此，我们将对中国原始聚落形态与文明起源的路径问题进行考察和分析。

五　中国原始聚落形态与文明起源的路径

用马克思主义研究中国文明起源问题始于 20 世纪 20 年代后期，郭沫若开其端。他在《中国古代社会研究》一书中径直称该书是"恩格斯的《家庭、私有制和国家的起源》的续篇"。就是说，是接着恩格斯的书写的。所谓"接着写"，就是以恩格斯的研究方法为指导写出恩格斯"未曾提及一字的中国的古代"。② 随后，吕振羽、翦伯赞、范文澜和侯外庐等，也在中国古代社会史和中国通史的研究中继续探讨这个问题。侯外庐的《中国古代社会史论》一书更以此为论题，自称他的研究是"马克思关于亚细亚生产方式的'理论延长工作'"③。所谓"理论延长工作"，就是遵循马克思主义理论与中国古代历史实际相结合的原则，把对于"亚细亚生产方式"理论的研究"延长"到对于中国文明起源路径的研究。侯外庐对问题所做的新解，将这方面的研究引向了深入。新中国成立后，特别是 20 世纪 80 年代以来，关于中国文明起源的研究又有新的重大进展。这主要表现在转换研究视角方面，即根据马克思的社会形态学说，运用人类学与

① 《马克思恩格斯选集》第 4 卷，第 169—170 页。
② 郭沫若：《中国古代社会研究·自序（1929 年）》，科学出版社 1960 年版，第 5 页。
③ 侯外庐：《韧的追求》，三联书店 1985 年版，第 230 页。

考古学相结合的方法，从原始聚落形态的新视角研究中国文明起源的路径，并取得了积极的研究成果。① 这是对 20 世纪 60 年代以来盛行于西方人类学界的"早期国家"理论，特别是其中的"酋邦说"所做的回应。

我们认为，从中国原始聚落形态的角度研究中国文明起源的路径切合马克思关于生存方式决定文明起源路径的思想，印证了"亚细亚生产方式原始社会说"。

根据考古发现：中国原始聚落形态是以原始农耕经济为基础的。在距今七八千年前的黄河流域、辽河流域以及长江中下游和华南地区的文化遗址中已经分别发现了农作物的遗存和与此相应的聚落遗址。农耕只有在定居的情况下才能进行，聚落只有在定居的情况下才能存续。上述情况表明：我们的先民很早就过着定居的生活，从事农耕生产活动。当时，农业生产在整个社会经济生活中已居于主导地位，形成了以农耕为主的综合经济。因此，我们可以把建立在农耕经济基础上的原始聚落形态的出现看作是中国原始共同体开始过着定居的生活方式或生存方式的主要证据，并以此作为研究中国文明起源路径的切入点。

马克思说："一旦人类终于定居下来，这种原始共同体就将随种种外界的，即气候的、地理的、物理的等等条件，以及他们的特殊的自然性质——他们的部落性质——等等，而或多或少地发生变化。"② 那么，定居的生存方式对于中国原始聚落共同体究竟带来何种变化呢？

（一）平等的内聚式的聚落形态的诞生

众所周知，随着定居而来的是人口的增加和聚落规模的扩大。从已发现的聚落遗址来看，小规模的聚落面积从 4000—10000 平方米不等，大规模的聚落面积高达 80000 平方米，而聚落的人口则由几十人到三四百人不等。更重要的是，通过聚落的布局，我们可以了解到其内部结构和社会组

---

① 从聚落形态的角度研究中国史前时期的社会状况始于 20 世纪 80 年代后期，严文明的《中国新石器时期聚落形态的考察》一文（1989 年）是这方面的代表作。而运用人类学与考古学相结合的方法，从聚落形态的角度系统研究中国文明起源路径问题，则应首推王震中。他在《中国文明起源的比较研究》一书（1994 年）中，首次提出中国文明起源路径的"聚落三形态说"，作为一家之言，深受同行专家的重视。本文关于中国原始聚落形态的论述即采用了王震中此书的基本观点和材料，并根据马克思关于原始共同体生存方式的思想，从原始聚落形态的角度对中国文明起源的路径问题进行新的阐释。

② 《马克思恩格斯全集》第 30 卷，第 466 页。

织关系，以及由此而构成的较为完整的聚落形态。

早期聚落形态可以内蒙古兴隆洼聚落为代表。从房屋类型和布局所呈现的社会结构来看，它是由若干个核心家庭组成一个家族，再由若干家族组成一个氏族，最后由几个氏族构成聚落共同体。不仅如此，聚落内部有居于聚落中心部位的在 100 平方米以上的大型房子，可能是用于集会、议事、举行某些仪式的公共场所。这样，整个聚落布局呈现为内聚式聚落结构。这种内聚式聚落结构是按家庭—家族—氏族—聚落共同体，这样的结构层次，由小到大、分层组合而成的，但各层级之间的关系是平等的。各层级之间只有血缘远近，而无地位的高下、财产多寡的区别。毋宁说，这是以血缘为纽带联结在一起的原始聚落共同体，是原始社会最基本的组织结构。从内聚式聚落结构来看，家庭是聚落形态的基本单位。不过，这与文明社会的一夫一妻制的小家庭有本质的区别：后者是建立在私有制基础上的父家长制的家庭形式，而前者则是类似于恩格斯所说的"对偶制家庭"，即在一定的家庭范围内，一个男子在许多妻子中有一个"主妻"，一个女子，在许多丈夫中有一个"主夫"，他们共同组成以"共产制家户经济"为基础的家庭。它"意味着妇女在家内的统治"①。中国原始聚落共同体与上述情况颇为相似。从距今四五千年前的陕西西安半坡和临潼姜寨遗址的随葬工具来看，这一时期，农业和手工业生产由男女共同承担；生活随葬品男女大体相等或女性居多，土地资源呈现出原始聚落共同体所有，家庭占有使用。从聚落区划与设施的功能来看，这一时期，人们习惯于聚族而居，死后聚族而葬；储藏设施相对独立，物品集中存放，说明这一时期的原始聚落共同体实行共产共享的消费原则。

总之，从上述平等的内聚式聚落形态的内部结构、婚姻家庭关系、男女分工状况，乃至土地所有制和消费原则等方面来看，这一时期应属于原始社会母系氏族公社阶段或介于母系和父系氏族公社之间的过渡阶段。

事实表明：农耕经济的稳定性要求与之相适应的定居的生存方式，而定居的生存方式保证了原始聚落共同体内部社会结构的稳固性和个人与家庭、家族相互关系的稳定性。在这种情况下，只有原始聚落共同体的共产

① 《马克思恩格斯选集》第 4 卷，第 43、46 页。

制经济和共享制消费，而不存在个人和家庭所有制经济。如果说，"亚细亚生产方式"的原始社会性质最终决定于它的"亚细亚的所有制"即"原始的公社所有制"的原始性质；那么，我们可以把中国原始聚落共同体所有制看作是"亚细亚的所有制"的最古老的形式。

（二）不平等的中心聚落形态的继起

继平等的内聚式聚落形态而起的，是不平等的中心聚落形态，它发生在公元前 3500—前 3000 年间。这是中国原始聚落形态发展的重要阶段，也是中国由原始社会开始向文明社会转变的重要时期。与前一时期平等的内聚式聚落形态相比，这一时期聚落形态的明显特点是：分化的出现。

首先，是聚落布局的分化，出现了中心聚落与半从属聚落的不同等级。中心聚落在含有亲属关系的聚落群中，既是政治、军事、文化和宗教的中心，也是贵族的聚集地；半从属聚落则多为一般的居民点。与此同时，父系家族相对独立性形式开始出现。与聚落布局相联系，聚落面积也比前一时期大几倍至十几倍。如大汶口聚落遗址面积达 80 多万平方米。作为中心聚落的标志性建筑物是庙堂式的大房子。它似乎是宗族的公房，即以某一强宗为中心的众多同姓和同盟宗族相聚的宗邑所在地。强宗是宗族结构中的主支，它以强大的军事、经济实力为后盾，以部落神的直系后裔为依据，掌握了整个部落的军事指挥权、宗教祭祀权和族权。其所在地自然成为部落政治、军事、经济、宗教和文化中心，因此，后世称为"宗邑"。以强宗为首的中心聚落的出现，说明在具有亲属关系的氏族内部已经萌发了类似于后世的"大宗"和"小宗"的等级差别。

其次，是聚落内部出现财富和社会地位的分化，存在着不同的等级和阶层。以大汶口的墓葬为例。按墓地形制、葬品的种类和质量，可分大中类。它们反映出墓主身份的尊卑、财富的多寡。说明当时已存在贵族与平民的社会分层。这是以父权制家族—宗族为基础的社会分层。我们认为，中国文明的起源，从阶级的分化到财富的积累与集中，都与父权制大家族的出现以及家族—宗族制的形成和发展密切相关。这是中国文明起源的重要历史特点。

与前一时期平等的内聚式聚落形态相比，这一时期聚落形态的另一个显著特点是：以祭祀为特征的宗教中心的出现。在辽西发现的属于红山文化后期的牛河梁神庙和东山嘴社坛是祖先崇拜的产物。中国史书有关于

"国之大事，在祀与戎"的记载。这里所说的"祀"，是指祭祀之"祀"，包括宗庙之祀和天地社稷之祀。宗庙之祭代表着祖先崇拜，同时也表明当时已经存在着血缘、世系方面的亲疏关系，这是家族和宗族组织中尊卑等级关系的基础。社稷之祭所反映的是人们的地域关系和社会关系。通过社稷之祭可以在神圣的宗教名义下，将血缘和非血缘关系的人们维系在一起。当时，各聚落的酋长或宗族长通过宗庙和社稷的祭祀不但可以扩大和提升自己的权力，而且还使这种权力神圣化。因为大型的宗教祭祀活动代表着聚落的利益，具有全民的社会功能。

由此可见，辽西神庙和社坛的发现既为我们揭示了神权的社会功能与人类早期社会公共权力产生的关系，也为我们展示了中国早期国家形成的具体路径。

（三）都邑或城邑形态的出现

都邑或城邑形态是早期国家的物化形式，是继宗邑形态即中心聚落形态发展而来的新形态。

中国的城邑最早出现于公元前3000—前2000年间，相当于考古学的龙山时代，历史文献记载的夏王朝之前的颛顼、尧、舜、禹时代。

考古发现表明：龙山时代，在黄河、长江流域，犹如星罗棋布，涌现出一批城邑，如山东章丘的城子崖、河南登封的王城岗、湖南天门的石家河、内蒙古凉城的老虎山、湖南澧县的城头山等。这些城邑连同周围的若干农村地区形成了中国早期国家。其规模从2万至20万平方米不等。从城邑遗址的文化遗存来看，有夯土、城墙、战车、兵器、宫殿、宗庙、陵寝、祭祀的法器、礼器、祭祀遗址以及手工业作坊，小型住宅与手工工具等。宫殿、宗庙和祭祀遗址，象征着当时的城邑是统治权和神权的中心；手工业作坊和手工工具，说明当时的城邑已经出现了农业与手工业的社会分工，也是城邑得以发展的、除农业以外的另一个重要的经济支柱。

城邑的发展是建国营都的过程，它充分显示了人力、物力、资源的高度集中，而要实现这种高度集中，就必须有管理机构和权力系统。可见，城邑的出现固然与战争有关，但是，更与管理机构和权力系统的建立有关。这种管理机构与权力系统一旦建立就具有统御全社会力量并带有某种强制性的特点，因而初步具备了某种国家的职能。

国家作为文明社会的概括，是经济、政治、社会诸文明要素的集中体现。中国早期国家的形成也不例外，且有其特色。

公元前2500—前2000年的山西襄汾陶寺遗址作为中原龙山文化，具有一定的代表性。从墓址来看，其墓型有大、中、小三类。大型墓的随葬品，有象征特权的一套重要礼器，说明墓主人执掌着"国之大事"的"祀与戎"即祭祀和征伐的国家与社会的重要职能，大型墓的墓主人已经不是部落的首领，而是早期国家的统治者。从中型墓主的随葬品来看，其数量和质量虽不及大型墓主，但也颇为可观，说明墓主与大型墓主关系密切，应是当时的贵族。至于小型墓，人数最多，占总墓数80%以上，有的仅有一两件随葬品，更多的是一无所有；墓中尸骨，有的缺失手和足，有的头骨被砍伤，说明他们是地位底下，甚至无人身权的被统治者。陶寺墓址告诉我们：大型墓主人既是早期国家的统治者，又是父权制大家族的总代表。在当时的父权制大家族内部已经出现贵族和奴仆即统治与被统治的阶级对立。但是，这种阶级对立是在家族—宗族结构内，具有血缘谱系的特点，因而为这种阶级对立蒙上了一层温情脉脉的面纱。不仅如此，陶寺墓型的分类还可以看到当时聚落与聚落之间存在着明显的贫富两极分化和统治与服从的社会不平等关系。这是私有制产生和发展的必然结果。与此相联系，是形成了聚落之间的主从关系以及最早的都邑与乡村的关系，从而为城乡的分离铺平了道路，奠定了基础。必须指出，陶寺墓葬的情况表明：当时聚落之间和聚落内部的贫富分化是由父权制家族内财富占有的悬殊及其等级阶层来体现的，阶级的产生是与父权制家族组织结构以及父权的上升紧密联系的。由此形成的统治结构必然是与父权制家族相联系，因而出现了家族—宗族组织与政治权力同层同构的情况，它表现为：宗族组织中主支与分支的关系与政治权力的隶属关系相适应，宗统与君统相结合，政治身份的继承与宗主身份的世袭相一致。这种家族—宗族组织与政治权力同层同构，是中国早期国家形态的重要特点。

与夏商周的统一王朝的国家形态相比，龙山时代的都邑形态更带有小国分立的地方特点。随着夏王朝的建立，作为国家的政治中心开始形成。至此，中国文明起源的路径在经历了平等的内聚式聚落形态——不平等的中心聚落形态——都邑或城邑的聚落形态（省称"聚落三形态"）之后，终于走进了王朝形态的国家文明时代。同西方关于国家形成的路径相比，中国国家形成的路径具有渐进式的特点。也就是说，中国是在保存家族—宗族这种原始聚落遗制的情况下，由早期国家逐渐转化为王朝形态的国家。因此，是一种维新式的国家形成路径。

（原载《历史研究》2011 年第 2 期）

中国马克思主义史学理论研究

"革命性与科学性相结合"

——谈中国马克思主义史学的思想遗产

陈其泰

认真总结九十年中国马克思主义史学为我们提供了什么样的思想遗产，是反思以往和展望未来必须解决的问题。在五四时期，唯物史观的传播"风靡一世"，为我们提供了极其宝贵的历史信息。在中国马克思主义史学创建之初，李大钊等先驱者撰写的论著，已鲜明地显示出"革命性与科学性相结合"的学术品格。继之，郭沫若著《中国古代社会研究》，"例示了研究古史的一条大道"。长达十年的中国社会史论战，进步学者在科学理论指导下，通过学术探讨和社会调查，批驳了错误观点，论证中国近代社会性质为半殖民地半封建社会，而秦至鸦片战争前为封建社会，这些正确结论大大鼓舞了人们的斗志，推进了伟大的革命事业。至抗战时期，以翦伯赞、侯外庐、范文澜等为代表，一致明确地以"普遍原理与中国历史实际相结合"为指导思想，从事理论创造和撰成一批力作，从而使以"革命性和科学性相结合"为基本特征的中国马克思主义史学得到壮大、发展。

"风靡一世"提供的宝贵历史信息

中国马克思主义史学已经走过了九十年的历程。对于这九十年的成就和教训应当作怎样的基本估价，尤其是九十年中国马克思主义史学为我们提供了什么样的思想遗产，这是我们今天总结以往和展望未来所必须解决的问题。

在中国现代史上最为引人注目的景象是，马克思主义虽然是从外国传入的，但它与其他"舶来品"大不相同，自五四时期传入中国以后，即以传播迅猛和具有强大的生命力为其基本的特点。在五四前后，马克思的学说受欢迎的程度，确实是异乎寻常。在短短几年中，以马克思主义为指导的刊物在大江南北如雨后春笋般出现，宣传马克思学说的书籍也竞相出版。因此，曾经担任中央研究院社会科学研究所长的杨端六即在他撰写的《马克思学说评》一文中，敏锐而中肯地指出马克思主义在全国迅猛传播的特点："以我国思想界之迟钝，输入西洋之学说，殆莫不经过多少阶级（段）而始得其一知半解之理想，而社会犹反对之。今不数年，而马克思之名喧传全国，上自所谓名士，下至初级学生，殆无不汲汲于马克思学说之宣播。"在五四时期，《新青年》、《中国青年》、《晨报》副刊、《民国日报》副刊、《学灯》等报刊，成为先进知识分子宣传唯物史观的重要阵地。《共产党宣言》、《哥达纲领批判》、《国家与革命》等书译本都相继出版，还出版了一批日本河上肇、俄国普列汉诺夫等人有关唯物史观的著作，其中尤以河上肇的著作影响最大。北京、上海、广州、武汉、长沙等地进步势力较大的高等学府，几乎都开设讲授唯物史观的课程，周恩来甚至在天津警署的牢狱中，还宣讲"唯物史观总论和阶级竞争史"、"历史上经济组织的变迁"等。至五四以后，更出现了一批由党内理论家和进步理论工作者写成的研究社会发展史的著作，至 20 年代末，十年间数量多达 15 种，其中著名的有蔡和森《社会进化史》（1924）、李达《现代社会学》（1926）、邓初民《社会进化史纲》（1931）、马哲民《社会进化史》（1929）、陈翰笙《人类的历史》（1927）。这些著作虽然深浅精粗各有差别，但是有共同的特点：运用唯物史观作指导，系统叙述人类社会的起源和发展，努力阐明唯物史观所指出的社会发展的一般规律。唯物史观如此迅猛传播的情况，说明杨端六的文章中所描述的知识界人士"无不汲汲于马克思学说之传播"，确是恰如其分。稍后，顾颉刚也曾用"风靡一世"①、"像怒涛一样奔腾而入"② 来形容唯物史观对中国学术界影响之巨大。

　　以上史实和评论是 20 世纪思想史、社会史的重要史料，向我们提供了十分宝贵的历史信息：唯物史观传入中国之后，立即受到知识界和社会人士的热诚欢迎，没有任何外力所左右，人们争先恐后地把它作为分析中

---

　　① 《古史辨》第 4 册《顾序》，上海古籍出版社 1982 年版，第 22 页。

　　② 《古史辨》第 7 册上编，《战国秦汉间人的造伪和辨伪》附言，第 64 页。

国社会、辨明学术问题的武器，作为观察未来前进道路的思想指南。之所以如此，其中有极其深刻的原因，这就是，马克思学说之传入中国，固然与俄国十月革命的影响有密切关系，而更为深刻的缘由是，处于内忧外患、灾难深重的中国社会，经历了鸦片战争以来一系列重大事件，证明无论是传统思想、维新思想、资产阶级革命思想都无法把中国人民从帝国主义和封建势力的沉重压迫下解救出来，只有马克思主义指引的发动工农大众进行彻底的反帝反封建革命的道路，才能使中华民族得到解放。又一个深刻原因是，中国传统文化中唯物主义的思想资料、辩证发展的观点、反抗压迫希望实现大同的进步思想等，构成通向唯物史观的内在基础和桥梁，马克思主义作为继承人类一切优秀文化遗产的学说，其中就包含着能为中国人和其他东方民族自然地接受的思想品格，马克思主义的基本观点理所当然地与中国传统思想的精华相贯通。① 正是由于上述两项深刻原因，决定了自五四时期以后，经过先进的人们的努力，马克思主义的真理在中国社会、中国民众中深深地扎下了根，不仅指引中国共产党领导中国革命，经过无数艰难曲折，而使中国大地发生了翻天覆地的变化；而且，中国马克思主义社会科学工作者以唯物史观指导研究中国现实社会和中国历史，同样走过曲折复杂、波澜壮阔的道路，不断探求真知，坚决摒弃谬见，坚持不懈地创新理论和著书立说，因而把素称发达的中国史学推向了新的发展阶段。正是由于几代人的不断努力，中国马克思主义史学九十年的发展道路，留下了一笔丰厚的思想遗产，值得我们认真地总结，并且发扬光大。

对此进行系统考察，对于认识 20 世纪中国史学演进的道路，对于把握当前学术发展的方向，无疑都具有重大的意义。而因其内涵丰富，涉及甚广，本文仅能作论纲式的讨论，期待学界朋友共同深入探讨。

创建之初即已鲜明显示出"革命性与科学性相结合"的学术品格

依我的粗浅认识，始终坚持"革命性与科学性相结合"的方向，以基

---

① 参见陈其泰《传统思想的精华何以通向唯物史观》，载《史学理论与史学史学刊》2007年卷。

本原理为指导，探索中国历史发展进程中的重大问题，总结其规律性特点，推进中国史学达到新的发展阶段——这是中国马克思主义史学最为宝贵的思想遗产。

中国马克思主义史学从其创建的阶段①始，这些先驱人物在对待将唯物史观理论运用于中国历史实际上，就有两项明确的认识：一是马克思和恩格斯创立这一理论，主要是依据欧洲的社会和文化条件而得，它对认识社会、研究历史固然有重要的指导意义，而同时，马、恩创立的理论必然带有其产生环境的印记，今日将这一理论运用到中国，当然必须考虑中国社会的环境。二是明确中国马克思主义研究者的任务，是要创造性地将唯物史观的原理运用到中国社会的实际之中，必须正确解释中国历史所走过的道路，正确认识现阶段中国社会之性质，以认清未来中国社会前进的方向。这两项认识统合起来，就是对"革命性与科学性二者相结合"的自觉追求，从李大钊、郭沫若和"新思潮派"这些先驱者的实践，所体现的正是这种自觉的追求。

李大钊是五四时期最早传播唯物史观的先驱人物。1919 年 5 月，他在俄国十月革命取得成功的鼓舞下，撰成《我的马克思主义观》，刊登在《新青年》的"马克思研究"专号上，产生了很大影响。以后又相继撰成一系列文章，发表在《新青年》等杂志，如《物质变动与道德变动》（1919）、《由经济上解释中国近代思想变动的原因》（1920）、《马克思的历史哲学与理恺尔的历史哲学》（1920）、《唯物史观在现代史学上的价值》（1920）、《研究历史的任务》（1923）、《史学要论》（1924）等。李大钊为宣传唯物史观做出的重要贡献有三项。首先，是力求对马克思主义的基本理论作有系统的介绍和全面的理解。李大钊指出，马克思的伟大贡献是使社会主义从空想发展到科学的理论。李大钊论述马克思的学说由三大部分组成，一是他的历史观，也称社会组织进化论；二是他的经济论，也称资本主义的经济论；三是他的政策论，也称社会主义运动论。这三个部分互有紧密的关联，构成一个有机的有系统的整体。关于唯物史观的基本原理，李大钊根据马克思的《〈政治经济学批判〉序言》中的论述，首

---

① 中国马克思主义史学九十年的发展，大致可分为四大阶段：从五四时期李大钊等先驱人物宣传唯物史观至 20 世纪 30 年代中国社会史大论战，为创建阶段；抗战时期为壮大阶段（解放战争时间短，可一起归入）；新中国前十七年为在经受严峻考验中发展阶段；新时期以来为反思进取和繁荣阶段。

次作出比较确切的介绍。① 近些年，学术界有的人自觉或不自觉地对唯物史观指导史学研究产生怀疑，每每要讲到中国学者接受马克思主义社会形态学说是因为受了斯大林的影响，照抄了《辩证唯物主义与历史唯物主义》的小册子，因而其科学性值得怀疑。其实这本身在时间上先后倒置。李大钊于 1919 年著文，是根据日本河上肇的译本，而斯大林的小册子是1938 年 9 月才著成发表的，时间相差近二十年。李大钊还指出，马克思的学说也可能有偏蔽或疏漏，但是，"小小的瑕疵，不能掩盖他莫大的功绩"；对它可以作补充，但不能以此为由而"推翻马氏唯物观的全体"②。其次，尤为可贵的是，李大钊宣传唯物史观的出发点和归宿，是要将这一革命的科学理论和中国社会的实践相结合，要求得"中国问题的根本解决"，这就体现了中国的马克思主义者在其开创的事业中所突出地具有的"革命性与科学性相结合"的品格。在李大钊看来，马克思的学说体现了科学的真理，但他并没有将马克思主义神化。他清醒地认识到，马克思所得出的结论，是与其学说所产生的具体历史条件相联系的，因此不能任意照搬，刻板运用。他强调："一个学说的成立，与其时代的环境有莫大的关系"，我们不能生搬硬套对待，"不可拿这一个时代一种环境造成的学说，去解释一切历史，或者就那样整个拿来，应用于我们生存的社会"，总之，"我们批评或采用一个人的学说，不要忘记了他的时代环境和我们的时代环境"③。这样就提出了运用马克思主义必须从中国的实际出发，必须与中国的社会和历史相结合这一根本方向性问题。

因此，李大钊在"问题"与"主义"论战中，明确指出："主义的本性，原有适应实际的可能性"。根据唯物观的原理，"经济问题的根本解决，是根本的解决"，如果"不去用这个学理作工具，为工人联合的实际运动，那经济的革命，恐怕永远不能实现"。他还初步提出知识分子同劳动群众相结合的思想，指出要改造中国社会，"非把知识阶级与劳工阶级打成一气不可"。④ 在当时，同为最早宣传马克思主义学说的先驱人物陈独秀，于 1922 年也在《马克思的两大精神》一文中提出，应当"以马克思实际研究的精神研究社会上多种情形，最重要的是现社会的政治及经济状

---

① 《李大钊选集》，人民出版社 1978 年版，第 176—177 页。
② 同上书，第 191、195 页。
③ 同上书，第 195 页。
④ 李大钊：《青年与农村》，《李大钊选集》第 146 页。

况，不要单单研究马克思的学理"。① 蔡和森则明确地指出，我们所面临的最主要任务，就是"以马克思列宁主义的精神来定出适合客观情形的策略和组织才行"。② 李大钊和陈独秀、蔡和森这些先驱人物的上述论述与倡导，实际上已是马克思主义普遍真理与中国革命的具体实际相结合这一正确路线的初步表述。

再次，李大钊对于祖国的历史文化有丰富的知识，因而他在从事系统地宣传马克思主义的事业中，十分重视与史学工作结合起来，阐明唯物史观指导对于从根本上改造旧史和开辟科学地研究历史的重大意义。他于1920 年在北京大学等校开设《史学思想史》课程，讲义内容包括有《史观》、《今与古》、《鲍丹的历史思想》、《韦柯及其历史思想》、《马克思的历史哲学与理恺尔的历史哲学》、《唯物史观在现代史学上的价值》等题目。③ 李大钊指出历史资料与历史的区别："吾兹之所谓历史，非指过去的陈编而言。过去的陈编，汗牛充栋，于治史学者亦诚不失为丰富资考的资料，然绝非吾兹所谓活泼泼的有生命的历史。"历史"不是僵石，不是枯骨，不是故纸，不是陈编，乃是亘过去、现在、未来、永世生存的人类全生命"。④ 这对于当时的旧史界将历史文献看作历史本身，是一个深刻的、很确切的批判。他强调运用唯物史观研究历史与以往研究的根本性区别，并阐述进步历史观的指导对于推进历史研究的意义，指出："从来的历史家欲单从上层上说明社会的变革即历史而不顾基址，那样的方法，不能真正理解历史。上层的变革，全靠经济基础的变动，固历史非从经济关系上说明不可。"⑤ "历史观的更新，恰如更上一层，以观环列的光景，所造愈高，所观愈广。"⑥ 历史观越进步，依据分析历史文献所得出的对于客观历史的认识愈加深入，愈加接近于客观的历史，因此历史需要不断"重作"。这突出地说明，唯物史观的理论为我们开辟了科学地认识历史的道路，但是对客观历史的认识不能简单地一次完成，而是要不断探索，不断抛弃陈

---

① 陈独秀：《马克思的两大精神》，《陈独秀文章选编》（中），生活·读书·新知三联书店1984 年版，第 177 页。

② 蔡和森：《中国共产党史的发展（提纲）》，载《中共党史报告选编》，中共中央党校出版社 1982 年版，第 24 页。

③ 人民出版社 1984 年出版《李大钊文集》时，已按《讲义》原先的顺序将这 11 篇收入。

④ 李大钊：《史观》，《李大钊文集》（下），人民出版社 1984 年版，第 264、265 页。

⑤ 李大钊：《马克思的历史哲学与理恺尔的历史哲学》，《李大钊文集》（下），第 346 页。

⑥ 李大钊：《史观》，《李大钊文集》（下），第 267 页。

腐的、错误的见解，以达到更加科学的认识。

郭沫若："例示了研究古史的一条大道"

郭沫若所著《中国古代社会研究》，是运用唯物史观系统研究中国古代社会的开山之作。这部名著酝酿和撰写于 1928—1929 年。当时大革命刚刚失败，郭沫若流亡日本，是处于日本特务监视、生活困难、资料匮乏等恶劣条件下，发愤写成的。郭沫若把用唯物史观指导研究中国历史同认清革命的前途直接联系起来，他说，"认清楚过往的来程也正好决定我们未来的去向"。他要用历史研究驳倒"国情特殊"论，证明"中国人不是神，也不是猴子，中国人所组成的社会不应该有什么不同"，要走世界各国共同的道路，以此鼓舞处于困难时刻的国内人民看到未来的光明前途。同时他要探求中国历史发展所具有的本身的特点，谱写"恩格斯的《家庭、私有制和国家的起源》的续篇"。① 为此，他把进步历史观的指导同扎实的文献考证功夫结合起来，他继承了清代学者实事求是的考证方法，继承了王国维等人研究甲骨、金文的成绩，出色地对旧史料作出新解，熔《诗》、《书》、《易》中纸上材料与卜辞、金文中的考古材料于一炉，赋予它们以新的意义，并且上升到系统分析社会生产方式和阶级关系的高度。这样，文献、卜辞、金文这些原来似乎互相孤立的材料，都发生了联系，成为有用的活材料，殷周时期的社会生产活动方式也得以重现。前此，李大钊为传播唯物史观做出了重大贡献，并提出改写历史的任务，现在郭沫若继续了他的工作，做到把马克思主义的理论同中国历史结合起来，在深入研究的基础上，作了系统的清理，因而成为中国马克思主义史学的奠基之作。

《中国古代社会研究》初版于 1931 年初，至 1932 年底印行了五版，这部著作之所以受到如此热烈的欢迎，最重要的原因，即在于它标志着运用唯物史观作指导，使人们从探索古代社会生产生活方式这一更高的层次，来认识古代社会，从而开拓了历史研究的新路径。当时赞成唯物史观的学者发表的书评即中肯地指出："郭沫若先生的《中国古代社会研究》

---

① 均见郭沫若《中国古代社会研究·自序》，《郭沫若全集》（历史编）第1卷，人民出版社1982年版，第6、9页。

要算是震动一时的名著。就大体来看，他那独创的精神，崭新的见解，扫除旧史学界的乌烟瘴气，而为史学界开其先路的功绩，自值得我们的敬仰。"① 当时，属于"新史学"流派史家的张荫麟也十分称道郭沫若从社会经济基础和社会制度变迁的大背景来阐发历史的研究方法。他同样敏锐地认识到郭沫若提供了运用唯物史观来研究中国历史的新范式具有开辟史学研究新道路的意义，所以赞扬此书"例示了研究古史的一条大道"。② 近些年，有的研究者对郭沫若提出两项批评。一是认为书中存在公式主义毛病，生硬地套用唯物史观理论；二是批评郭沫若此后一再改变他对古代社会性质的看法。这种看法实则未能充分地考虑郭沫若当时所处的历史条件。须知，郭沫若是中国运用唯物史观研究中国古代社会的第一人，所做的堪称是创榛辟莽的工作，的确很不成熟。但当时的任务是证明唯物史观原理同样适合于指导中国古史研究，中国社会的进程同样符合人类社会的普遍规律，这样才能帮助人民群众树立对革命的信心。因此，"套上"是时代的要求，至于让它更臻于完善，则有待于"更有时间更有自由的同志"，"继续作更详细的探索"。至于说郭沫若后来一再改变对古代社会性质的看法，却是他不断进取的表现，因为历史研究本来是十分复杂的事，应当允许在不断探索中勇于修正旧说。该书在史学著作中第一次论证中国历史的发展经历了原始公社制——奴隶社会——封建社会——被卷入资本主义世界潮流的近代中国社会这几个基本阶段。后来，郭沫若本人对于区分历史阶段的时期曾有变更，但一直保持在这部著作中形成的基本看法，并且为进步史学界所接受。

郭沫若又于 1932—1935 年相继完成了《卜辞通纂》和《两周金文辞大系》两部重要著作。以往视这两部著作的内容属于考古学、古器物学、古文字学范围，因而少见有人将之与郭沫若这一时期古史研究的进展联系起来论述。实际上，无论从研究的领域或研究工作的思路而言，前后的联系是很密切的。《卜辞通纂》着重将甲骨卜辞史料作更加科学的分类整理，在前人成果的基础上，提出甲骨文分类新的体系，将全书正编所收录的 800 片甲骨史料，分为干支、数字、世系、天象、食货、征伐、田游、杂

---

① 嵇文甫：《评郭沫若〈中国古代社会研究〉》，《嵇文甫文集》（一），河南人民出版社1985年版，第243页。

② 张荫麟：《评郭沫若〈中国古代社会研究〉》，《大公报·文学副刊》第208期，1932年1月2日。

纂八类，这就十分有利于用这些经过科学分类的史料来研究商代社会状况。《两周金文辞大系》更是对两周金文、青铜器发展提出完整体系学说的巨著，撰著的目的，是在"求铭文之历史系统和地方分类"。这两部著作的范围和基础，诚然属于考古学和文献学，但若论其学术工作的层次和所建立的科学体系，则是与以唯物史观研究古代社会这一研究思路和认识高度直接相关的。因为作者说得很清楚："这在我是认为相当重要的一件事。因为要把这许许多多的古器的年代定妥了，然后那器物本身和它的铭文才能作为我们研究古史的有科学性的资料。时代不分，一团混沌，除作为古董玩器之外，是没有方法利用的。""文献学的研究，也应该借鉴于这儿，不在第一步上把时代弄清楚，那是不能开步走的。"[1] 显然，正是由于从事《中国古代社会研究》的撰著，运用唯物史观作指导，要把卜辞和金文作为研究殷商和西周社会生产和生活方式的史料，因而有力地推动作者进一步从事确定两周青铜器年代的研究。其取得的研究成果的重大意义，是第一次提出青铜器分类的系统学说，改变了以往"以器为类"的古董鉴赏或著录习惯和孤立考证铭文的方法，而以年代为顺序，整理出金文的历史系统和地域分类。郭沫若把殷周青铜器分为四个时期，"无论是花纹、形制、文体、字体，差不多保持着同一步骤"。一是鼎盛期，相当于殷代至西周文、武、成、康、昭、穆诸世。二是颓败期，大率起恭、懿、孝、夷诸世以迄于春秋中叶。三是中兴期，自春秋中叶至战国末。四是衰落期，自战国末叶以后。[2] 郭沫若形象地讲他所构建的体系，是找到了青铜器"历史的串绳"。又在《古代研究的自我批判》一文中，称自己所做的是"凿穿混沌"的工作："我自己费了五六年的研究，得到了一个比较明晰的系统，便是我所著录的《两周金文辞大系》的《图录》和《考释》。……我一共整理出了三百二十三个器皿，都是铭文比较长而史料价值比较高的东西，两周八百年的混沌似乎约略被我凿穿了，从这儿可以发展出花纹学、形制学等的系统，而作为社会史料来征引时，也就更有着落了。"[3]《中国古代社会研究》和《卜辞通纂》、《两周金文辞大系》等著作所取得的巨大成就，使郭沫若不仅成为中国马克思主义史学的奠基人物，

① 郭沫若：《青铜时代·青铜器时代》，《郭沫若全集》（历史编）第1卷，第610页。
② 同上书，第605—606页。按，在《两周金文辞大系》图编序说中则分为滥觞期、勃兴期、开放期、新式期四期。
③ 郭沫若：《十批判书》，《郭沫若全集》（历史编）第2卷，第10页。

而且得到许多历史学者、考古学者的赞誉。如唐兰说："后之治斯学者虽有异同，殆难逾越。"① 它们是用唯物史观指导研究结出的硕果，同时也是五四以来提倡科学精神的现代思潮的产物。

在社会史大论战中经受的考验和重大收获

创建中的中国马克思主义史学经受的一次重大考验，是 20 世纪 20 年代末至 30 年代初的中国社会史大论战。这场大论战进行将近十年，主要讨论了中国社会性质、中国社会史和中国农村性质三方面的问题。论战的原因，是中国大革命由形势一片大好到突然失败，人们陷入迷茫，为了寻找中国革命的正确出路，首先必须认清中国现社会的性质。论战的直接导因，是 1928 年 10 月陶希圣在《新生命》杂志发表的《中国社会究竟是什么社会》引起的。1929—1930 年后，王学文、潘东周等在《新思潮》杂志上著文论证中国是半殖民地半封建社会，托派分子严灵峰、任曙等人在《动力》杂志上著文断言中国已是资本主义社会。1932—1933 年这一论争扩大到史学界，展开中国社会史问题的论战。1934—1935 年进一步开展了中国农村经济性质的论战，钱俊瑞、薛暮桥、孙冶方等在《中国农村》杂志上撰文论证中国农村经济的半封建性质，王宜昌、张志澄等人在《中国经济》杂志上发表文章认定中国农村已是资本主义占了优势。无论对于中国马克思主义史学的成长和中国革命道路的认定来说，这场几乎长达十年的大论战都是至关重要的，从当年论战结束不久至今，相关的研究成果已有不少②，这里只想简要谈谈论战中马克思主义史学社会科学工作者所突出显示的"革命性和科学性的结合"的风格。

明确认识中国社会性质，是把握中国革命前进的关键问题，也是运用马克思主义普遍原理与中国革命实践相结合的关键问题，中国社会史论战的最大收获，是马克思主义社会科学工作者坚持唯物史观科学理论作指导，

---

① 唐兰：《两周金文辞大系·图录》序。

② 论战结束不久，何干之即于 1937 年先后著成《中国社会性质问题论战》（1937 年 1 月由上海三联书店出版）和《中国社会史问题论战》（1937 年 7 月由上海三联书店出版），后均收入《何干之文集》第一卷（北京出版社 1994 年版）。又有周子东、杨雪芳、李甄馥、齐卫平编著《三十年代中国社会性质论战》（知识出版社 1987 年版），温乐群、黄冬娅著《三十年代中国社会性质和社会史论战》（百花洲文艺出版社 2004 年版）。

坚持对中国社会现实的深入分析和概括，通过论战有力地驳斥了错误的观点，明确近代中国社会为半殖民地半封建的性质，并成为进步思想界一致公认的一个确定的理论成果。这是当时这场论战的最大收获。陶希圣在《新生命》杂志发表文章的主要论点是"中国封建制度破坏论"，他认为中国社会自春秋战国以来早就脱离了封建制度的阶段，中国早已不是封建社会了。他说："在春秋战国的时候有商业、有官僚，已足够证明当时封建制度的崩坏了。"他认为，自秦汉至清朝，中国是"商业资本主义社会"。又说，自鸦片战争以后的中国社会性质"是帝国主义压迫之下的商业资本主义社会"①。这些论调，显然是企图否定中共六大所作出的中国当前社会是"半殖民半封建社会"，中国革命仍是资产阶级民主革命的正确分析。托派分子严灵峰、任曙也发表文章，企图否定中共六大所作的正确分析，而与陶希圣的论调相应和。严灵峰在《中国经济问题研究》序言中说："中国目前是个资本主义社会。"任曙的言论与之如出一辙，他在《中国经济研究绪论》中也说："中国在世界范围内已经发展到资本主义国家了。"针对"动力派"的上述错误观点，"新思潮"派学者集中在三个问题进行驳斥：一是如何认识帝国主义对中国经济进程的作用；二是如何看待封建势力在中国的地位；三是如何正确估计中国民族资本主义发展的程度。他们在发表的文章中举出一系列确凿的事实，作了有力的论证，指出：我们固然应当看到帝国主义在中国造成了资本主义的关系，扩大了商品经济的发展，但更重要的是，"帝国主义的目的，是在把中国变成帝国主义经济的附庸，变成它们的原料出产地，它的商品市场，它的投资的所在，所以它不但不能帮助中国资本主义的独立发展，而且阻碍中国资本主义的发展"。而研究中国的地主，尤其重要的是应研究他们怎样剥削中国的农民。"在中国农村里，土地的所有权虽是集中到地主阶级的手里，但是土地的使用权却是分散给千百万农民的。……难道这同过去的封建时代地主与农民的关系有什么根本的区别？利用新式生产技术，雇佣工资劳动者经营自己的土地，这是资本主义化的地主的唯一记号。然而正是这种记号是中国地主所没有的。"②"新思潮"派学者进而指出，外国资本与中国民族资本的关系，实质是统治

① 参见陶希圣《中国社会之史的分析》，新生命书局1929年版。
② 刘梦云（张闻天）：《中国经济之性质研究》，《读书杂志》第1卷第4、5期（1931年8月）。

与附庸的关系，中国民族资本处处受着帝国主义的压迫。"它们（外国资本）就是这样控制中国的经济命脉，剥削中国的民众。""它只破坏殖民地与半殖民地的生产力，而不能发展生产力。"① 以上三项正是认识近代中国社会性质的关键，从帝国主义所处的操纵地位来看，从农村中封建地主剥削的严重存在来看，从中国民族资本遭受帝国主义压迫、根本不可能顺利发展的状况来看，中国目前决不是"资本主义社会"，而只能是半殖民地半封建社会。以"新思潮"派为代表的马克思主义社会科学工作者通过在公开报刊上的大论战，批驳严灵峰、任曙之流企图否定中国革命正确路线的错误理论，通过论证，在思想文化界确立了"中国近代社会是半殖民地半封建社会"这一确定的概念，就为解决中国革命的方针、政策奠定了基础，因而是中国社会性质论战的最大收获。正如何干之在论战刚结束不久的1937年所作的总结："收获最大且渐渐广播于一般人的思维中的，是社会性质的论战。在1927年后政治退潮期所掀起的关于这个问题的论争，经过'新思潮派'、'动力派'以至其他个别研究，或集体讨论；又经过1934年以后'中国农村派'和'中国经济派'的论辩，尤其这几年来中国经济情报社及其他经济学者的努力，这问题已经下了最后的奠基石。正如沈志远先生说：'现在你随便拉住一个稍稍留心中国经济问题的人，问他中国经济性质如何，他就毫不犹豫地答复你：中国经济是半殖民地性半封建性经济。'（《新中华》第3卷第13期，第15页）"②

中国社会史论战是中国社会性质论战的直接延续，因为要正确认识中国的社会性质，就不能不研究中国社会是如何发展到今天的。正如何干之所作的回顾："为了彻底认清目前的中国社会，决定我们对未来社会的追求，逼着我们不得不生出清算过去社会的要求。……这一场论争所涉及的问题是非常复杂的——由目前的中国起，说到帝国主义侵入前的中国，再说到中国封建制的历史，又由封建制说到奴隶制，再说到亚细亚生产方法。所有这一切，都是为了决定未来方向而生出彻底清算过去和未来的要求。"③ 论战的实质是如何运用马克思主义唯物史观来剖析中国的历史。所涉及的是三大问题，一是战国秦汉以后鸦片战争以前的中国是什么社会？

---

① 刘梦云（张闻天）：《中国经济之性质研究》，《读书杂志》第1卷第4、5期。
② 何干之：《中国社会性质论战》，《何干之文集》第1卷，北京出版社1993年版，第187页。
③ 何干之：《中国社会性质问题论战》，《何干之文集》第1卷，第186页。

是商业资本社会，还是封建社会，或是别的什么社会？二是马克思所说的亚细亚生产方式指什么？亚细亚生产方式在中国历史上如何定位？三是中国历史上是否存在奴隶社会；如果存在，它存在于什么时代？上述三个问题并非并列，而是有主次之分，与现实关系最为密切的战国秦汉以后到鸦片战争前中国社会性质问题居于中心的位置，因而决定论战与认识中国国情、正确制定革命策略直接相关。论战主要以《读书杂志》为阵地展开，该刊于 1931 年 8 月至 1933 年 4 月相继出版了四个《中国社会史论战》专辑，标志着论战的高潮。

论战中形成了以陶希圣及其支持者王锡礼、刘仁静、胡秋原、杜畏之等人为一方，主张"秦以后属非封建社会"，以"新思潮"派学者王昂（王学文）、刘梦云（张闻天）、潘东周、朱新繁、吴黎平等为另一方，主张"秦以后属封建社会"。陶希圣及其支持者主张中国的封建社会在战国时代已经崩坏，秦以后的中国虽还存在封建势力，但已不是封建社会，商业资本、商品经济的发展对封建社会起到解体作用，因而是商业资本统治的社会。他们还把战国以后产生的中央集权、官僚政治，作为否定封建社会存在的另一主要根据。这些观点受到"新思潮"派学者的批评。他们指出：春秋战国时代商业资本的发展的确对封建领主制起了瓦解作用，但它没有能够破坏封建生产方式的基础；在秦汉以后的漫长岁月中，商业资本始终没有摆脱它的隶属性。商业资本只能依附于其他生产方式来发挥其剥削和破坏的机能，而不可能创造一种独立的社会形态。他们论证，秦汉以后封建生产方式的基本特征是，土地所有者从独立生产者农民身上用超经济的压迫，以榨取其剩余劳动。具体的表现则有：（1）地主征收占农民农产品收入 50%—70% 的地租；（2）地租之外的各种贡纳；（3）徭役制的残余，等等。[①] 郭沫若虽然因在国外没能参加社会史大论战，但他在著作中论述的近代以前中国是封建社会的观点对进步学者是很大的鼓舞。过了 70 多年，我们重新审视这段历史可以看得更清楚，进步的社会科学工作者在论战中充分地论证秦以后中国社会性质是封建社会这一认识，是又一项重大的理论收获。总之，经过这场大论战，中国在鸦片战争前长期处于封

---

① 参见李根蟠《中国"封建"概念的演变和封建地主制理论的形成》，《历史研究》2004 年第 2 期；陈其泰主编：《中国马克思主义史学的理论成就》，国家图书馆出版社 2008 年版，第 82—87 页。

建社会和鸦片战争后是半殖民地半封建社会的正确观点扩大了影响，由于受到马克思主义学者的有力批驳，热闹一时的"商业资本主义社会"论终于销声匿迹。对于中国社会性质、阶级关系和社会基本矛盾的正确分析，是中国共产党制定新民主主义时期革命纲领任务的基础，这些科学分析已由新民主主义的胜利得到了权威的验证。诚如黎澍所说，论战以前，党的领导机关虽然对中国社会性质有正确的提法，"但并未引起人们的注意，经过后来的一番论战，至少是在一定范围内公开进行了关于各个问题的讨论，使人们对它的现实意义有了认识"。又说，关于中国革命的反帝反封建性质的规定，"如果不对中国历史作一番切实的研究，用丰富的事实加以说明，就很难为中国人所理解。所以进一步研究中国历史，对于正确认识中国革命的性质、任务，从而制定正确的政策和策略，无疑具有重大的意义"[1]。

重视深入的社会调查，是进步的社会科学工作者在论战中的出色之举。1933 年至 1935 年开展的中国农村社会性质论战，是前几年中国社会性质论战的直接延伸，论战双方各以《中国农村》杂志（1934 年 10 月创刊，主要撰稿人有陈翰笙、钱俊瑞、薛暮桥、孙冶方等）和《中国经济》杂志（1933 年创刊，主要撰稿人有王宜昌、张志澄、王景波等）为阵地进行。《中国农村》杂志在"发刊词"中宣告其办刊宗旨："根据我们的目标来研究农村经济，最根本的问题是要彻底地明了农村生产关系和这些关系在殖民地过程中的种种变化。简单地说，就是要寻找那些压迫中国农民的种种因子"，争取"民族翻身独立的一日"。进步学者针对"中国经济派"所持的错误观点展开批评，集中地论证帝国主义究竟如何维护中国农村的封建统治，农村中的阶级关系、租佃关系、雇佣关系和商品生产状况究竟如何等重要问题，因而大大深化了中国农村半殖民地半封建性质的认识。"中国农村派"学者对农村实际情况作了深入的调查。陈翰笙[2]利用

---

[1] 黎澍：《再思集》，中国社会科学出版社 1985 年版，第 217 页。

[2] 陈翰笙（1897—2004 年），江苏无锡人，1915 年赴美留学，1921 年在芝加哥大学研究院取得硕士学位后，又到德国柏林大学东欧史地研究所攻读，1924 年获博士学位，同年回国任北京大学教授，时年 27 岁。1925 年由李大钊介绍，陈翰笙与第三国际建立了组织联系，1927 年去苏联，在共产国际的农村运动研究所工作。1928 年回国后，受蔡元培聘请，到中央研究院社会科学研究所任职，不久所长杨端六因病离职，由蔡元培兼任所长而由陈翰笙负责主持所内实际工作。1933 年 6 月，陈翰笙、孙冶方、吴觉农、孙晓村、冯和法等人发起成立"中国农村研究会"，陈翰笙被推选为理事会主席。

中央研究院社会科学研究所的名义、经费等有利条件，带领一批热心爱国的有志青年，先后在东北地区、江苏无锡、河北保定、河南许昌、山东潍县、安徽二十里堡和广东的 24 个县进行农村调查，参加调查工作的先后有王寅生、钱俊瑞、刘瑞生、薛暮桥、张稼夫、孙冶方等。陈翰笙领导的调查工作的指导思想，是以考察生产关系为重点，力求从把握农村社会性质的基础上来认识农村现状，寻找改造农村的根本道路。他们以马克思主义理论为指导，将调查所得资料整理出来，写成文章和专著。《中国农村》专门辟有"农村调查"一栏，发表经过整理的调查材料，同时还开辟了"农村通讯"、"农情汇纂"栏目。深入的农村调查及其研究成果大大深化了对中国农村半殖民地半封建性质的认识，提高了进步学者的论战水平，并对青年读者产生了巨大的教育作用，帮助他们认清中国革命的前途。读者陈晖以《献给〈中国农村〉》为题发表感想，称赞《中国农村》能"勇敢地面向真理"，所刊载的调查和文章是"正确的理论与精确的事实的结晶"①。"中国农村研究会"进行的调查和研究工作，在培养和锻炼党的理论骨干方面也取得卓著的成绩。

抗战时期：中国马克思主义史学的壮大

八年抗战是中国人民经过浴血战斗、最终打败万恶的侵略者、取得民族解放彻底胜利的关键历史阶段，而在中国马克思主义史学发展史上也是意义重大的壮大时期。八年抗战，环境极其艰难，却为什么能够实现壮大发展呢？这首先是因为，创建时期先驱者的探索成为继续前进的基础。其中主要的就是：学习马克思主义要把握其实质，体会其精神，要与中国的实际相结合，切忌刻板运用；马克思主义的史学著作要达到新的境界，决不同于旧史著只满足于史料的考订或历史表象的罗列，而是要熔多种史料记载于一炉，探究历史事实之间的内在联系，尤其要阐明各个时期的社会生产和生活方式，写出中华民族所走过的道路；对于错误主张要展开批评，帮助人们认清历史前进的方向。

中国马克思主义史学壮大更为重要的原因，当然是马克思主义史家在新的时代条件下怀抱的志向和殚精竭虑作出的努力。随着中国革命事业的

① 《中国农村》1935 年第 1 卷第 12 期。

发展，在抗战时期，马克思主义与中国实际相结合的伟大工程也大大向前推进了，其具有历史意义的标志，便是毛泽东思想在这一时期形成，它不但对指导政治斗争、军事斗争有重大意义，对于指导文化工作同样具有重大意义。在当时条件下，马克思主义史学家主要集中于重庆和延安两地，在重庆是以郭沫若、翦伯赞、侯外庐等人为代表，在延安是以范文澜为代表。最为发人深省的事实是，不管他们活动于不同的地区，也不管从事研究的领域是关于历史理论的探讨，或是通史、断代史、专史的研究，他们都共同自觉地以"马克思主义普遍原理与中国历史实际相结合"为鹄的，以此推进马克思主义中国化，以此作为"重写历史"的指导思想。为此，他们克服了因战争环境造成的种种困难，写出了在现代史学史上广受称誉、影响深远的著作。因而使中国马克思主义史学所具有的"革命性与科学性相结合"的学术品格更加内涵丰富，更加光彩焕发。

我们试以翦伯赞、侯外庐、范文澜在抗战时期的史学成就略加分析。翦伯赞曾积极参加了中国社会史大论战，于1930年夏撰写了《中国农村社会的本质及其历史的发展阶段之划分》，发表在北平《三民半月刊》上，此年年底至次年，又撰写了长文《前封建时期之中国农村社会》（上、中、下三篇），连续发表于同一刊物。抗战爆发不久，他著成《历史哲学教程》，于1938年在长沙出版，很受读者欢迎，次年又在桂林再版。这本书是我国第一部以唯物史观为指导的系统论述历史哲学的著作，共六章，分别从历史科学的任务、历史发展的合法则性、历史的关联性、历史的实践性、历史的适应性、关于中国社会形势发展史问题等方面论述，以其理论的新颖、批判的精神和对历史前途饱满的热情，使处于国难关头的读者尤其是广大青年以巨大的启发、鼓舞。从今天的观点来看，该书突出的理论价值主要有二。首先，是深刻地论述"历史发展的一般性与特殊性之辩证的统一"问题。作者指出：历史科学研究两项主要任务，一是从复杂的社会现象中"发见那支配人类历史的合法则性"，二是又要运用这一合法则性为指导，"把历史的具体性复现"。"必须从历史发展的一般性和其特殊性的统一探究中，才能复现各民族与各时代的历史的具体的内容。……不仅从多样性的具体历史中，抽出其一般性，而且还要从其一般性中，去认识其特殊性。即同时必须辩证法地顾及到各个时代和各个地域之历史的特殊法则。"[1] 又

---

① 翦伯赞：《历史哲学教程》，河北教育出版社2000年版，第62页。

论述了经济基础决定上层建筑，上层建筑又有"反作用性"，强调马克思和恩格斯"认为历史的发展，不是唯一的经济的发展，而是经济基础与其所反映的意识形态之在历史上之统一的发展"。① 这些论述，都堪称体现出创造性地运用唯物史观理论的卓识。其次，是书中鲜明地体现出批判的、革命的、热烈追求真理的精神。对于国内外有意曲解唯物史观理论或曲解中国历史的错误观点，作者一一给以有力的批驳。同时，对于同属于进步阵营中的观点和著作，也本着推进历史科学、追求真理的态度，坦诚地提出赞同或商榷的意见。

翦伯赞进而于1943年发表《略论中国史研究》一文。② 分别论述了9项问题，如：（一）"一部二十四史从哪里读起？"讲治史要用"新的研究方法"，但不是高谈方法论，而是应该带着这进步的方法论，"走进中国历史资料的宝库，去用历史资料来考验方法论"。（二）"看看大汉族以外的中国"，讲反对中国史研究中的大汉族主义。（三）"再看看中国以外的世界"，讲"必须注意中国史与世界史的关联"。（四）"中国史没有奇迹，也不是西洋史的翻版"，讲"中国史发展是遵循着世界史之一般法则；但同时，也切不可抹杀中国史自己所独有的特殊性"。……这里举出的每一项，都表明著者对推进历史学的科学性的认识又获得可喜的进展。1943—1944年，翦伯赞著成《中国史纲》第一、二卷③，第一卷为"史前史、殷周史"，第二卷为"秦汉史"，两书创造性地运用唯物史观对古代历史作了提纲挈领的论述，体现出著者所指出的"从历史发展的一般性和其特殊性中"进行探究，以"复现各时代历史的具体内容"的方向，至今对我们仍有启迪的意义。④

侯外庐在从事史学研究以前，曾以十年时间研究、翻译《资本论》

① 翦伯赞：《历史哲学教程》，河北教育出版社2000年版，第152页。
② 发表于《学习与生活》第10卷第5期（1943年5月）。
③ 《中国史纲》第一卷，五十年代出版社1943年版。《中国史纲》第二卷，大孚出版公司1947年版。
④ 如第二卷"秦汉史"注重叙述秦汉不同时期经济状况、土地制度、社会关系变化的动态过程，分别在"土地所有制的关系之变化与农业"、"土地再分配·农民复员与农村关系的恢复"、"土地兼并与农民离开土地的过程"、"土地分配与农业生产的向上"、"土地兼并·赋税·徭役与农民的赤贫化"等题目，论述秦、西汉、东汉不同时期的土地关系、农民经济地位及社会状况的变化。本卷又一特色是"努力于考古学资料的应用"，以考古遗址发现等资料，说明汉代中西交通的发展，汉皇朝对西域的经营，用汉简的材料证明河西至盐泽的烽燧设施和守备制度，均甚为突出。

（1927—1937年），并于1936年出版了《资本论》第一卷译本（与王思华合译）。①1930年侯外庐由国外归来不久，即经历了国内理论界热烈展开的社会史大论战。他读到郭沫若的《中国古代社会研究》，充分肯定它是中国马克思主义史学的拓荒之作，开辟了"科学的中国历史学的前途"。侯外庐又总结了这场论战存在的两个缺点。一是对马克思主义理论未能融会贯通，很好地用来分析中国历史的特点；二是不少论者缺乏足以征信的史料依据。因此他确立了本人治史的根本原则，是在唯物史观理论指导下对文献作深入的考辨、诠释，来认识中国历史发展的特点。用他自己的话来说："我个人对这门科学探讨了十五年，在主要关键上都作过严密的思考，对每一个基础论点的断案，都提出自己的见解。但是我自己从事这项研究工作是有依据的，一是步着王国维先生和郭沫若同志的后尘，二是继承亚细亚生产方式论战的绪统，我力求在这两个方面得到一个统一的认识。"②由此，他于1941年在重庆著成《中国古典社会史论》一书③，提出了一套独特的理论主张，即"中国古代社会发展路径说"，认为：中国古代进入文明的途径与希腊、罗马不同。希腊、罗马是属于"古典的古代"，中国则属于"亚细亚的古代"。二者在本质上都是奴隶社会。"古典的古代"走的是革命的路径；"亚细亚的古代"走的却是改良的路径。"前者是所谓'正常发育的'文明'小孩'，后者是所谓'早熟的'文明'小孩'，用中国古典文献的话来说，便是人惟求旧、器惟求新的'其命维新'的奴隶社会。旧人便是氏族（和国民阶级相反），新器便是国家或城市。"④按照这一基本观点，即是说：马克思主义所阐述的人类社会发展的共同规律，具有普遍性，适用于东方和西方国家，但是不同的国家、民族又有不同的途径。"古典的古代"，是从家族到私产到国家，新旧社会之间可以有截然的界限，国家产生以后，氏族制就不存在了，不是以血缘关系而是以地缘关系为单位。而"亚细亚的古代"，则是从家族到国家，国家混合到家族里面，就是所谓"社稷"。前者是新陈代谢，新的冲破了旧的，

---

① 上册于1932年9月由北平国际学社《世界名著译本》出版，后又出版中、下册。成为《资本论》第一卷在我国第一次出版的中文全译本。第一卷译完之后，侯外庐又继续译出第二卷绝大部分章节和第三卷《地租》一章，未出版。
② 参见侯外庐《韧的追求》第二章"中国社会史的研究"，三联书店1985年版，第224页。
③ 此书于1955年再版时，改名为《中国古代社会史论》。
④ 侯外庐：《中国古代社会史论·自序》，人民出版社1963年版。

这是革命的路线；后者却是新陈纠葛，旧的拖住了新的，这是维新即改良的路线。"周虽旧邦，其命维新"，在殷周社会之际，社会有了新的内容，却保持了旧的氏族制的形式，并且造成血缘关系在长期中国历史中造成很深的影响。对于侯外庐提出的这些理论主张，白寿彝给了高度评价，他称《中国古代社会史论》一书应是最能代表侯外庐史学成就之作，"反映了我们中国马克思主义史学发展到新的阶段，外庐同志的著作是这个阶段的标志"①。侯外庐专攻的是中国思想史。他于1942年底撰成《中国古代思想学说史》，以后经过补充、修订，改称《中国思想通史》第一卷。至1944年底，又著成《中国近世思想学说史》。1947年以后，以侯外庐为主，并与赵纪彬、杜国庠、邱汉生等合作，于1949年著成《中国思想通史》第二卷、第三卷，论述两汉及魏晋南北朝思想。（解放前夕至新中国成立初年，侯外庐将《中国近世思想学说史》的第一、二编，即17世纪至19世纪中叶部分，补充修订，单独成书，定名为《中国早期启蒙思想史》，作为《中国思想通史》第五卷。又与赵纪彬、杜国庠、邱汉生、白寿彝、杨荣国、杨向奎、诸青等诸位学者合作，撰《中国思想通史》第四卷，论述宋、元、明思想，遂使《中国思想通史》一共五卷成为完璧，总字数达260万字。）

范文澜在抗战以前任教于天津、北平各大学，著有《群经概论》、《正史考略》、《文心雕龙注》等著作，是一位"国学名家"。但是，不断高涨的反帝反封建斗争潮流，却推动他走上革命的道路，特别是由于抗日战争爆发，他在开封河南大学毅然组织抗战训练班，满腔热情地投身于抗战动员和宣传工作，并针对抗战时局撰写了一系列时评文章。不久，范文澜参加了新四军，在豫南一带从事抗战宣传和统一战线工作，在当地游击区同志中，被誉为"文武双全的民族英雄"。② 1939年冬，根据党组织的决定他从中原游击区到达延安，不久，便接受了党中央的任务，主编一部中国通史，以供干部学习之用。1941年和1945年，范文澜相继著成《中国通史简编》（延安版）和《中国近代史》（上册）。这两部书之所以成为中国马克思主义史学的重要著作，关键的原因，是范文澜对于唯物史观的精髓，对于"普遍原理与中国历史实际相结合"的治史方向，有精深的造

---

① 白寿彝：《外庐同志的学术成就》，《史学史研究》1989年第1期。
② 铁夫：《范文澜先生》，《中国青年》第1卷第10期，1939年10月。

诣。他到达解放区后，如饥似渴地学习马克思主义理论，是结合火热的革命斗争学习的。到了延安，他更是投身于革命的大熔炉之中。这一时期是毛泽东思想形成的重要时期，毛泽东许多指导抗日武装斗争和统一战线发展、论述中国革命和中国共产党的斗争历史与经验教训，论述抗日战争发展和未来新民主主义政权建设、论述马克思主义哲学中国化和总结党史上"左"倾机会主义错误的重要著作，都是在这一时期发表的。1942 年，延安开展了著名的整风运动，反对长期为害党内的主观主义、教条主义错误思想路线，在全党范围内确立对于中国革命的性质、前途、方针、路线、策略的认识。正确认识这样的大环境对于范文澜撰写出"革命性与科学性相结合"的成功史著是极为重要的。正是范文澜在历史观和方法论上得其精髓，达到升华，他的著作才成为"马克思主义普遍原理与中国实际相结合"在历史学领域的出色代表。以前他所熟悉的经史典籍，如今以科学历史观作指导，处处能获得深刻而独到的理解，并且"运用自如"。

范文澜在 1941 年和 1942 年所写两篇文章，突出体现了他以"革命性与科学性相结合"为目标从事历史研究的风格。1941 年 5 月，他为《中国通史简编》完成所写的《序》中，开宗明义即强调必须通过研究世界历史和中国历史，了解这两个历史的共同性和特殊性。只有真正了解了历史的共同性与特殊性，才能真正把握社会发展的基本法则，顺利地推动社会向一定目标前进。① 次年 3 月，整风运动中，毛泽东在中共中央学习组织了关于"古今中外法"的讲话，从如何研究党史的角度，论述马克思主义者研究问题的基本方法，反对孤立地、静止地、主观片面地对待事物的态度。范文澜对此产生了强烈的共鸣，深刻体会到"古今中外法"是言简意赅地概括了唯物论和辩证法之发展的、联系的、全面的、辩证分析思想方法之精髓。他写了《古今中外法浅释》一文（发表于 1942 年 9 月 3 日《解放日报》），作了深入浅出、扼要中肯的阐释："什么是古今中外法？我想，就是运用马列主义分析方法去正确解决问题的必要程序。古今中外是指分析一个问题的过去的现在的，也就是从时间（古今）和空间（中外）限界以内，历史的全面的来认识客观的现实，而分析的目的在于发现客观事物的内部联系即规律性，作为我们行动的向导。我们研究一个问题，如果细心地从它的历史发展过程看，从它的当前具体情况看，从它的

---

① 范文澜：《中国通史简编·序》，《中国通史简编》（上册），延安新华书店 1941 年版。

内在基本特征看，从它的周围相互关系看，四个条件具备，问题的面貌和性质，大体是看清楚了。问题清楚以后，即分析过程完了以后，再做一番综合功夫，指明问题的性质，给以解决的办法，这就是马列主义处理问题的态度和方法。"① 这就证明，范文澜之所以能够写出两部马克思主义史学的成功之作，关键正在于他掌握了马克思主义方法论的灵魂，并用以指导对古代史和近代史的研究。对于范文澜在延安时期撰成的这两部著作的价值，戴逸曾作过很恰当的评价："范老的这两部书，写作于抗日战争后期和解放战争时期，这时，中国共产党已走过了饱经忧患的幼年时代，逐渐走向成熟，毛泽东思想已在全党确立了领导地位，中国革命正在大踏步走向胜利。……在这个时候，我们党不仅在政治上成熟了，理论上有一整套正确的理论，对于中国社会的性质，对中国的一些重大的历史事件和历史人物，经过长期争论、研究，有了比较正确的一致的认识。在这样的形势下，写作一部科学的、系统的中国历史，不仅是必要的，而且才有了可能。范文澜同志正是在这个形势下，这个时代，这种条件下投入了极大的力量，经过了艰苦的劳动，呕心沥血，创作了这样两部杰出的著作，《中国通史简编》和《中国近代史》。这样两部书，当然是范老个人的作品，而在某种意义上，也是时代的要求，是时代精神的体现，它集中了当时革命者的许多智慧，第一次系统地说出了革命者对中国历史的全部看法。对于范老的作品，他的为人，对他的评价，要放在这样一个大的时代背景之中才能更好地理解。"②

以上简要论述翦伯赞、侯外庐、范文澜三位有代表性史家的成就，说明"普遍原理与中国历史实际相结合"正是抗战时期马克思主义史学之共同特色。这一特色，上承创建时期已经鲜明地体现出的对"革命性与科学性相结合"的学术追求，下启新中国成立后马克思主义史学发展的方向。至此，被称为马克思主义史家的"五老"，都已作出重要的建树。新中国成立后马克思主义史学在学术界居于领导的地位，这种情况决不是靠行政力量扶持而形成的，而是马克思主义史家撰写的史著达到与旧时代史书迥不相同的学术水平，尤其是它们共同体现的"普遍原理与中国实际相结

① 《范文澜全集》第十卷，河北教育出版社2002年版，第79—80页。
② 戴逸：《时代需要这样的历史学家——在纪念范文澜诞辰100周年学术座谈会上的发言》，《近代史研究》1994年第1期。

合"这一正确方向被人们所公认、所赞同,因而得到由衷的拥护。郭沫若继其 30 年代的成就以后,在 40 年代又撰成《青铜时代》、《十批判书》等著作。翦伯赞的理论著作和古史研究,为其在新中国成立后主编《中国史纲要》奠定了学术声望和学术基础。侯外庐及其合作者的成就,成为新中国成立后一个受到公认的很有影响的学派。范文澜在 20 世纪五六十年代,以其延安版的《中国通史简编》为基础,进行修改、重写,完成了修订本《中国通史简编》,先后发行几万册,成为一代又一代读者必备的历史读物。《中国近代史》(上册)则被评价为"用新的历史观点给系统地研究中国近代史开了一个头,它的某些看法长期影响到学术界"。① 吕振羽在 30 年代撰成《史前期中国社会研究》和《殷周时代的中国社会》之后,至 40 年代又撰著《简明中国通史》,同样受到广泛欢迎。其他如胡绳《帝国主义与中国政治》、王亚南《中国官僚政治研究》等,都是创造性地运用马克思主义而在专门领域取得开拓性成就的佳作。

"普遍原理与中国历史实际相结合"是抗战时期马克思主义史家共同努力的目标,它开辟了中国历史学不断提高科学水平的正确道路。诚然,它并非已经达到了完善的地步,而是需要与时俱进,不断探求新知。在当时,由于处于战争环境,时局动荡,物质条件匮乏,图书资料不足,还有由于对观点运用不够熟练或撰写时间的匆促,此种种原因自然会造成存在诸多不足。范文澜于 50 年代初从事通史修订工作时,曾经以严格自我批评的态度检查原著存在的缺点,主要是"非历史主义的观点",对于统治阶级中的一些人,在一定历史条件下所起的推动历史的进步作用论述不够,如对秦始皇统一中国和创设制度的重大意义,没有适当的分析,对于汉武帝的武功,没有着重写他积极的一面,却着重写了人民所受战争痛苦的一面。再者,是书中"有些地方因'借古说今'而损害了实事求是的历史观点",如论述三国历史时,"借吴蜀联合拒魏来类比抗日民族统一战线,借孙权来类比国民党反动派破坏统一战线",不合历史事实。② 这些自我批评表明范文澜严格自我解剖的精神,是极可尊敬的,这也是掌握唯物史观的成熟的学者以更高的科学标准要求自己的表现,正是这种态度,保

---

① 刘大年:《光大范文澜的科学业绩》,《近代史研究》1994 年第 1 期。
② 范文澜:《中国通史简编》(修订本)第一编"绪言",人民出版社 1955 年版,第 6—8 页。

证他在五六十年代所做的修订工作达到预期的目标。而范文澜自我批评所讲到的缺点，比起延安版《中国通史简编》所取得的成就来，显然只属于次要的问题。绝不能因为范文澜严格作了自我批评，就夸大了存在的缺点，尤其不能影响正确评价抗战时期马克思主义史家群体努力贯彻"普遍原理与中国历史实际相结合"方向的正确和所取得的巨大成绩。中国马克思主义史学创建时期和壮大时期所突出具有的"革命性与科学性相结合"的学术品格，是一笔宝贵的思想财富，后来的学者对此大力发扬，因而保证了五六十年代虽然经历了严重曲折而仍然获得显著的发展，并在新时期中谱写出新的出色篇章。

（原载《史学理论研究》2011 年第 2 期）

马克思主义史学对传统史学
方法的继承与创新

邹兆辰

中国马克思主义的史学方法，不是凭空产生的，也不是完全从国外传入的。在中国马克思主义的史学方法形成的过程中，既包括着对于唯物史观基本原理的运用，也包含着对中国传统史学方法的整理、批判、吸收和借鉴，这里既包括如清代乾嘉学者的传统治史方法也包括近代学者的新考据学的治史方法。这种融汇，形成了有中国特色的马克思主义的史学方法。这种趋势，在改革开放三十多年来的史学实践过程中已经逐步形成。

一 给传统的史学方法以科学的地位

唯物史观本身具有方法论的意义。马克思、恩格斯曾经把他们的理论称作"研究历史的引线"、"研究历史的指南"和"进一步研究的出发点和供这种研究使用的方法"等，这都体现了马克思主义历史观的方法论特性。这一点确实具有根本性的意义，如果没有这些建立在唯物史观基本原理上的基本方法，那也就不是马克思主义的史学了。但是，唯物史观的运用也必须与各国、各民族史学研究的具体传统相结合。因此，中国的马克思主义史学必须和中国的传统治史方法相结合，才能真正把中国史学研究的水平提高到一个新的层次。这种结合，不仅可以有效地提高史学研究的效能，也能够避免在运用唯物史观研究历史过程中的公式主义、教条主义的倾向，使唯物史观真正起到研究的"指南"的作用。

中国是一个史学遗产极其丰厚的国度。这不仅包括两千多年来所积累的大量的历史文献和史学工作的遗存，也包括近代以来在史学近代化过程中那些所有历史学者共同作出的杰出贡献。要充分继承和弘扬史学遗产，为发展中国的马克思主义史学服务，就必须对这些遗产作系统的研究及分析、整理，并且给予一个科学的合理地位。

白寿彝于1983年就提出关于建设有中国民族特点的马克思主义史学的问题。他指出："我们建设有民族特点的马克思主义史学，必须是在我们过去的历史学的基础上，在对我们对过去的史学遗产的总结的基础上来进行工作。"他强调："马克思主义是普遍真理，那是讲它的原理、原则方面。但具体起来，它用于不同的民族，不同的国家，就应该有不同的特点。"① 白寿彝这里所讲的建设有中国特点的马克思主义史学，就是强调要把唯物史观的原理与中国的历史学遗产相结合。

中国马克思主义史学家从来没有排斥或贬低传统史学家的治史成就，并且认为马克思主义史学家应该以他们的成就为出发点。当年，郭沫若在《中国古代社会研究·自序》中曾经高度赞扬了王国维、罗振玉的研究方法。认为王国维的"遗书""外观虽然穿的是一件旧式的花衣补褂，然而所包含的却多是近代的科学内容"。"他留给我们的是他知识的产品，那好像一座崔巍的楼阁，在几千年来的旧学的城垒上，灿然放出了一段异样的光辉。""大抵在目前欲论中国的古学，欲清算中国的古代社会，我们不能不以罗、王二家之业绩为其出发点了。"② 郭沫若在《十批判书》中又指出：关于文献上的辨伪工作，自前清的乾嘉学派以至最近的《古史辨派》，做得虽然相当透彻，但也不能说已经做到了毫无问题的止境。而时代性的研究更差不多是到近十五年来才开始的。这就意味着马克思主义的史学家必须沿着前辈学者所开创的路数继续拓展下去。

但是，由于曾长期受到"左"的思潮的影响，对前人史学方法的梳理和研究长期处于缓慢发展的状态，对于那些非马克思主义史学家的治史成就一直没有得到充分的肯定，甚至一度被当成资产阶级的史学方法一直遭受到批判和冷遇。而人们所期待的"真正"的马克思主义史学方法体系又没有形成，具体表现就是新中国成立后三十年来没有出现过一本史学方法论之类的教材和著作，所以具有中国特点的马克思主义史学始终未能真正形成。

① 白寿彝：《关于建设有中国民族特点的马克思主义史学的几个问题》，《白寿彝史学史论集》，中华书局1999年版，第383—384页。

② 郭沫若：《中国古代社会研究》，《郭沫若全集·历史编》第一卷，人民出版社1982年版，第7—8页。

中国马克思主义史学家真正梳理、研究、吸收前人的史学方法还是在80年代以后。在改革开放以来解放思想、实事求是的基础上，中国史学界开始重新思考传统史家在史学研究方法上的成就。白寿彝指出，五四运动以后的一些历史学家，不是运用马克思主义理论研究历史的，但在史学研究工作上，也取得了不少成绩，给我们留下了可贵的史学遗产。"王国维先生、陈寅恪先生、陈垣先生、顾颉刚先生等的成绩都很多，对我们今天的研究工作还是有益的。他们的成就，主要是在历史文献方面，而他们的学风又各不相同。从历史文献学的角度看，陈垣先生作出了一些示范的工作，在目录学方面、在校勘学、在避讳学、在辑佚学、在年代学等方面，都作出了成绩。顾颉刚先生在古书、古史的辨伪上，陈寅恪先生在中外史料的综合运用上，都作出了很好的成绩。"① 齐世荣在《杨妃入道之年考读后》一文中，高度赞扬了陈寅恪、陈垣两位先生在考据方面的成就，论述了考据的一般方法，并指出："考据作为治史的一种工具，过去有用，今天还有用。"②

当前，无论是乾嘉学派的方法，还是20世纪以来新考据学家们的治史方法，都在现今流行的各种史学史、史学概论的教材和著作中得到了科学的评价。

乾嘉学派的治学方法，得到了学术界高度关注，普遍认为乾嘉学派的治史方法是在清初学术方法的基础上发展起来的。由于文字狱的影响，他们淡化了清初学者在经世致用方面的抱负，但在求实精神方面却继承和发展了清初学者的传统。他们强调"一物不知，以为深耻"，把考据方法扩大到历史地理和经史专门著作的辨析上。乾嘉学派在校注旧史、重订旧史、重辑旧史等方面对史学研究方法作出了贡献。近年来出版的各种史学史类的著作都对乾嘉学派的治史方法给予了肯定，如张岂之就曾指出，乾嘉考据学的方法有一定的科学性和有效性，他们运用各种考证方法考证文献，克服了司马迁以来史家依靠个人的学识主观先验地凭事理推测、鉴别史料方法的局限，建构了一套行之有效的操作程序，对于史学的科学化、客观化起了重要推动作用。③

---

① 白寿彝：《谈历史文献学——谈史学遗产答客问之二》，《史学史研究》1981年第2期。

② 齐世荣：《杨妃入道之年考读后》，《齐世荣史学文集》，人民出版社2002年版，第388页。

③ 张岂之主编：《中国近代史学学术史》，中国社会科学出版社1996年版，第192页。

近些年，王国维、陈寅恪、陈垣、胡适、傅斯年、顾颉刚等人的新史学方法受到了学术界的高度重视，进行了大量的研究，出版了各种著作，不仅总结他们的学术成就，也梳理了他们的研究方法论。学术界普遍认为：

王国维的史学研究视野开阔，认为研究问题要运用抽象的思辨，采用综括与分析二法，求其原因，定其理法。同时需要具有广阔的知识。不仅要有中西历史的基本知识，还要有历史哲学以及社会学、人类学、神话学、语言学、教育学等方面的知识。他在方法论领域的最大贡献是提出了二重证据法。二重证据法是以地下出土的资料如甲骨文、金文等证传世文献，又以文献证甲骨文、金文等资料。他对甲骨卜辞、钟鼎款识、封泥玺印、秦砖汉瓦、石经木简、玉贝古钱、历代权衡、碑刻铭志等都进行过一定研究。

陈寅恪期望根据传统方法的长处结合西方学术方法形成新的史学方法。他在新史学方法体系中最大的贡献是结合考据意识和从文化史角度研究学术的思路，开辟了新史学中文化史学的方法途径。他把古往今来的一切文化印迹都作为史料，打破了经史子集的局限，形成了广义的史料。他还重视佛经、道藏、神怪小说、笔记野乘、地志药典等。他不仅利用汉文的书籍进行考证，还能参照各种文字资料进行比较，他懂梵文、巴利文、蒙文、藏文、突厥文、西夏文、波斯文、土耳其文。

陈垣的史学方法论的目标，就是要在全面继承传统史学方法论的基础上，创造新史学的研究方法。他在整理和革新传统考据法方面做出了突出贡献。他在研究中以碑文、郡书、地志、诗文集和语录为主要史料，以正史、稗史、游记、随笔、杂记为辅助史料，并参用类书、档案、世谱、书谱和信札。他重视目录学、校勘学，并且提出史源学。他非常重视工具书，创新历史年代学和避讳学，著有《中西回史日历》和《史讳举例》。同时，他不以考据自居，而且重视史事疏解和思想表征。他把讨论文献版本、目录、考订史实真伪的工作看成是一切研究的基础，还要在这基础上说明史实的发生、发展，并揭示其思想价值。

胡适提出了整理国故的主张，并且提出了整理国故的原则和方法。他提出要以"历史的眼光"，"还他一个本来面目"。胡适还具体提出了整理国故的方法。在《中国哲学史大纲》中提出把史料区分为原料和副料的主张，认为凡一切社会生活的文献和非文献资料都是史料。在审定史料方面，还提出内考证和外考证的具体程序。在处理史料和史论的关系上，胡适提出了"大胆的假设，小心的求证"的口号。因为史料总不会齐全的，那没有史料的一段，就不得不靠史家的想象力来填补了。

傅斯年在近代新史学方法体系中的贡献，是他提出了"近代历史学只是史料学"的主张，发展了比较研究法和历史语言研究法。他主张把历史学语言学建设成和生物学地质学等同样的科学。强调历史研究中自然科学知识和方法的运用，认为地质、地理、考古、生物、气象、天文等学，无一不供给研究历史者以工具。这就意味着傅斯年明确提出了史学科学化的主张，试图把历史研究建立在严密的史料考辨和形式逻辑之上。①

总之，近代学者这种把中国传统史学方法与西方近代科学方法结合，力图使中国史学走上科学化的努力受到了当代学术界的认同与高度重视。有学者在评论20世纪中国史学进程中的"乾嘉范式"——亦即"新考据学派"时说："在这个范式下作业的考据家们，身具深厚的实证功力，内储取之不尽的旧学资源，矜尚考史但不著史的为学基准，怀抱'为真理而求真理'的治史观念，奉行以小见大、小题大作的作业方式，擅用穷源毕流、竭泽而渔的'清儒家法'，推崇'以事实决事实，决不用后世理论决事实'的致知门径，对中国史学的现代化作出了巨大贡献。"②

这样的认识基础，为中国马克思主义史学吸收传统史学在治史方法上的有益成果，建立有中国特点的马克思主义史学方法论体系创造了条件。

二 对传统史学方法的研究与应用

对中国史学遗产的继承问题包括的内容比较广泛，就史学方法论来说即包括史料的收集鉴别、历史事实的考证、历史著作的编纂等众多方面。这里，仅以历史事实的考证问题为中心略加论述。

乾嘉学派史学的历史考证方法是中国史学遗产的一个重要方面。白寿彝指出："乾嘉学派的烦琐学风，我们不提倡，它比明清之际那种经世致用的学风，在思想上是倒退的，但对整理历史文献的技术方面是有成就

① 参见张岂之主编《中国近代史学学术史》，中国社会科学出版社1996年版，第四章第二节。
② 王学典：《20世纪中国史学评论》，山东人民出版社2002年版，第30页。

的。我们还是应该吸收过去关于这方面的成果，其中有目录学的、版本学的、校勘学的、辨伪学的、辑佚的、注释的，等等方面。过去这些工作，基本上是就事论事、就书论书的多。把它们组织起来，条理化起来的工作，过去是作得很少的。我们可以先把过去的已有成绩整理出来，使其便于利用。"①

新时期以来，史学工作者对乾嘉以来的史学研究范式的研究高度关注。在各种史学概论和史学方法论的教材中都作了大量介绍，还出版了不少专门研究乾嘉学者在史学方法论上的成就的著作。② 到世纪之交，不仅有了综合研究乾嘉学派史学研究理论和方法的著作，还有研究乾嘉学派史学代表人物如赵翼、钱大昕、崔述等的一系列著作。③ 如罗炳良对于研究乾嘉史学的理论和方法投入了大量的精力，先后出版了《18 世纪中国史学的理论成就》、《清代乾嘉史学的理论与方法》、《清代乾嘉历史考证学研究》等著作。他从乾嘉史学代表人物、代表著作中钩沉梳理出他们在考证方法上的主要特点，如在赵翼的《廿二史札记》、钱大昕的《廿二史考异》、王鸣盛的《十七史商榷》、崔述的《考信录》中，总结出他们的归纳考证、比较考证、辩证考证、溯源考证、会通考证等考史的具体做法，揭示出乾嘉学派在史料考证上带有方法论特点的共同经验，总结出乾嘉学派的"历史考证方法论"，包括归纳演绎考证的方法、比较考证的方法、溯源考证的方法、实事求是考证的方法、参互考证的方法及辩证考证的方法。对乾嘉学派的这些研究，不仅为当代学人学习、运用他们的方法创造了条件，同时也为"建立有中国特色的历史学理论体系"，做出了自己的贡献。

我们看到，当代中国史学家所编撰的史学概论、史学方法论一类的著

① 白寿彝：《关于建设有中国民族特点的马克思主义史学的几个问题》，《白寿彝史学史论集》，中华书局 1999 年版，第 385—386 页。

② 如漆永祥著《乾嘉考据学研究》，中国社会科学出版社 1998 年版；郭康松著：《清代考据学研究》，崇文书局 2001 年版；罗炳良著：《清代乾嘉史学的理论和方法》，兰州大学出版社 2004 年版；陈祖武、朱彤窗著：《乾嘉学派研究》，河北人民出版社 2005 年版；罗炳良著：《清代乾嘉历史考证学研究》，北京图书馆出版社 2007 年版。

③ 如赵兴勤著《赵翼评传》，南京大学出版社 2002 年版；白兴华著：《赵翼史学新探》，中华书局 2005 年版；方诗铭著：《钱大昕》，上海人民出版社 1996 年版；顾吉辰主编：《钱大昕研究》，华东理工大学出版社 1996 年版；王记录著：《钱大昕的史学思想》，社会科学文献出版社 2004 年版；张涛、邓声国著：《钱大昕评传》，南京大学出版社 2006 年版；邵东方著：《崔述与中国学术史研究》，人民出版社 1998 年版；吴量恺著：《崔述评传》，南京大学出版社 2001 年版等。

作中，在讲到史学方法特别是史学研究的基本方法时都不可避免地要以乾
嘉学者或近代学者的治学方法作为基础。如宁可在《史学理论研讨讲义》
中讲到史料的考证问题时，特别推崇钱大昕的《廿二史考异》、梁启超的
《中国历史研究法》、陈垣的《校勘学释例》、钱穆的《先秦诸子系年》、
胡适的《校勘学方法论》和《评论近人考据老子年代的方法》、张舜徽的
《中国古代史籍校读法》等讲考证方法的著作，同时还提到王崇武的《万
历征东岛山之战及明清萨尔浒之战》、《李如松东征考》，孟森的《清初三
大疑案考实》、《世祖出家事考实》、《世宗入承大统考实》，陈寅恪的《元
白诗笺证稿》和王国维的"二重证据法"等实际的考证作品。在总结前人
考证方法的基础上，宁可论述了十一种考证方法，包括本证（内政）、外
证（他证）、参证、旁证、反证、默证、理证、孤证、类证、丐证、证伪
等。这是对于传统的考证方法的创造性发展。①

即使 21 世纪最新出版的史学概论著作，也是把历史学的考证问题作
为历史学的"基本层面"来看。王学典主编的《史学引论》设专章"历
史考证：事实的确定"来论述这个问题。但在这里，编著者已经将中国传
统的历史考证方法与西方实证主义史学的考证方法结合起来进行论述了。
同时，作者还以王国维、郭沫若、吴晗等史学大家的考证方法为例，提出
了考证方法的综合运用问题，如多重证据法、内在和谐原则、演绎推理
法、"问答逻辑"等。

如今，传统史学的治史方法已经成为广大马克思主义史学家从事研究
活动的基本技能和素养。

三　对新考据学派方法的创造性应用

对传统的历史考据学方法的研究、总结固然十分重要，但是在治史实
践中创造性地运用这些方法则是更重要的事情。

传统的史学考据方法所探讨的对象往往是一些史料或史实上的个别具
体问题，现代中国史学家在持续运用传统考据方法在历史研究的重大问题
的研究上作出了贡献。罗尔纲就是这样的一位学者。他生前是中国社会科
学院近代史所的研究员，是研究太平天国史的一代宗师，他整理过的太平

---

① 参见宁可《史学理论研讨讲义》，鹭江出版社 2005 年版，第二讲。

天国史料，都仔细地校勘，去伪存真，为太平天国史的研究提供了丰富的史料基础。他毕生勤于写作，正式出版的著述达到 40 多种，是当代史坛著述最多的学者。经他手整理的太平天国史料，粗略估计也要在一千二百多万字。太平天国史料中谬误之多，历史罕见。不认真进行辨伪、考订，盲目依靠这些材料去研究，太平天国史的研究就会陷于混乱。罗尔纲从 20 世纪 30 年代开始，就进行太平天国史料的考证工作。当时他立志做一个"清道夫"，即通过对史料的辨伪、考证，为后人研究太平天国的问题创造必要基本条件。

罗尔纲走上搞考证并专门研究太平天国的道路与其老师胡适对他的指导分不开。胡适教人搞考证要"大胆的假设，小心的求证"，罗尔纲在胡适这里真正领会了这个原则的要领。搞考信、辨伪是一项非常艰苦的工作，很枯燥，研究者不仅要有能坐冷板凳的精神，还要有"打破沙锅问到底"的执著。吴晗形容罗尔纲的考证方法就像剥笋一样，一层一层地剥，最后把心露出来。而且他还不以问题解决到是对还是错为止，他还要进一步考证出之所以出错的原因。所以他的考证结果，往往让人心服口服。同时，他还要进一步对他所考证的事物（人物、事件）作出评价。所以，其学术成就不仅仅在于考证方面，他还有许多研究太平天国的著作。20 世纪 30 年代，他就写出《太平天国广西起义史》，四五十年代出版并不断修订了《太平天国史稿》，而到晚年又有四卷本的《太平天国史》问世。

罗尔纲在太平天国史料的考证中有一个特别的贡献，就是辨别李秀成自述的真伪问题。给李秀成自述做注释并考证其真伪的工作，可以说伴随着他的一生，从 20 世纪 30 年代到 90 年代一直在搞。他 1931 年开始注意到清朝政府根据李秀成自述抄录的《李秀成供》。1944 年，广西通志馆派人去湘阴曾家抄录了自述原稿，请罗尔纲做注释。他于 1951 年出版了《忠王李秀成自传原稿笺证》，后于 1957 年出版了增订本。此后，又不断修改、补充，完成了《增补李秀成自述原稿注》，1982 年出版。这已花费了他半个世纪的心血。20 世纪八九十年代，他还在继续收集资料，不断有所发现，将新的材料、新的注释及时补充进去。直到 1995 年中国社会科学出版社出了增补本《李秀成自述原稿注》，这已是他六十年严谨治学的结果了。

罗尔纲说，他作考证用的方法，是乾嘉学派用的考据方法。这一种方法，从实际出发，依据证据，实事求是地鉴定史料或史实的真伪，其特征和长处就是务实、严紧和缜密。他强调，在狭隘的范围内，在研究事物的简单的、寻常的关系时，还可以应付的，一超出这个界限，需要深入研究事物的本质和内在矛盾，需要把握周围世界的发展时，这种初等的形式逻辑就无能为力了。这就是乾嘉学派考据方法的局限性和片面性。他认为："要解决复杂的问题，就不能遵守乾嘉学派的严格法则，我已经越过局限，对个别事物的互相联系进行解释了。"因此，他得出结论说，要全面地深入地去发掘历史事件的内容，就"非掌握马克思列宁主义的观点、立场这一个武器不可"[①]。正是由于他既能够熟练地运用乾嘉学派的考据方法，又能掌握马克思列宁主义的理论法则，并巧妙地把二者结合起来，因此能解决一些深层次的历史问题。

二重证据法是著名学者王国维提出的研究古史的方法。新时期的历史学家创造性地运用二重证据法研究中国古代历史，取得了巨大的新突破。如苏秉琦利用新中国成立以来的考古新发现，在对中国文明起源问题的研究上，作出了巨大贡献。

苏秉琦是一位考古学家，从 1934 年起即从事田野调查、考古发掘工作，新中国成立后在中国社会科学院考古研究所和北京大学从事考古工作。他从事的大量考古工作对揭示中原地区新石器时代仰韶文化和龙山文化的面貌及其类型划分，具有重要的学术价值。他一方面从事实际考古工作，另一方面又具有开阔的视野和全局观念，善于进行理论思维。特别是 20 世纪 80 年代以来，他发表的一系列学术论文，就考古学文化的渊源、特征、发展途径等一些问题作了尝试性分析，对中国新石器时代文化的区域分布格局、系统等问题，提出了创见，并对此赋予了研究方法的意义。因而，他打破了中华文明起源于黄河流域的单一中心的"摇篮说"，建立了关于中华文明起源具体途径的"三历程"、"三部曲"、"三模式"的一整套理论。

1981 年，他发表的《关于考古学文化的区系类型问题》一文，对中国的新石器文化及部分青铜文化作了全局性归纳，提出了著名的中华文化六大区系论。把中华文化分为六个区域：陕豫晋邻近地区、山东邻近部分地区、湖北邻近地区、长江下游地区、鄱阳湖—珠江三角洲地区、以长城地带为中心的北方地区。他认为，各个区系都显示了独立发展的明显脉

---

① 罗尔纲：《太平天国史记载订谬集·自序》，三联书店 1955 年版，第 3—4 页。

络，但又是互相影响的。他的这一理论，不仅解释了新石器考古文化的差异性，建立起中国考古学文化的谱系，而且展示了中国文明起源的多源性，取代了中华文明从黄河流域单一中心起源说。他认为，把黄河中游称作中华文明的摇篮并不确切，如果把它称作在中华民族形成过程中起到最重要的凝聚作用的一个熔炉，可能更符合历史的真实。20 世纪 80 年代中期，辽西地区相继发现了红山文化的祭坛、女神庙、积石冢和绥中到秦皇岛的秦代离宫建筑群等考古的新发现，他又提出中国文明的起源，恰似"满天星斗"的观点，认为各地、各民族跨入文明门槛的步伐有先有后，同步或不同步，但都以其自身特有的文明组成、丰富了中华文明，都是中华文明的缔造者。

20 世纪 90 年代以后，苏秉琦又发表了《关于重建中国史前史的思考》等文章，进一步作出了中华文明"多元一统"的宏观概括，指出中国古代文化是"多条线互有交错的网络系统"，"同世界其他文明古国的发展模式不同，多元、一统的格局铸就中华民族经久不衰的生命力"。在《迎接中国考古学的新世纪》一文中又说："重建中国古史，是考古学科发展的转折点，是中国历史研究的转折点，甚至也是世界史研究的转折点。"于是，他从考古学上提出了"古文化、古城、古国、方国、帝国"这样一个有规律的社会历史发展框架。这些宏观上的精辟论述，形成了他对中国古史的一个系统的认识，即建立起了中国古史框架，阐明了中国国家起源与发展的特征。

林甘泉是研究中国古代史的学者，他把马克思主义的方法和传统的二重证据法相结合来研究中国封建土地制度问题，作出了出色的成绩。20 世纪 50 年代，林甘泉和侯外庐先生对于土地所有制形式问题进行了讨论。1954 年侯外庐先生提出在"中国中古封建是以皇族地主的土地垄断制为主要内容，而土地私有权的法律观念是比较缺乏的"。侯外庐这里所说的"皇族土地所有制"，实际上也就是封建国家土地所有制。侯外庐的观点在史学界引起很大的轰动，有人赞成，有人反对。1957 年，林甘泉发表了《试论汉代的土地所有制形式》一文，与侯外庐进行商榷。1963 年林甘泉又发表《中国封建土地所有制的形成》一文，肯定了中国封建社会存在着封建国家土地所有制、封建地主土地所有制和自耕农小土地所有制三种形式，而以封建地主土地所有制占支配地位，此后他就对这种封建土地所有制的形成过程作了进一步的研讨。

　　林甘泉对中国封建土地所有制的特点和其形成过程的研究在 20 世纪七八十年代有了进一步的深入。他在这一时期的研究，主要是实践了王国维的"二重证据法"，利用地下出土文物和历史文献互相印证。例如，1975 年陕西岐山县董家村出土一批周共王时期的青铜器，这些铜器的铭文就是研究西周土地关系的珍贵资料。《文物》1976 年第 5 期发表了这批铜器的发掘简报，林甘泉写了《对西周土地关系的几点新认识——读岐山董家村出土铜器铭文》，与简报同时发表。在这批青铜器的《卫盉》、《五祀卫鼎》、《九祀卫鼎》的铭文中都有关于土地转让的记载，但是不是土地自由买卖的证据呢？他认为，从铭文上所反映的土地交换，只能说明西周中叶以后，土地私有化的过程已经日益明显，但这种土地交换还带有相互馈赠的性质，并非属于商业行为的土地交易。

　　1986 年，他又发表了《中国古代土地私有化的具体途径》一文，利用出土文物对土地制度史作了进一步的研究。由于 1972 年山东临沂银雀山汉墓发现的竹书《孙子兵法·吴问篇》和《田法》，对说明春秋战国时期土地关系的变动有重要意义。另外，1975 年湖北云梦睡虎地发现的秦简中的《田律》也有土地制度的反映。他认为，《田法》中所说的"三岁而壹更赋田"，就是三年更换份地的制度，州、乡的耕地根据美恶分为上、中、下三等，分别授给各家农民耕种。但从《吴问篇》的记载中也能看出土地私有化的过程在迅速发展，许多农民家庭实际占有的土地已经超出原有份地的面积，所以"百步为亩"的亩制也被突破了。有的以一百六十步为亩，有的以二百四十步为亩，这些新贵族势力扩大亩积，正是适应了土地私有化发展的要求。

　　正是由于运用了文献资料和地下考古资料相结合的研究方法，使他的土地制度史的研究大大地向前推进了一步。1990 年，由林甘泉主编的《中国土地制度史》第一卷出版，这一研究成果的出现体现了在唯物史观的指导下史学方法的进步推动了历史研究的深化。

　　经过三十多年的实践过程，具有中国特色的马克思主义史学体系正在逐步形成，特别是在方法论的继承与创新上有了很大进展。当今史学家在从事史学研究的过程中，除了坚持与唯物史观密切联系的基本史学方法之外，还能够创造性地运用中国传统史学的基本方法，使这些方法的效能得到进一步提升，在史学研究中取得更大成绩。在唯物史观的指导下，进一步梳理、挖掘、研究中国传统史学方法，逐渐形成一个系统的中国传统的史学方法论体系。同时，认真总结几十年来新史学家们在运用传统史学方法上的实践与创新，两者结合起来，对于建设有中国特色的史学方法论体系必将会有积极的意义。

（原载《河北学刊》2011 年第 5 期）

李达对唯物史观的多向度开展

李维武

在李达的近半个世纪的马克思主义哲学生涯中，对唯物史观的传播、阐释与中国化所作出的努力与贡献，像一根红线贯穿始终。作为中国第一批马克思主义哲学家，李达同李大钊、陈独秀一样，是由接受唯物史观而走进马克思主义哲学并开始传播马克思主义哲学的。早在 1919 年，在他最初发表的宣传社会主义与女性主义的文章中，即已包含了他对唯物史观的初步理解、阐释与运用。而在他翻译的第一批介绍马克思主义的著作中，即有郭泰（H. Gorter）著《唯物史观解说》一书，这是在中国出版的第一本专门介绍唯物史观的译著。自此，李达成为唯物史观在中国思想世界广泛传播和深入开展的主要推动者之一。与同时代的其他中国马克思主义者相比，李达对唯物史观的传播、阐释与中国化形成了自己的鲜明特点，这就是他对唯物史观作了多向度的开展，由历史观进而涉及政治哲学、本体论、历史学、经济学、法理学等不同领域，从而赋予了唯物史观以多样的形态与丰富的内涵，使唯物史观在中国思想世界焕发出蓬勃的生机与巨大的活力。他对唯物史观的传播、阐释与中国化做出的重大贡献，是与这一特点密切联系在一起的。进入 21 世纪后，唯物史观再度受到了中国哲学界的关注、重视与探讨。在这个背景下，我们回顾李达为唯物史观的传播、阐释与中国化所做的开拓性工作，总结并承继这位先驱者所留下的宝贵的思想遗产，对于唯物史观在 21 世纪中国的进一步发展是富有启迪意义的。

一 李达对唯物史观的理解视阈

李达之所以能够对唯物史观作出多向度开展，首先是与他理解唯物史观的视阈相联系的。早在 20 世纪 20 年代，李达就在传播、阐释、运用唯物史观的哲学活动中，开始形成自己独特的唯物史观的理解视阈；在以后的岁月里，他又结合自己不断深入的马克思主义哲学研究，对这一理解视阈逐渐加以扩充与完善。

唯物史观作为一大哲学思潮在中国思想世界崛起，是以李大钊在 1919 年发表《我的马克思主义观》一文为其标志的。20 世纪 20 年代，是唯物史观在中国大规模传播的时期。这一时期的中国马克思主义者，由于接受唯物史观的途径不同和理解唯物史观的知识背景各异，因而对唯物史观的说明和运用各有侧重、各有特色，如李大钊主要结合历史学阐释唯物史观，陈独秀主要结合政治哲学阐释唯物史观，蔡和森主要结合人类学古史研究阐释唯物史观，杨明斋主要结合东西文化关系问题探讨阐释唯物史观。李达对唯物史观的阐释，最初也是结合政治哲学、特别是结合中国共产党的创建和社会主义道路的选择来进行的。但随着唯物史观的传播与阐释工作的逐渐深入，李达首先自觉地转向对唯物史观的阐释体系的建构，力图赋予唯物史观以完整的有中国特色的表达形态，使中国人能够对唯物史观有更为系统、准确、深入的把握。

1926 年，李达的《现代社会学》一书问世，即对唯物史观作了一种新的系统阐释。书中所讲的"社会学"，实际上也就是唯物史观。从这时起直到 1949 年，由于政治环境的压迫，李达都是在"社会学"的名义下来讲马克思主义哲学的。在该书第一章"社会学之性质"中，李达指出社会学不是一门封闭的学问，而有着广阔的研究空间，与历史学、经济学、政治学、法学、人类学都有着密切联系和相互影响。社会学与历史学的联系在于："社会学欲探求社会进化之原理，必须借助历史学所提供之资料；历史学欲解释历史事实之因果关系，必须应用社会学所提供之方法。故历史学为社会学之资料，社会学为历史学之方法。"[①] 社会学与经济学的联系在于："社会学欲研究生产发展之原因及经济关系变迁之理法，不能不借助于经济学。……经济学必须采用社会学研究所得之真理，以为改造之根据。"[②] 社会学与政治学的联系在于："政治学为研究国家之科学，国家为社会历程中之产物，政治学者不明社会进化之法则，即无由了解国家之起

① 李达:《现代社会学》，武汉大学出版社 2007 年版，第 9 页。
② 同上。

源、性质、发达及功用。国家又为阶级统治之机关，社会学者不研究政治组织之变迁，亦无由推知社会阶级冲突之实况。"① 社会学与法学的联系在于："法律由社会关系产出，又随社会进行而变革。近代社会生活日形复杂，而法律内容愈趋愈繁。法学者研究社会关系与进化之定律，足以了解法律之本质及功用；社会学者研究法律之发生及变化，足以了解社会制度变迁之原因。"② 社会学与人类学的联系在于："人类学为研究人类之科学，能供给社会学参考之资料。人类学分数部，如人种学研究原人社会生活之状态，如考古学研究原人之遗物，如文化史研究原始社会文化之由来，皆与社会学有密切之关系。社会学推求社会之起源，考察原始社会之制度，不能不取材于人类学。"③ 李达认为，通过社会学与这些学科的联系，可以确定社会学研究的范围。显然，他所讲的社会学与这些学科的联系，也就是唯物史观与这些学科的联系。这样一来，李大钊、陈独秀、蔡和森、杨明斋等对唯物史观所作的各有侧重、各有特色的说明与运用，可以说在《现代社会学》中得到了一种概括和综合，使中国人对唯物史观的研究获得了一个更广阔的空间。这表明中国马克思主义者对唯物史观有了更为系统、更为深入、更为准确的把握。

进入 20 世纪 30 年代，中国思想世界出现了声势浩大的唯物辩证法运动。唯物辩证法的传播、阐释、中国化，成为这一时期中国马克思主义哲学开展的主旋律。李达的名著《社会学大纲》，是这一哲学运动的重大标志性成果。在书中，李达明确提出："社会学的唯一的科学的方法，是唯物辩证法。"④ 又指出："唯物辩证法是唯物辩证法的历史观与自然观的统一，两者统一的基础是社会的实践。"⑤ 这就把中国人对马克思主义哲学的理解，由以唯物史观为主进而扩大为唯物辩证法。他所讲的"社会学"，也由《现代社会学》所指的唯物史观，在《社会学大纲》中扩大为唯物辩证法。在他看来，唯物辩证法的实践基础之获得，在于马克思主义哲学创始人通过唯物史观的创立，使实践概念由西方哲学家所理解的抽象的精神劳动，转变为唯物史观所理解的社会的历史的物质活动。由于唯物史观所

---

① 李达：《现代社会学》，第 9 页。
② 同上。
③ 同上书，第 10 页。
④ 李达：《社会学大纲》，《李达文集》第 2 卷，人民出版社 1981 年版，第 9 页。
⑤ 同上书，第 60 页。

理解的实践概念对于唯物辩证法具有基础性的意义，所以他又把唯物辩证法称为"实践的唯物论"①，使之与以往的唯物论相区别。这样一来，唯物史观就成了唯物辩证法的一个重要构成，不仅是马克思主义哲学的历史观，而且与马克思主义哲学的本体论相联系。基于这种对唯物史观的新理解，他对唯物史观的研究空间作了新说明，指出："当作世界观看的唯物辩证法，当作自然科学与社会科学的成果之普遍化的概括看的唯物辩证法，其中包含着两个部分，两个领域，即唯物论的自然观（自然辩证法）与唯物论的历史观（历史辩证法）。唯物论的自然观，以自然现象的发展法则为对象，因而它是自然诸科学的成果的概括；唯物论的历史观，以社会现象的发展法则为对象，因而它是社会诸科学的成果的概括。在这种意义上，唯物论的自然观与唯物论的历史观，是唯物辩证法与自然诸科学及社会诸科学之间的媒介的环。"② 这一段话，既说明了唯物史观在马克思主义哲学中的位置，又说明了唯物史观与其他相关学科的联系，可以说是李达对唯物史观的理解视阈的一个新表达。这个新表达，扩大和深化了他对唯物史观的理解视阈，同时又保留了他在《现代社会学》中的原有见解。

李达对唯物史观的这一理解视阈，从历史与逻辑的结合上看，包含了一纵一横两个大的向度，而在这两个大的向度中，又包含了若干不同的具体向度。所谓纵的大的向度，是指唯物史观在马克思主义哲学内部的开展：唯物史观首先向更具体的政治哲学层面伸展，以回答"中国向何处去"这一时代大问题，继而向更抽象的本体论层面提升，以说明作为"实践的唯物论"的马克思主义哲学。所谓横的大的向度，是指唯物史观向马克思主义哲学外部的开展，建立起与历史学、经济学、法理学等不同学科的联系，既使唯物史观从这些学科中获取思想资源，以充实和发展自己的内涵，又使唯物史观深入这些学科研究之中，为其提供思想方式，开拓思维空间。在对唯物史观的这些不同向度的开展中，李达都留下了代表性的著述，使我们能够从中清楚地看到这位先驱者的思想探索足迹，以了解他的哲学生命与哲学成就。下面，即分别从政治哲学、本体论、历史学、经济学、法理学五个领域，考察李达对唯物史观的多向度开展，并论析其当代意义。

---

① 李达：《社会学大纲》，《李达文集》第2卷，第60页。
② 同上书，第282页。

二　李达对唯物史观的政治哲学向度的开展

　　李达对唯物史观的传播、阐释与中国化，是与他参与发起中国共产主义运动联系在一起的。因此，他首先是从政治哲学向度入手，结合中国共产党的创建和社会主义道路的选择，对唯物史观作出理解、阐释与运用。他的这一工作着重环绕两个重大政治哲学问题展开：一是什么是马克思的社会主义？二是如何在中国实现马克思的社会主义？这两个问题都直接关乎"中国向何处去"这个时代大问题，是中国共产主义运动在发起之初所面临的重大问题，要求中国第一批马克思主义哲学家予以正确的回答。

　　什么是马克思的社会主义？这是中国第一批马克思主义哲学家首先遭遇的重大政治哲学问题。第一次世界大战给人类造成的深重灾难，以及由之而来的 1917 年俄国十月革命的胜利和 1919 年中国五四运动的发生，使得社会主义成为了中国思想世界很有影响的新观念。但是，当时不论是国际还是国内，都流行着对社会主义各种不同的理解。国际上，第二国际、第三国际以及无政府主义者各有自己主张的社会主义；在国内，不仅中国马克思主义者高举起社会主义的旗帜，而且连梁启超、张东荪也纷纷谈论社会主义。对于这种思想状况，当时有学者感叹地说："中国真正有人研究社会主义，却在最近的两年中。这自然是大战的反动，俄国大革命的影响，所以能使世界潮流也侵入这思想上交通断绝的中国来。然而中国今日究竟能彻底明白社会主义的有几个人？我却不敢妄断了。"① 因此，对这些不同的社会主义主张加以认真的辨析，对马克思的社会主义予以明确的阐发，是当时中国思想世界形势发展使然。

　　面对关于社会主义的众说纷纭与热烈论争，李达于 1921 年 1 月发表《马克思还原》一文，对马克思的社会主义进行了集中阐发，认定只有马克思的社会主义才是中国人应当选择的社会主义。而李达这一选择的依据，就是唯物史观。他指出："马克思社会主义是科学的，其重要原则有五：一、唯物史观；二、资本集中说；三、资本主义崩坏说；四、剩余价值说；五、阶级斗争说。马克思的政治学说和经济学说，均详备于此五原

---

① 蓝公武：《社会主义与中国》，《中国现代思想史资料简编》第 1 卷，浙江人民出版社 1982 年版，第 537—538 页。

则之中。"① 这就揭示了唯物史观对马克思的社会主义的根基性，指出了马克思的社会主义与各种非马克思的社会主义之首先区别，就在于是否以唯物史观为其基石；如若对唯物史观加以曲解，也势必会对马克思的社会主义造成破坏。

在文中，李达从唯物史观出发，着重对社会革命问题进行了理论分析，以澄清在这个问题上马克思的社会主义与各种非马克思的社会主义的混淆。他指出："依唯物史观所说，新社会的组织，是旧社会组织中各种固有势力发展的结果。资本制度发达至于一定程度的时候，必然发生一种'自身解体的物质上的动因'，资本制度自己掘自己的坟坑。可是某种社会形式中固有的生产力，若在可以充分利用发达的期限以内，决不会倒灭的。这种社会形式发展的结果，内中新生产力的利用和发达，当然要与这社会形式发生冲突。资本的独占成为生产力的桎梏。于是生产机关的集中与劳动的社会化，遂与资本主义不能两立，而新社会组织于是起来代替了。"② 但就在对"新生产力"和"资本制度自身解体的物质上的动因"的理解上，在社会主义运动内部发生了分歧。一些人对唯物史观作了错误理解："若说资本制度的解体是资本集中的结果，则由旧社会推移到新社会的途径，完全可以离却人的精神的要素和意识的行动。"③ 李达认为，这就使唯物史观变成了机械史观，陷入了机械史观的宿命论："社会党无须干社会革命，只听资本主义自然发展好了。社会主义者也无须鼓吹革命，只努力去开发实业好了。国家当然可以利用，阶级当然可以调和了。因为资本集中的结果，自然要发生革命的。"④ 在他看来，第二国际的堕落正在于此。相反，对唯物史观的正确理解则是："资本制度发达到了一定程度，资本阶级收集掠夺劳动者的血汗的剩余生产，增加自己的私有财产，劳动者仅依工钱谋生。于是社会截然分为有产者无产者两大阶级。无产阶级受了资本阶级的掠夺和压迫，久而久之，就会发生一种阶级的觉悟。有了这种阶级的觉悟，就发生一种阶级的心理。有了这种阶级的心理，就会有一种阶级的组织和阶级的运动，就自然有一种团体的结合，成为阶级斗争的行动。阶级斗争的结果，无产阶级得最后的胜利，自然要废止私有财产，

---

① 李达：《马克思还原》，《李达文集》第 1 卷，人民出版社 1980 年版，第 31 页。
② 同上书，第 35 页。
③ 同上。
④ 同上。

推倒资本制度。所以唯物史观一方面说明资本制度发展的过程，一方面注重现社会中新兴的无产阶级的力量。若忽视这种阶级的心理和阶级的自觉，不去助长阶级斗争的运动，社会革命是不可期待的。"① 在这里，李达以唯物史观为基础，对资本集中说、资本主义崩坏说、剩余价值说和阶级斗争说加以贯通，说明了马克思的社会主义的根本点。因此，他认为，只有对唯物史观有了正确的理解，才能对马克思的社会主义作出正确的理解。

正是基于唯物史观及其对马克思的社会主义的理解，李达先后写了《张东荪现原形》、《社会革命底商榷》、《讨论社会主义并质梁任公》等文，对张东荪、梁启超的社会主义主张进行了辨析与批判。他指出，张东荪虽然发表了《我们为什么要讲社会主义?》一文，但实际上是"不讲社会主义去开发实业罢了"②；梁启超的《复张东荪书论社会主义运动》这篇名文，虽然立论似多近理，评议又复周到，但"明明主张资本主义反对社会主义"③。他的这些文字，对于中国人分辨马克思的社会主义与各种非马克思的社会主义，起了积极的作用。

如何在中国实现马克思的社会主义? 这是中国第一批马克思主义哲学家在选择了马克思的社会主义之后所遭遇的又一个重大政治哲学问题。在这个问题上，与那些迷信马克思主义本本和共产国际指示的教条主义者不同，李达认为中国马克思主义者，不能只从马克思主义本本和共产国际指示出发，必须重视中国自己的国情，只有把马克思主义的理论与中国的实际情况结合起来，才能找到在中国实现马克思的社会主义的正确道路。李达于 1923 年 5 月发表《马克思学说与中国》一文，明确地提出了"马克思学说与中国"④ 的论题。他指出，马克思学说之在中国，已是由介绍的时期而进到实行的时期了；但中国共产党人如何应用马克思学说改造中国社会，中国无产阶级应该为解决中国问题作怎样的准备，这些问题却尚未解决；因此，必须认真地提出并讨论这一论题，说明马克思主义与中国国情的关系。在他看来，这一讨论包含三个问题："一、目前的中国可以应用马克思学说改造社会吗? 二、假使目前中国可以应用马克思学说改造社

---

① 李达：《马克思还原》，《李达文集》第 1 卷，第 35—36 页。
② 李达：《张东荪现原形》，《李达文集》第 1 卷，第 26 页。
③ 李达：《讨论社会主义并质梁任公》，《李达文集》第 1 卷，第 57—58 页。
④ 李达：《马克思学说与中国》，《李达文集》第 1 卷，第 202 页。

会，中国无产阶级应该怎样准备？怎样实行？三、假使中国无产阶级能够掌握政权，应该采用何种政策？"①

关于第一个问题，李达从唯物史观出发给予了肯定的回答。他说："什么叫做社会革命？据马克思唯物史观说：'社会的物质生产力发达到一定阶段的时候，便和当时的生产关系相冲突，用法律上的术语说起来，就是和财产关系相冲突；然而社会的物质生产力，从前却是在这财产关系里面活动发展过来的。这些财产关系算是从生产力发展的形式变成生产力的桎梏了。从此遂进于社会革命的时代。经济的基础一经变动，那巨大的上部建筑的全部，或是徐徐的，或是急剧的，也就跟着变革了。'……据上述的原理剖释起来，社会革命乃是由无产阶级举行政治革命夺取政权来实现的。"② 由此来看中国的现状，"自从鸦片战争以后，资本主义便渐渐侵入了中国的内地，中国固有的经济状况，全被破坏，遂发生了重大的变化。从此便进于产业革命时代。直到现在，国际资本主义商品畅销全国，本国产业的状况也进到纺织工业的萌芽时代，手工业大受摧残，大多数人民遂陷于工钱奴隶和失业的地位"③。而在国际上，"最近八十年来，中国外交的历史，完全是帝国主义侵略的历史。全国的金融操纵在外国资本阶级之手，全国的铁路矿山森林水运交通以及许多企业，大半都归外国资本阶级掌握。加以几次的战役赔款以及许多投资的借款，重利盘剥，中国全国的经济生命，全被他们夺去了。此外在中国掠夺的种种政治权利，更是指不胜屈，北京政府间接就被他们支配。一言以蔽之，中国就是国际帝国主义的半殖民地而已"④。李达由此断言："中国无产阶级处在这样的经济的政治的情形之下，中国共产党乘机起来组织无产阶级，企图社会革命，在理论上在事实上并不是没有确实的根据的。"⑤

关于第二个问题，李达则强调马克思并没有为中国无产阶级提供解决中国问题的计划和答案，中国无产阶级进行社会革命的准备工作必须根据中国国情来着手。他指出："中国无产阶级对于目前的政治运动，究应怎样决定，这一点马克思在《共产党宣言》上并未为中国共产党筹划，若按

---

① 李达：《马克思学说与中国》，《李达文集》第 1 卷，第 202—203 页。
② 同上书，第 203 页。
③ 同上书，第 209—210 页。
④ 同上书，第 210 页。
⑤ 同上书，第 211 页。

照目前中国国情，参照马克思在一八四八年替波兰瑞士德国共产党设下的计画，也可以定出一个政策来。"① 在他看来，即使是《共产党宣言》，也没有为解决中国问题提供直接的计划和现成的答案，中国共产党人需要按照目前中国国情，参照马克思在 1848 年为欧洲各国共产党人制订的计划，制定出适合于中国的革命政策。由此出发，李达对当时正在进行的国共两党合作进行了分析。他援引了《共产党宣言》向瑞士、波兰、德国共产党人提出的与有民主革命要求的资产阶级联合的建议以及在联合中必须保持无产阶级独立性的告诫，指出："中国共产党联合国民党推倒军阀政治的主张，在马克思学说上也是有基础的。只是我在这里要促中国共产党注意的地方，约有下列二项：一、中国国民党似乎是一个社会民主的党派，有资本家、知识分子及劳动者的三种党员，共产党至好是影响他们向左倾。将来民主革命成熟时，共产党至好引导到无产阶级革命去。不然，共产党应该单独的严整无产阶级的阵。二、共产党应注重'组织无产者成为一阶级'的工作，时时要保持独立的存在，免受他党所影响。"② 在这里，他从中国国情出发，为中国共产党处理与国民党的关系提出了一个正确的方案。

关于第三个问题，李达的回答是："我觉得一个国家的政策，总要根据当时产业的状况和文化的程度来决定，有产阶级的国家是这样，无产阶级的国家也是这样。"③ 如对于《共产党宣言》中所说的无产阶级掌握政权后的十项措施，他就认为，根据马克思所说，这些措施只有在最进步的各国才能采用，而且只有最进步的各国无产阶级执政时才能采用；而在落后的中国，情况就不相同，"假使中国无产阶级能够掌握政权，当然可以利用政治的权力把私的资本主义促进到国家资本主义去。那么，将来采用的政策当然可以根据国家资本主义的原则来决定了"④。他进而"根据马克思学说的原则和中国的产业状况及文化程度"⑤，拟出了中国无产阶级掌握国家政权后应采取的 12 项措施："（1）不作工者不得吃饭；（2）平均地权，开辟荒地；（3）银行国有；（4）交通及运输机关国有；（5）对外贸

---

① 李达：《马克思学说与中国》，《李达文集》第 1 卷，第 211 页。
② 同上书，第 212 页。
③ 同上。
④ 同上书，第 214—215 页。
⑤ 同上书，第 215 页。

易国有；（6）大产业国有；（7）废除一切税厘，征收严重累进率的所得税；（8）有条件的输入外资；（9）中学以下实行免费及强迫教育；（10）立定保工法；（11）工人及农人的无条件的选举权及被选举权；（12）妇女在政治上经济上社会上一切与男子平等。"①

李达对这三个问题的回答，以唯物史观为指导，对如何在中国实现马克思的社会主义这一重大问题，进行了初步的探索和阐发。从中可以看出，李达用唯物史观观察中国的前途与命运，既强调了人类历史运动的普遍性的一面，主张中国马克思主义者完全可以应用马克思学说改造中国社会，又指出了中国历史发展的特殊性的一面，主张中国马克思主义者必须重视中国国情，从而要求在历史的普遍性与历史的特殊性的结合上，来解决在中国实现马克思的社会主义这一重大问题。李达的这些探索和阐发当然都是初步的，但他明确地提出"马克思学说与中国"的论题，并就这个论题以唯物史观为指导进行了富有启发性的探讨，从而开启了中国马克思主义者对这个问题的高度关注和反复思考，对中国马克思主义政治哲学的开展产生了深刻的影响。中国马克思主义者，以后正是沿着历史的普遍性与历史的特殊性相结合的思路，在与其他政治哲学思潮的竞争中，对"中国向何处去"这个时代大问题作出了最为合理的回答。

从政治哲学向度来开展唯物史观，构成了李达理解、阐释与运用唯物史观的一个重要方面，贯穿于他的一生。20世纪50年代后期，他在《历史唯物主义讲座》系列文章中，专门设立第五章《世界无产阶级社会主义革命论》和第六章《中国共产党的中国革命论》，把马克思主义革命论纳入唯物史观视阈予以系统的阐发，这可以说是他从政治哲学向度开展唯物史观的一个总结。如果不从这一向度看，李达在讲唯物史观时如此重视革命论问题，大概是很难理解的。

三　李达对唯物史观的本体论向度的开展

李达对唯物史观的开展，除了向更具体的政治哲学层面伸展，以唯物史观回答时代所提出的"中国向何处去"这个大问题外，又向最抽象的本体论层面提升，将唯物史观看做"实践的唯物论"得以成立的关键。在他

---

① 李达：《马克思学说与中国》，《李达文集》第1卷，第215页。

看来，在马克思主义哲学中，唯物史观不仅是一种新的历史观，而且是一种新的唯物论，从而具有了本体论的意义。这无疑赋予了唯物史观以更为丰富的内涵，给予了唯物史观以更为深刻的理解。对唯物史观的这一深入透辟的阐发，是他在《社会学大纲》一书中实现的。

中国马克思主义哲学家从本体论层面说明唯物论与唯心论的关系，是从瞿秋白开始的。1923 年，瞿秋白在《社会哲学概论》一书中指出，哲学的任务不只是思考社会历史，更在于"求宇宙根底"①，"统率精神物质各方面的智识而求得一整个儿的宇宙观"②。在对"宇宙根底"的探求上，哲学不可避免地会遇到一些根本性的问题，即"哲学中之唯心唯物论"③问题。只有从这一问题入手，才能真正把握古往今来的哲学家们对"宇宙根底"的探求。他说："人若想哲学问题，——就是他想组合一更稳固的'宇宙念'（Contemplation de Monde）——他立刻就遇见难题：'我'与'非我'的关系，'认识'与'实质'以及'灵魂'与'自然'的关系。……直到如今，这一问题还是哲学中的根本问题。"④ 在这里，瞿秋白第一次把恩格斯提出的哲学基本问题介绍给了中国人。从哲学基本问题出发，他强调全部哲学史就是通过唯物论与唯心论两派哲学的对立与互动而展开的，强调在哲学中必须坚持唯物论、反对唯心论，强调只有辩证唯物论才对唯物论作了最深刻的说明，强调辩证唯物论在社会科学研究中的方法论意义。他说："社会哲学——现代的社会之综观及将来的社会之推究，应当：（一）先从哲学上之宇宙根本问题研究起；（二）继之社会现象的秘密之分析；（三）再进于社会主义之解说。"⑤ 这就是说，只有先说明本体论问题，才能深入说明历史观问题；只有先讲清楚辩证唯物论，才能讲清楚唯物史观；只有在此基础上，社会主义才能由空想成为科学。这就凸显了马克思主义哲学的本体论及其意义。然而，瞿秋白在对辩证唯物论的理解上，表现出强烈的自然本体论和科学主义化倾向，强调对本体的说明仅在于对自然的认肯，力主用现代自然科学来回答哲学的基本问题，认

---

① 瞿秋白：《社会哲学概论》，《瞿秋白文集·政治理论编》第 2 卷，人民出版社 1988 年版，第 310 页。
② 同上。
③ 同上。
④ 同上书，第 311 页。
⑤ 同上书，第 340 页。

为："宇宙的唯物确是切于客观的理论，在科学的研究可以完全证明的。"① "归根到底，'存在'的根本，始终是电子组成的物质。"② 这样一来，就把哲学上的本体看作是物理学的电子，把辩证唯物论归结为自然科学的物质理论。

李达也曾受到瞿秋白的影响。1929 年，他在《社会之基础知识》一书中论述社会的政治制度与观念体系时，对哲学的理解就与瞿秋白的这些观点十分接近。他说："人要建立一个有组织的世界观时，第一步当然发生了下列的问题，即是：'我'与'非我'的关系如何的问题；'认识'与'存在'的关系如何的问题；'精神'与'实在'的关系如何的问题。这个问题，在希腊哲学的发展期，已成为哲学上的根本问题，直到现在，还是一样。人类在其哲学的努力上，造成了种种哲学的体系，对于这个根本问题，给了无数不同的根本解答。通观各种哲学对于这个问题的各种解答，可以分为两个范畴。……（1）是唯物论；（2）是唯心论（观念论）。把唯物论和唯心论调和起来的见解，是折衷论。哲学的历史，简直可说是唯物论和唯心论的对立或斗争的历史。"③ 他进而指出，唯物论起源于古希腊米利都学派，到费尔巴哈达到顶点，其内容可以概括为九个命题："（1）只有自然是实在的；（2）自然离主观（精神）而独立；（3）精神是自然的一小部分；（4）先有自然而后有生命，先有物质而后有精神；（5）精神是在依一定方法组成的物质出现时才发生的；（6）精神无物质不能存在；物质无精神可以存在；（7）认识是由经验发生的；（8）意识由外界所规定；（9）现实是唯一的认识对象，所以我们的知识，只有和现实（存在）一致时，才真是客观的。"④ 很显然，李达在这里也是强调以自然为唯一的实在，单纯从自然出发来理解唯物辩证法的。

在 20 世纪 30 年代的唯物辩证法运动中，李达对于唯物辩证法的理解发生了变化，这就是看到了马克思创立唯物史观的重大意义，不仅在于实现了历史观的伟大变革，而且在于实现了唯物论的伟大飞跃。在《社会学大纲》一书中，他通过对马克思主义哲学前史和形成的考察，揭示了马克

---

① 瞿秋白：《唯物论的宇宙观概说》，《瞿秋白文集·政治理论编》第 4 卷，人民出版社 1993 年版，第 7 页。

② 同上。

③ 李达：《社会之基础知识》，《李达文集》第 1 卷，第 513—514 页。

④ 同上书，第 514—515 页。

思主义哲学创始人正是从唯物史观出发，对费尔巴哈的唯物论与黑格尔的辩证法进行深刻改造，从而创立了"实践的唯物论"。这样一来，就对唯物史观的本体论意义作了富有历史感的显发。

李达首先对费尔巴哈的唯物论进行了考察，指出在黑格尔的唯心论之后，正是费尔巴哈重新把唯物论捧上王座，但费尔巴哈的唯物论又存在着局限性，"只到达于自然科学的唯物论，并且是形而上学的唯物论"①。这就是说："费尔巴哈在自然的领域是唯物论者，而在社会＝历史的领域是观念论（即唯心论——引者注）者。他不能理解社会发展的物质的原动力。他在人与人之间，只看到道德的关系、友爱的关系，不曾看到生产的关系。他排除宗教，却用道德代替宗教，把道德看做真的宗教。所以他的社会观是观念论的。"② 李达进而指出，马克思、恩格斯也曾受到费尔巴哈的影响，但这种影响对他们只是暂时的，大约存在于 1842 年至 1844 年间；也就在这一时期，他们发现并开始走出费尔巴哈哲学的缺陷；到了 1845 年，以马克思的《关于费尔巴哈的提纲》为标志，他们已超越了费尔巴哈向前迈进。在谈到马克思的思想转变时，李达引述了马克思 1843 年 3 月 13 日致卢格的信："费尔巴哈的箴言，有一点我认为不正确，即他关于自然说得太多，而关于政治却说得太少。但这是今日的哲学所以成为真理的唯一线索。"③ 他接着指出："在这种处所，马克思已经指出费尔巴哈对于宗教的理解缺乏了社会的——历史的根据。"④ 李达又引述了马克思 1844 年发表的《〈黑格尔法哲学批判〉导言》中的话："人类就是人的世界，是国家，是社会。这国家、这社会，是一个倒错的世界，所以产出倒错的世界意识的宗教。"⑤ "天国的批判转化为地上的批判；宗教的批判转

---

① 李达：《社会学大纲》，《李达文集》第 2 卷，第 45 页。

② 同上书，第 48—49 页。

③ 引自李达《社会学大纲》，《李达文集》第 2 卷，第 52 页。马克思这段话今天通用的汉语译文是："费尔巴哈的警句只有一点不能使我满意，这就是：他强调自然过多而强调政治太少。然而这是现代哲学能够借以成为真理的唯一联盟。"（《马克思恩格斯全集》第 47 卷，人民出版社 2004 年版，第 53 页）

④ 李达：《社会学大纲》，《李达文集》第 2 卷，第 52 页。

⑤ 引自李达《社会学大纲》，《李达文集》第 2 卷，第 53 页。马克思这段话今天通用的汉语译文是："人就是人的世界，就是国家，社会。这个国家、这个社会产生了宗教，一种颠倒的世界意识，因为它们就是颠倒的世界。"（《马克思恩格斯选集》第 1 卷，人民出版社 1995 年版，第 1 页）

化为法的批判；神学的批判转化为政治的批判。"① 他接着指出："在这种处所，他（指马克思——引者注）已经表明政治的批判要与普罗列达里亚（即无产阶级——引者注）相结合，而站在社会主义的立场，使唯物论改变为实践的唯物论了。"② 那么，马克思主义哲学创始人为何能够超越费尔巴哈向前迈进呢？李达认为："马克思和当时隐居于德国农村的费尔巴哈不同，他是当时德国的政治的分派的领导者。他在接受了费尔巴哈的影响，决定的成为唯物论者以后，其注意的中心问题，是政治的问题，是政治的批判。所以他首先把费尔巴哈所理解的、只是自然主义的抽象的人类的本质，当作社会的历史的范畴去把捉。"③

　　李达又对黑格尔的辩证法进行了考察，指出黑格尔的辩证法是唯心论思维所能达到的最高峰，"黑格尔辩证法最伟大的特色，是人类的劳动、活动、实践的意义的重视。但黑格尔是观念论者，只把劳动当作抽象的精神的劳动去理解"④。李达进而指出，马克思对黑格尔的辩证法进行了唯物论的改造，特别是对黑格尔辩证法中的实践概念的改造，这个改造是在唯物史观的基础上进行的，以《1844 年经济学哲学手稿》为其代表性成果。李达说："这部《草稿》中，阐明了劳动者与资本家、地主的阶级关系，提起了货币、资本、工资、地租等的分析的经济问题，并且批判了黑格尔的辩证法。其中最根本的契机，是黑格尔辩证法中实践的概念之批判的展开。……马克思把黑格尔辩证法中这个生动的实践的概念，拿来放在唯物论的基础上展开出来，引入于唯物论之中，给唯物论以新的内容、新的性质。他从人类与自然的关系去说明劳动，这是与从来的唯物论和观念论关于劳动的理解，是完全不同的。观念论把人类从自然分离出来，使人类转化为自我意识；旧唯物论把自然从人类分离出来，使人类转化为生物学的范畴。因此，这样的劳动、实践的概念，变为抽象的东西，不能正确地说明人类的社会。在马克思看来，劳动是人类与自然的结合。在劳动过程中，人类与自然相结合，自然对于人类发生具体的联系。因而劳动是当作

　　① 引自李达《社会学大纲》，《李达文集》第 2 卷，第 53 页。马克思这段话今天通用的汉语译文是："对天国的批判变成对尘世的批判，对宗教的批判变成对法的批判，对神学的批判变成对政治的批判。"（《马克思恩格斯选集》第 1 卷，第 2 页）
　　② 李达：《社会学大纲》，《李达文集》第 2 卷，第 53 页。
　　③ 同上书，第 52—53 页。
　　④ 同上书，第 57 页。

社会的人类看的人类的本质。"① 这就是说，正是通过唯物史观，使得马克思对黑格尔的实践概念作了新理解和新规定，转化成为以物质生产劳动为主要内涵的实践概念，从而使得唯物史观的唯物论，既超出了以往的唯心论，又超出了以往的唯物论。与以往的唯心论不同，马克思所讲的实践不是抽象的精神的劳动，因此马克思没有像以往的唯心论者那样，把人类仅看做是一种自我意识；与以往的唯物论不同，马克思所讲的唯物论不只是一种自然本体论，因此马克思没有像以往的唯物论者那样，把人类转化为生物学的范畴。

李达认为，通过马克思对费尔巴哈的唯物论与黑格尔的辩证法的深刻改造，可以清楚看出唯物史观在马克思主义哲学中具有重要的本体论意义。他由此得出结论说："马克思的哲学的唯物论之形成，与历史学、经济学、社会主义等的研究，有不可分离的关系。由于这类的研究，暴露了历史的发展法则，预见了布尔乔亚（即资产阶级——引者注）社会的发生发展及消灭的倾向，指示了否定这种社会的主体是普罗列达里亚。换句话说，历史唯物论——科学的历史观之树立，是唯物辩证法这种哲学的一个最重要的契机。"② 因此，他强调唯物辩证法是"实践的唯物论"，认为："实践的唯物论，由于把实践的契机导入于唯物论，使从来的哲学的内容起了本质的变革。"③

李达由唯物史观出发对马克思主义哲学本体论的理解，不仅使他在《社会学大纲》中对唯物辩证法作出了深入阐发，而且也是对唯物辩证法论战中张东荪攻击马克思主义哲学的有力回应。张东荪在当时认为，唯物辩证法既不是传统意义上的哲学，也不是现代意义上的科学，而只能是一种社会哲学或历史哲学。马克思尽管很赞成辩证法，但却不是纯从哲学来立论，他的目的只在于把这个正反合的程序运用于社会历史变化，以为原始社会是共产的（正），现在社会是资本主义的（反），将来社会是必然地变到共产（合）。因此，唯物辩证法对哲学发展只能起补充作用，在纯粹哲学方面则是毫无建树的，只是一个牵强附会与混淆不清的东西，甚至可以说是牛头不对马嘴。他说："恩格尔思（即恩格斯——引者注）以及

---

① 李达：《社会学大纲》，《李达文集》第 2 卷，第 57 页。
② 同上书，第 58 页。
③ 同上书，第 60—61 页。

俄国马克思派则硬把辩证法当作纯粹哲学来讲，同时把'唯物论'一层当作认识论来讲，于是便真成了一种新的纯粹哲学。其实那里会有这样的哲学，只是一场胡扯乱闹而已！"① 这实质上是以唯物史观否定唯物辩证法的本体论，进而否定唯物辩证法的哲学意义。李达对唯物史观的本体论向度的开展，正与张东荪对马克思主义哲学的攻击针锋相对，由唯物史观深刻论证了唯物辩证法的本体论，进而肯定了唯物辩证法的哲学意义。由此可见，李达对唯物史观的本体论向度的开展，不仅有着重要的理论意义，而且有着重要的现实意义。这是我们在考察李达的这一哲学活动时必须要看到的。

四 李达对唯物史观的历史学向度的开展

在唯物史观与其他学科的联系中，李达首先重视唯物史观与历史学的联系。其所以如此，不仅在于马克思创立唯物史观是与历史学研究直接相联系的，而且在于中国第一批马克思主义哲学家从一开始就重视唯物史观的历史学向度，李大钊的《史学要论》和蔡和森的《社会进化史》就是从历史学向度阐发唯物史观的代表作。在《现代社会学》一书中，李达设有《家族》、《氏族》、《国家》三章，从人类学古史研究出发，论述社会进化和国家起源问题，可以看得出蔡和森的《社会进化史》所给予他的深刻影响。这以后，李达对唯物史观的历史学向度予以了进一步发挥，形成了自己的思路与领域，取得了重要的研究成果。

李达对唯物史观的历史学向度的开展，是与他对唯物史观的理解相联系的。他反对把唯物史观作脱离实际历史的抽象化理解，反对把唯物史观看作是一种思辨的历史哲学，强调唯物史观"不是'关于社会及其发展法则的一般的学说'"②，也"不是抽象的社会的方法论"③，即不是那种思辨的历史哲学所讲的抽象的历史发展公式，"不是解决一切历史上的问题的万应膏"④。对于西方哲学史上出现的各派思辨的历史哲学，他在《社会学

---

① 张东荪：《唯物辩证法之总检讨》，《中国现代哲学原著选》，复旦大学出版社 1989 年版，第 369 页。
② 李达：《社会学大纲》，《李达文集》第 2 卷，第 302 页。
③ 同上书，第 304 页。
④ 同上书，第 302 页。

大纲》第二篇《当作科学看的历史唯物论》中，专门设第二章《布尔乔亚社会学及历史哲学之批判》，进行了历史的衡论和系统的批评。在他看来，与这些思辨的历史哲学不同，唯物史观决不与具体的历史相分离，"是反映历史发展之具体过程的科学的历史观"[①]。他说："历史唯物论是在最一般的大纲上，反映出统一的社会史的发展过程及其发展法则，反映出特殊的、异质的各种社会形态的发展及其转变的根本法则的理论。在这种处所，一般与特殊之间，成立了正确的关系。"[②] 这种对具体历史发展中的一般与特殊关系的把握，成为了李达由唯物史观进入历史学研究的基本思路。

李达进而把这一思路落实到中国历史研究中。他主张具体地而不是抽象地看待中国历史，在强调人类历史运动的一般规律的同时，注意揭示中国历史运动的特殊性。他根据唯物史观指出，人类社会是不断地向前发展的，这种发展是由社会内部的生产力与生产关系的矛盾决定的，由生产力的发展阶段所决定的生产关系总体及其与之相适应的上层建筑，形成了一定的社会发展阶段。"历史唯物论把社会全部历史列为先阶级社会、古代社会、封建社会、现代社会、未来社会的五个顺次发展的阶段，指出人类社会发展的一般的进行与特定发展阶段上的特殊形态之统一，指出历史过程的统一与联结，发现历史发展之一般的正确的法则。"[③] 他认为，唯物史观所揭示的社会发展阶段进程具有普遍性的意义，对于中国历史运动来说也是适用的。同时，他又认为，不能把唯物史观的社会发展阶段理论作为一个普遍性的公式，简单地套用来解释中国历史运动，而看不到中国历史运动的特殊性。对于中国历史运动，应当从一般与特殊的结合上来加以把握和说明。在这方面，李达在 20 世纪 30 年代至 40 年代初，结合中国社会性质论战和中国社会史论战，进行了多方面的探讨与阐发。

例如，李达为吕振羽著《中国社会史纲》所作《序》中，肯定了吕著的一个特点："对于殷代以前的那一长远的历史时期，著者根据莫尔甘的《古代社会》，恩格斯的《家族私有财产及国家之起源》，卢森堡的《经济学入门》等著，探求出史前期人类社会的一般特征；根据中国古籍中神话

---

① 李达：《社会学大纲》，《李达文集》第 2 卷，第 304 页。
② 同上书，第 302 页。
③ 同上书，第 297—298 页。

传说式的记载和仰韶各期古物，探求中国史前期社会的一般特征，对这一历史时期，整理出一个整然的系统。"① 在这里，他明确地主张，在中国历史学研究中，必须注意把握好人类历史运动的一般规律与中国历史运动的特殊性的联系。

又如，在《社会学大纲》一书中，李达对当时历史学研究中争论激烈的"亚细亚生产方式"问题，提出了自己的理解，认为："'亚细亚的生产方法'，在其本质上，与封建的生产方法并没有根本的区别。所不同的地方，就是亚细亚诸国的几个特殊经济条件。即是说，所谓'亚细亚的生产方法'，就是附加几个特殊经济条件的封建的生产方法。"② 他进一步说："所谓特殊的经济条件，就亚细亚诸国说来，有下述几种：第一，对于土地的统治权集中于最大的土地所有者国王之手。第二，关于农业方面的水利灌溉等社会的事业是由国家组织的。第三，土地所有者的国家干涉人民的经济生活。第四，土地所有者的国家向农民征取的租税，与封建地租有同一的经济的内容。第五，亚细亚诸国是土地所有者的独裁国家。"③ 这些特殊的经济条件，并不是与封建社会及封建国家无关的，而"明明是与封建社会及封建国家相关联的"④。因此，"就基本的生产关系说来，亚细亚的生产方法，只是封建的生产方法之特殊的形相，即是封建的生产方法的变种"⑤。在这里，他指出了亚细亚诸国也经历了封建社会，又指出了这种封建社会有着自己的特殊性，从一般与特殊的结合上说明了亚细亚国家的封建社会问题。

再如，李达在《中国社会发展迟滞的原因》一文中，对中国封建社会与欧洲封建社会进行了比较，明确提出"中国封建社会的特殊性"⑥ 问题。在他看来，中国封建社会的特殊性，主要表现在战乱、土地关系和君主专制三个方面上。其一，中国封建社会的战乱，规模之大，时间之长，所造成的劳动力与生产手段的惊人损失，是欧洲封建时代所没有的。其二，中国在周代时土地归大小领主所分领，土地关系与欧洲封建时代相仿佛，但

---

① 李达：《吕振羽〈中国社会史纲〉序》，《李达文集》第 1 卷，第 607 页。
② 李达：《社会学大纲》，《李达文集》第 2 卷，第 423 页。
③ 同上书，第 423—424 页。
④ 同上书，第 424 页。
⑤ 同上。
⑥ 李达：《中国社会发展迟滞的原因》，《李达文集》第 1 卷，第 705 页。

入秦以后，土地可由人民自由买卖，出现了民间地主，在民间地主之上更有作为大领主的国王，而欧洲只有到封建制度解体之时，土地所有权才由领主移归民间，领主也就随着没落，这是中国与欧洲在封建土地关系上的不同点。其三，周代的贵族政治，略与欧洲中世纪的封建政治相似，但秦以后两千余年之间，一直是君主专制统治的时代，这种君主独裁政权树立于民间地主的台柱之上，并代表地主阶级的利益，其间虽然更换了很多王朝，这种统治却丝毫未曾改变，反而愈趋强化，而欧洲的君主专制政权，出现于封建制度解体之时，树立在贵族阶级与市民阶级的均势之上，这时的市民阶级的力量已经可以与贵族相抗衡，且有驾凌其上之势。通过这三方面的论析，李达从一般与特殊的结合上对中国封建社会问题作了深入阐述。

李达对唯物史观的历史学向度的开展，尤其重视中国近代经济史研究。他的《中国产业革命概观》、《中国现代经济史之序幕》、《中国现代经济史概观》等论著，着力于中国近代经济史的探讨，为中国马克思主义历史学开辟了一个新的研究领域。在这些论著中，李达对鸦片战争以来的中国经济史进行了深入考察，以说明近百年来中国社会性质的变化，并由此出发探寻中国革命的道路。因此，这些论著不仅有其理论的意义，而且有其实践的意义。其中，最有代表性的著作当推 1929 年出版的《中国产业革命概观》一书。在该书的开篇，李达就明确指出了写作这部书的目的："要晓得现代的中国社会究竟是怎样的社会，只有从经济里去探求。现代中国的社会，已经踏入了产业革命的过程，渐渐脱去封建的衣裳，穿上近代社会的外套了，一切政治和社会的变动，都是随着产业革命进行的。……我们可以说中国革命的过程和产业革命的过程，确有因果的关联，我们要获得中国社会改造的理论，惟有在中国产业革命的过程中去探求，这是我所以要编这个《中国产业革命概观》的小册子的动机。"①

李达对中国近代经济史的研究，也是从一般与特殊的结合上来开展的。其中最突出的一点，是从全球性现代化运动的视阈出发，对中国产业革命与欧洲产业革命的联系与区别进行了考察，从而揭示了中国产业革命的性质与任务。在《中国产业革命概观》一书中，李达通过对大量统计资料的分析指出，中国自近代以来已开始了产业革命，在这一点上与欧洲近

---

① 李达：《中国产业革命概观》，《李达文集》第 1 卷，第 388—390 页。

代历史进程相类似，表明中国已经开始进入资本主义发展时代；但又必须看到，中国的产业革命有其特殊性，就其原因与内容来说与欧洲的产业革命颇不相同。大体上说，欧洲的产业革命是自力的，是因自力的充实由国内而逐渐展开以及于世界；中国的产业革命则是外力的，是因外力的压迫由世界而渗入国内。这就使得中国的产业革命有其特殊性，不是一般意义上的资本主义发展，而是半殖民地这一特殊历史环境下的资本主义发展。中国社会的新生产力，不仅受到封建势力和封建制度的阻碍，而且受到国际资本主义生产关系的限制而绝少发展的余地，从而使得中国产业革命和经济发展步履维艰。在这种背景下发生的中国革命，即是要打破这种经济的混乱和政治的混乱，求得中国产业革命和经济发展的新的出路。帝国主义和封建势力，是中国产业发展的两大障碍，也是中国革命的两大对象。也就是说，中国革命的发生，从经济根源上看，实际上是中国产业革命的结果，是在中国发展新的生产力的需要。在这里，李达一方面从全球性现代化运动的视阈来看待中国产业革命，另一方面又强调要"考虑中国社会问题的特殊性"①，这部书的最后一节即以此为标题。他说："我们要注意的，中国社会是个半殖民地的社会，半殖民地的资本主义的发展，和先进国的资本主义的发展，具有不同的特征，同样，半殖民地的社会问题的内容，和先进国的社会问题，也具有不同的特性。"② 据此，李达反对把中国现代社会问题简单化，只归结为产业劳动者问题和农民问题，而认为中国现代社会问题涉及中国最广大人民群众的切身生存，具有相当的复杂性和普遍性，不仅有产业劳动者问题、农民问题，而且还包括手工工人问题、商业店伙问题和失业者问题。后面的三项问题，在中国封建社会里本不是大的社会问题，但由于产业革命的发生所造成的农业的崩坏、手工业的没落、商业资本的发展、工业资本的形成，使得这些问题成为了严重的社会问题。这就使得这些社会力量也有参加中国革命、改变自身地位的要求，中国革命实是有广大民众参加的反对帝国主义和反对封建主义的人民大革命。李达由此得出结论说："中国革命的目的是在于解决大多数人民的生活问题，而解决大多数人民的生活问题的方法，就在于发展产业。"③ "要

---

① 李达：《中国产业革命概观》，《李达文集》第 1 卷，第 488 页。
② 同上书，第 489 页。
③ 同上书，第 488 页。

发展中国产业，必须打倒帝国主义的侵略，廓清封建势力和封建制度，树立民众的政权，发展国家资本，解决土地问题。"①

李达对唯物史观的历史学向度的开展，从哲学与历史学的结合上，对中国马克思主义哲学和中国马克思主义历史学的开展，作出了双重的推进。李达的名字，不仅与中国马克思主义哲学相联系，亦与中国马克思主义历史学相联系。侯外庐晚年在回忆录《韧的追求·自序》中写道："半个多世纪来，中国新兴史学队伍赢得科学，挣脱枷锁，是有所作为，无愧时代和民族的。在这个队列的名录中，有郭沫若、李达、杜国庠、吕振羽、翦伯赞、范文澜、吴晗、尚钺、尹达……，与他们同伍，是我的殊荣。"② 透过这位著名史学家的这段富有感情的文字，我们可以直接感触到李达在中国马克思主义史学史上的重要性。

五 李达对唯物史观的经济学向度的开展

在唯物史观与其他学科的联系中，李达对唯物史观的经济学向度给予了特别的重视。早在1930年，他就与人合译了日本马克思主义学者河上肇的《马克思主义经济学基础理论》，这部书的上篇是《马克思主义之哲学的基础》，下篇是《马克思主义经济学的出发点》，明显地显示出由哲学来开展经济学的思路。在《社会学大纲》中，他十分重视唯物史观与经济学的联系，并结合马克思主义哲学史来说明这一联系，认为这一联系在马克思的《资本论》中得到了典范性的体现。他说："展开社会辩证法的代表著作是《资本论》。《资本论》暴露了布尔乔亚社会的发生发展及其没落的法则，阐明了人类社会之辩证法的发展。在哲学的观点上说来，《资本论》是'资本的论理学（即逻辑学——引者注）'，是唯物辩证法在社会领域中的扩张的范本。"③ 正是这样，李达自觉地把马克思主义哲学研究与马克思主义经济学研究结合起来，在完成《社会学大纲》的同时，写作了《经济学大纲》与《货币学概论》，对唯物史观的经济学向度予以了充分的开展。

---

① 李达：《中国产业革命概观》，《李达文集》第1卷，第495页。
② 侯外庐：《韧的追求》，三联书店1985年版，自序，第2—3页。
③ 李达：《社会学大纲》，《李达文集》第2卷，第63页。

对于唯物史观的经济学向度，李达有自己的理解，这就是他所说的"广义经济学"。"广义经济学"来自恩格斯对"广义政治经济学"的构想。恩格斯在《反杜林论》中指出："政治经济学作为一门研究人类各种社会进行生产和交换并相应地进行产品分配的条件和形式的科学，——这样广义的政治经济学尚待创造。"① 李达直接承继了恩格斯的这一思想，主张中国马克思主义政治经济学应是"广义经济学"。他在《社会学大纲》中指出："历史唯物论指导经济学去研究各种社会经济构造的各种历史的特殊发展法则（广义经济学），研究资本主义的社会经济构造的特殊发展法则，克服布尔乔亚经济学的观念论的见解。"② 在《经济学大纲》中，他进一步明确区分和界定了"广义经济学"与"狭义经济学"，指出："广义经济学，研究历史上各种经济构造的发生、发展与没落及其互相转变的法则；狭义经济学，单只研究商品＝资本主义经济的发生、发展及没落的法则。这种狭义经济学，并不是完全离开广义经济学而独立存在的科学，而是广义经济学的构成部分。"③ 在他看来，"广义经济学"与"狭义经济学"的区别，最根本的还在于"广义经济学"有着自己的鲜明的立场与指向。他说："我的研究所以要采取广义经济学的立场，不仅是具有纯理论的意义，并且还具有实践的意义。因为广义经济学，并不仅是为了求得经济学的知识才去研究一切经济构造，而实在是为了求得社会的实践的指导原理才去研究它们。即是说，我们不是为理论而理论，为科学而科学，而是为了经济上的实践才研究经济学。"④ 对于《经济学大纲》一书的性质，他就旗帜鲜明地指出："我所讲授的这部经济学，是广义的经济学。"⑤ 可以说，正是"广义经济学"的界定、立场与指向，标示了李达对唯物史观的经济学向度开展的特点。

李达认为，从"广义经济学"来开展唯物史观的经济学向度，应着重对历史上各种经济构造进行探讨。他运用唯物史观对社会结构进行了分析，强调了研究经济构造对于经济学的重要意义，指出："依据科学的社会学的指示，社会分为基础与上层建筑两部分。社会的基础，是生产关系

---

① 《马克思恩格斯选集》第 3 卷，人民出版社 1995 年版，第 492 页。
② 李达：《社会学大纲》，《李达文集》第 2 卷，第 304 页。
③ 同上书，第 15 页。
④ 同上。
⑤ 同上。

的总体，是社会的经济构造；社会的上层建筑，是法律的政治的上层建筑与意识形态。法律的政治的上层建筑，立脚于经济构造之上，而意识形态又与经济构造相适应。因而社会形态，就是处于特定生产关系总体，以及由它所生的特定政治的法律的上层建筑与意识形态之下的社会。并且这个社会，是一定历史发展阶段上的社会，是有其特殊的固有的质的社会。"①这样看来，人的社会关系，包含着生产关系、政治的法律的关系与意识形态的关系。这些不同的社会关系，成为社会科学不同学科的对象：意识形态的关系是哲学、文学、艺术学等所研究的对象，政治的法律的关系是政治学、法律学所研究的对象，而生产关系即经济构造的关系则成为经济学所研究的对象。李达由此得出结论说："经济学的对象，是社会构成过程中的生产关系的总体，即社会的经济构造。特定的经济构造是特定社会的基础，因而研究经济构造的经济学，是其他各种社会科学的基础。"② 在他看来，对历史上各种经济构造进行探讨，是认识历史上各种社会形态的立脚点，对各种社会科学研究都具有基础性的意义。

李达进而认为，对历史上各种经济构造进行探讨，在于考察人类历史上不同经济形态的生成、发展与衰落，以及由旧形态向新形态的转变。他认为，这是"广义经济学"研究经济构造的最主要内容。他说："历史上的各种经济形态的发展法则的特殊性，以及顺次由一种形态推移到次一形态的转变法则的特殊性，是科学的经济学所要集中其注意力的焦点。"③ 又说："经济学的任务，在于暴露各种经济形态的发生、发展及其转变的特殊法则。"④ 这样一来，就使得经济学研究被赋予了丰富的历史内涵，使得经济学在本质上成为了一门历史的科学。在《经济学大纲》中，他专门引录了恩格斯的论断："所以经济学，在其自身的本质上，是历史科学。它所处理的东西，是历史的材料，即不断变化的材料。经济学首先研究生产及交换的各个发展阶段的特殊法则。"⑤ 在历史上的不同经济形态中，李达

---

① 李达：《经济学大纲》，《李达文集》第 3 卷，第 4 页。
② 同上。
③ 同上书，第 14 页。
④ 同上书，第 15 页。
⑤ 引自李达《经济学大纲》，《李达文集》第 3 卷，第 15 页。恩格斯这段话今天通用的汉语译文是："因此，政治经济学本质上是一门历史的科学。它所涉及的是历史性的即经常变化的材料；它首先研究生产和交换的每个个别发展阶段的特殊规律。"（《马克思恩格斯选集》第 3 卷，第 489 页）

当然重视现代世界中的资本主义经济体系和社会主义经济体系，认为这是"广义经济学"必须研究的内容；但同时，他也很重视前资本主义经济形态，指出前资本主义经济形态不仅是人类经济形态发展的必经阶段，而且其影响即使在现代世界中仍然到处存在，特别在政治与经济落后的民族国家中，前资本主义经济形态仍然是重要的经济形态，因而这也是"广义经济学"必须研究的内容。他特别提醒中国经济学研究者关注前资本主义经济形态及其对现代世界的影响，指出："目前整个的世界，除了苏俄以外，其余全部都处在资本主义的支配之下，这是我们所知道的。但是在资本主义宰割之下的、拥有十二亿人口的许多殖民地的落后民族，却仍然过着先资本主义时代的经济生活。这许多落后民族的落后经济形态的崩溃倾向（即发展法则）究竟怎样？它们能有什么有希望的出路？它们为要找到出路究竟要怎样去努力？——这些问题，都属于广义经济学研究的范围。"①

李达强调，"广义经济学"还要研究中国现代的经济。在《经济学大纲·绪论》中，就设了《中国现代经济研究的必要》专节，对这一问题作了说明。李达说："为什么要研究中国现代的经济呢？要答复这个问题，先得说明我们为什么研究经济学的问题。我们不是为了研究经济学才研究经济学，而是为要促进中国经济的发展才研究经济学。但研究经济学的我们，是现代的中国人。我们不仅生活于现代的资本主义世界，并且生活于资本主义世界中的现代的中国。我们研究经济学，能够只知道注意于世界经济，反而忽视了中国的经济么？我们能够说中国现代的经济，和欧美各资本主义国家的经济一样，因而认为没有研究的必要么？"② 对于中国经济学界所存在的忽视、漠视中国经济研究的状况，李达提出了尖锐批评："从来的中国的经济学，或者只是研究资本主义经济，或者并行的研究资本主义经济和社会主义经济，但对于中国经济却从不曾加以研究。这些经济学专门研究外国经济，却把中国经济忽略了。我认为这是一个严重的错误，是极大的缺点。因此，我主张广义经济学，除了研究历史上各种顺序发展的经济形态以外，还必须研究中国经济。只有这样的研究，才能理解经济进化的一般原理在具体的中国经济状况中所显现的特殊的姿态，特殊

---

① 李达：《经济学大纲》，《李达文集》第3卷，第21页。
② 同上书，第21—22页。

的特征，才能得到具体的经济理论，才能知道中国经济的来踪和去迹。"①
因此，在《经济学大纲》一书中，他对中国经济进行了多方面的考察，特
别对中国前资本主义经济及其向资本主义经济转化问题进行了专门的阐
发。书中第一部《原始社会古代社会及封建社会的经济形态》第三章《封
建的经济形态》，在论述封建经济的形成时，设有《周民族征服殷民族与
封建制的形成》专节；在论述封建的经济构造的具体实例时，设有《中国
的封建经济》专节；在论述封建社会都市手工业时，设有《中国封建社会
的手工业之发展》专节；在论述封建社会商业的发达及商业资本与高利贷
资本时，设有《中国封建时代商业、商业资本及高利贷资本的发达》专
节。从这些专节中可以清楚看出，李达的"广义经济学"是与中国经济的
历史与现实直接相联系的。

李达希望通过这些专门性的探讨，帮助中国人更具体更深入地认识和
把握中国社会的经济基础，从中来认识和把握中国社会变迁的走向。对于
中国现代的经济构造，李达得出的结论是："中国现代的经济，不是原始
的或奴隶制的经济，不是社会主义的经济，也不单纯的是封建的或资本主
义的经济。中国现代的经济，虽然处在前面所说的经济形态的历史的发展
过程中，却不能成为一个阶段上的独立的经济形态。大体上说来，中国现
代的经济，还停滞在由封建经济到资本主义经济的过渡状态中，但是深深
地烙上了国际帝国主义殖民地的火印。"② 由此而进，李达又提出了解决中
国现代经济发展困境的途径。他说："就中国经济的现状稍微观察一下，
就可以看出三个互相交错的过程：帝国主义侵略的过程、民族资本萎缩的
过程和封建农业崩溃的过程。这三个过程中，第一过程占据统制的地位，
这是不待多言的，第二过程已是第一过程的附属物，第三过程虽然被第一
第二过程所统制着，却仍然表现顽强抵抗的力量，仍在困苦状态中挣扎
着。换句话说，封建的手工农业虽被压榨着，而占全人口总数百分之七十
以上的中国农民，却仍依靠这种农业的生产而生活。这种状况是现代各帝
国主义国家所没有的。所以现在的中国经济，是处于帝国主义宰割之下
的、工农业陷于破产状态的经济。这种经济，可以说是国际资本主义殖民
地化的经济。在这种特殊的经济状况下挣扎着的中国国民，究竟应怎样寻

---

① 李达：《经济学大纲》，《李达文集》第 3 卷，第 24 页。
② 同上书，第 22 页。

求自己的生路呢？这不仅是一个经济问题，而是整个中国自求生存、自求解放的问题。要解决这个问题，必须有正确的客观的理论做实践的指导，才能成立民族解放的战线，才能进行民族解放的工作，才能提起中国经济改造的问题。"①

通过对"广义经济学"的研究对象与研究方法的阐述，李达提出了"广义经济学"的基本原则："要获得那种客观的正确的指导的理论，就必须把捉住一般根本路程上的经济的进化之客观的法则，同时具体的考察中国经济的特殊的发展法则，以期建立普遍与特殊之统一的理论。"② 在他看来，一切民族国家的人民都将走向社会主义，这是一种历史的必然性；但"这种必然性的实现，因为各个国民的经济的政治的种种特殊性，就会刻印着各自的特色"③。在这里，他已指出中国人民走向社会主义的道路，不仅是历史必由之路，而且是有着自己特色之路。他所提出的"建立普遍与特殊之统一的理论"，不仅指出了中国马克思主义政治经济学的追求目标，而且对马克思主义中国化具有重大意义，成为《经济学大纲》的画龙点睛之笔。而这样的手笔，当然也只能出自李达这样的马克思主义哲学大家。

李达对唯物史观的经济学向度的开展，从哲学与经济学的结合上，既推进了中国马克思主义哲学的开展，又推进了中国马克思主义经济学的开展，有着双重的重要意义。特别是他主张通过"广义经济学"的研究，通过"建立普遍与特殊之统一的理论"，帮助中国人更具体更深入地认识和把握中国社会的经济基础，从中来认识和把握中国社会变迁的走向，不仅具有重要的理论价值，而且更具有直接的实践意义。自李达始，"广义经济学"研究成为中国马克思主义经济学家推进马克思主义政治经济学中国化的重要领域，著名经济学家许涤新就先后在20世纪40—50年代和80年代写出了两版三卷本的《广义政治经济学》。后来，毛泽东在谈到经济学研究时就强调："政治经济学和唯物史观难得分家。"④ 又说："没有哲学家头脑的作家，要写出好的经济学来是不可能的。马克思能够写出《资本论》，列宁能够写出《帝国主义论》，因为他们同时是哲学家，有哲学家的

---

① 李达：《经济学大纲》，《李达文集》第 3 卷，第 23—24 页。
② 同上书，第 24 页。
③ 同上。
④ 毛泽东：《读苏联〈政治经济学教科书〉的谈话（节选）》，《毛泽东文集》第 8 卷，人民出版社 1999 年版，第 138 页。

头脑，有辩证法这个武器。"① 李达在经济学研究中的成就，也无疑与他的哲学思考与探索相联系，从一个方面反映了他对唯物史观的深刻理解。

六　李达对唯物史观的法理学向度的开展

李达对唯物史观的法理学向度，早在《现代社会学》一书中就予以了关注，在《社会学大纲》中则作了更明确的说明，认为历史唯物论对于法学的意义在于："指示法与国家的理论，把法与国家当作建立于经济构造之上的上层建筑去理解，阐明法与国家是随着经济的构造之历史的发展而发展，而取得历史上所规定的特殊的形态，阐明其特殊的发展法则，使法与国家的理论，从一切布尔乔亚的法与国家的观念论的见解解放出来，得到真正科学的性质。"② 更为重要的是，他在 20 世纪 40 年代后期至 50 年代中期，直接开展了唯物史观指导下的法理学研究，写出了一批马克思主义法理学论著。40 年代后期，他在十分艰苦的条件下，撰写了《法理学大纲》一书，开启了中国的马克思主义法理学研究；50 年代中期，他配合新中国第一部社会主义宪法的制定，撰写了《谈宪法》、《中华人民共和国宪法讲话》等著作，从法理学上对新宪法作出了深入阐发。可以说，李达对唯物史观的法理学向度的开展，也同样有着重要创获和代表性成果。这成为了他对唯物史观所作多向度开展的一个最有特色的方面。

在《法理学大纲》中，李达强调了哲学与法理学的密切联系，强调了必须用马克思主义哲学、特别是用唯物史观来指导法理学研究。他指出："法理学原是法律哲学。法律哲学，是一种特殊哲学，是哲学中的一个分支。特殊哲学与哲学，具有密切的关系。各派法理学，都采用一种哲学作为理论的根据。各种法理学，都是一种特定的哲学在法律领域中的应用和扩张。……本书所采用的哲学，是一个科学的世界观。科学的世界观，是研究整个世界的发展的一般法则的科学。它是人类知识全部历史的总结论。"③ 这里的"科学的世界观"，指的是作为马克思主义哲学的唯物辩证法。他又进一步指出："法理学所研究的法律现象，是世界万有现象中的

---

① 毛泽东：《读苏联〈政治经济学教科书〉的谈话（节选）》，《毛泽东文集》第 8 卷，第 140 页。

② 李达：《社会学大纲》，《李达文集》第 2 卷，第 304 页。

③ 李达：《法理学大纲》，法律出版社 1984 年版，第 1 页。

一部分，同时又是社会现象中的一部分，所以法理学不但是科学的世界观的构成部分，同时又是科学的社会观的构成部分。从世界观到社会观、到法律观的推移，是顺次由普遍到特殊的推移。法律观被包摄于社会观之中，直接由社会观所指导，间接由世界观所指导。在这种意义上，法理学是通过社会观而接受世界观的指导的。于是法理学与社会观的关系，比较它与世界观的关系，更为具体而直接。"① 这里的"科学的社会观"，指的是作为唯物辩证法重要内容的唯物史观。在李达看来，法理学与唯物史观有着更为直接的联系，"法理学必须接受科学社会观的指导"②，这就明确提出了唯物史观的法理学向度的开展问题。

李达认为，对唯物史观的法理学向度的开展，其最主要之点，在于从社会存在与社会意识的正确关联上、从全体的关联上、从发展的过程上，去理解作为社会现象之一的法律现象，即"把法律制度当作建立于经济构造之上的上层建筑去理解；阐明法制这东西，是随着经济构造之历史的发展而发展，而取得历史上所规定的特殊形态，阐明其特殊的发展法则，使法律的理论从神秘的玄学的见解中解放出来，而构成为科学的法律观"③。在这里，他尤其强调唯物史观指导下的"科学的法律观"，认为这是"以暴露法律发展法则为对象的科学"④，从而与其他各派法理学区别开来。他说："说起'法律的发展法则'时，大多数法学家或许认为是海外奇谈。他们大都受了观念论法理学的熏陶，以为法律是人类意志造出的规范，它本身已是法则，此外还有什么法则可说？观念论的法理学，在法律的领域中，大都采取目的论，放弃因果律；即使有的承认因果律，也只限于心理的或精神的方面，而否认客观的因果律。又如所谓社会法学，虽然承认法律是社会现象，而主张法律学是社会学的一部分，却不承认法律有什么发展法则。因为这派所崇奉的市民社会学（即资产阶级社会学——引者注），是主观主义的，是观念论的。"⑤ 针对这些唯心论的法理学，他从唯物史观出发，旗帜鲜明地提出了不同看法："法律的发展法则，是法律现象本身中所固有的、客观的、内在的诸现象间复杂错综中本质的关联之反映。这

---

① 李达：《法理学大纲》，第3页。
② 同上书，第6页。
③ 同上。
④ 同上书，第8—9页。
⑤ 同上书，第8页。

本质的关联，即是法律现象中内在的根本的矛盾。这内在的根本的矛盾，是法律的自己发展的源泉。由于这内在的根本的矛盾，法律就由低级形态推移于高级形态，由旧形态转变为新形态。特定历史阶段上法律的体系，由于它内在的矛盾之发展而发展，而又趋于消灭，转变为它种高级的体系。这便是法律的发展法则。"① 在他看来，"法理学必须阐明法律的发展法则，才能成为科学的法律观"②。

正是这样，李达在《法理学大纲》第二章"各派法理学之批判"中，对西方古往今来的各派法理学进行了考察与批判，涉及以柏拉图、亚里士多德为代表的古希腊法理学，以西塞罗为代表的古罗马法理学，以奥古斯丁、阿奎那为代表的中世纪神学派，以格老秀斯、霍布斯为代表的拥护君权的自然法学派，以洛克、卢梭为代表的提倡民权的自然法学派，以康德、黑格尔为代表的玄学派，以萨维尼为代表的历史学派，以布拉克斯顿、克里斯襄、边沁、奥斯丁为代表的分析学派，以及 19 世纪后期以来的社会哲学派、比较法学派和社会法学派。李达认为，各派法理学对该时代的法律都有相当的贡献，后起的各派对先起的各派更有补偏救弊的功能。"市民时代（即资本主义时代——引者注）法律发达的趋势，都多少受了各派法理学说的推动，这是无容置疑的。如自然法派的学说，几乎全部被采用为法国法律的立法原理；玄学派、历史学派及社会功利派法学又成为德国法律的原则；分析派对于英国立法也有很大的贡献；社会学派的学说，对于美国司法界也有很大的影响。"③ 但在李达看来，这些法理学派又有共同的缺陷，即都以唯心论为其哲学基础，都没有历史主义的观点，都缺乏社会现象互相联系的观点，都是站在不公平的基础上去觅求公平，因此，它们的学说都未能构成"科学的法律观"。特别是资产阶级法理学，回避现实，文饰现实，不能也不愿暴露法律的发展法则，"只是想把自己阶级的意志加入于统治万人的法律之中"④，存在着严重的局限性。"科学的法律观"，应当克服这种局限性，成为"以暴露法律发展法则为对象的科学"。

李达对唯物史观的法理学向度的开展，具有强烈的时代性与实践性，

---

① 李达：《法理学大纲》，第 7—8 页。
② 同上书，第 8 页。
③ 同上书，第 84 页。
④ 同上书，第 86 页。

对近代中国的法律、法学的现状及法理学的走向，提出了尖锐的批判。他在谈到法理学的任务时，就直接指向了近代中国的法律、法学的现状，指出："就社会科学说，人们在其社会的实践中，逐渐的理解社会的发展法则，并依据这法则，去积极改造社会，以改进我们的社会生活。作为社会科学之一的法理学，如果真能阐明法律的发展法则，就可以依据这法则以改造法律，使法律适应于社会生活，并促进现实社会的发展，这是关于法理学的任务的问题。提起法理学的任务时，我们不能不以中国的法律、法学及其与中国社会的关系为问题。"① 在他看来，近代中国的法律体系，是被迫接受西方法律原理的产物，是通过在晚清延请帝国主义法学家编纂、在民国几经修改而形成的；而近代中国对法律的注释，也是从外国引入的。对此，他感叹地说："法律是舶来品，法律的注释也是舶来品。法学对于法律，果然配合得很好，但对于中国社会的现实，是否也能够配合，那就是一个问题了。这个问题，是法学方面最重要的最根本的问题。这个问题如不解决，中国的法学自身没有生机，也不能促进法律的改造，因而也不能促进社会的进步，这是很明白的事情。"② 他进而认为，这个"法学方面最重要的最根本的问题"，唯有进行法理学的研究与批判才能加以解决，但近代中国法理学的走向，同样也是不能令人满意的。他继续感叹地说："说起法理学，各大学法律系，在十多年以前就设立了这个功课，主讲的先生们如何教法，不大知道。听说多有采用外国人所著的原本或译本作为教本的，也有自编讲稿的。若用外国人的著作来讲授，那便连法理学也是舶来品了。"③ 对于这些"舶来品"，李达并没有完全否定其历史进步性，也肯定它们是"新"的，甚至是"最新"的东西；但他同时指出，这些"新"的，甚至是"最新"的"舶来品"，毕竟难以正确反映中国社会的现实，不是中国社会发展中所需要的东西。

如何来改变近代中国的法理学走向呢？如何通过法理学的研究与批判，来改造近代中国的法律、法学的现状呢？李达力主把马克思主义哲学引入法理学研究，开展唯物史观指导下的法理学研究。他对这一研究工作提出了明确的要求，指出："法理学的研究，首先要阐明世界法律

① 李达：《法理学大纲》，第9页。
② 同上书，第11—12页。
③ 同上书，第12页。

发展的普遍原理，认识法律的发展与世界发展的关系，认识特定历史阶段上的法律与社会的关系；其次要应用那个普遍原理来认识中国的法律与特殊的中国社会的关系，由中国社会发展的特殊路线，展开与之相互适应而又能促进其发展的法律理论，作为改造法律充实法律的指导。为要完成这个任务，法理学的研究者，必须具有科学的世界观与认识世界的方法，认识法律在万有现象中的位置，认识法律怎样随同整个世界的发展而发展；又必须具有科学的社会观与社会科学的方法，认识法律在社会现象中的位置，认识法律怎样随同社会的发展而发展。他们只有具有科学的世界观与社会观，才能跨出那法典与判例的洞天，旷观法律以外的社会与世界的原野，究明法律与世界、与中国现实社会的有机的联系，建立法律的普遍性与特殊性的统一；才能使自己的研究可对时代作积极的贡献，而不至于与时代脱节；才能促进法律的改造，使之适应于现实社会，促进社会之和平的顺利的发展，可以免除中国社会的混乱、纷争、流血等长期无益的消耗。这样的工作，虽是艰巨的，却是可能的。这样的工作，是法理学最高的任务。"① 在他看来，只有引入马克思主义哲学，在唯物史观的指导下，中国法理学研究才能走出困境，得到真正的发展，并对近代中国的法律、法学的现状作出切实的批评与改造。

正是这样，当新中国第一部社会主义宪法诞生的时候，李达极为振奋，积极撰文，从法理学上说明新宪法的来源、性质和作用。他指出，宪法的来源，不是要到人类头脑中去探求，不是要到哲学家、法学家的"伟大观念"或"最高理性"中去探求，也不是要到法律制度中去探求，而是要到社会的经济基础和生活条件中去探求。因此，他首先强调"我国宪法是历史经验的总结"②，认为在这历史经验的总结中，既包括中国人民一百多年来英勇斗争的历史经验的总结，又包括中国近代关于宪政问题和宪政运动的历史经验的总结，还包括新中国成立以来新的历史经验的总结。正是基于鸦片战争后一百多年来中国社会的经济基础和生活条件所发生的巨大变化，正是基于鸦片战争后一百多年来中国历史经验的总结，才在这个基础上产生了新宪法。他进而指出，正是基于这样的

---

① 李达：《法理学大纲》，第 13—14 页。
② 李达：《我国宪法是社会主义类型的宪法》，《李达文集》第 4 卷，人民出版社 1988 年版，第 488 页。

来源，新宪法充分反映了中国人民建设社会主义的共同愿望，在性质上是社会主义类型的宪法，在作用上是全国人民为建成社会主义而斗争的旗帜。这也就论证了新宪法的合理性与法律地位。在他看来，一部法律在中国是否合理，是否具有法律地位，关键看它是否是在中国社会的基础中产生的。在《法理学大纲》中，他曾写道："只有这样从中国社会的基础中产生的法律，才是与中国社会的前途相配合的法律。只有这样的法律才能推动中国社会的前进。"① 对于新宪法，李达也是由此入手来阐发其合理性与法律地位的。他特地提醒人们："我国的宪法是全国人民大众的共同意志的表现，它决不是几个法学家在书斋里写出来的东西。所以我们学习这个宪法，必须结合客观的革命实际和社会实际，来理解它的根本精神。"②

法理学是一个法学与哲学相交叉的学术领域。李达对唯物史观的法理学向度的开展，开拓出中国马克思主义法理学这样一片新天地，既发展了中国马克思主义哲学，又发展了中国马克思主义法学。著名法学家韩德培对于李达的法理学研究予以了高度评价，称李达是"我国最早运用马克思主义研究法学的一位拓荒者和带路人"③，认为"他为我国的法学研究开辟了一条新的路子"④。可以说，对唯物史观的法理学向度的开展，是李达对唯物史观的传播、阐释与中国化作出的一个颇具特色的贡献。

七　李达对唯物史观的多向度开展的当代意义

李达对唯物史观的多向度开展，他为唯物史观的传播、阐释与中国化所做的开拓性工作，不仅在中国马克思主义哲学发展史上写下了重要篇章，而且对于唯物史观在 21 世纪中国的进一步发展富有启迪意义。

首先，李达对唯物史观的多向度开展，充分展示了唯物史观在马克思主义哲学中的地位、意义和重要性，即唯物史观不仅是马克思主义哲学的历史观，是马克思主义哲学的重要构成，而且与更具体的马克思主

① 李达：《法理学大纲》，第 13 页。
② 李达：《学习中华人民共和国宪法》，《李达文集》第 4 卷，第 443—444 页。
③ 韩德培：《一位少有的马克思主义法学家》，《为真理而斗争的李达同志》，武汉大学出版社 1985 年版，第 161—162 页。
④ 同上书，第 161 页。

义政治哲学、与更抽象的马克思主义哲学本体论都有着直接的关联，从而使马克思主义哲学获得了具有现实性和历史感的充分开展。这就启示我们在思考唯物史观在 21 世纪中国的开展时，必须重新审视唯物史观在马克思主义哲学中的作用和价值，切不可对唯物史观作简单化、平面化的理解。

其次，李达对唯物史观的多向度开展，建立了唯物史观与历史学、经济学、法理学等不同学科的密切联系，既使唯物史观从这些学科中获取思想资源，以充实和发展自己的内涵，又使唯物史观深入这些学科研究之中，为其提供思想方式、开拓思维空间。这不仅有力地促进了唯物史观的开展，扩大了唯物史观对中国思想世界的影响，而且积极地推进了中国马克思主义的历史学、经济学、法理学的建设，拓展了中国马克思主义的学术空间。李达在这方面留下的大量著述，其中的一些观点，在今天看来，或许已经过时，或许有其局限性，但总的思路与总的方向，却无疑是正确的。这就启示我们在思考唯物史观在 21 世纪中国的开展时，必须重视加强唯物史观与不同学科之间的联系，切不可把唯物史观封闭在马克思主义哲学内部，更不可把唯物史观变成为抽象的思辨的历史哲学，仅靠概念的推演与逻辑的构造来说明历史和解释现实。

再次，李达对唯物史观的多向度开展，凸显了对中国现实与中国问题的关注，不仅要求马克思主义哲学指向中国实际，回答中国问题，而且要求唯物史观指导下的历史学、经济学、法理学指向中国实际，回答中国问题。对于李达思想和著述的这一特点，毛泽东深有感触，早已点明。1938 年，毛泽东在读《社会学大纲》一书时写道："找出法则、指示实践、变革社会——这是本书的根本论纲。"[①] 当然，不只《社会学大纲》是如此。可以说，这是李达全部思想和著述的基本品格。这就启示我们在思考唯物史观在 21 世纪中国的开展时，必须重视指向中国实际，回答中国问题，切不可把唯物史观研究变成远离中国实际、不谈中国问题的学问。

李达留给我们的这些启示，显示了他对唯物史观的多向度开展，具有着长久的生命力和影响力。珍视、总结、承继这一份宝贵的思想遗产，推

---

① 毛泽东：《读李达著〈社会学大纲〉一书的批注》，《毛泽东哲学批注集》，中央文献出版社 1988 年版，第 209—210 页。

进中国马克思主义哲学在 21 世纪的新开展，是我们今天哲学研究的一项重要工作，也是我们对这位先驱者的一个最好纪念！

（原载《武汉大学学报》（人文科学版）2011 年第 1 期）

马克思主义唯物史观与中国史研究

近代报刊与史学近代化

20 世纪初年，梁启超《中国史叙论》（1901）和《新史学》（1902）的发表，标志着中国史学进入史学近代化的阶段。

史学近代化的内涵是丰富的。有关历史学内容的报刊的出现，既是史学近代化的产物、标志，又促进了史学近代化的发展。

近代报刊的研究，要抓住报刊的学术性质、功能、影响几个方面展开讨论。学术期刊作为报刊的重要历史形态，是历史文献之一大类；作为现实形态，则体现为历史与现实的交汇，体现文化、史学与社会交互的作用，从而呈现时代性、民族性的结合，学术性与致用性的结合。

20 世纪后期到新世纪，随着信息化的发展，期刊的形态、功能都发生了变化，纸质期刊的命运与走向、面临的挑战，都成为研究报刊的学人十分关心的题目。回顾近代期刊的发生与发展过程，对思考新世纪的期刊学有着重要的意义。

一 史学近代化过程中的报刊

还是在 19 世纪末，梁启超把维新变法与历史学的研究结合成一个整体。他的《变法通议自序》发表在《时务报》的第 1 册①上。此后，《西学书目表后序》（第 8 册）、《日本国志后序》（第 21 册），是任公史学成就的标志。1897 年，与史学相关报刊的创立，出现一个高潮。其中有：2 月，康有为刊《广仁报》；3 月，《知新报》在澳门创刊；4 月，《湘学新

---

① 近代期刊刊期通常用"册"、"号"、"辑"及"期"为标识。后来，通常以"期"作标志。

报》（即《湘学报》）在长沙创刊；5 月，新学会在上海刊行《新学报》；
10 月，《国闻报》在天津创刊；12 月，又办《国闻汇编》；10—11 月，
《渝报》在重庆创刊，《蒙学报》、《演义报》在上海创刊①。各地方出现创
办报刊热潮，仅安徽一地，从 1899 年至 1921 年，汪溶、陈独秀等一批学
人就创办了《白话报》、《爱国新报》等 50 多种报刊②。

《清议报》、《新民丛报》是学人鼓吹政见的阵地，也是建设"新史
学"的阵地。1901 年，梁启超在《清议报》上发表《中国史叙论》。1902
年，他在《新民丛报》上发表的文章则有：《新史学》、《天演学初祖达尔
文学说及其略传》、《论中国学术思想变迁之大势》、《地理与文明之关系》
等。《政艺通报》等刊发了相当多的史学内容的文章，邓实发表了《史学
通论》等一批文章。

除上面提到的报刊外，在 20 世纪的第一个 10 年，可举以下报刊为例：
《东方杂志》、《国粹学报》、《教育世界》、《民报》、《学林》、《广益丛
报》等。

其中，《东方杂志》与《国粹学报》则是重镇，在这期间发表了一批
检讨传统史学和宣传西方史学、史观的文章。《东方杂志》发表的文章有：
《论中国民族文化之起源》（2 卷 4 期）、《论中国史乘之多诬》（2 卷 6
期）、《论变法必以历史为根本》（2 卷 8 期）等。《国粹学报》除邓实、刘
光汉、马叙伦等论古代学术、史学的文章，陆绍明的研究中国传统史学的
文章相当突出，其中有《论史学之变迁》（第 10 期）、《论古政归原于地
利》（第 10 期）、《史学稗论》（第 11 期、第 14—16 期）、《史学分文笔两
派论》（第 16 期）、《补古学出于史官论》、《史注之学不同论》、《史家宗
旨不同论》（以上三篇见第 17 期）、《古代政术史总序》（第 18、20 期）、
《论史学分二十家为诸子流派》（第 18 期）等。

1910 年的重要论文，还有《学林》第 1 期上，章太炎发表了《信史》
（上、下），第 2 期发表《秦政记》、《秦献记》、《征信论》。另外，在《广
益丛报》上，有《论西史旨趣为读西书者告》，也是研究近代史学的文献。

这些文章尽管见解不一，见识有高下之分，但无疑表明，在西方文化
思潮涌入中国时，中国学人在反思，寻求民族史学的前途。

---

① 参见汤志钧编《章太炎年谱长编》上册，中华书局 1979 年版，第 38—39 页。
② 陈万雄：《五四新文化的源流》，生活·读书·新知三联书店 1997 年版，第 103—112 页。

　　此后，报刊上关于史学的论文，呈现出以前不曾有的景象，是中国史学近代化又一个时期，到 20 世纪 40 年代，又有一批报刊涌现。下面从几个方面作一简单的归纳。

　　——在史学领域内有影响的学术期刊。下面着重再说一些刊物，可以看出近代文化一个大概。如《新青年》、《史地丛刊》、《史地学报》、《民铎杂志》、《史学与地学》、《现代评论》、《读书杂志》、《出版周刊》、《二十世纪》、《文化批判》、《文史》、《青年界》、《新潮》、《学风》、《文化建设》、《文献特刊》、《图书展望》、《社会学刊》、《史地知识》、《新世纪》、《文哲月刊》、《制言》、《新中华》、《时论》、《新史地》、《中国经济》、《中国农村》、《禹贡》、《时事类编》、《民治月刊》、《解放》、《读书月报》、《学术月刊》、《中苏文化》、《新知半月刊》、《责善半月刊》、《群众周刊》、《力行》、《思潮月刊》、《学习生活》、《新认识》、《中山月刊》、《中日文化》、《中德学志》、《时代精神》、《读书通讯》、《星期评论》、《思想与时代》、《时代中国》、《说文月刊》、《华文月刊》、《东方文化》（上海）、《学习生活》（重庆）、《现代西北》、《哲学评论》、《中国青年》、《中华论坛》、《文史杂志》、《文史哲季刊》、《文化先锋》、《读书与出版》（上海）、《改造杂志》、《中国文化》（延安）、《北方杂志》、《新建设》、《学习》等。

　　——报纸及其副刊与史学有密切关系的，如《晨报·副刊》、《学灯》（《时事新报》副刊）、《觉悟》（《民国日报》副刊）、《大公报·现代思潮》、《（北平）晨报·思辨》、《（北平）晨报·历史周刊》、《努力周报》、《（天津）益世报·社会研究》、《湘江评论》、《中央日报·文史副刊》、《大公报·史地周刊》、《解放日报》、《新华日报》（重庆）、《大公报（重庆）·战国副刊》、《经世日报·读书周刊》、《申报·文史》等。

　　——专门的历史学刊物，如《史学杂志》（南京）、《史学杂志》（成都）、《历史教育》、《史学年报》、《历史科学》、《现代史学》、《治史杂志》等。

　　——有重要史学文章的教育刊物，如《中华教育界》、《学生杂志》、《教育杂志》（商务印书馆）、《留美学生季报》、《教育杂志》（杭州）、《中山文化教育馆季刊》、《大学》（成都）、《教育与文化》等。

　　——高校的期刊及学报类，有《国学丛刊》（清华大学）、《北京大学月刊》、《国学季刊》、《北京大学社会科学季刊》、《清华学报》、《师大月刊》、《辅仁学志》、《中山大学语言历史学研究所周刊》、《东北大学周刊》、《燕大月刊》、《河南大学文学院季刊》、《厦大周刊》、《金陵大学文学院季刊》、《湖南大学期刊》、《国专季刊》、《中法大学月刊》、《史学》（中央大学）、《燕京学报》、《齐大国学季刊》、《中山学报》、《中央大学社会科学季刊》、《复旦学报》、《中国学报》、《南华学报》、《燕京社会科学》等。

需要说明的是，近代报刊的出版经历不一样。如 1904 年在上海创刊的大型综合性刊《东方杂志》，一直到 1948 年 12 月停刊，历时 45 年，共出版 344 卷。

《新民丛报》半月刊，1902 年梁启超在日本创办，前后共出 96 期。

《新青年》的情况是：1916 年 9 月，陈独秀在上海创办的《青年杂志》迁至北京，自 2 卷 1 号改为《新青年》，至 1933 年，出版 79 期。

陶希圣主编的《食货》半月刊创刊于 1934 年 12 月，在思想领域、史学领域内有过重要影响，前后出版了 61 期。1937 年 7 月 1 日出版了 6 卷 1 期，该刊停刊。后在我国台湾复刊，改为月刊。

《战国策》半月刊为林同济、雷海宗、陈铨等于 1940 年 4 月创办，到 1941 年 7 月停刊，出了 17 期。另外，重庆《大公报》有《战国》副刊，到 1942 年 7 月 1 日，办了 31 期。

1941 年 1 月重庆的《文史杂志》，原由朱家骅发起创办，6 月，顾颉刚任副社长兼主编（他主编的是 1 卷 9 期直至停刊），至 1945 年抗日战争胜利，出版满 5 卷。后在上海于 1946 年、1948 年两度复刊，出版了 5 期。

所以，中国近代报刊的成长过程是复杂多变的，也是艰难曲折的。这些报刊对史学近代化产生了重要影响①。

---

① 以上报刊情形，参阅了近年来的学术史、学术史编年、学人论文集，如蒋大椿主编《史学探渊》（吉林教育出版社 1991 年版），《中国 20 世纪学术系年》（王世舜等主编，侯云灏等编著，中国文联出版社 1999 年版），姜义华等主编《二十世纪中国社会科学·历史学卷》（上海人民出版社 2005 年版），吴怀祺的《二十世纪中国人文学科学术研究丛书·史学理论与史学史》（福建人民出版社 2006 年版）等。《二十世纪中国社会科学·历史学卷》第 498—514 页有《史学报刊创刊和历史沿革》，全面介绍近代史学报刊。其中，30 年代至 40 年代与史有关的报刊，在 30 种以上（第 503、508 页）。各种论述与介绍，有自己的特点和重点，提法不尽相同，要逐项进行检查、考订，最好能写出《二十世纪学术报刊考》，这只能有望于后之博雅君子。

二 爱国主义史学思潮:近代报刊的亮点

19 世纪末 20 世纪初，也就是从 19 世纪八九十年代到 20 世纪 20 年代，爱国主义史学思想的特征是救亡图强。这一时期的爱国主义史学思想的内容，主要是反对帝国主义瓜分中国，反对列强的"蚕食鲸吞"、"瓜分豆剖"，避免像印度、非洲国家那样沦为殖民地的命运。梁启超在《南学会叙》中说："敌无日不可以来，国无日不可以亡。数年之后，乡井不知为谁氏之藩，魂魄不知为谁氏之鬼。"中华民族到了生死存亡的关头。这些史学家谈历史的借鉴，继续发扬了魏源、姚莹的史地学的研究精神，把眼光转向世界。

史学家们明确指出史学在救亡图存的爱国主义斗争中的意义。梁启超在《新民丛报》的《新史学》中说："史者，爱国心之源泉。"章太炎说："不读史，则无从爱其国家。"①《浙江潮》的第 7 期在介绍这本史书的评论中说："历史为国魂之聚心点。"

到了 20 世纪 30 年代，随着日本帝国主义的侵略加深，日本企图把中国变为它的独占殖民地，中日之间的矛盾成为当时社会的主要矛盾。这一时期，爱国主义思想高涨，爱国主义的史学思想是其中的重要组成部分。

以《禹贡》为例。1934 年 3 月，顾颉刚、谭其骧诸位先生创办《禹贡》半月刊，这份杂志突出刊物的宗旨是爱国主义的史学思想。按照《禹贡学会研究边疆计划书》所说，这是继续发扬鸦片战争时期边疆史地研究的优良传统，由于外国资本主义的侵略的刺激，"遂使一班学人跳出空疏迂远的范围，而转向于经世致用之学术。边疆学者，经世致用之大端也"。

《禹贡》半月刊一出版就张起爱国主义的大旗，说在"强邻肆虐，国亡无日"的情况下，一些学者"遂不期而同集于民族主义旗帜之下"。杂志之所以以"禹贡"为名，是因为《尚书·禹贡》是"中国地理沿革史的第一篇"。刊名寄寓着反抗侵略的自强意识。"今日一言'禹域'，畴不思及华夏之不可侮与国土之不可裂者！以此自名，言简而意远。"②从创刊到"七七"事变刊物被迫中止发行，总计出版了 82 期。爱国主义思想，

---

① 章太炎:《历史之重要》,《制言》第 55 期。
② 《禹贡》1 卷 1 期)《发刊词》,4 卷 10 期《禹贡学会募集基金启事》。

首先在于它表达了维护领土完整、反对帝国主义侵占我国国土的思想。学者研究我国古地理，用意在"要把我们祖先开发的土地算一个总账，合法地承受我们国民应当享有的遗产，永不忘记在邻邦暴力压迫或欺骗分化所被剥夺的是自己的家业"①。而版图观念是培植爱国思想所不可或缺的，他们又说："世未有于其田园院舍经界不明而能尽其保守之责者，亦未有于国家版图茫无所知而能发动其正确之爱国观念者。"② 他们力图使自己的研究"以激起海内外同胞爱国之热诚，使于吾国疆域之演变有所认识，而坚持其爱护国土意向"③。

刊物宣传了中华民族团结起来共同反对侵略的思想。有的文章说："我们要把我们祖先冒着千辛万苦而结合成的中华民族经过探索出来，使得国内各个种族领会得大家可合而不可离的历史背景和时代使命，彼此休戚相关，交互尊重，共同提携，团结成最坚强的民族。"④

《禹贡》用历史的材料和现实调查得来的资料，研究巩固西北、东北边疆的办法，主张"共谋改良西北边地经济之道，盖边陲安，内地斯能高枕矣"。有的提出移民屯田的主张。

学者以大量的研究揭露帝国主义，特别是日本帝国主义研究中国史地所包藏的祸心。有的文章说："百年以来，东邻西邦之研吾史与社会者踵相接，仆仆道途，皆搜觅其所欲得者以去。孳孳焉而察之，若水银泻地，无孔不注，其谋国者遂得借之以设施其政治计划，而吾国为之大困。"⑤ 他们的研究往往是军事行动的先导。有的文章说："按中日战争前有'朝鲜学'，朝鲜以灭；日俄战争前有'满鲜学'，辽省以陷；'九一八'以前有'满蒙学'，四省以亡。今之日人又高唱'东亚学'了。呜呼，剑及屦及，事至迫矣。请看明日之东亚，将为谁家之天下！愿我国人醒一醒吧。"⑥

南方于1921年11月创刊的《史地学报》，至1926年第4卷第1期，5年间共出版20期，研究方法、风格与《禹贡》不同，但倾向经世爱国。《史地学报》的深一层用意，"除了救亡图存之外，亦希望中国的学术能立

---

① 《禹贡》7卷1、2、3期《纪念辞》。
② 《禹贡》6卷3、4合期。
③ 《禹贡》7卷1、2、3期《本会此后三年中工作计划》。
④ 《禹贡》7卷1、2、3期《纪念辞》。
⑤ 《禹贡》4卷10期《禹贡学会募集基金启事》。
⑥ 《禹贡》5卷6期《日人对东北研究之现状》。

足于世界"①。

抗战时期，延安地区的史学家、国统区的一些史学家坚持爱国主义的史学思想，鼓舞人民进行抗日斗争，反对妥协投降。

三 近代报刊：中西史学交流、碰撞的平台

产生于中国史学近代化过程中的报刊，促进了中国近代史学的发展。20 世纪 20 年代，梁启超有《清代学术概论·自序》，谈到《新民丛报》与他的史学关系。他说：

> ……余于十八年前，尝著《中国学术思想变迁之大势》，刊于《新民丛报》，其第八章论清代学术，章末结论云："此二百余年间总可命为中国之'文艺复兴时代'，特其兴也，渐而非顿耳。然固俨然若一有机体之发达，至今日而葱葱郁郁，有方春之气焉。吾于我思想界之前途，抱无穷希望也。"

1930 年，张荫麟追溯近代史学的变化，说：

> 就中国史学的发展上看，过去的十来年可算是一新纪元中的一小段落；在这十来年间，严格的考证的崇尚，科学的发掘的开始，湮沉的旧文献的新发现，新研究范围的垦辟，比较材料的增加，和种种输入的史观的流播，使得司马迁和司马光的时代顿成过去，同时史界的新风气也结了不少新的，虽然有一部分还是未成熟的果。②

中国传统史学经历了火的洗礼，更新原有的形态，期刊的出现是带有关键性的大事。

---

① 《柳诒徵与〈史地学报〉》，柳曾符等编《劬堂学记》，上海书店出版社 2002 年版，第 242 页。

② 张荫麟：《中国上古史纲·自序》，见《中国上古史纲》，台北：里仁书局 1995 年版，第 6 页。

（一）新史学思潮与近代报刊

近代报刊群的宣传、呐喊和讨论，为中国近代新史学思潮的形成推波助澜。

严复译《天演论》所宣传的进化论影响中国史家对历史的解喻。光绪二十年（1898年）严复所译《天演论》问世，"不啻中国思想界的晴天霹雳。……自从严复翻译《天演论》以后，西方的进化思想，风靡于中国思想界。《民铎》出进化论号二册……专书则有马君武译的达尔文的《物种原始》。""进化思想输入后，自然直接影响国人对历史的看法，而有进化的古史观产生。自此以后，国人不再完全沉醉于过去了；中国史学家不再以'古胜于今'作为解释历史的最大标准了；中国史学自此进入一新世纪。"①

再如，实证思潮直接导引的新考据学，也是受益于近代报刊的发展。

（二）报刊成为史学争论的阵地，涌现出新的史学领军人物

我们这里说的"新史学"，是指它和传统中世纪的史学相联系但又有不同特点的史学，它反映近代社会的现实。"新史学"一方面是近代社会发展的产物，另一方面又是西方学术思想传入、影响的产物。从广泛的意义上说，马克思列宁主义史学，无疑是新史学，但马克思列宁主义史学是近代史学的主潮，有必要单独论述。人们在习惯上，是把这一时期的西方资产阶级的学术思想影响下的史学称为"新史学"。

新史学的内涵应当包括这样一些方面，一是以新的历史哲学认识传统的史学，重新解释历史的过程和历史现象，扩大历史的反映面，同时对旧史学展开批判。二是采用新的史书编纂形式写出各种通史、文化史及各种专史、断代史，出版各种近代的学术期刊等，以传播学术研究的成果，促进学术流派的形成和发展。三是借鉴西方的学术研究方法，结合中国传统的史法，推动历史研究的发展，这里包括引进自然科学方面的成果，用于历史的研究。

近代报刊促进了史学理论更新，成为学术争鸣、争论与交锋的阵地。

①　杜维运：《与西方史家论中国史学·附录二》，台北：东大图书公司1981年版，第295、296页。

在这一过程中，近代史学学科产生，锻炼与培育了新型的史学人才，产生了有影响的史学大师。

（三）近代史学流派与报刊的联系

中国近代学术流派多是以报刊为标志，近代期刊与近代史学流派有着十分紧密的关系。

——国粹派。1905 年 2 月 23 日，《国粹学报》在上海创刊，以"发明国学，保存国粹"为宗旨。主要成员有邓实、刘师培、章太炎、黄侃、马叙伦等。他们倡导国学，成为影响近代中国文化的一大宗。史学是其探索的重要领域。国粹派的主要刊物除《国粹学报》外，还有《政艺通报》等。

——甲寅派。1914 年 5 月，章士钊在日本创办《甲寅》月刊，出刊 10 期后停刊。1925 年 7 月创《甲寅》周刊。有关的学人结成学术共同体，形成"甲寅派"。其宗旨是"条陈时弊，朴实说理"。

——学衡派。这一派形成有一个过程。成员有吴宓、汤用彤、梅光迪等。1922 年，他们在南京创办《学衡》杂志，称之为"学衡派"。他们信奉美国学者白璧德（Irving Babbitt，1865—1933）的人文主义。这一派学人推崇西方的希腊、罗马文明，中世纪的宗教文明，对东方的佛教和儒家思想予以肯定，肯定中国文化的地位和作用；认为东西方文化共同蕴涵的道德精神为人类文明的精髓。

——古史辨派。与《读书杂志》等杂志有着紧密的联系。顾颉刚在 1923 年提出"层累地造成的中国古史"的论点，引起学界的关注与论争。这些在期刊上的文章被陆续编辑成书，即《古史辨》，从 1926 年到 1941 年，《古史辨》共出版 7 册，总字数超过 325 万。顾先生的学术流派，是为"古史辨派"。

——食货派。这一流派依托的阵地是 1934 年 12 月 1 日陶希圣主编的《食货》半月刊。

——战国策派。这一派的阵地是 20 世纪 40 年代雷海宗、林同济创办的《战国策》半月刊，另有《大公报》的《战国》副刊。

近代史学上的几大论战，又是依托相关的期刊。与史学理论思想相关的论争，如问题与主义论战、科玄之争、中国社会性质问题论战以及中国社会史问题论战、中国农村经济性质论战等，都是依托一定的报刊。这是古代史学不曾有的情形。

但是，也要看到，史学近代化过程中，从总体上说，民族学术话语权丧失，报刊上的学术讨论过程中，民族史学思想的研究被冷落，以致西方流行一种偏见，认为中国的历史典籍丰富，但史学思想贫乏①，这对史学发展极为不利。

四　马克思主义史学与近代报刊

（一）近代报刊对马克思主义的介绍

19世纪，中国人对社会主义、马克思主义只有一些零星的了解。19世纪70年代，王韬在《普法战纪》中说到巴黎公社和"康密尼党"。到了19世纪末，也就是1898年，广学会出版一本胡贻谷的《泰西民法志》，提到马克思及其学说。此外，《万国公报》等和一些西方人向中国谈到各种社会主义，谈到马克思和马克思主义。20世纪初，中国学人如梁启超、马君武等在文章中谈到社会主义、马克思主义。

1902年，梁启超在《新民丛报》上称"麦喀士，社会主义之鼻祖"。1903年，邓实在《政艺通报》（1903年第2号）上发表《论社会主义》一文，热情歌颂社会主义，说："二十世纪之天地，欧罗巴之中心，忽发露一光明奇伟之新主义焉，则社会主义是也。其主义于现今世界，方如春花之含苞，嫣然欲吐。其将为大地所欢迎，而千红万紫团簇全球乎？抑为反对者所摧折，而绿残红愁飘零无迹乎？虽未可知，而要之其能腾一光焰，照耀众脑，万人一魂，万魂一心，以制成一社会党，其党人复占全球各党之大多数焉，则其主义之价值可知也。"这一时期，除《新民丛报》、《政艺通报》外，介绍马克思、马克思主义的报刊还有《民报》、《译书汇编》、《新世界学报》、《民国日报汇编》、《天义报》以及《东方杂志》等。

日本一些学者介绍社会主义的书籍，对中国人认识社会主义、马克思主义起了重要的作用。《东方杂志》的八卷十二号，连载幸德秋水的《社会主义神髓》，该书谈到唯物史观说："近世社会主义之祖师加尔马参者，能为吾人道破人类社会组织之真相者也。其言曰：有史以来，不问何时何

---

① 参见吴怀祺《中国史学思想通史·总论》，黄山书社2005年版，第5—9页。

地，一切社会之所以组织无有不根底于经济的生产及交换方法，而其时代之政治的及灵能的历史，惟建设于此根底之上者，亦实自此根底始可解释也。"福井准造在所著的《近世社会主义》中指出，马克思"学识深远，思想精致"，《资本论》"为一代之大著述，为新社会主义发明无二之真理，为研习服膺之经典"；"必以学理为社会主义之根据，以攻击现代社会，以反对现制度，而创立新社会主义，以唱道于天下，舍加陆马陆科斯其人者，其谁与归？"

这种思潮对中国产生了广泛的影响。1905年，孙中山到欧洲布鲁塞尔访问第二国际书记处，认为"中国社会主义者要采用欧洲的生产方式，使用机器，但要避免其种种弊端"，"他们要在将来建立一个没有任何过渡的新社会"，"由中世纪的生产方式直接过渡到社会主义阶段，而工人不必经受资本家剥削的痛苦"①。朱执信在《德意志社会思想家小传》中介绍马克思，译述了《共产党宣言》的片断，评介了《资本论》。

20世纪初年的唯物史观介绍没有构成系统，介绍中正确与错谬往往混在一起，这在初期是难以避免的。

（二）近代报刊与中国马克思主义史学

五四运动促进了马克思列宁主义在中国的广泛传播，唯物史观在中国的传播进入一个新阶段。1920年有400余种刊物在中国出版。《新青年》出版了"马克思研究专号"。据统计，1919年8月至1920年4月半年时间，《建设》杂志发表的马克思主义、社会主义方面的文章计有20余篇，占全部篇目的15%至20%。当时，除《新青年》外，还有《国民》、《少年世界》、《新社会》、《解放与改造》，号称三大副刊的《晨报》副刊、《民国日报》副刊《觉悟》、《时事新报》副刊《学灯》以及国民党创办支持的《建设》和《星期评论》杂志，也对马克思主义传播起了一定的作用②。

报刊宣传唯物史观，产生重大影响，"晚近以来，高等教育机关里的

---

① 《孙中山访问第二国际》，原载《近代史研究》1979年第3期。
② 参见吕希晨、王育民《中国现代哲学史》，吉林人民出版社1984年版；唐宝林主编《马克思主义在中国100年》，安徽人民出版社1997年版。

史学教授，几无不被唯物史观影响，而热心创造一种社会的新生"①。

有系统地宣传马克思列宁主义是在十月革命后，李大钊同志对此作出了突出的贡献。他先后发表的《法俄革命之比较观》、《庶民的胜利》和《Bolshevism（布尔什维主义）的胜利》等文章，传播马克思列宁主义。他集中宣传唯物史观的文章还有1919年的《我的马克思主义观》，1920年的《唯物史观在现代史学上的价值》、《唯物史观在现代社会学上的价值》②等。

李大钊宣传唯物史观，系统地和完整地论述马克思主义唯物史观的要点。首先，他是从整个马克思主义理论体系上来介绍唯物史观。在《我的马克思主义观》一文中，他说明马克思主义是三个部分组成的，一是马克思的历史论，二是关于经济论，三是社会主义运动论。

20年代，李大钊的史学思想史的研究和教学，是他宣传马克思主义活动的一个重要的组成部分。1920年，李大钊印发了《史学思想史》讲义，在北京大学、朝阳大学、女子师范大学、师范大学、中国大学讲授史学思想史、社会学等课，重点研究欧洲近代的思想发展史。他着重介绍和研究文艺复兴时期法国的鲍丹（Jear Bodin，现译波丹）、法国的启蒙思想家孟德斯鸠、意大利的历史哲学家韦柯（Govanni Battista Vico，现译维科），及孔道西（Jean Antoine Comiorcet，现译孔多塞）、桑西门（Claude Henride Saint—Simon，现译圣西门），涉及的人物还有马基雅弗理、伏尔泰、康德、赫尔德、黑格尔、梯也里、米涅、基佐、孔德等。李大钊把这些思想家放在一定的历史条件下加以考察，肯定其中合理的东西，指出其谬误，说明他们的史学思想从体系上看是历史唯心论，但比起中世纪神学观有了进步，打破了古代世界是"黄金时代"的迷信。他以历史变化的观点说明史学思想也在不断发展。"历史观本身亦有其历史"，历史观"是随时变化的，是生动无已的，是含有进步性的"③。唯物史观是欧洲近代史学思想发展的结果，"自有马氏的唯物史观，才把历史学提到与自然科学同等的地

---

① 《新青年》第8卷第4号，收入《李大钊文集》第3卷，人民出版社1999年版，第321页。

② 参见《新青年》1919年第6卷第5、6号，1920年第8卷第4号。

③ 李大钊：《史观》，参见《史学思想史》讲义，收入《李大钊文集》第3卷，第229页。

位。此等功绩，实为史学界开一新纪元"①。

他在 1923 年 11 月 29 日《民国日报》副刊《觉悟》上发表的《史学要论》②，是中国马克思主义史学理论有系统的最早著作。他更期望："历史科学的系统，其完成亦须经相当的岁月，亦须赖多数学者奋勉的努力。"

《史学要论》进一步说明历史学的系统，论说历史理论和历史研究法容易相混，但"绝非同物"，历史理论是构成广义史学的最重要部分；阐述历史学在科学中的地位，史学与相关学问的关系，特别是史学与文学、哲学、社会学的关系。

李大钊为中国的马克思主义史学奠定了理论基石，同时他开始用唯物史观来观察中国社会、思考中国的历史③。

五四时期，毛泽东在《湘江评论》上著文说："唯物史观是吾党的哲学的根据，这是事实，不像唯理观不能证实而容易被人动摇。"④

20 世纪 20 年代后期 30 年代初，是中国马克思主义史学产生时期，史学史与史学理论的研究出现了新的面貌。侯外庐在《韧的追求》中说："以郭沫若为代表的中国马克思主义者的一个重大功绩，就是他们在批判形形色色的唯心主义史学的同时，开创了以马克思主义为指导的中国新史学。"⑤

在宣传唯物史观上，陈独秀、蔡和森、瞿秋白、李达等都作出了贡献，他们没有脱离民族历史和现实来应用唯物史观。范文澜、翦伯赞、侯外庐、吕振羽等为建立有民族特点的马克思主义史学建设作出了重要的贡献。而这些又与一定的报刊联系在一起。

五 余论

第二次世界大战以后，特别是 20 世纪后期，整个世界科学技术发展

---

① 上引均见李大钊《史学思想史》讲义，现已收入《李大钊文集》第 3 卷。第 231 页有"编者"注。

② 收入《李大钊文集》第 4 卷，人民出版社 1999 年版。

③ 这些文章有《原始社会于文字书契上之唯物史观的反映》、《中国古代经济思想之特点》等；近代方面的有《从印度航路发见以至辛丑条约的帝国主义侵入东方大事年表》、《大英帝国主义侵略中国史》以及《孙中山先生在中国民族革命史上之位置》等。

④《湘江评论》第 1 号，1917 年 7 月 14 日。

⑤《韧的追求》，生活·读书·新知三联书店 1985 年版，第 223 页。

是空前的。高科技发展对史学产生了深远的影响。信息化为包括史学在内的学术期刊的发展带来了机遇，也对原先纸质文本的期刊带来挑战。

历史学的文献、文件的存储、修改、编辑、排版等各个方面，计算机的优越性是明显的。应该说这还是在浅层次上谈论高科技对历史学的影响。我们更要从理论思维层次上，认识高科技带来的重大影响。

近代学术期刊是纸质文本形态，随着信息化的发展，现在多数是纸质形态与电子文本形态并存。这与 20 世纪的期刊不完全一样。到 20 世纪末，我国 8000 种期刊每年发表文献量约 100 万篇，400 多个博士点和数千个硕士点每年产出博士、硕士论文约 4 万篇，各种会议论文集数千本，公布的专利 20 万条，报纸上发表的文章更是浩如烟海。据中国学术期刊网络出版总库的介绍，截至 2010 年 10 月，总库收录国内学术期刊 7686 种，包括创刊至今出版的学术期刊 4600 余种。虽然其中大量是自然科学等领域的期刊，但总库以外的文献也没有收录。总之，对这些信息资源进行数字化集成、资源化整合和电子化（包括网络和光盘等）传播，是创新史学而对这些信息资源开发利用的第一步。

学术的交流与争鸣得到发展，进而推动史学的创新。前面说过，近代学术期刊出现，它在促进学术的发展创新上起了重大的作用。学术期刊是学术交流阵地，是学术争鸣的论坛，而它的周围聚集起来的一个学术群体，通常就是一个学派。但到今天，在信息化时代，仅仅依靠定期出版的期刊，已经显得不足了。高科技建立起了新的学术创新机制，报刊网站、电子函件、博客、论坛等都是以前的史学争鸣不可能有的。

互联网上的学术网站，利用知识信息资源将作者、读者联系起来，提供读者与专家自由探讨的一个交互式网络平台，它必将强烈地吸引讨论者的研究兴趣，活跃创新的思维与气氛，激发人的智力潜能，促成社会化的合作研究和成果的转化，其意义不可估量①。

期刊通过网络建立的是世界范围的学术交流，不同的民族思维对历史、对学术的思考可以在这里得到交流，展开争鸣，这比起传统的期刊的交流是前进了一大步。

---

① 以上引的有关数据及资料是据清华大学中国学术期刊（光盘版）电子杂志社《中国知识基础设施（CNKI）项目规划及进展》(1999—2003)。《光明日报》2009 年 12 月 21 日的《科学研究正在进入信息化时代》一文指出，科研信息化将彻底改观科学研究的面貌。报刊的变化当然在其中。

特别要指出的是，科学技术的每一步进展，都证实了唯物辩证法的正确，都在更高的层次上丰富了我们对事物、对历史的认识。恩格斯在《路德维希·费尔巴哈和德国古典哲学的终结》中说过："甚至随着自然科学的每一个划时代的发现，唯物主义也必然要改变自己的形式；而自从历史得到唯物主义的解释以后，一条新的发展道路也在这里开辟出来了。"①

近代期刊与古代书籍相比，在于其时段上的定期出版，在于其传播方式，有利于史学的传播。当今电子报刊、手机阅读模式的兴起，在传播中国民族文化上显示出了优势，这可让中国史学乘上网络的直通车，展示中华历史的风姿。通过网络可以向世界更快更好地宣传中华文化。

网络的运用当然也产生了许多新的问题。信息化时代，报刊形态的变化是不可避免的。2009 年前 7 个月，美国有一批报纸倒闭；有 150 年历史的报纸丹佛的《洛基山新闻》倒闭，成为轰动一时的新闻。纸质文本的报刊订数在下滑，也是事实。

信息化对报刊发展带来的影响是多方面的，有技术层面的、学术层面的、道德层面的，也有法律层面的。信息化下报刊形态无论怎样变化，但总是要求人们认真读书、读原典，要求严谨的治学的学风，要求严格的学术规范、道德规范和知识产权的保护。当代报刊的发展是振兴民族文化的重要方面，要把时代性和民族性结合起来，而学术的创新性则是学术期刊的活力之所在；信息化时代的报刊的繁荣和发展之路就在脚下，思考新问题，我们要扎扎实实做好每一项工作。

（原载《安徽大学学报》2011 年第 2 期）

---

① 《马克思恩格斯选集》第 4 卷，人民出版社 1995 年版，第 228 页。

浅论"五朵金花"的理论成就
和学术意义

张　越

　　新中国建立后，在全国范围内掀起的学习马克思主义理论热潮的大背景下，中国马克思主义史学的主导地位很快确立起来。至"文化大革命"前的十七年（1949—1966）里，在中国史学界最引人关注也是最有影响的史学现象，就是对"五朵金花"及相关问题所进行的大范围的、深入的、热烈的讨论。时至今日，"五朵金花"问题或已不再那样的引人注目，或被认为是"假问题"而受到某种质疑，或被看成是泛意识形态化而被轻视甚至不屑。对于这样一个曾经具有如此规模的学术现象、一个集结宏观理论支持和具体研究充实的问题群体，因种种原因在一个时期里过热或过冷都不一定是正常的，包含其学术内涵之外的其他因素往往产生过多的影响，而其自身蕴涵的理论价值和学术意义仍然不可轻视。

　　"五朵金花"的讨论，在1978年以后仍持续一段时间，以后随着史学多元化发展格局的渐趋形成，"五朵金花"中的"花朵"，有的以新的方式继续被讨论和研究，有的被冷落、怀疑或批评。"五朵金花"束在一起竞相开放的盛况不在。然而，以"五朵金花"为标志的对各种历史理论问题的讨论，是在中国马克思主义史学主导地位确立后，运用马克思主义理论结合中国历史实际进行研究中对一系列重大理论问题的全面深入地探讨，尽管在讨论中存在着这样那样的不足与失误，但是中国马克思主义史学理论在此讨论的基础上收获甚丰则是不争的事实，其理论成就和学术意义对于中国历史学研究走向的影响必将是深远而长久的。进入21世纪后，不仅对相关"花朵"作进一步研究的进展明显，而且以"五朵金花"为专题研究的成果也渐次出现。①

"五朵金花"最初被称为"五朵花",是翦伯赞在1957年反右运动中批判被划为右派分子的向达时提到而为人知的,翦伯赞说:"向达则提出历史学只开五朵花的问题……只看到这'五朵花',而且最讨厌这五朵花。为什么,原因很简单,就是因为这五朵花是马克思主义历史学开出的花朵,而且只有马克思主义历史学才能开出这五朵花来。"② 1959年随着电影《五朵金花》的热映,史学界这"五朵花"被称为"五朵金花"流传开来。"五朵金花"被正面看做是"历史上带有关键性的问题"③ 而成为"十七年"史学的最重要的研究成就。不论是向达的揶揄还是翦伯赞的批判,也不论从"五朵花"到"五朵金花"称谓的语气转变,重要的是,"五朵金花""点出了史学界大家都在思考基本问题和宏观问题这一其他时期少见的现象"④,"五朵金花"的学术意义正体现在这里。

"五朵金花"包括中国古代史分期问题、中国资本主义萌芽问题、中国封建社会农民战争问题、中国封建土地所有制形式问题和汉民族形成问题。他们被"播种"、"生根"、"开花"的时间和方式不一,但是集结为"五朵金花"则是在20世纪50年代。其中:中国古代史分期问题开始于1950年3月19日《光明日报》发表郭宝钧《记殷周殉人之史实》,两天后发表郭沫若的《读了〈记殷周殉人之史实〉》一文,认为殷、周都是奴隶社会,立即在史学界引起热烈讨论,"反右"和"史学革命"期间沉寂一段时间,1959年至60年代初再度活跃;中国资本主义萌芽问题:1955年1月9日邓拓在《人民日报》上发表《论红楼梦的社会背景和历史意义》,提出从封建经济体系内部生长起资本主义经济因素的萌芽问题,此后引发史学界的热烈讨论;中国封建社会农民战争问题:1949年至1957

① 如王学典:《"五朵金花":意识形态语境中的学术论战》,《文史知识》2002年第1期;陈其泰主编:《中国马克思主义史学的理论成就》,国家图书馆出版社2008年版;王学典、陈峰:《二十世纪中国历史学》,北京大学出版社2009年版;蒋海升《"西方话语"与"中国历史"之间的张力——以"五朵金花"为重心的探讨》,山东大学出版社2009年版;罗至田:《文革前"十七年"中国史学的片段反思》,《四川大学学报》2009年第5期。

② 翦伯赞:《右派在历史学方面的反社会主义活动》,1957年10月4日《人民日报》。转引自蒋海升《"西方话语"与"中国历史"之间的张力——以"五朵金花"为重心的探讨》,山东大学出版社2009年版,第2页,注1。

③ 同上。

④ 罗至田:《文革前"十七年"中国史学的片段反思》,《四川大学学报》2009年第5期。

年以提出问题、初步研究和史料整理为主，1958 年至 1966 年对农民战争若干理论问题展开热烈讨论；中国封建土地所有制形式问题：1954 年侯外庐在《历史研究》创刊号上发表《中国封建土地所有制形式问题》，提出中国封建土地所有制是"皇族所有制"即国有制，引起讨论；汉民族形成问题：范文澜在《历史研究》1954 年第 3 期发表《试论中国自秦汉时成为统一国家的原因》，针对斯大林相关民族问题理论和苏联学者关于中国民族"是在 19 世纪与 20 世纪之间形成的"观点，提出汉民族形成于秦汉时期。① 这里简要罗列"五朵金花"讨论的缘起情况，是想说明：第一，"五朵金花"讨论，是在新中国建立之初的史学家们学习和掌握马克思主义理论、确立中国马克思主义历史学的主导地位、将马克思主义理论运用于中国历史的研究中去、进一步深化中国马克思主义史学研究的背景下产生的；第二，问题的提出，虽大多是由一篇文章、一个观点而引发，但是这些问题多为以往问题在新的条件下的延续，成为新语境下中国马克思主义史学必须关注的、具有学术与现实双重重大意义的问题；第三，就问题本身而言，都是在试图回答中国历史发展中的宏观问题，试图探索中国历史发展的基本特点和道路。

在这五个问题中，古史分期问题是近代史学话语体系中的基本问题，宏观地看待历史发展进程而不仅仅将朝代更迭视为历史阶段性发展的标志，是 19 世纪末进化论传入后中国史学的主要变化之一，以某种历史观为基本理论贯穿于对历史发展进程的认知与撰述，最基本的反映就是历史阶段的划分，古史分期又并非简单地划分历史发展阶段，而是历史观的反映，是新的研究范式和话语体系的展现，历史与现实、学术与政治等因素都以各种各样的方式纠结于其中。中国古代史分期问题是近代史学中运用马克思社会经济形态理论划分历史发展阶段的继续，以社会经济形态变动学说来划分中国古代史发展阶段，主要包括中国古代社会性质问题、划分奴隶制与封建制的标准、奴隶社会是否是人类历史发展的必经阶段、中国古代是否经历独特的发展道路等问题，这些问题无不是必须深入探讨中国历史发展过程才有可能回答的，从理论与实际相结合的角度看，从 20 世纪 30 年代以后努力证明唯物史观对中国历史的适用性发展到 50 年代以后

---

① 详见蒋大椿《20 世纪中国马克思主义史学》，载罗至田主编《20 世纪的中国：学术与社会（史学卷）》（上），山东人民出版社 2001 年版，第 192—216 页。

经过深入讨论逐渐更多地注意到了中国历史的特点，尽管教条主义、公式化的痕迹仍然明显，政治干扰学术的现象时有发生，但是结合社会经济形态理论探讨古史分期问题所形成的诸说并起、互相辩论的局面，实际是对中国近现代史学以整体、宏观看待历史为特征的研究范式的全面实践。有学者指出："把握人类历史发展的规律，却是人类认识历史的一项诉求，人们渴望知道过去的历史，更渴望知道未来历史的发展方向。在这样的背景下，历史学家绕不开对重大历史问题的解释，绕不开对历史规律的把握（这又涉及历史的功能及历史的最终关怀问题）。而要做到这些，又必须对历史时段进行划分，阐明每一历史时段的特质，以探索历史发展的总体规律。"① 因此，古史分期问题作为"五朵金花"之冠并非偶然。

封建土地所有制和资本主义萌芽两个问题是古史分期问题讨论的延伸。中国封建土地所有制形式问题，主要是通过研究构成与影响中国封建土地所有制形式，来探讨中国古代的土地所有制形式是土地国有制还是地主所有制。不同的观点下其实反映着趋同的学术目的，如林甘泉认为："我是赞同土地私有制占主导地位的，但我认为有的学者提出的封建土地国有制在理论上是很有价值的，因为它注意到了中国封建专制主义国家重要的经济职能，抓住了中国历史的特点。"② 通过讨论，"'井田制'、'初税亩'、'均田制'、'地主制'、'庄园制'、'农村公社'等经济史上一系列关键史实的发覆，不能不归功于唯物史观所强调的'经济因素'的指引"③。"抓住中国历史的特点"、从史实中开拓相关领域的课题意识，同样表现在对中国资本主义萌芽问题的讨论上。资本主义萌芽问题的理论出发点是马克思主义社会经济形态理论中的五种社会生产方式说，即封建社会之后应当是资本主义社会，然而该问题之所以引发讨论，就在于看到了中国封建社会发展的特殊性、看到了后期封建社会发展中的变化，这同样是着眼于中国历史发展特点的。在发掘了大量丰富的资料对该问题加以论证的基础上，在中国古代经济史，特别是明清时期的经济发展史方面获得了极其显著的进展，在学术成就方面可能是在当今学术界获得最多赞誉的金花之一。林甘泉说："如果没有古史分期、土地所有制、资本主义萌芽

① 罗新慧：《二十世纪中国古代分期问题论辩》，百花洲文艺出版社 2004 年版，第 7 页。

② 林甘泉：《关于史学理论建设的几点意见》，《史学理论与史学史学刊》2002 年卷，社会科学文献出版社 2003 年版，第 11 页。

③ 王学典、陈峰：《二十世纪中国历史学》，北京大学出版社 2009 年版，第 154—155 页。

等问题的讨论，就没有五六十年代历史学向深度和广度的发展，也就没有今天一些断代史和专门史的繁荣局面。"① 赵世瑜等认为：对资本主义萌芽问题的讨论"仍有简单比附西方资本主义生产关系产生的痕迹，但是由于讨论需要大量实证研究作为基础，所以它还是极大地促进了学术界对社会经济史、特别是区域社会经济史的研究"②。中国资本主义萌芽问题在 50年代与古史分期、亚细亚生产方式、中国封建社会长期延续等问题关系密切，在 80 年代以后又与近代社会转型、现代化问题等相互关联，究其原因，该问题扣住了中国历史发展进程中的关键环节当是不争的事实。封建土地所有制和资本主义萌芽问题虽孕育产生于古史分期问题，却开花结果于各自的领域，成为"五朵金花"中的两朵奇葩。

对农民战争问题展开讨论带有更强的时代色彩。从 1949 年到 1957 年，先后发表了 650 余篇相关文章，出版了 70 余种相关出版物，1958 年至1966 年，发表相关文章达 2300 篇③，成果数量可谓惊人。对农民战争问题的讨论和研究的热潮如此高涨，与新中国建立后政权性质的变化、意识形态方面的影响、毛泽东的相关论断，史学界阶级分析方法的备受重视等都有直接关系。就问题本身而言，全面颠覆以往史学对农民战争问题的负面评价使得在这一研究领域呈现出无比广阔的研究空间。从对史料的整理到对历史上农民战争领袖的评价，再到对"中国农民战争的性质、特点、思想武器、发展阶段、起因、历史作用、失败原因、农民政权的性质、农民战争与宗教的关系、农民的阶级斗争与民族斗争的关系"④ 等一系列具体和理论问题的讨论，农民战争问题成为"五朵金花"中绽开得最为夺目的金花之一。与此形成鲜明对比的是，时至今日，农民战争问题却成为"五朵金花"中最受冷落的一支。应当看到，"十七年"时期，由于过分强调农民战争在历史中的作用和阶级斗争观点，特别是无限抬高农民战争作用，致使对一些问题的看法存在着严重偏差。但是，农民战争在中国历史发展过程中不断发生且对不同时期的社会局面产生有包括改朝换代的重要

---

① 林甘泉：《关于史学理论建设的几点意见》，《史学理论与史学史学刊》2002 年卷，社会科学文献出版社 2003 年版，第 10—11 页。

② 赵世瑜、邓庆平：《二十世纪中国社会史研究的回顾与思考》，《历史研究》2001 年第 6期。

③ 见周朝民等编著《中国史学四十年》，广西人民出版社 1989 年版，第 37—38 页。

④ 同上书，第 38 页。

影响，这是中国历史的客观事实。马克思主义史学对农民战争的全面研究与重视，无论是在对相关史料的发掘与整理上，还是在对农民战争本身及其对中国历史的各个方面的影响上，都是前所未有的。某国外史学评论家认为，新中国历史研究由于强调了农民战争的革命性以及对促进社会变革的推动作用，"从根本上改变了中国历史的语言"，"建立了评估和重现中国过去历史的标准"，"这个问题为中国历史学增添了一个新领域，却是毫无争议的"。① 通过对农民战争的研究，加强了对中国历史发展进程、中国历史发展动因等重大理论问题的研究，也开辟了中国农民战争史这样一个新的学科研究领域。

在"十七年"时期的"五朵金花"的讨论中，汉民族形成问题的讨论与其他问题相比，在规模和成果数量上可能显得较弱一些。然而，今天看来，这个问题却最具可持续的发展潜力。比较而言，古史分期的讨论对中国历史研究诸多重大问题的涵盖性和研究视角的宏观性最为突出，而汉民族形成问题则随着时代的发展逐渐上升为最具学术意义和现实意义的重大问题。范文澜 1954 年发表的《试论中国自秦汉时成为统一国家的原因》一文，看上去是依据斯大林的"共同语言"、"共同地域"、"共同经济生活"、"共同文化上的共同心理状态"这样的民族定义得出了汉民族在秦汉之际已经形成的观点，但是斯大林观点还包括民族是在资产阶级发展中形成的，如此推论，则汉族只能是"部族"而非"民族"，故而苏联学者提出了"中国民族"形成于 19 世纪与 20 世纪之间的结论。范文澜的见解，实际上是与斯大林民族产生于近代的理论相抵触的，说得明确一点，是对 50 年代在中国被奉若经典的斯大林相关观点的挑战。这里不想再重复范文澜等史家是如何努力把中国历史特点与马克思主义理论相结合的老话，只是想指出，诸如汉民族形成等问题因其事关国家民族的原则性问题，是中国学者必须要从学理上予以澄清的，也是中国史家必须要面对和回答的。范文澜针对苏联学者格·叶菲莫夫的观点提出异议并引发汉民族形成问题的讨论，汉民族形成问题成为"五朵金花"之一（而不是在当时讨论的热烈程度并不亚于汉民族形成问题的亚细亚生产方式、中国封建社会长期延续、历史人物评价等问题），正表明范文澜等中国史家在如此重大和关键

---

① ［英］巴勒克拉夫：《当代史学主要趋势》，杨豫译，上海译文出版社 1987 年版，第 222、220 页。

问题上所表现出的前瞻性和敏感性。到了 60 年代，民族认定工作的基本完成、斯大林神圣光环的逐渐退色，汉民族形成问题研究进入了新的高潮，讨论的范围也扩展至对历史上的中国及其疆域、历史上的民族关系的主流、历史上民族之间战争的性质、民族融合与民族同化、民族政策的评价、怎样看待民族间的"和亲"① 等问题。时至今日，中国古代民族和国家起源、中华民族多元一体、中华民族的历史文化认同等有关统一多民族国家的重大问题均成为热点问题，可证明昔日"五朵金花"中的汉民族形成问题的启发意义和理论价值。

"五朵金花"的理论成就和学术意义值得深入反思和全面研究。笔者愿意引用当年"五朵金花"讨论中的主要参与者赵俪生先生的话作为本文的结束："我认为'五朵金花'是马克思主义和中国历史结合的刚刚开始……今天回过头来看'五朵金花'，全部否定我是不赞成的；全部肯定我也不赞成。应该批判地保留，而且保留的部分应当偏多一点，甚至基本上应予肯定。把'五朵金花'看作是'五朵病梅'的，我觉得是一种新的左倾、教条主义。我认为将来写学术史，对'五朵金花'不应当采取否定态度，它的五个内容都有相当的成绩。"②

（原载《史学史研究》2011 年第 3 期）

① 见周朝民等编著《中国史学四十年》，广西人民出版社 1989 年版，第 74—82 页；宋德金：《汉民族形成问题》，载肖黎主编《20 世纪中国史学重大问题论争》，北京师范大学出版社 2007 年版；蒋海升：《"西方话语"与"中国历史"之间的张力——以"五朵金花"为重心的探讨》，山东大学出版社 2009 年版，第 120—125 页。
② 王学典、蒋海升：《从"战士"到"学者"——访老辈史学家赵俪生先生》，《山东社会科学》2006 年第 3 期。

试论刘大年的中国近代史研究

张海鹏　赵庆云

　　刘大年（1915—1999）是著名马克思主义史家，也是中国近代史学科的拓荒者。他旧学功底深厚，且精研马克思主义理论，与范文澜、胡绳等学人一道，以唯物史观为指导，在近代史园地筚路蓝缕，开拓耕耘，孜孜不倦，老而弥笃，著述丰厚，成就斐然。他的研究理论与方法，以及诸多富有创见的学术观点，深刻地影响了大陆学界的近代史研究。

一　突出时代主题

　　某种意义上来说，刘大年与范文澜颇有相似之处：都曾以"追踪乾嘉诸老"为职志，是民族危亡促使其转变为革命者；都曾历经民族战争血与火的磨炼，有过出生入死的革命经历。刘大年85岁时赋诗《小照漫题》："早岁从戎荷大戟，中年乙部伐雄王。凡人亦许不知老，我笑老愁伦勃朗。"① 可以看做他人生的写照。由投笔从戎至卸甲治学，是他一生的两大转折；战士与学者两种角色，在他身上得到了完整统一。

　　刘大年早年更多接受的是旧式传统教育，一度将"国学"视为安身立命之本。是中国革命的伟大实践，促使他踏入近代史研究领域。马克思主义史学本具有极强的实践性，其活力源泉在于介入现实，并体现时代精神。诚如翦伯赞所言："不是为了说明历史而研究历史，反之，是为了改变历史而研究历史。"② 因而刘大年的近代史研究，从课题选择到表达的内容形式，都体现出相当强烈的使命感和深切的现实关怀。其主要著述，无

---

① 刘大年手稿，作于1999年8月，刘潞提供。
② 翦伯赞：《历史哲学教程》，东北新华书店辽东分店1948年版，第4页。

不高度呼应时代主题，服务于建立现代民族国家的革命事业。中国近代史本为新兴学科，存在诸多空白。刘大年以其对现实的敏锐感知，对时代精神的准确把握，在美国侵华史、台湾史、抗日战争史等分支领域均有前驱先路的开拓之功。

刘大年由驰骋沙场到潜心史学，转折即在于《美国侵华简史》的问世。这本著作虽然仅是篇幅不大的小册子，却有着非同一般的意义：它不仅是刘大年近代史研究的起点，奠定了他在中国近代史学界的地位；且由此开拓了中国近代史一个新的专题研究领域。

涉足中国近代史研究，刘大年自己坦言"当时也是一种革命斗争的需要"。① 作为一个扛枪的正规八路军战士，刘大年在冀南抗战前线数度出生入死。1943 年冀南遭受严重夏荒，时为冀南党委领导的王任重决定让刘大年去接受轮训。是年 7 月，刘大年上太行途中遭遇日军，跳崖引起肺部破裂大出血。② 养伤期间，他坚持读书、看报，并着重阅读了范文澜的《汉奸刽子手曾国藩的一生》，从而产生研究中国近代史的念头。1946 年，刘大年调任北方大学教务处副处长、工学院副主任，与时任北方大学校长的范文澜结识。1947 年，中共与美国走向对抗已然不可避免，此前长期从事宣传工作而锻炼出来的政治敏感性，使刘大年意识到美国侵华史所具有的政治意义与学术意义。他向范文澜表露研究美国侵华史的意向。恰在此时，范接到中央宣传部的一个电报，要他聚集人才，继续进行历史研究，③范氏历来重视帝国主义侵华史研究，所著《中国近代史》上编第一分册即振笔直书近代以来列强侵华史实，因而对刘大年的研究计划"热心支持"④。

此前，中国史学界对英、日侵华史已经有较多研究，而对美国侵华历史的研究几乎尚为空白。中美关系史研究，最早可追溯至 20 世纪 20 年代。在 1921 年 11 月至 1922 年 2 月举行的华盛顿会议上，美国打着保持中国独立和完整的旗号，谋求"门户开放"、"机会均等"，赢得不少国人的好感。陈震异撰写《太平洋会议与中美俄同盟》一书（北京大学出版社

---

① 刘大年 1980 年在日本东京大学交流会上的自我介绍记录稿。
② 详见刘大年《我亲历的抗日战争与研究》，中央文献出版社 2000 年版，第 75—87、92 页。
③ 刘大年：《史料和历史科学·序》，人民出版社 1987 年版，第 3 页。
④ 张振鹍：《回忆范老与帝国主义侵华史研究》，《近代史研究》1994 年第 1 期。

1921 年版），视美国为中国盟友且寄予厚望。此后有蔡元培的《中美外交史》（上海商务印书馆 1928 年版），唐庆增的《中美外交史》（上海商务印书馆 1929 年版），蔡恭晟的《中美关系纪要》（上海中华书局 1930 年版），李抱宏的《中美外交关系》（南京独立出版社 1946 年版）。这些著述在论及中美关系时，往往正面肯定美国近代以来对中国的友好与援助，对近代以来美国侵华史实多有粉饰。这自然与美国侵略手段的隐蔽性有莫大的关系。自 1908 年始，美国以庚款为津贴兴办了遍布中国的学校、医院、慈善机构、文化出版机构、宗教团体，受其资助而赴美留学的知识分子对美国大有好感。不可否认，太平洋战争后，美国成为中国抗日的最重要盟国，既是为自身的最大利益，也为中国的抗日战争作出了很大的贡献。当时中国的知识界，从自己国家利益的角度感受到了这一点，是可以理解的；但在社会上，却弥漫着亲美、崇美、恐美的气氛，从学术上就不可能出现"美国侵华史"这样的专题领域。

资料收集大体齐备后，刘大年全力以赴投入写作，1947 年秋即完成《美国侵华简史》（以下简称《简史》）初稿。这在当时无疑是引人注目的成果。初稿完成后，历经周扬、陈伯达、田家英等人审阅，获得鼓励与肯定。田家英还特地与主管档案人员联系，让刘大年阅读当时尚属机密的赫尔利在延安与毛泽东的谈话记录。[1]《简史》最初的版本是 1949 年 8 月华北大学内部发行本，可能主要用于授课，流行范围有限[2]；其次是由北京新华书店于 1949 年 11 月初版（10000 册）、1950 年 3 月再版（10000 册）的新华时事丛刊本，内容与华北大学自印本相同，"只是为眉目清醒计，加上一些小标题"[3]。

《简史》的传播及其影响与当时的政治形势密切关联。1949 年 8 月 2 日，美国驻华大使司徒雷登返美。8 月 5 日，美国政府发表《美国与中国的关系》白皮书，同时发表了美国国务卿艾奇逊致总统杜鲁门的信。8 月 19 日，《人民日报》发表《美国白皮书内容摘要》，谴责美国白皮书关于中美关系的历史叙述颠倒是非。与此同时，新华社从 8 月 14 日至 9 月 16

① 刘大年：《田家英与学术界》，《毛泽东和他的秘书田家英》，中央文献出版社 1989 年版，第 156—157 页。

② 华北大学史地系当时开设有"美国侵华史"课程。据《华北三年以来的大学教育》，《人民日报》1948 年 12 月 31 日，第 4 版。

③ 李光霖：《评刘大年著美国侵华史》，《新建设》1950 年第 3 卷第 5 期，第 67 页。

日间连续发表《丢掉幻想，准备斗争》等六篇评论，揭露美国对华政策的帝国主义本质。主持《人民日报》工作的胡乔木从一位编辑的手中看到了华北大学自印的《简史》，决定从 8 月 26 日至 10 月 6 日在《人民日报》连载《简史》。由于高度契合了现实政治宣传的需要，《简史》迅即风行全国，新华时事丛刊本《简史》共印行 2 万册，远远供不应求，各地只得纷纷翻印。截至 1951 年 1 月北京六版和其他地区 1950 年十二个月出版数字的统计，全国范围累计印数达 238800 册①，可以想见当时洛阳纸贵的盛况，亦可以想见它在反美宣传中所起的重要作用。

《简史》是一本仅 90 页，不到 8 万字的小册子。作者站在爱国主义立场，扼要叙述了美国侵华的历史过程，揭发了美国"帮助"中国的假面具，文笔犀利，富于感染力。作者开宗明义地说明："美国在世界资本主义国家中，是比较后起的一个国家。它又是一个资源丰富得天独厚的国家，首先着重在国内的经营，然后才加强其对海外的扩张。这两个因素，规定了美国侵略中国的过程。"② 根据这个过程，全书分为四章：追随或通过别国向中国侵略（1840—1905 年）；逐渐走上独立侵略中国（1905—1917 年）；争夺中国霸权（1917—1945 年）；进行独占中国（1945 年以后）。这种结构模式为美国侵华史的研究奠定了一个初步框架。

诚然，以今天的眼光观之，刘著《简史》无疑受到当时的政治氛围的影响，带有明显的时代烙印，其中一些论断夹杂着革命情感替代理性分析的因素。虽然存在诸多局限，但刘著《简史》毕竟"是从革命根据地走出来的学者在观察、研究中美关系时写的第一本书"。③ 从政治意义上来说，它揭露美帝国主义侵略中国的历史渊源，因具有一定学术底蕴而起到了一般政治宣传品无法比拟的作用；就学术价值而论，它意味着马克思主义中国近代史研究一个新的专题领域的开创，在当时产生了相当大的政治影响与学术影响。不少报刊发表对《简史》的书评，《简史》带动了一批新的

---

① 王大白：《评六种美帝侵华史》，《人民日报》1951 年 3 月 25 日，第 6 版。

② 刘大年：《美国侵华简史》，新华书店 1949 年版，第 3 页。

③ 张海鹏：《战士型的学者，学者型的战士——记刘大年的学术生涯》，《刘大年集》，中国社会科学出版社 2000 年版，第 475 页。胡华此前曾撰有《美帝国主义侵华史略》（冀中新华出版社 1947 年版），但难称学术著作。

美国侵华史书的出版①，其中，有的竟是《简史》的抄袭或缩写；另一些严肃的学术文章也常常引用刘著文字作为权威论断。② 宋云彬著《高中本国近代史》中特别指出："课本对于美国侵华史实叙述得很不够，希望教师根据刘大年的美国侵华史，于授课时，随时加以补充。"③ 刘著《美国侵华简史》的影响由此可窥一斑。

新中国成立初人们迫切需要一部材料丰富、论证有力的美国侵华史著作，政治形势的发展无疑为美国侵华史研究的进一步深入提供了强大驱动力，刘大年在新中国成立后的第一件事就是对《简史》加以丰富扩充。此时撰著条件较新中国成立前大为改善。至 1951 年 4 月，刘大年将《简史》修订成近 17 万字的《美国侵华史》，是年 8 月由人民出版社出版。此次修订又得范文澜大力帮助，同时得近代史研究所同人"沈自敏、丁名楠两同志帮助搜集材料，勘正错误，并由沈自敏同志最后校对一遍"。④ 此书"对于揭露美国的侵略面貌，澄清当时存在的一些糊涂观念，发扬爱国主义，进行爱国主义教育，起了很大的作用"。⑤ 在当时就颇获好评，贾逸君认为："这本书是在许多美帝侵华史著作中最好的一本。"⑥

《美国侵华史》在《简史》基础上，吸收李光霖、王大白等人的批评意见，不仅篇幅大为扩充，材料更加丰富，而且史实进一步得以订正，体例更为完善。《简史》的论述截至 1948 年，《美国侵华史》则将抗美援朝运动的现实亦囊括其中，已可谓一部颇具规模的学术专著。就在北京初版

① 截至 1951 年 2 月，又有 7 部美国侵华史著作相继问世：1. 钦本立著《美帝经济侵华史》（世界知识出版社 1950 年初版，1951 年修订四版）；2. 汪敏之著《美国侵华小史》（三联书店 1950 年初版）；3. 北京师范大学工会历史系小组编著《美帝侵略中国史话》（光明日报出版社 1950 年初版）；4. 王春著《美国侵华史话》（工人出版社 1951 年初版）；5. 施瑛编著《美帝侵华演义》（通联书店 1951 年初版）；6. 宣谛之著《美帝侵华一百年》（世界知识出版社 1950 年版）；7. 谢牧编著《美帝侵华政策的百年总结》（潮锋出版社 1951 年初版）。这些著作的史料和观点无不以刘著《简史》为依据。

② 如徐幼慈《美国军事侵华的三个阶段》（《光明日报》1950 年 11 月 3 日，第 4 版）、丁易《美帝帮助满清扼杀了太平天国运动》（《光明日报》1950 年 11 月 18 日增刊）、尚钺《甲午战争中美帝帮助日本侵略中朝的检讨和教训》（《光明日报》1950 年 11 月 18 日增刊）、袁震《美国人华尔帮助满清屠杀中国人民的血债》（《进步日报》1950 年 12 月 5 日）等文章均为严格意义的学术论文，亦均将刘著《简史》的一些论述引为权威论断。

③ 宋云彬：《高中本国近代史》，人民教育出版社 1951 年版，第 95 页。

④ 《美国侵华史·修改说明》，人民出版社 1951 年版，第 1 页。

⑤ 戴逸：《刘大年同志与中国历史研究》，《近代史研究》1995 年第 5 期。

⑥ 贾逸君：《中学本国近代史教学参考资料和书目简介》，《历史教学》1952 年 3 月号。

的同年，苏联外国作品出版局印行了《美国侵华史》的俄文译本，奥夫钦尼科夫在《真理报》发表书评《叙述美国侵略中国的几本书》，给予刘著《美国侵华史》以高度评价。① 在当时全面学习苏联的政治氛围中，苏联学者的揄扬和推介无疑扩大了《美国侵华史》的影响。朝鲜、捷克斯洛伐克和民主德国相继出版译本。

毋庸讳言，由于属草创时期的著作，加之现实形势的迫切要求使作者难以从容精雕细琢，种种缺陷在所难免。当时学界对此亦有直截了当的批评。② 刘大年对这些批评虚心接受，表示此书很不完善，"不仅材料贫乏，并且某些史实也有错误，显然远远不能满足读者起码的要求"③，如果严格要求则"是一部陋书"，希望读者能够"严格提出批评"，以期"能集中更多的意见写出一部比较合用的美国侵华史"。④

1954 年 12 月，《美国侵华史》经过修改增订后由人民出版社再版，主要增加了抗美援朝的内容，篇幅增至 24.1 万字。但其他内容改动甚少。因此，《光明日报》1955 年 1 月 13 日发表的题为《对刘著"美国侵华史"的一些商榷》还是以 1951 年版《美国侵华史》为批评之标本。⑤ 在对刘著《美国侵华史》的评论文章中，时为人民出版社副社长的曾彦修的书评最为尖锐。此文寄往《历史研究》编辑部，原稿已无法找到，内容只能大略从刘大年的回应文章《关于曾彦修同志对〈美国侵华史〉的评论》中窥知。

曾彦修的书评，如果去除那些政治批判的偏激言辞，亦有一定的学术含蕴。曾氏指出，刘著《美国侵华史》对近代以来美国侵略中国的历史缺少在翔实资料基础上的历史主义的分析，这种批评应该说是切中肯綮的。刘大年也坦言，《美国侵华史》的根本性缺点在于"某些说明解释不是恰如其分，有的地方便没有能够把美国侵华活动的真实地位和作用讲清楚。

---

① 《奥夫钦尼科夫在苏联〈真理报〉上撰文评介胡绳等关于美国侵华史的三部著作》，《人民日报》1952 年 5 月 22 日，第 3 版。
② 参见王大白《评六种美国侵华史》，《人民日报》1951 年 3 月 25 日，第 6 版；李光霖：《评刘大年著美国侵华史》，《新建设》1950 年第 3 卷第 5 期；季用：《几种美帝侵华史和补充材料》，《大公报》1950 年 11 月 16 日，第 6 版。
③ 刘大年：《美国侵华史·修改说明》，人民出版社 1951 年版，第 1 页。
④ 刘大年：《答复李光霖先生》，《新建设》1950 年第 3 卷第 5 期。
⑤ 金王和：《对刘著"美国侵华史"的一些商榷》，《光明日报》1955 年 1 月 13 日，第 3 版。

因此，这些地方的叙述是没有说服力的或者是不合于历史主义的"。①

作为一个严肃学者，这次论争对刘大年触动很大，他进而着手对《美国侵华史》加以修改，且拟定了修改要点："《美国侵华史》修改几点：一、不只是美国侵略，加上其他国的侵略；二、美国不只有侵略，中美人民有友谊；三、美国的侵略是渐进的，不是处处是主要的，最初甚至是温和的；四、已经被指出的错误。"②

在刘大年所存写作卡片中，有一张录有"一八六七年十月十七日，总批奏：美使蒲安臣处事和平，能知中外大体。充中国使臣，出使西洋，试办一年（穆宗卷二一四，页三二）。说明此时美国侵华尚非露骨，如英法等。这是和他的国内资本主义发展有关的。写入侵华史内。其他同样事件亦应叙述，以改变片面的叙述。改的关键之一，至要。对李（鸿章）、张之洞不要苛责或简单称为走狗，要用毛主席所讲的精神看历史人物，有缺点有优点"。③ 另一张卡片载："要有一段相当字数讲日美关系的历史特殊性"，"全部叙述要联系当时形势，眼光要开阔，不要死限于历史，要有现在的评论，是一本现在的书"。另外搜得刘大年修改 1954 年版《美国侵华史》的手稿，在原书上修改的笔迹密密麻麻，很多段落重新写过，论述更为平允、全面。从这些修改要点及实际修改情况看，刘大年在一定程度上接受了曾彦修学术方面的批评意见，对原来著作简单化的倾向有所纠正。但由于 1957 年的反右运动及其后接连不断的政治运动，《美国侵华史》的修订终于搁置，未竟其功。

《美国侵华史》从学术上讲，奠立了新中国成立之时马克思主义历史学者研究中美关系史的基础。该书和范文澜 1947 年在华北新华书店出版的《中国近代史》上编第一分册、胡绳 1948 年在香港出版的《帝国主义与中国政治》一起，在总的方向上体现了革命性和科学性的结合，是中国的马克思主义者在中国近代史这一崭新学科上所作出的奠基性的贡献，是标志中国马克思主义史学大踏步进入中国历史学领域的代表性著作。

刘大年还是台湾史研究的拓荒者。他与丁名楠、余绳武合著的《台湾历史概述》1956 年由三联书店出版，这是新中国台湾史研究的滥觞。该著

---

① 刘大年：《关于曾彦修同志对〈美国侵华史〉的评论》，未刊。

② 刘大年手稿，刘潞提供。

③ 同上。

在严谨的历史论述中，为反对美国控制台湾、分裂中国提供历史学支持。

1949 年新中国成立后，美国将控制台湾及台湾海峡作为遏制新中国的重要筹码。朝鲜战争爆发后，美国迅即派遣第七舰队侵入台湾海峡，派第13、20 航空队在台湾建立军事基地，并组织"军事援助顾问团"进驻台湾。同时为蒋介石集团提供巨额军事援助和经济援助。1953 年 9 月美蒋签订"军事协调谅解协定"；1954 年 12 月 8 日，签订"共同防御条约"，企图将台湾置于美国的"保护"之下。① 自然引起中国人民的严重抗议。

研究台湾史可以说是美国侵华史研究的接续。1951 年刘大年发表《1874 年美国与日本合作进攻台湾的经过》，论证日美勾结侵略台湾，指出参加侵略的有美国"军事指挥人员"、美国"军舰和装运军队的商船"。大批美国"军火"，"可能还有一批美国雇佣兵"。② 1955 年发表《台湾一千七百年的历史》，论证台湾自古以来即为中国领土。《台湾历史概述》则是在美国的对台野心日益膨胀的历史背景下产生的历史著作。

《台湾历史概述》的论述平实而有分寸，力求所论持之有故。作者以唯物史观为指导，强调阶级分析法，但却未做僵化理解与运用。如此书对台湾巡抚刘铭传经略台湾的功绩不乏肯定之词："刘铭传在台湾的各种建设中，起了积极的作用，他所兴办的有些建设项目，在全国且属创举。""拿台湾与内地作一比较，可以看出它现在不仅在国防上是一个重要的省份，在经济、文化上也是一个先进的省份。"③ 这种评论，体现了实事求是的治史精神。

《台湾历史概述》篇幅仅 5 万余字，却开台湾史研究之先声。该书的出版高度契合了现实政治主题，兼具学术性与通俗性，在当时产生了较大反响④，后被授予中国科学院学术奖金，且于 1962 年、1978 年两次再版。紧随此书之后，不少大陆学者为配合台湾问题上的斗争，纷纷进行台湾史研究。⑤

---

① 谢显益：《中国外交史》（中华人民共和国时期 1949—1979），河南人民出版社 1998 年版，第 135—138 页。

② 刘大年：《1874 年美国与日本合作进攻台湾的经过》，《新建设》1951 年第 5 卷第 3 期。

③ 《台湾历史概述》，三联书店 1956 年版，第 51 页。

④ 林增平、林言椒主编：高等学校文科教学参考书《中国近代史研究入门》，河南人民出版社 1990 年版，第 185—186 页。

⑤ 钟安西、赵一顺：《台湾史研究的历史脉络》，《中国社会科学院院报》2005 年 3 月 22 日，第 2 版。

"中年乙部伐雄王"。无论是《美国侵华史》，还是《台湾历史概述》，都是刘大年中年之作。这两本书的主旨，都是从学术上探讨美国侵略中国的历史，在政治上起到了谴责美帝国主义的作用。

目前抗日战争史已经成为中国近代史学科中一个相当繁荣的分支领域。事实上在 20 世纪 80 年代之初，抗日战争史仅为中共党史、中国革命史的一个组成部分，并未获得相对独立的学术地位。而这个变化，与刘大年对抗日战争史研究的开拓与推动密不可分。

刘大年年近古稀之时转而对抗日战争史研究投入极大的精力，自有其深刻的动因。其一，刘大年成长于抗日战争的洪流之中，对那段峥嵘岁月具有刻骨铭心的深厚感情。无论是荷戟从戎参与创造抗日战争的历史，还是晚年以学者的冷静与理性重新审视、研究抗日战争史，爱国主义始终是其根本的出发点和归宿。其二，深切的现实关怀。1982 年日本文部省下令修改历史教科书，对这一军国主义复活的征兆，国人缺乏应有的警觉，是他倾注心力于抗日战争史研究的直接动因。① 他希望通过抗日战争研究，还原那段悲壮的历史，"增进对抗日战争中体现的中华民族凝聚力、爱国主义传统的认识、增进对中国人民敢于反抗强敌、顶天立地气概的认识，也必将增进人们对现代化旅程胜利前途和应当如何有所作为的认识"②。

1987 年，刘大年在《近代史研究》第 5 期发表《抗日战争与中国历史》一文，从整体上奠定了抗日战争研究的框架。1989 年 2 月 20 日，他作为全国人大常委在七届全国人大常委会第六次会议上，就日本当局在侵华战争性质问题上的倒退作了义正词严的发言，曾吸引国内外视听。日本报纸迅速转载这个发言，苏联、法国、美国报纸、通讯社纷纷发表评论，谴责日本当局的行径。此后他陆续撰写多篇有关抗日战争的论文，分别收入《刘大年史学论文选集》和《抗日战争时代》两书，最后集中收入《我亲历的抗日战争与研究》下编"抗战研究"。刘大年的抗日战争史研究，始终坚持"照唯物论思考"，对抗日战争时期这一纷繁复杂的历史进行高屋建瓴的宏观把握，对学界的抗战史研究有着引导性作用。刘大年认为："抗日战争的历史和整部中国历史一样必须成为科学的客观研究的对

---

① 针对教科书事件，刘大年迅速在近代史所召开讨论会，并第一个发言；他还要求张振鹍、邹念之着手翻译部分日文资料，为驳斥谬说作准备。据采访张振鹍、王玉璞记录。

② 刘大年：《我亲历的抗日战争与研究》，第 301 页。

象。我们必须把抗日战争的研究建立在坚实的科学基础上，提高它的科学性。……对于叙述历史，我们主张客观的历史是怎么样，写出来的历史也必须是怎么样。"这就要求，在研究抗日战争历史时，一是必须以事实为根据，二是必须具体问题具体分析。他认为："中国抗日战争特有的格局，它的复杂性，无论从哪方面来看，都是发挥历史唯物论的思想力量最好的和令人最饶科学兴味的场所。善于探索者尽可以去开发，去掘进"；只有"照唯物论思考，从社会物质生活矛盾出发，减少精神束缚"，才能还原历史真实。① 毋庸讳言，抗日战争与现实生活联系异常切近，研究者的政治立场倾向与历史研究极易纠结在一起，国际国内学界对抗战历史的认识存在着相当的分歧。胡乔木坦言："对这段历史的认识还有许多不够深刻的地方。"② 刘大年对史学"求真"的大力张扬，所针对的正是既有抗战史研究存在种种不足：在人物评论中看重人物的自我表白甚于客观事实，在事实评述中偏于局部而失于全局。或顾虑降低共产党的地位、作用，或顾虑降低国民党的地位、作用，如此一来，自然影响学术研究的客观真实。其中正面战场与敌后战场的作用、国民党和共产党的领导作用两问题争议尤大。

刘大年认为，正确认识这些问题，首先要认识抗日战争时期历史的特别复杂性。抗日战争首先是民族战争，同时也是人民战争；其间错综着民族矛盾与阶级矛盾；抗日战争既是一场民族解放战争，又是一场与国内民主革命相结合、相伴随的战争；既有正面战场，又有敌后战场。只有以历史事实为依据，坚持具体问题具体分析，才可能将研究推向深入。在对抗日战争一些关键问题的总体认识上，刘大年提出了不少具有突破性、影响深远的观点。

1995 年刘大年为"中国抗日战争史丛书"所写的"总序"中提出："抗日战争爆发前，国家权力基本上掌握在蒋介石、国民党及其各派系手里。有蒋介石、国民党的参加，才有了全民族的抗战。否则全民族的抗战就无从实现，一时实现了也无法坚持下去。抗战期间蒋介石虽然没有放弃反共，也没有放弃抗战。从民族战争的角度看，蒋介石、国民党在抗战中

① 刘大年：《照唯物论思考》，《抗日战争研究》1996 年第 2 期。
② 胡乔木：《致中国抗日战争史学会成立大会的信——代发刊辞》，《抗日战争研究》1991年第 1 期。

的重要地位和作用，应该得到客观、全面的理解"。对于"蒋介石、国民党参加抗战"的意义和作用作如此评价，在大陆学术界可谓前所未有。①

在1991年提交沈阳纪念九一八事变六十周年国际学术讨论会的论文中，刘大年更明确提出：蒋介石"消极抗日也还是抗日。退出抗日阵线是他的阶级利益所不许可的。他主观上希望抗日、反共两个第一，然而实际行动上办不到。结果他实行的还是抗日第一、反共第二"。这种新颖的观点当时令与会者有"石破天惊"之感。②

此前，台湾学者极力贬低中共敌后战场，大陆学界亦对正面战场之作用极力淡化。1995年，刘大年在纪念抗日战争胜利50周年学术讨论会开幕式上所作的报告中指出，"抗日战争的特异之处是蒋介石政权控制的正面战场与共产党领导的敌后解放区战场两个战场并存。它们互相依托组合起来与敌人角胜"。"两个战场的存在来自于国共合作，来自于抗日民族统一战线"。"两个战场的存在和运动、变化，是决定抗日战争面貌和结局的关键。日军由胜利推进转向失败，国民党和共产党的力量朝相反的方向行走，这两个过程、两种演变的实现，是从两个战场上开始和完成的"。因此两个战场的地位和作用均不应看轻。③

抗日战争的领导权问题有一定敏感性。刘大年1996年发表《照唯物论思考》一文，专设"国民党、共产党两个领导中心并存"一节④，对领导权问题作了深刻辩证的分析。他指出，国民党与共产党在抗日战争中的领导权，是由抗战前两个敌对政治实体的关系嬗变而来的。说国民党、蒋政权发挥了领导作用，是因为它掌握着民族战争所必需的、国际国内承认的统一政权，它指挥200万军队，担负着正面战场的作战任务。它虽然积极反共，在抗日问题上严重动摇，但到底把抗日坚持下来了。说共产党发挥了领导作用，是因为它坚持了抗日统一战线，使民族战争所必需的国内团结能够维持下来，指挥八路军、新四军，担负着敌后战场的作战任务。它们所处的地位不同，能够起作用的方面不一样，也不表现为某种平衡，

---

① 据张振鹍先生回忆，此"总序"写成后，有关领导机关曾要求刘大年将这段话删掉，他坚决拒绝。据张振鹍《刘大年与抗日战争研究》，未刊稿。

② 张振鹍：《刘大年与抗日战争研究》，未刊稿。

③ 刘大年：《抗日战争的几个问题》，《光明日报》1995年9月11日，第5版。

④ 刘大年非常珍视此文。据张振鹍先生回忆，刘大年曾将此文请胡绳看过，胡绳在"关于国民党、共产党两个中心并存"一节批注"有深意存焉"。据张振鹍《刘大年与抗日战争研究》，未刊稿。

而又都是不可缺少的。在抗日战争这个整体大局中，国民党、共产党都起着领导作用。这个作用，都是全局性的，不是局部的、暂时的。双方这种都是全局性的领导作用，不是由于它们存在某种形式的共同领导或与之相反的分开领导来实现的，它们的领导作用是在又统一、又矛盾的斗争中实现的。在这个又统一、又斗争的过程中，国共力量的消长发生着变化，总的趋势，是人民的力量、共产党的力量逐渐增强，并且历史性地改变了国内政治力量的对比。这是对抗日战争中国民党、共产党的领导地位和作用的最终说明。①

刘大年这些观点，置诸当时的认知背景下，就可以明确看到，较之以前一些简单说法，显然更具科学性，也更加符合历史的真实；即便今天看来，仍会感到寓意深远。这是一个八路军老战士、一个马克思主义历史学家在他晚年的学术生涯中所达到的一个新境界。其论述中心是蒋介石、国民党、国民政府对抗战的态度及其在抗战中的地位、作用问题，而这在相当长时间内具有政治敏感性，被研究者刻意回避。刘大年以其"非则言非，是则言是"的历史学家的"求真"精神，突入敏感区，在抗战史研究中大力弘扬摒弃成见、实事求是的学风，为抗日战争研究奠定学术基础。

刘大年1990年开始呼吁：要编写一部全面的系统的抗日战争史，"要充分吸收中国、日本和世界各地研究这段历史的成果，在科学上具有权威性代表性"。② 他主持撰著的《中国复兴枢纽：抗日战争的八年》以"求真"为指归，抱定"我们这一辈人有责任搞一本科学的抗日战争史"③ 之信念，"八年间的基本事实力求都有记载，力求做到信而有征"④。此书无论是史料的比对，语言的推敲，还是史论的提炼，都达到了相当的高度。

① 关于刘大年对抗日战争研究的基本观点，张海鹏曾经有概括与论证，参见张海鹏《战士型的学者，学者型的战士——记刘大年的学术生涯》，载《刘大年集》，"附录"；又见张海鹏《刘大年与抗日战争史研究》，载《东厂论史录》，广东人民出版社1998年版，第158—174页。关于抗日战争中两个领导中心并存的观点，张海鹏曾多加阐发，参见张海鹏《走向民族复兴的重要标志——论抗日战争胜利的历史意义》，《抗日战争研究》2005年第3期；《伟大的爱国者张学良·序》，载张友坤《伟大的爱国者张学良》，东北大学出版社2006年版；《中国抗日战争领导权问题的思考》，《中国社会科学报》2010年9月2日，第7版。
② 刘大年：《编写一部全面系统的抗日战争史》，《人民日报》1990年3月5日，第6版。
③ 2010年1月15日采访张振鹍先生记录。
④ 刘大年、白介夫主编：《中国复兴枢纽：抗日战争的八年》，北京出版社1997年版，第10页。

在胡乔木、刘大年的大力推动下，中国抗日战争史学会于 1991 年 1 月23 日成立，《抗日战争研究》亦于是年 9 月创刊，引起国内国际的广泛关注。海外华人多视之为莫大之盛举。美籍华裔史家唐德刚 1992 年春节来函：“抗日战争史学会在先生领导下，必成将来世界史中之显学。”①

中国抗日战争史学会成立后，连续主办了三次大型国际学术讨论会：1991 年 9 月在沈阳召开的“九一八事变 60 周年国际学术讨论会”、1993 年 1 月在北京召开的“第二届近百年中日关系史国际学术讨论会”、1997 年 7 月在卢沟桥中国人民抗日战争纪念馆召开的“七七事变60 周年国际学术讨论会”。刘大年担任这三次国际学术讨论会组织委员会主席。国际学术讨论会的成功召开，进一步推动了抗日战争史研究的繁荣发展。抗战史研究状况自此有了根本改观，“发表的论文、出版的著作、研究者的队伍，都达到空前的规模；研究的水平和质量大大提高”。②

二　为建设中国近代史学科体系而探讨

中国近代历史，千头万绪，研究中国近代史，究竟研究什么？刘大年认为，首先要研究中国近代历史上最基本的东西，这就是构成近代中国历史的最基本的内容。他认为，按照毛泽东的归纳，帝国主义侵略中国，反对中国独立，反对中国发展资本主义的历史，就是中国的近代史。又说，帝国主义与中国封建主义相结合，把中国变为半殖民地和殖民地的过程，就是中国人民反抗帝国主义及其走狗的过程。刘大年发表的文章，具体涉及太平天国、义和团、戊戌变法、辛亥革命、孙中山、抗日战争等问题。这些研究，把马克思主义、历史唯物主义的基本观点与近代中国的历史进程结合起来，探讨中国近代史的基本问题，探讨近代中国历史上的阶级、阶级关系和阶级斗争，已然涉及了中国近代史的科学体系问题，体现了对中国近代史学科体系的系统探讨。

建构科学的中国近代史学科体系，首先必须提到历史分期，以及依据什么理论进行分期。刘大年认为：“自鸦片战争起到中华人民共和国成立

---

① 《唐德刚来函》，《刘大年来往书信选》（下），中央文献出版社 2006 年版，第 601 页。
② 张海鹏：《刘大年与抗日战争史研究》，《东厂论史录》，第 173 页。

以前的 110 年，都是半殖民地半封建社会、都是中国的近代。"① 1961 年再次撰文提出："这里说的近代，是指从鸦片战争到 1949 年中华人民共和国成立的我国民主革命时期。"② 1964 年在向外国历史学家介绍中国历史科学时进一步明确指出："五四前后既然社会制度相同，革命任务、革命性质相同，我们就只能把它们看做是同一个历史时代"；"中华人民共和国成立以后，历史前进到了一个崭新的时代。十几年前的'现代'。已经很快为今天的'现代'所代替。时至今日，我们再用'近代'去概括鸦片战争至五四运动的历史，用'现代'概括五四直至中华人民共和国以后的历史，显然是非常不合理了"。③ 并撰文强调"中国近代史一般是指整个中国旧民主主义和新民主主义革命时期的历史"。④ 1964 年他在中共中央高级党校讲授中国近代史时，对 1949 年下限说作了详细分析。⑤

刘大年认为，考察中国近代史分期的标志不外乎三个方面：从阶级斗争来划分；从近代社会的主要矛盾变化来划分；从外国侵入后社会经济的发展变化来划分。而这三者应当是统一的，不是互相排斥或彼此平列的关系。"一定的社会经济产生相应的社会力量。阶级斗争、阶级关系的演变，归根结底是由社会经济变革所引起的。从来也没有与社会经济相隔绝的政治运动、阶级斗争"；而中国近代史上的主要矛盾的阶段性，"当然就是阶级斗争、革命运动的高潮低落、外国侵略和国内斗争为主为次的转换、革命动力从农民战争到资产阶级革命的发展，在反侵略斗争中地主阶级的不同态度等等变化的阶段性"。⑥

在对中国近代史的总体把握上，刘大年的主张似乎与胡绳相近，若细加考察，不难发现二者差异之所在。实际上，刘大年的分期构想可谓吸收了分期讨论中各家之言，并融入了自己的判断和思考。

首先，他将清政府组织的中日、中法战争与义和团运动并列为民族战争，强调这一时期中外民族矛盾的主体地位。从刘大年的理论分析看来，他基本上肯定了清政府与列强的民族战争中具有的积极的、正义的

① 刘大年：《中国近代史研究中的几个问题》，《刘大年史学论文选集》，人民出版社 1987 年版，第 247 页。
② 刘大年：《我们要熟悉中国近代史》，《人民日报》1961 年 2 月 21 日，第 7 版。
③ 刘大年：《回答日本历史学者的问题》，《刘大年史学论文选集》，第 495、494—495 页。
④ 《中国近代史上的人民群众》，《历史研究》1964 年第 1 期。
⑤ 刘大年：《中国近代史讲稿》，中共中央高级党校教研室 1964 年 5 月编印。
⑥ 刘大年：《中国近代史研究中的几个问题》，《历史研究》1959 年第 10 期。

一面。

其次，他在坚持以反帝反封建作为近代史演进脉络主线的同时，将近代以来的经济变动、尤其是资本主义发展历程也置于相当重要的地位。他在范文澜《中国近代史的分期问题》的文章打印稿上批注有："全文中看不出社会生活的变化。总起来是没有社会经济。一、不能说明生产力的发展。……以矛盾的阶段作为分期阶段，不能说明生产力发展的阶段。"① 有鉴于此，他特别重视对社会经济生活的分析，指出：中国出现资本主义后，才有早期的资产阶级和工人阶级，从而为新的社会运动奠定基础。这实质上强调了资本主义的发展推动中国由封建社会向近代工业社会转型，已经涉及中国的近代化历程问题。

实际上，刘大年对资本主义、资产阶级研究的重视由来已久。1953 年1 月，近代史研究所设立经济史组，刘大年任组长，并将近代资产阶级作为研究中心内容。② 这在当时无疑具有开创意义。1955 年他起草的《社会科学学部报告》就着重提出："关于中国资本主义的发生与发展的历史、中国资产阶级领导中国革命的思想、策略及其历史作用"，"应作为专题深入地研究。"③ 20 世纪五六十年代，他与严中平、巫宝三、汪敬虞、孙冶方等经济史或经济学的研究者书信往还，曾提议"写资本家千人传"。④ 1954 年3、4 月间，刘大年在办理顾颉刚调动之事时，曾在武汉逗留一周，专门听当时武汉军区副政委原新四军政治部主任郑位三讲武汉的资本家、近代工业情况。郑位三对武汉地区工商业情况很熟悉，他希望近代史所有人去研究武汉的工商业，于是致信范文澜。由于只是口述，武汉工商业的情况后来没有整理，但刘大年对此事一直念念不忘。⑤ 1964 年4 月3 日成立"近代中国社会历史调查工作委员会"，杨东莼为主任，刘大年、黎澍为副主任，主要根据刘大年的建议，进行"民族资产阶级调查"、"买

---

① 刘大年手稿，刘潞先生提供。

② 按照当时的分工，钱宏负责"中国资产阶级的发生"、"中国资产阶级与小资产阶级的关系"，董其昉负责"中国资产阶级的构成"，樊百川负责"中国资产阶级与农民阶级"，张玮瑛负责"中国资产阶级在工业方面的活动"，谢璇造负责"中国资产阶级与帝国主义和垄断资本主义的关系"，李瑚负责"中国资产阶级在商业银行、运输方面的活动"。据李瑚《本所十年大事简记》（手写稿），第7—8 页。

③ 《社会科学学部报告》，刘大年起草（1955 年5 月21 日改写稿），刘潞提供。

④ 《米暂沉来函》，《刘大年来往书信选》（上），第251 页。

⑤ 转引自黄仁国《非则言非，是则言是的实事求是精神》，《史学史研究》2007 年第2 期。

办阶级调查"、"江浙财阀调查"、"商会调查"。① 1958 年他撰文明确指出："中日战争后的再一次割地狂潮，使中国面临着瓜分危险，而民族工业又正显露其活力。挽救民族危亡，发展资本主义，成了社会生活提出的两个最根本、最迫切的问题。"② 1981 年刘大年率先提出中国近代史研究应从经济史突破，拉开了近代史研究内容拓展的序幕。③ 这绝非心血来潮，而是他长期积累深思熟虑的结果。

学科体系的成熟，其标志即为反映这一体系、具有典范意义的权威著作的产生。"三次革命高潮"体系作为 20 世纪 50 年代分期讨论的主要成果，对于此后中国近代史研究及中国近代史著作的编纂都有极为重要的指导意义。刘大年主持编纂的《中国史稿》第四册及《中国近代史稿》体现了"三次革命高潮体系"的基本精神，同时力图克服其片面性，并有所完善和补充，为中国近代通史体系做出了可贵的探索。平心而论，从学科体系建设的角度看，《中国史稿》的框架比胡绳的《中国近代史提纲》所勾画的框架更为全面，体现了较高的科学性。

中国科学院近代史研究所成立后，在深入专题研究的基础上编纂一部《中国近代史》就成为全所上下数十年孜孜以求的目标。范文澜、刘大年最初擘画的实际上是一部完整的多卷本《中国近代通史》。刘大年在 1957 年 1 月 5 日全所大会报告中说："我们要从更多的材料，把近代史中若干问题，弄得更清楚、更深入。……今天开始写的近代史，为了期望把它写好，就是经过十年的时间也无不可。"④ 1957 年 9 月，为写好多卷本的《中国近代史》，近代史研究所把原来的三个组打乱，重新组建近代史组全力以赴地进行，由刘大年任组长主持其事。但 1959 年郭沫若主编的《中国史稿》第四册（1840—1919）分配由近代史所承担，刘大年主持，多卷本《中国近代通史》的撰著计划不得不暂时搁置。当时近代史所人员将多卷本《中国近代史》称为"大书"，而将《中国史稿》第四册称为"小书"，以示区分。近代史研究所的主要研究力量都参与编写《中国史

① 近代史所档案：《关于开展近代社会调查的资料》、《1964 年全国近代现代史工作会议资料》。

② 刘大年：《戊戌变法六十年》，《人民日报》1958 年 9 月 29 日，第 7 版。

③ 刘大年：《中国近代史研究从何处突破？》，《光明日报》1981 年 2 月 17 日，第 4 版。

④ 金毓黻：《静晤室日记》第 10 卷，辽沈书社 1993 年版，第 7370 页。

稿》。① 历时近两年，《中国史稿》第四册于 1962 年 10 月由人民出版社出版。

1971 年 4 月，刘大年与郭沫若讨论《中国史稿》继续写作问题。之后，《中国史稿》第四分册的修改及范文澜著《中国近代史》下册的编写工作均由刘大年负责。刘大年约集丁名楠、钱宏、余绳武、樊百川、张振鹍、龙盛运、刘仁达、金宗英等研究人员，开始从事《中国史稿》近代史部分的扩大编撰工作。与此同时，刘大年还着手主持范文澜著《中国近代史》下册的编写。1976 年，刘大年在郭沫若召集的《中国史稿》编写工作会议上提出，《中国史稿》中国近代史部分分量比较大，希望能够独立出版，得到郭的同意，此后，《中国史稿》近代部分被称为《中国近代史稿》，计划共出 5 册。1978 年 8 月，《中国近代史稿》第一册由人民出版社出版。1984 年 6 月，《中国近代史稿》第二、三册出版，但仍只写到1901 年。范文澜、刘大年及近代史所同人为之努力数十年的中国近代通史著作终未竟全功。

刘大年为编纂《中国史稿》第四册及《中国近代史稿》1—3 册，从宏观理论体系的提出、指导思想的确立、结构框架的设计，到对初稿逐字逐句的修改以至重写，倾注了相当多的心血。《中国史稿》的基本理论体系体现了刘大年 1959 年发表的《中国近代史研究中的几个问题》一文的观点，且与 1954—1957 年中国近代史分期问题的讨论密切相关。这一框架基本按照"三次革命高潮"分期，同范文澜的分期观点有相当的差异。②

事实上，刘大年在《中国史稿》第四册的理论架构上融入了自己独到的探索、思考，对"三次革命高潮"体系又有所发展与完善。他对以往包括范文澜著《中国近代史》在内的中国近代通史体例著作偏重政治、忽略社会经济文化的缺陷有着明晰的体认，因而《中国史稿》第四册力图克服片面性，将社会、经济、文化以及边疆、少数民族等内容均纳入论述的范围。在他看来，1840 年至 1919 年近代中国 80 年的历史，明显地表现为鸦片战争至太平天国失败、1864 年至戊戌变法与义和团运动失败，以及1901 年至五四运动爆发三个不同时期，每个时期内帝国主义、中国社会各

---

① 《中国史稿》第 4 册"编辑工作说明"，人民出版社 1962 年版。
② 范文澜认为没有必要统一于一种说法，对刘大年的做法表示支持。参见刘大年《范文澜历史论文选集·序》，中国社会科学出版社 1979 年版，第 15 页。

阶级的关系、他们的矛盾斗争各有特点。其中社会经济状况、阶级斗争、意识形态是统一的，在历史论述中均应给予其应有的位置。因此，《中国史稿》、《中国近代史稿》根据历史演变的时间顺序讲述事件：不只讲政治事件，也讲经济基础的变迁、社会文化思潮的流变；不只讲汉族地区的历史，也讲国内各民族斗争、边疆沿革。

尤为值得注意的是，对阶级分析法的辩证运用，使此书尽可能避免了以阶级阵营分敌我、论是非的简单化趋向。刘大年认为，"统治阶级、地主阶级里面有很多派别和集团，有区别，不尽相同。……说清楚这些问题才深刻，不要回避它"。"对清政府要给以恰如其分的估价，不要重复辛亥革命时期革命派的论调，因为他们要推翻它，把它说得很坏。……清朝在中国历史上曾经起过积极作用"。① "中国近代的革命运动与反动统治表现了历史运动两个方向的对立，并非表现历史分成了对立的两块，彼此无关。两个对立方向是同一历史过程的两面。没有反对革命的一面，就没有革命的一面。我们不能只讲革命的一面，不讲反革命的一面"。② 因而此书并未忽视统治阶级的活动，对于"反革命"一方的历史亦给予了相当的叙述比重；对统治者维护国家民族利益的举措给予了客观中允的评价。

与此同时，此书力求避免人物的标签化、脸谱化，而强调揭示其发展变化过程。刘大年强调："就是同一个人，前后也可能有变化，也要具体分析"；"不得志的中小官吏一般倾向于反侵略，但是一旦有了职权以后又发生变化；翁同龢在中日战争中主战，但他比李鸿章更亲俄"；"人物不要讲得很死，如恭亲王前后就有不同"。③ 这些意见体现了历史主义精神。

《中国史稿》第四册体现了刘大年的史学思想：其一，历史运动是一个整体运动，社会生产、经济生活是这个整体的核心与基础。《中国史稿》注重综合政治、经济、文化各个领域的状况，着力于发掘政治事件的经济根源，显示出对历史唯物论的深刻体会；其二，历史运动的动力来自于社会内部的矛盾对抗，在着力状写阶级斗争的同时，必须对社会结构的变化作深刻的探索；其三，写中国历史必须注意到中国的特殊性，而不能生搬

---

① 近代史所档案：《内部简讯》第 2 期，1961 年 3 月 1 日，中国社会科学院近代史研究所藏。

② 刘大年：《田家英与学术界》，董边等编：《毛泽东和他的秘书田家英》，中央文献出版社1990 年版，第 159 页。

③ 近代史所档案：《内部简讯》第 2 期，1961 年 3 月 1 日。

硬套马克思主义理论。他认为，民族矛盾与阶级矛盾相互影响，相互作用，在很大程度上决定了近代中国的总体面貌。二者紧密相连，难以分出孰轻孰重，在进行历史论述时应该兼顾这两种矛盾，而不能陷于顾此失彼之境。《中国史稿》第四册的这些认识及编纂方法，是对新中国成立以来中国近代史学科研究成果的概括和升华，"给中国近代史搭起了一个新的架子，有些地方做出了可喜的概括"①，实际上为中国近代通史的编纂奠定了一个具有一定科学性的初步框架。

《中国史稿》第四册力求反映近代史的全貌。书中从整体分析政治、经济、文化、边疆少数民族四部分所占分量，可列表如下：

	共计	政治、军事	经济	思想文化	边疆少数民族
页数（页）	240	165	35	24	16
比例（%）	100	68.7	14.6	10	6.7

可以看出，政治史、革命史为主干，同时将经济、思想文化、边疆少数民族扭结其中，均有比较充分的反映，《中国史稿》所构建的理论体系容纳历史内容的全面与均衡，在 20 世纪 60 年代实为难能可贵。而且，对于统治层的活动如洋务运动、清末新政、预备立宪等均给予了一定的位置。对于两次鸦片战争、中日战争、中法战争这些由清政府主导的涉外民族战争，刘大年有较为公允的评价。他明确指出：写这几次中外民族战争时，"不要使阶级矛盾超过民族矛盾。现在讲分期问题的，常把这两次战争放在很不重要的地位，这是不对的。在我们的书中，要把这几次战争突出来摆在适当的地位上"②。就这个框架看来，虽然蕴涵着"三次革命高潮"的基本精神，却明显体现了突破"革命史"框架的意图。

刘大年的这一构想颇有新意，他曾对一位国外来访的学者讲，他主持编著的著作将包括该历史时期的基础和上层建筑，与当时通行的着重谈政治事件的史书有别。③ 20 世纪 60 年代《中国史稿》作为指定的高校教材，

① 张海鹏：《战士型的学者，学者型的战士——记刘大年的学术生涯》，《刘大年集》，第476 页。
② 近代史所档案：《内部简讯》第 2 期，1961 年 3 月 1 日。
③ 王庆成：《忆刘大年同志对近代史学科建设的贡献》，《近代史研究》2000 年第 6 期。

印数很多，影响亦相当大。丁守和回忆，"田家英要我参加第五册（按：即《中国史稿》第五册）的写作，就曾提到要参考此书"。① 林言椒认为，"60 年代影响最大的，我看恐怕就是郭沫若主编、实际上是刘大年写的《中国史稿》第四册和翦伯赞的《中国史纲要》第四册。尽管当时同类书已出了不少，但这两部书章节清晰，立论严谨，简明扼要，适于作为大学教材使用，而且对于边疆和少数民族问题也都涉及到了，这是我们过去重视不够的"②。实际上，此后我国高等学校历史系编写或者使用的中国近代史教材，大体参照过这个框架。这个体系已经具有相当的前瞻性，与以前的近代史体系相比，已然有了重大的进步。《中国近代史稿》与《中国史稿》第四册相较，基本框架及基本观点都没有大的区别，但史实大为丰富，克服了原书"有骨头无血肉"的缺憾。且每一时期均有总评。这两部书对中国近代通史体系做出了较为成功的探索。即以今天的眼光看来，其积极意义仍不可抹杀。

三 以马克思主义为指导的史学理论研究

新时期以来，史学思潮风云变幻，马克思主义指导地位受到挑战。马克思主义史学家面临着两大任务：其一，肃清附加于马克思主义名号之下的种种谬说，恢复马克思主义的本来面貌；其二，纠正淡化马克思主义理论乃至摆脱唯物史观指导的倾向，在坚持其固有内涵的基础上不断丰富、发展马克思主义。刘大年认为，中国近代史研究的突破必须着眼于理论的创新，"新资料有限，而新眼光新认识提高无穷。我们在资料上应当达到超越前人，因为新出的资料多了，前人未见的我们也见到了。但是做到了这一步顶多也不过同前人一样。要使学术水准提高，就必须掌握创造性运用马克思主义。资料与理论谁也不可缺少。要前进还要在理论上努力"③。事实上，刘大年不为种种潮流所左右，始终不渝地坚持唯物史观，并为之做出了新的探索；同时对史学的理论方法进行探讨，其成果泽及后来的中国近代史研究者。

① 丁守和：《怀念刘大年同志》，《近代史研究》2000 年第 6 期。
② 《学习祖国历史建设精神文明》，《读书》1982 年第 11 期。
③ 刘大年手稿，刘潞提供。

刘大年在"文化大革命"中通读《马克思恩格斯全集》，某些篇章曾反复诵读，具有相当坚实的理论基础。有鉴于"文化大革命"期间理论的混乱，在史学研究领域，对马克思主义理论的糟蹋令人痛心，他在"文化大革命"后撰写了很多关于历史理论的文章，对历史唯物主义在史学研究中的运用，以及历史学自身的理论，多有阐发，一些文章引发了热烈争鸣。这些文章大多收入 1987 年出版的《刘大年史学论文选集》，且排在文集首位，所占篇幅也较多。他在《弁言》中坦言：

> 1979 年以后写的一些文稿，有两种截然不同的评价。一种认为代表了某种倾向，而且是"有力的代表者"，意存奖饰。一种认为划框框，定调子，难于接受。这表明我们的学术界百家争鸣，思想活跃。至于我自己，只不过是按照现有的认识去说话。不求鸣高，不问时尚，不作违心之论，枉己殉人[1]。

此中所指即为这些历史理论文章，具体涉及历史研究的指导思想和对象问题、历史科学的任务问题和时代使命问题，历史动力问题，历史学理论的建设问题。

这些史学理论文章也使很多史家得到鼓舞。林甘泉认为："书（按：指《刘大年史学论文选集》）中许多篇章，我认为对于今天史学界的思想状况和理论状况来说，很有针对性，也可以说有指导意义。……就坚持马克思主义理论指导这一点来说，就足以使许多同志得到鼓舞。"[2] 胡思庸言："伏案一气读了两篇（《历史研究的指导思想问题》、《历史前进的动力问题》），不觉已是夜阑人静……孤灯对卷，如闻空谷足音。"[3] 项观奇亦对刘大年的战斗精神深表钦佩，认为他在坚持着一种倾向，是一个有力的代表。[4] 戴逸曾说："我感觉到，他在这方面下的功夫是很大的，阐发的一些理论相当透彻，并且有明确的针对性，表现了他在理论方面的成熟，也表现了一位历史学家的远见卓识。"[5]

---

① 刘大年：《刘大年史学论文选集·弁言》，第 1 页。
② 《林甘泉来函》，《刘大年来往书信选》（下），第 490 页。
③ 《胡思庸来函》，《刘大年来往书信选》（下），第 493 页。
④ 《项观奇来函》，《刘大年来往书信选》（下），第 474 页。
⑤ 戴逸：《刘大年同志与中国历史研究》，《近代史研究》1995 年第 5 期。

中国和世界的历史学各有其科学成分。但是历史学是否以及怎样成为一门科学，至今不无争议。历史唯物主义给历史学奠定了科学基础，但它并不能代替历史学理论。他的史学理论探索即由此而生发，并对历史学理论的一系列关键问题都有明确看法。刘大年关于马克思主义历史学理论的基本观点和思想概括如下。

（一）关于历史研究的指导思想。新时期以来，在各种现代科学的渗透之下，在种种新思潮的冲击之下，唯物史观的指导地位受到质疑。刘大年认为，历史研究离不开一定的指导思想。所谓"无偏无党，浩然中立"，不过是表明他拒绝某种思想，而选择另外的思想。历史学要想成为科学，不能脱离马克思主义的哲学指导。在他看来，历史唯物主义作为一个科学理论体系，是以人类社会生活里的基本事实，即以生活资料的谋得方式为出发点。其基本内涵有二：1. 人们依赖一定的生产力并结成相应的关系进行解决衣食住行所需的物质资料的生产，以开始对历史的创造，其他一切创造都起源于和最终依赖于这个创造的存在和继续；2. 社会生活中经济、政治、意识形态是相互联系、不可分割的。人们的社会关系同时表现为经济、政治和意识形态的关系。它是一个统一的社会关系客观体系。人们对历史的创造受到物质生活环境条件的制约。因此，从人的思想活动来说明历史是漂浮无根的。

（二）关于历史研究的对象。在 1985 年发表的《论历史研究的对象》这一长文中，刘大年强调："与一定的生产力相联系的、以生产关系为中心的社会关系、社会联系及其运动变迁，这就是历史研究的对象"，换言之，阶级和阶级矛盾是阶级社会历史的"枢纽"。此文提交第 16 届国际历史科学大会，作者下了很大的工夫。对于"人事"说、社会说、结构说、文化说、综合说、规律说等种种关于历史研究对象的主张均作了具体分析，旁征博引，体现出对于西方史学理论相当程度的了解。刘大年这一论述更重要的是针对"凡过去的一切都是研究对象"的观点，他明确指出："'一切'都成为研究对象了，实际就取消历史科学研究的对象了。"[1]

（三）历史前进的动力问题。刘大年认为，在私有制社会，生产力是历史前进的最终动力，阶级斗争则是直接动力。二者不是互相排斥的关

---

[1]　刘大年：《历史研究的对象问题》，《刘大年史学论文选集》，第 30 页。

系，而是紧密联系，又各立门户。生产力与生产关系的矛盾运动，生产方式的变化和发展，决定整个社会的变化和发展。在私有制历史上，这种变化和发展，是通过阶级矛盾与对抗来实现的。因此，说阶级斗争推动历史前进，是对问题的直接回答。这种观点不同于"历史是由个人创造的"那种空洞的观点，而是指出了个人活动是由一定社会关系、环境决定的，它会使人认识到社会历史过程，最终也是自然历史过程。① 他对于"合力论"明确表示不能认同，1987 年发表《说"合力"》，引起热烈争鸣。②

（四）历史发展的规律问题。刘大年认为，历史学之所以成为一门科学，就在于它有规律可循。所谓规律，要从事物的重复性表现出来，重复性及其演变所在，就是规律所在。论及现象背后的本质，无不处在重复中。中国近代史中的帝国主义、封建阶级、人民大众的状况，每一次重大事变、社会变动的过程，就是它们间的斗争、它们的性格、相互关系重复表演与发展的过程。历史运动方向并不随着权力人物的意志愿望改变，人们的意志只有在与重复性所表现出来的客观规律相适合才能起作用。中国近代史著作，必须揭示这种运动规律。③

（五）研究历史必须实践性与科学性统一。"但现实生活中，革命性与科学性往往不统一。因此，掌握马克思主义不是一句话就能说得清的"。"学术研究不是靠热情和主观意愿，而是靠事实和对事实的了解。历史研究一定要强调联系现实，科学研究要建立在充实的史料根据上，这样才能发挥史料的作用，也是联系现实最基本的一种途径。历史类比、影射根本不是历史。也不能把历史解释政治任务（原文如此）。讲历史，总要回到现实之中。一个是不能不联系现实，一个是不能勉强联系现实，牵强附会。"马克思主义史学必须与现实联系，否则"就是'沙龙'马克思主义"，但不宜提历史研究为政治服务，"要还历史以真实面目。脱离现实，违反历史，只能给人们造成混乱"。

刘大年在 1997 年接受采访时再次强调，马克思主义"尽管个别理论

---

① 参见刘大年《关于历史前进的动力问题——在太平天国学术讨论会上的发言》，《近代史研究》1979 年第 1 期；《异化与历史动力问题》，《哲学研究》1984 年第 4 期。

② 商榷文章主要有郑宏卫：《历史的动力与合力：兼评刘大年的〈说"合力"〉》，《学术研究》1988 年第 3 期；吴廷嘉：《合力辩：兼与刘大年同志商榷》，《历史研究》1988 年第 3 期；刘尊武：《论恩格斯的历史"合力"思想及其意义：兼与刘大年同志商榷》，《江西大学学报》1988 年第 3 期。

③ 刘大年：《面向新世纪漫谈历史规律问题》，《史学史研究》2003 年第 3 期。

过时了"，但整个体系是科学体系。以之作为历史研究的指导，才能有真正意义的历史科学。① 刘大年的史学理论亦为国外学者所关注。1992 年，俄罗斯东方文献出版社用俄文出版了刘大年《历史科学问题》一书，向俄国学术界系统展现其史学理论研究成果。在对唯物史观加以阐述、对史学理论加以探索的同时，刘大年积极倡导学界的史学理论研究。在 1983 年发表《当前历史研究的时代使命问题》一文中，他认为"马克思主义历史学理论的研究，是历史学本身的基本建设，也是历史学论述社会主义前途的重要部分"，并强调："马克思主义历史学理论不等于历史唯物主义，辩证唯物主义与历史唯物主义，是马克思主义历史学理论的基础，但是不能代替后者，正像马克思主义哲学不能代替任何一门自然科学的理论和方法论一样。"② 1985 年发表《论历史学理论研究》，围绕生产力与生产关系、经济基础与上层建筑对历史本体论加以探讨，进一步倡导历史学具体的理论研究。③

据张椿年回忆：《史学理论研究》这本刊物，从酝酿到问世都得到了刘大年的支持。当时中国社会科学院一些学者向刘大年请教，计划办一个专门的史学理论刊物，刘大年完全赞同。④ 1986 年 5 月 6 日在安徽举行的全国历史学理论讨论会上，他提出推进历史学理论发展的三条建议：制定长远规划，切实办好史学理论讨论会；重点翻译介绍一批国外史学理论书籍；出版一个专门的马克思主义旗帜鲜明的史学理论刊物。⑤ 经刘大年登高一呼，出版一个史学理论刊物就有了更为广泛的群众基础。在筹备过程中，刘大年多次了解筹备进展情况。海外学者对于中国马克思主义史学的研究及评价，亦引起刘大年极大的关注。他与德国学者罗梅君有联系，对罗所著《政治与科学之间的历史编纂》这一研究马克思主义史学的著作甚感兴趣，并托项观奇寄来一本。⑥ 概言之，刘大年对史学理论的重视和贡献在老一辈史家中是相当突出的。

有学者认为，"'文化大革命'后史学界唯物史观派的内部冲突基本上

---

① 1997 年 9 月 1 日采访刘大年录音记录《历史学研究中的几个问题》。
② 刘大年：《当前历史研究的时代使命问题》，《近代史研究》1983 年第 3 期。
③ 刘大年：《论历史学理论研究》，《近代史研究》1985 年第 4 期。
④ 张椿年：《中国史学界的骄傲》，《近代史研究》1995 年第 4 期。
⑤ 刘大年：《欲登高，必自卑》，《史学理论》1987 年第 1 期。
⑥ 据刘大年所藏未刊书信，刘潞提供。

是在黎澍与刘大年之间展开的"①。将新时期以来的刘大年、黎澍两人学术观点的分歧描述为非此即彼的根本对立，似有简单化之嫌。无须讳言，刘、黎二人学术思想上存在某种分歧，如果不加分析片面强调这种分歧，二者似乎壁垒分明，势难两立。如此把握 80 年代以来中国史学界的思潮，好像简单明了，却不甚准确。

对于黎澍关于"历史创造者"的基本观点，刘大年有不同看法。回溯新中国建立以来的学术史，关于"历史创造者"问题实质上有过三次论争：1. 20 世纪 60 年代初围绕"历史主义"而展开论争，其实质是如何看待封建社会历史的创造者；2. 十一届三中全会后围绕"历史动力"问题而展开论争，"农民战争是封建历史发展的真正动力"受到质疑；3. 黎澍撰文对"人民群众是历史的创造者"这个更一般的命题提出质疑，引发论争。三次论争的焦点在于：剥削者、压迫者作为一个阶级是否参与了历史的创造及其在历史创造中所处的地位。刘大年在 20 世纪 60 年代的论争中无疑站在以范文澜、翦伯赞为代表的"历史主义"阵营，所撰《论康熙》一文鲜明地表述了他在此问题上的立场；在"历史动力"问题论争中曾撰写《关于历史前进的动力问题》②，强调阶级斗争在变革历史进程中的作用。而对于"历史创造者"问题，他实际上写过两篇相关文章：1964 年作《中国近代史上的人民群众》，强调"历史前进的方向是由人民群众决定的，不是由反动统治者决定的"。③ 1983 年发表《历史上的群众与领袖问题》，明确表示"人民创造自己的历史，就包括那些起了推动历史前进作用的英雄人物们的创造"④。在他看来，"人民群众是历史的创造者"针对以往史学研究中的英雄史观和帝王将相创造历史的旧史观而提出，其主旨应该在于说明：创造历史、决定历史前进方向的人主要的不是少数统治者、杰出人物，而是普通人民群众，这里并不排斥英雄人物在历史创造中的作用。

刘大年没有直接参与针对"历史创造者"问题的论争，但这一论争无

---

① 王学典：《80 年代的"新启蒙"与黎澍》，《20 世纪中国史学评论》，山东人民出版社 2002 年版，第 382 页。

② 刘大年：《关于历史前进的动力问题》，《近代史研究》1979 年第 1 期。

③ 刘大年：《中国近代史上的人民群众》，《历史研究》1964 年第 1 期。

④ 刘大年：《历史上的群众与领袖问题》（原载《哲学研究》1983 年第 9 期），《刘大年史学论文选集》，第 137 页。

疑对他有相当大的触动，且引发了他的理论思考。胡思庸撰写《历史的创造与历史的动力》与黎澍商榷，并致信刘大年，刘在回信中表达了自己的看法："马克思主义的社会科学研究，在追求革命真知。既求知，就不能墨守旧闻，食古不化。反之，也不能赶时髦，看风色行情著文立说"①，显而易见对黎澍观点持保留态度。

黎澍去世后，刘大年借怀念黎澍之机，公开表明了他的观点：

第一，历史是人或人们创造的，这不能算作对问题的回答。因为一般谈历史，本来说的就是人类社会的历史。古今中外从来没有人说它不是由人自己创造的。物以类聚，人以群分，问题在于他们究竟怎样创造了自己的历史。第二，现在争论的双方，都并非无懈可击。反驳文章指出了黎文若干弱点，但限于如何解释马克思主义著作等具体问题，没有能够对其核心部分展开相反论证。所以这种驳难，并不足以使对立面相形见绌，或者失去存在的理由。第三，人民群众是否历史的创造者，这样来进行争论，答案就只能直接归结为是或否，机械而单一。其实事实比这远为复杂。把问题改换为人民群众如何或怎样创造了历史，讨论就会掘进一层，增加深度和广度。"如何"或"怎样"的问题解决了，"是否"问题也就切实解决了。第四，不少研究者不赞成黎文论点，而又不能有力地驳倒它，说明了这样一个事实：以前大家讲人民群众是历史创造者，是把它看做一个科学定论的。至于为什么，却很少认真思考。论证当然也有，现在看来，那些论证或者片面，或者不深入充分。相反的意见一经提出，始而愕然，继而僵持不下。僵局不会长久保持，分歧将推动各种不同观点的研究，彼此竞赛，最后的结果无论哪一方被肯定，哪一方被否定，或是出现第三种结论，都是科学上的前进。这个事实，正好指出了黎文新观点的意义。②

此后，在1994年发表的《光大范文澜的科学业绩》一文中，刘大年再次重申了自己的观点。③从刘大年的已刊、未刊文字来看，他对于"历史创造者"问题有其独到的思考。他对于黎澍以"人们自己创造自己的历史"代替"人民群众是历史的创造者"表示异议，认为由这个角度切入思考并不能从学理上解决问题，而应该转换考察的角度。进而提出从"人民

---

① 《刘大年来往书信选》（下），第432页。
② 刘大年：《怀念黎澍同志》，《近代史研究》1989年第2期。
③ 刘大年：《光大范文澜的科学业绩》，《近代史研究》1994年第1期。

群众怎样创造历史"的角度来思考。

这里有三点值得注意：其一，刘大年没有直接参与论战，关键在于他对于黎澍引发论战的深层用意是了然于胸的：过去以僵化、教条的态度对待"人民群众是历史的创造者"这一命题，在"文化大革命"中更将这种僵化推到极致，导致非历史主义思潮恶性膨胀，将"劳动群众"作为历史的唯一创造者，将剥削阶级的历史作用完全抹杀，而对下层人民的自发斗争片面拔高。黎澍通过强调"杰出人物也是历史的创造者"而拨乱反正，所针对的正是这个"唯一"，无疑有益于克服以往史学研究的片面性与教条主义。正是在这个意义上，刘大年与黎澍心意相通，甚至表示钦佩之意："勇于探索，不断革新自己的看法，是黎澍学术研究的一个特点。……舍弃陈说——不管是多么权威的陈说，探求新知，是科学研究本来的品格。凡是追求科学者总要保持这种品格。黎澍为此锲而不舍，直到最后。'烈士暮年，壮心不已'，那是一种难得的气概。"①

其二，黎澍提出这一命题，诚如王学典所言，不是或不完全是一个学术命题②，而基本上是一个意识形态命题，其"社会"意义远大于"学术"意义。他提出以"人们自己创造自己的历史"代替"人民群众是历史的创造者"，亦值得商榷。因为人们提出某种理论命题，归根结底在于它具有某种解释功能，历史创造者问题之价值，恰在于对不同的人们在历史发展中的地位出发来对他们做出价值评判。其实，如果不作僵化理解，"人民群众是历史的创造者"本为马克思主义唯物史观的题中应有之义。中国的马克思主义者很早就对此有所体会，如革命先驱李大钊曾写道："民众的势力，是现代社会上一切构造的唯一基础"；"社会发展是联合以图进步的人民造成"③。毛泽东在《论联合政府》中指出："人民，只有人民，才是创造世界历史的动力"④；刘少奇曾说过："只有人民群众，才是历史的真正创造者，真正的历史是人民的历史。"⑤ 1956 年邓小平在《关于修改党的章程的报告》中指出："马克思主义向来认为，归根结底地说来，历史是人民群众创造的。……人民群众的觉悟性、积极性、创造性愈

① 刘大年：《怀念黎澍同志》，《近代史研究》1989 年第 2 期。
② 王学典：《80 年代的"新启蒙"与黎澍》，《20 世纪中国史学评论》，第 400 页。
③ 《李大钊选集》，人民出版社 1978 年版，第 223 页。
④ 《论联合政府》，《毛泽东选集》第 3 卷，人民出版社 2008 年版，第 1031 页。
⑤ 《刘少奇选集》（上），人民出版社 1981 年版，第 350 页。

是发展，工人阶级的事业就愈是发展。"① 实际上，唯物史观派的史学，其最大贡献便是将关注的焦点转向下层人民群众的生活，着力描述群众的经济、社会生活及其反抗斗争，使史学真正在实践层面摆脱精英史学的窠臼。

其三，刘大年提出转换思考的角度，由此生发了一个重要的史学思想。在 1988 年致姜涛函中，刘大年再次提到"历史创造者"问题："不久前学术界讨论人民群众是否创造历史问题，不同意见相持不下。我想如果不把'题珠'或'题眼'放在'是否'上，而改为放在'如何'或'怎样'上，问题可能容易说清楚一些。道理很明显，'如何'、'怎样'的问题解决了，'是否'问题也就真正解决了。"在指导姜涛的博士论文时强调，讲人口变化是否影响历史运动还远远不够，更应着重论述人口变化如何或怎样影响历史运动。"'是否'影响自然应当讲，但重点应摆在'如何'或'怎样'上。只有在这方面根据确凿事实讲出一些道理，论文才有意思。这应该是文章的精魄所在，也是表现全文思想性、理论性的部分"。②

刘大年这一史学思想实有深意存焉，非大识力者不能及此。在他看来，历史现象极为复杂，很难以简单的两极予以界定，非此即彼、二元对立的思维模式必然导致认识的简单武断，亦此亦彼可能才是历史认识的常态。历史认知问题，如果单纯从"是否"的角度进行争论，非"是"即"否"，并不能展现问题的复杂性。"是否"之争往往涉及纯粹理论思辨的宏观问题，而史学究其实质仍是一门以实证为主的学问，它主要通过感性事实本身来说明世界，同哲学这样的思维科学有着严格的区别。"事实胜于雄辩"可能才是史学的本质特征。将历史中人与事的真实面相加以具体描绘刻画，即着眼于"如何"、"怎样"，更有说服力，反过来可以为"是否"之争提供具体研究的支持。

刘大年下如此大工夫研究史学理论，自有其深刻考虑。1990 年 8 月 27日，刘大年在接待日本友人井上清时说：

　　我研究计划里要写一部中国近代史，已经出了三册，还应该再写

① 《邓小平文选》第 1 卷，人民出版社 1989 年版，第 217—218 页。
② 《刘大年来往书信选》（下），第 478—479 页。

两本，我把它放下了。我感到这些书别人也可以写。最近十年来，我写的文章主要是讲要坚持马克思主义。有的朋友对我讲，一部书写不完很可惜。我认为，如果在宣传马克思主义方面做得少更可惜。我宁可不写那部书，还是要写我认识到的、应该讲的那些马克思主义的道理。总结到一条，中国还是要走社会主义道路。马克思主义是科学，不是宗教。如果有人一定要把马克思主义比做宗教，那我就像个和尚，一辈子就念这一本经了。①

1999 年 9 月 24 日，刘大年去世前仅两个月，他在"中国社会科学 50 周年"学术报告会上，作了《与同志们交流》的报告，语重心长地提醒中国社会科学院年轻一代的学者，要注重马克思主义理论对社会科学研究的指导作用。这篇演讲收在《刘大年集》里，用作代前言，编者将题目改作《马克思主义哲学社会科学的历史使命》。这是他最后一次对公众讲话，可以说，这篇演讲是刘大年赠给中国社会科学院青年学者们的临终遗言。

四　与时俱进的创新精神

刘大年的学术研究，注意追踪中国近代史研究的前进步伐，具有与时俱进的创新精神。他晚年曾有"马恩责我开生面"诗句，此句化自王夫之自题画像的堂联"六经责我开生面，七尺从天乞活埋"。② 王夫之此联表明了他凛然大义的崇高气节以及对中华传统文化继往开来的历史责任感；"马恩责我开生面"则真切体现了刘大年在新的时代背景下，继承、发展马克思主义史学的使命感。

刘大年的中国近代史研究，在研究课题的选择、研究方法和学术观点的运用上，坚持开放进取，博采众家之长而能融会贯通。在他的论文中，经常引证国外某些著名学者的思想理论，描述国外研究的状况。《国外中国史研究》等反映国际学术动态性的刊物，是他常读不辍的书籍。他随时阅读国外报道，为了论证或便于自己阐述某种观点，经常引用国外著名政

① 王玉璞整理：《接待井上清简报》（五），原件存刘潞家。
② 刘大年曾做《遣怀》诗云："船山学术旧难跻，借尔高言觅径蹊。不拟孤山闲放鹤，鹈鸩恰恰向人啼"（1983 年 9 月 26 日），表达对王夫之的钦慕之情。见刘大年手稿。

治家、学者或者重要报章社论的最新见解，以及经济发展数字。他一再指出，对于西方史学理论的探索"应当受到鼓励"①，"要了解、熟悉国外不同流派的学说、观点"，②"国外历史学凡属好的传统，不管来自何方，我们同样也要知道和加以研究"。③ 1986 年他在致田汝康的信中特别提及："西方讲历史哲学的书，不乏精粹之作，如不久前出版的恩斯特·卡西尔《人论》、科林伍德《历史的观念》等便是。我希望多读一些，多了解一些。对马克思主义理论、对中国传统、对西方非马克思主义著作，都必须正确看待，我们才能前进。"④ 1988 年，在中国史学会第四次代表大会上，他提交的发言《鄙弃抱残守缺，勇敢坚持真理》，表明的就是他对学术思潮的基本态度。

第二次世界大战以后，科学技术迅猛发展，西方史学界兴起"技术中心论"、"技术决定论"，主张利用最新自然科学技术来研究历史。这种理论在 20 世纪 80 年代初的中国史学界得到了一定回应，一些学者倡议将系统论、控制论、信息论等引进史学研究，并期望以之为主导，克服"史学危机"。刘大年密切关注西方史学动态，敏锐地注意到这股潮流。在 1983 年发表的《关于历史研究的指导思想问题》一文中，刘大年密切关注西方史学动态，敏锐地注意到这股潮流。在 1983 年发表的《关于历史研究的指导思想问题》一文中，刘大年指出，历史唯物主义整个学说体系不但建筑在人类社会历史知识的基础上，也建筑在自然科学成就的基础上，但是马克思从来不认为可以将自然科学方法为指导来研究社会历史。⑤

刘大年对"技术决定论"旗帜鲜明地批评，但这并不意味着排斥自然科学方法。他认为，"自然科学的一切成就我们必须充分注意，一切科学的方法我们都应当采用"。在他看来，如果限于将自然科学的方法作为研究手段在历史研究中加以运用，那将促进学术健康发展，有其积极意义。

20 世纪 80 年代初，他关于历史前进动力问题的文章，引起史学界的关注，引发讨论。有青年学者运用从国外引进的"三论"来批驳他。他在

① 刘大年：《历史研究的指导思想问题》，《刘大年史学论文选集》，第 3 页。
② 刘大年：《欲登高，必自卑》，《史学理论》1987 年第 1 期。
③ 刘大年：《历史学理论的建设问题》，《刘大年史学论文选集》，第 201 页。
④ 刘大年：《致田汝康》，《刘大年来往书信选》（下），第 437 页。
⑤ 刘大年：《历史研究的指导思想问题》，《刘大年史学论文选集》，第 22 页。原载《世界历史》1983 年第 4 期，原标题为《关于历史研究的指导思想问题》。

1987 年发表《说"合力"》一文来回答，用相当专业的术语描述现代自然科学最新发展成就来为自己辩护。自然科学的那些术语，并不是研究人文社会科学的人们一眼就可以看懂的。①

重视经济史本是马克思主义史学题中应有之义，但在政治主导的年代，新中国史学界总体偏重重大的事件、战争、人物的活动，对于经济史研究有所忽视，经济史研究依然是近代史研究中的薄弱环节。刘大年在 1981 年即明确提出，中国近代史研究应该从加强近代经济史研究加以突破。这在后来被证明是极有远见的呼吁，打破了近代史研究多年的沉闷局面。这固然首先得益于他对历史唯物主义的深刻体认，但也可以看到西方年鉴学派、结构主义史学思想的影响。②

十一届三中全会后，思想解放大潮冲击着几乎所有领域。中国近代史研究领域，胡绳以"三次革命高潮"为标志的理论体系受到李时岳"四个阶梯论"强有力的挑战。刘大年接受国内有关近代化问题的研究成果，引进近代化视角，对既有的"革命体系"做出了与时俱进的调适、改造，大大增强了其解释力。

刘大年对《从鸦片战争到五四运动》的评论文字公开发表者仅有《评戊戌变法》一文③。书信中提及，誉之为"历史学方面第一流科学著述，不止是中国近代史的杰作"④。而在《从鸦片战争到五四运动》书本上的批注，则不乏观点相左之处。例如，对于胡著论述中法战争的一节，刘大年批道："如此看来，似乎清政府主要只有投降的一面，而且投降得顺利没有什么阻碍。这不能说明为什么徐、唐、岑（按：即徐延旭、唐炯、岑毓英）等出关布防，而且战争还是打起来了。事实上存在两种势力的斗争，有民族矛盾。"⑤ 对于胡著关于慈禧反对维新的原因分析，刘大年认为

---

① 张海鹏按：我当年曾向大年先生请教，文章中那些自然科学最新研究领域的动向，他是怎么了解的？他告诉我，他从北方大学时期担任工学院负责人，在罗致自然科学家方面颇费精力，1950 年后在中国科学院工作，与许多自然科学家联系紧密，了解他们的研究志趣。而且他一贯注意自然科学领域的最新进展。为了准确起见，他曾与 80 年代在自然科学不同领域的头面人物多次通过电话，才能写出在自然科学家看来并不外行的话。与他争鸣的年轻学者，尽管不一定同意他的观点，但对他对自然科学领域最新成果的概括，不能置一词。

② 刘大年：《中国近代史研究从何处突破？》，《刘大年史学论文选集》，第 273—274 页。

③ 《近代史研究》1982 年第 4 期。

④ 《致谢文孙》，《刘大年来往书信选》（上），第 322 页。

⑤ 刘大年未刊稿，刘潞提供。

将之完全归结为光绪与慈禧的权力斗争"未免缩小了这场斗争的'救亡图存'的社会意义","权力斗争是亡国危机使之激化"。刘大年对胡著批注甚多,无法一一列举。就基本观点分歧而论,主要在于:刘大年认为胡著弱化了中外民族矛盾而突出了阶级矛盾,对封建统治者与列强的矛盾淡化处理是其偏失,在阶级分析中对封建统治者内部的矛盾分析亦显不够。这一评析应该说是相当中肯的。

对于李时岳提出的"四个阶梯论",刘大年提出"不可以把辛亥革命同洋务运动放在一条历史轨道上去评价"。① 而对于李时岳的"两个趋向论",刘大年进行了自己的思考。1996 年,他在郭世佑《纪念李时岳》一文旁边注:"有没有主导的占统治地位的趋势。第一,两种趋势是否同等,有无不相称的,对称是否尊重历史?第二,近代社会的本质是什么,基本矛盾是什么,如果对称,当做何表述。"② 此后他对此又有所生发:"中国近代历史上存在着一个特殊的矛盾现象:在民族遭受压迫和民族工业出现上存在着虽不相等却是明显的两个走向、两条路线。一条是急剧的下降线,半殖民地半封建统治秩序不断加深,中国最后被推到了接近亡国的险境。一条是曲折而微弱的上升线,上一个世纪六七十年代中国近代工业出现,本世纪初短暂地显现出一个小小的浪潮,尽管也只限于轻工业。这个浪潮在第一次世界大战结束,帝国主义再次加紧控制以后成为过去,但是直到日本发动全面侵华战争,民族工业也仍多少保持增长倾向。民族工业是新生事物,给中国前景带来了光明。也就是伴随着它,中国出现了新的社会力量,出现了民族资产阶级、工人阶级、近代知识分子。"③ "帝国主义与封建势力相结合,把中国推进了黑暗深渊,民族工业、新的社会力量出现,给中国前景带来了光明。"④

在这里,刘大年实际上明确将近代民族资产阶级的发生发展作为挽救"沉沦"的上升力量。当然这并不意味着抹杀近代人民群众的反帝反封建斗争作为上升力量和进步主线的意义。⑤ 不难看出,刘大年已然纠正以往

---

① 刘大年:《孙中山——伟大的爱国主义者与民主主义者》,《近代史研究》1981 年第 3 期。
② 刘大年手稿。
③ 刘大年:《中国近代史的两条线》,《刘大年集》,第 31 页。
④ 刘大年:《方法论问题》,《近代史研究》1997 年第 1 期。
⑤ 林华国认为:承认"两种趋向论",必定意味着淡化乃至抹杀反帝反封建斗争的意义。窃以为值得商榷。参见林华国《中国近代史研究中两种历史观的论争》,《近代历史纵横谈》,北京大学出版社 2005 年版,第 22—23 页。

过于强调阶级斗争的偏失，对于发展生产力的重要性多有强调，对于阶级斗争与生产力的发展之关系有了更为深刻的辩证认识。① 这段文字中，近代化被赋予了与革命相提并论的意义，实际上包含了刘大年晚年"两个基本问题论"的意蕴。

刘大年对中国近代史主题的阐述，最早可追溯至 1958 年，他撰文提出：在半殖民地半封建的中国，"挽救民族危亡，发展资本主义，成了社会生活提出的两个最根本、最迫切的问题"。② 他在 20 世纪 50 年代对近代经济史、近代资本主义发展史的强调，虽然未曾标示"近代化"概念，实际上已然涉及近代化历程的问题。1985 年发表的《论历史研究的对象》指出："帝国主义侵略下，面临被瓜分、灭亡的半殖民地的中国，人民为了生存下去，一要推翻帝国主义及其代理人封建阶级的统治，二要发展资本主义，求得民族、国家的前进，二者缺一不可"；"二者也许可以作些折中调和，但也必有主有次，不会半斤八两"③。1990 年，刘大年在"近代中国与世界"国际学术讨论会上作题为《中国近代化的道路与世界的关系》的报告，明确阐述了近代化问题："近代世界的基本特点不是别的，就是工业化，也就是通常所说的近代化。适应世界潮流，走向近代化，是中国社会发展的必然趋势"；"中国是否有能力自立于世界民族之林，如何自立于世界民族之林，其核心，就是中国社会能否走向近代化，在当今世界上自荣自立的问题"，"中国民族独立，民主革命完成之日，也就是中国近代化扫清了前进道路上的障碍，独立自主迈开第一步之时"。④ 此文实际指出了研究中国近代化问题的基本原则：近代中国走向以工业化为特点的近代化是历史必然趋势，但因中国的国情，走资本主义道路以实现近代化行不通。民族民主革命以获取独立是近代化的必要前提。

此后，刘大年继续思考并阐释近代史的两个主题及其相互关系。1991年他明确归纳："20 世纪初期的中国，最基本的实际情况、最尖锐的社会矛盾，一是民族不独立，要求在外国侵略压迫下解放出来，一是社会生产

---

① 刘大年认为，"毛泽东思想理论中最大的缺陷是缺少发展生产的理论，许多地方都是强调生产关系，强调分配，而主要是强调平均主义，在这个关键问题上，缺少马克思主义，缺少唯物，表现了中国传统文化的极大弱点"。参见刘大年手稿。
② 刘大年：《戊戌变法六十年》，《人民日报》1958 年 9 月 29 日，第 7 版。
③ 刘大年：《历史研究的对象问题》，《刘大年史学论文选集》，第 96 页。
④ 刘大年：《中国近代化的道路与世界的关系》，《瞭望》1990 年第 22 期。

落后，要求工业化、近代化。两个问题内容不一样，又密切联系在一起。"① 1995 年 8 月 15 日发表的《民族的胜利，人民的胜利》一文，其中明确提出："中国近代历史上有两个基本问题：第一，民族不独立；第二，社会未能工业化、近代化。前者是外国侵略者造成的，后者是封建统治者造成的。"② 在《抗日战争与中国近代史基本问题》一文中，刘大年对此做了进一步阐述："民族独立与近代化，不是各自孤立的，它们紧密地联结在一起。没有民族独立，不能实现近代化；没有近代化，政治、经济、文化永远落后，不能实现真正的民族独立。中国人民百折不回追求民族独立，最终目的仍在追求国家的近代化。"③ 1996 年发表《中国近代历史运动的主题》指出："110 年的历史运动是什么？我以为基本的运动是民族运动。中国近代民族运动的内容有两项，一是要求民族独立，二是要求中国近代化。"④ 1996 年 11 月，刘大年在"孙中山与中国近代化"国际学术讨论会上致开幕词，对"民族独立"与"近代化"的关系做了辩证分析：近代化与民族独立"两个问题内容不一样，不能互相代替，但又息息相关，不能分离"；民族资产阶级、工人阶级、近代知识分子"这些新的社会力量，各自凭着自己的作用，再加上占人口最大多数的农民群众，才构成了争取民族独立和打开中国近代化前进的最后支柱。这些新的社会力量，一般说，和民族工业的出现与存在直接间接或多或少是相联系的"。⑤在这个角度看，考察近代化的进程无疑极有意义，革命与近代化这两个审视中国近代史的视角在此得以整合。

在 1997 年发表的《方法论问题》中，刘大年进一步阐述了两大基本问题之相互关系："民族独立与近代化，是两件事，不能互相替代。民族独立不能替代近代化，近代化也不能替代民族独立。它们紧密地联结在一起，不是各自孤立的。没有民族独立，不能实现近代化；没有近代化，政治、经济、文化永远落后，不能实现真正的民族独立。中国人民百折不回追求民族独立，最终目的仍在追求国家的近代化。"但是，"人们无法来实

---

① 刘大年：《孙中山对中国国情的认识》，《真理的追求》1991 年第 10 期。

② 刘大年：《民族的胜利，人民的胜利》，《人民日报》1995 年 8 月 15 日，第 9 版。

③ 刘大年：《抗日战争与中国近代史基本问题》，《我亲历的抗日战争与研究》，第 354—355 页。

④ 刘大年：《中国近代历史运动的主题》，《近代史研究》1996 年第 6 期。

⑤ 刘大年：《关于研究孙中山与中国近代化问题》，《文汇报》1996 年 11 月 13 日，第 10 版。

现两任务同时并举，或者毕其功于一役"，因而"中国的近代化要从解决民族独立问题来突破难关"。①

在刘大年生前定稿的最后一部学术著作《评近代经学》中，再次强调"中国近代社会的基本问题、主要矛盾斗争，一是民族丧失独立，要求从帝国主义侵略压迫下解放出来；二是社会生产落后，要求实现工业化、现代化"。刘大年在晚年以极大精力撰述《评近代经学》，绝非突发"思古之幽情"，亦非偿还青春之夙愿，而是从近代经学切入研究近代社会历史，重新思考、清理传统与现代化的关系这一宏大命题。他指出："一般地说，不彻底清理与批判古老的、主要是反映停滞社会生活的传统，便无所谓发展创新，更谈不到现代化。今天中国的现代化不是在脱离传统文化与周边环境条件绝缘的状态中进行的，它必定要碰到辩论传统文化的根基与彻底清理、批判其中阻碍发展更新的废弃物的问题。"② 不难看出，《评近代经学》包含着对国家民族前途命运的探索，而近代化与民族独立仍然是论述的核心问题。

刘大年对"两个基本问题"的论述，相对于此前认为近代中国只有一个民族独立问题的观点，是一个很大的进步与转变。有学者指出，"两个基本问题"的言说体系，对于近代史上"民族独立"与"现代化"这两大任务，"虽分了时间上的先后，却全然未作主次的分野"，这是"前辈大家的一种智慧。"③"两个基本问题"论同胡绳晚年对近代史主题的归纳相当接近，若细绎其微妙差异，则刘大年没有如胡绳那样强调近代中国不同阶级对于近代化追求的本质区别。在其论述中，洋务派的近代化举措、民族资本主义的发生发展，在促使"新的社会力量"产生这一意义上，都应肯定其价值。所以，19世纪六七十年代洋务运动中中国近代工业的出现，被纳入了"曲折而微弱的上升线"。"两个基本问题"论被学界普遍认为是对于中国近代史主题的辩证、完整的表述，体现了刘大年对于"革命"与"近代化"两种中国近代史解释视角在新的认识基础上的整合，确切地说，体现了他引入近代化视角以调整、完善其理论体系的努力。由于论述精辟，涵盖全面，加之刘大年在学术界的崇高地位，"两个基本问题论"

---

① 刘大年：《方法论问题》，《近代史研究》1997年第1期。
② 刘大年：《评近代经学》，《刘大年集》，第324页。
③ 徐秀丽：《中国近代史研究中的"革命史范式"与"现代化范式"》，《中国社会科学院院报》2006年5月30日，第7版。

已然深刻影响了、并将继续影响着中国近代史学界的学术研究。

五 结语

作为中国近代史研究领域的拓荒者，刘大年的名字与中国近代史学科体系建设紧密相连。在中国近代史的研究实践中，刘大年力图将中国作为研究、叙述的主体，通过将马克思主义普遍原理与中国历史实际相结合，进而构建立足于中国语境的中国近代史研究体系。诚然，新中国成立后的一段时间，因政治原因，国内近代史学界缺乏与国际学术的交流，某种程度陷入故步自封之境。新时期以来，刘大年亦展现了其开放的气度，他倡导、支持西方史学理论研究，追踪近代史的研究前沿，吸收先进学术成果，大力弘扬实事求是的学风；他反对亦步亦趋地追随西方思潮，而努力追求立足于中国独特的问题意识与西方学界进行平等的交流与对话。可堪欣慰的是，他同其他前辈学人一起创建的学统并未中断，在西潮汹涌的今天，相当多的学者仍然以扎实的研究工作为中国近代史学科体系的完善与发展添砖加瓦。

如果说他兼具战士与学者的双重品质的话，那么新中国成立前作为与主流近代史解释体系针锋相对的挑战者，他更多地显示了战士的一面；新中国成立初期百端待举，他为推进学科体系完善与发展而不懈努力，这时主要体现的是作为建设者的一面；随着"左"倾政治日益挤压学术研究的空间，甚而危及史学本身的存在，他也有过迷惘，但很快拨开雾障，以隐忍坚韧的方式进行抵制，战士的一面再度凸显；新时期以来，随着拨乱反正、思想解放方针的确立，学科的建设与发展成为首要任务，他又着重展现了学者的一面。战士与学者两种角色意识虽在不同时期展现的程度有别，却并非根本矛盾、对立的关系，而在他身上得到了较为和谐的统一。从根本上来说，对他最为准确的定位应该是爱国主义者、民族主义者、共产主义者，也是中国近代史研究园地创榛辟莽的开拓者。

同时应该看到，刘大年对马克思主义怀着终生不渝的信仰，马克思主义唯物史观始终是他所铺设的近代中国历史画卷的底色。在经历"文化大革命"、经历东欧剧变之后，他对马克思主义的信仰反而更为坚定。这种执著源于以一种大历史的眼光，对近代以来中国与世界的关系的深刻洞察。通过透析近代中国与世界的复杂关系，他坚定地相信中国经由革命斗争获取独立、走向现代化这一历史选择的正确性。

如今，中国近代史研究无论从深度还是广度都有了相当可观的掘进。但是，刘大年与同时代学人运用唯物史观基本理论研究中国近代史，对近代中国的基本认识具有超越时代的意义，其方法与路向值得后来者继承、弘扬。

（原载《历史研究》2011 年第 3 期，作者有增订）

关于当代中国史学话语体系建构的几个问题

瞿林东

近年来，关于学科话语体系的当代建构问题，引起了一些学科的研究者的关注，这是一个很好的现象。因为这关系到各学科的基础理论的建设，关系到各学科的发展水平和发展趋向，也关系到各学科走向世界的路径。我曾对此作过这样的概括："学术话语体系在很大程度上反映了一个时代的学术面貌及其走向，而学术话语体系的建构既有内在的历史联系与新的创造，又有内在和外在的沟通与借鉴。准此，则中国学术话语体系的当代建构，似亦应循着这一路径前行。"① 本文拟在这一概括的基础上，结合中国历史学的实际作进一步阐述，以就教于学术界同行。

一　唯物史观与中国史学话语体系的当代建构

我所理解的学术话语体系，总离不开有关学术思想、研究理念与方法，范畴或概念的运用及关于研究对象的解释以至于语言表述的风格和特点等。因此，所谓话语体系不仅是一个理论问题，而且是一个实际操作和运用过程。

作为一种学术或一门学科，总有一定的指导思想为其理论基础。就拿历史学来说，从孔子在事、文、义中最重视"义"②，到章学诚以重视"史意"自况③；从梁启超强调进化论的重要，认为"苟无哲学之理想者，

① 《中国社会科学报》2009 年 12 月 1 日，第 3 版。
② 《孟子·离娄下》，十三经注疏本，中华书局 1980 年版。
③ 《章学诚遗书》卷 9《文史通义·外篇三·家书二》，文物出版社 1985 年版。

必不能为良史"①，到李大钊指出"唯物史观在现代史学上的价值"②，尽管时代不同，历史撰述的内容有很大的变化，但史学家们重视思想、理论的传统，却是贯穿古今的。

20世纪以来百余年的中国史学，在历史观方面，经历了三次大的跨越，即从古代朴素的进化观点到近代进化论，再从进化论到唯物史观。20世纪三四十年代，在唯物史观指导下，马克思主义史学在中国发展起来，并在50年代后成为中国史学的主流。因此，探索中国史学话语体系的当代建构，从学术思想上来看，不能不考虑到唯物史观的地位和作用。换言之，中国马克思主义史学如何在新的历史条件下，从思想上和理论上探索自身的话语体系。面对这个问题，中国马克思主义史学必须在反思中探索前进的道路。举例来说，近年来，马克思主义的社会经济形态学说遭到种种质疑。然而，正是马克思主义的社会经济形态学说，揭示了人类社会进程是一个从低级不断走向高级的、有规律的发展过程，而在这一过程中，社会的经济基础、上层建筑、意识形态都在发生变化，从而使这一过程大致可以划分成不同的发展阶段。

应当指出的是，中国马克思主义史学在其七八十年的发展过程中，有辉煌的成就，也有严重的教训。简言之，其成就在于使中国史学真正走上科学地阐述中国历史的道路并在现实的历史运动中发挥了重大的积极作用。其教训则在于对唯物主义的理解和运用方面，在起步阶段难免存在着简单化的倾向，加之政治上的"左"的影响，历史研究中的教条主义学风曾盛行一时，从而损害了中国马克思主义史学的正常发展，并造成严重的后果。此种情况，在改革开放以来的三十多年中，已经有了很大的改变，马克思主义史学的成就和生命力都进一步显示出来。这些事实表明，马克思主义的社会经济形态学说，是唯物史观指导历史研究的最基本的理论，与其相关的范畴和概念乃是中国史学当代话语体系中的核心。关于如何运用马克思主义社会经济形态学说来阐述中国历史进程，史学家们因对所据史料的认识不同而有这样那样的分歧，当是学术研究中极其自然的现象。因此，不能因为在这个问题上存在着不同的分期方法，而对马克思主义的社会经济形态学说本身表示质疑。退而言之，如果在历史研究中放弃马克

---

① 《新史学》，《饮冰室合集》文集第九，中华书局1990年版，第10页。
② 《李大钊全集》第3卷，人民出版社2006年版，第216—222页。

思主义的社会经济形态学说，人们将怎样认识人类社会的进程，怎样证明人们在社会中的种种复杂关系，怎样揭示人类社会历史的发展规律，进而怎样阐明人类历史的前途。正是由于马克思主义史学遵循唯物史观的指导，结合具体的研究对象，能够对这些关乎历史研究的根本问题作出合理的回答，才在世界范围内表明了它的真理性，受到许多历史研究者和学术工作者的信仰和追求。正如英国历史学家杰弗里·巴勒克拉夫所指出的那样："马克思主义之所以日益增长，原因就在于人们认为马克思主义提供了合理地排列人类历史复杂事件的使人满意的唯一基础。"他又写道："马克思认为，历史既是服从一定规律的自然过程，又是人类自己写作和上演的全人类的戏剧。马克思和恩格斯一方面强调历史学家不仅应当记载按年代顺序发生的一系列事件，而且应当从理论上对这些事件进行解释，为此目的，就应当使用一整套成熟的概念。"[①] 作者从马克思主义重视对社会和经济的复杂而长期的过程进行研究，使历史学家认识到必须研究人们生活的物质条件，促进了人们对人民群众历史作用的研究，社会阶级结构的观点和阶级斗争的理论对认识人类社会历史的积极意义，唤起了人们对历史研究的理论兴趣以及对历史学理论的兴趣等五个方面，概括了马克思主义对历史研究的重大意义[②]。笔者认为，这些阐述和概括，是有根据的，故而也是有说服力的。

　　20 世纪以来的中国史学史表明，中国史学选择以马克思主义唯物史观作为自己的理论基础，既是中国历史条件所决定的，也是世界历史背景的积极影响，是中国史学的正确的选择。尽管中国马克思主义在其七八十年的发展中有着这样那样的缺点，但其基本方向是合理的和科学的，它所取得的成就，亦如同巴勒克拉夫所概括的那样，是前所未有的。惟其如此，中国史学的当代话语体系的建构，应在对马克思主义唯物史观之新的认识的基础上，确立以马克思主义社会经济形态学说及其相关范畴为核心，以构成这一话语体系的骨骼。值得注意的是，中国历史的新的进步和中国史学的新的发展，以及马克思主义理论研究和建设工程的启动和展开，中国史学工作者能够遵循这样的理念来坚持和发展马克思主义史学，这就是：

---

　　① ［英］杰弗里·巴勒克拉夫：《当代史学主要趋势》，杨豫中译本，上海译文出版社 1987 年版，第 26、27 页。

　　② 同上书，第 27 页。

分清哪些是必须长期坚持的马克思主义基本原理，哪些是需要结合新的实际加以丰富发展的理论判断，哪些是必须破除的对马克思主义的教条式的理解，哪些是必须澄清的附加在马克思主义名下的错误观点。用科学的态度对待马克思主义，用发展着的马克思主义指导新的实践。中国马克思主义史学自应在这样的理念之下，进一步建构自身的话语体系。

清人黄宗羲说过："大凡学有宗旨，是其人之得力处，亦是学者之入门处。"① 马克思主义唯物史观对于中国史学来说，正是后者所遵循的"宗旨"。

二　史学遗产与中国史学当代话语体系

中国史学的当代话语体系的建构，既要从 20 世纪以来中国历史和中国史学的现实出发，确立这一建构的基点，同时，它也必然要蕴涵中国史学的优良传统和优秀的思想与理论遗产。如果说，前者是它的时代精神的话，那么后者就是它的历史精神。

20 世纪以前的中国史学，拥有丰富的史学遗产，其中有关观点、思想和理论方面的遗产占有突出的地位。就历史观点而言，关于天人关系的探讨、古今关系的探讨、国家和社会治乱盛衰之故的探讨、英雄和时势关系的探讨、经济生活在社会发展中之重要性的探讨、民族关系的探讨、统一多民族国家形成和发展的探讨等，历代史家都各有论述。就史学理论而言，早在孔子时代，就提出"良史"与"书法"的观念，提出了事、文、义史书三要素的观念，其后，关于史书与时代之关系的认识，史书之社会功用的认识，历史撰述之历史价值的认识，"实录"与"信史"的观念，史才、史学、史识之"史才三长"的思想，以史经世的理论，事实、褒贬、文采之历史撰述三原则的理论，撰述内容与史书体裁之关系的理论，史书"未尝离事而言理"的理论，以及"六经皆史"的理论，"史法"与"史意"相区别的理论的特色，"史论"之重要性的观点，史书体裁之辩证发展的理论，知人论世的史学批评方法论原则，"欲知大道，必先为史"的见解等，历代史家也都各有论述。

一般说来，范畴和概念是观点、思想和理论的高度概括，在中国史学

① 黄宗羲：《明儒学案》卷首，《明儒学案发凡》，中华书局 1985 年版。

遗产中，不论是关于历史方面提出的一些范畴和概念，还是关于史学方面提出的一些范畴和概念，以及历代史家和学人对于它们的连续不断地探讨，从而赋予这些范畴和概念以丰富的内涵，推动着中国史学在历史理论和史学理论领域的发展。比如在历史观点方面，从春秋时期关于"天命"与"人事"、"天道"与"人道"的探讨，到司马迁在《史记》中确立了人在历史运动中的主体地位，再到三国时期人们提出"天时"、"地利"、"人和"的观念，史学家们对于社会历史变动原因的探索越来越深入了。从《周易》提出穷变通久的观念，到司马迁以"通古今之变"作为撰述宗旨之一，把"通变"思想和"见盛观衰"、"稽其成败兴坏之理"的方法论发展到新的高度。从《汉书》设《食货志》突出社会经济的重要作用，到杜佑《通典》九门中以"食货为之首"的撰述思想，这就把《史记·货殖列传》的意义进一步发展了。从历代史家、学人关于朝代治乱兴衰的总结，到司马光以"监前世之兴衰，考当今之得失"，再到王夫之《读通鉴论》对"资"、"治"、"通"、"鉴"的富于哲理的诠释，把史学家们对治乱兴衰之故近两千年来的讨论作了理论上的总结等。又如，在史学理论方面，从"书法不隐"到秉笔直书，再到对于"采撰"的谨慎和对于国史、野史、家史是非得失的辩证分析，中国史家的"求真"精神不断提高到新的境界。从对于史书在事、文、义三要素的表述，到对于史书在史事、褒贬、文采三方面的要求，以及"记注"与"撰述"的区别的观念，反映了史学家对史学之含义的表述愈来愈深刻了。从编年、纪传两种史书体裁孰优孰劣的论难，到阐述史书体裁发展中"神奇"与"臭腐"的互相转化，为中国古代史学理论增添了辩证的色彩。从一般的"良史"主张，到才、学、识"三长"之说，再到德、才、学、识的阐述，中国史学家对于自身修养的认识越来越深化了，对于历史撰述中主体与客体关系的认识也更加合理了，等等。

20世纪以前两千多年的中国史学表明，它在长期的和连续不断的发展过程中，在客观上已经形成了自身的"话语体系"，这是中国史学之所以能够具有许多优良传统的重要原因之一。当然，随着历史的发展，社会的变迁，中国史学原有的"话语体系"和优良传统，有的已失去实际意义，甚至蜕变成落后的东西了。但是，由于文化本身有其传承性和沿袭性，必也有一些有价值、有意义的思想和理论能保持着固有的生命力，并融入当代的学术文化之中，为当代学人所接受、继承、发扬。任何事物的历史都是无法割断的，史学也是如此。当代史学工作者，恐怕都不会否认司马迁的"究天人之际，通古今之变，成一家之言"是一个崇高的目标，都不会否认刘知幾提出的"史才三长"、章学诚补充以"史德"也是一个崇高的目标。关于考异、考证、商榷、札记、史论、史评、史注、史表等研究方法及相关术语，恐怕在当代史学的话语体系中还会占有一席之地，并被赋予新的含义、新的生命力。

　　如果上述认识大致不错的话，那么中国史学话语体系的当代建构，则应加强对中国史学遗产的研究，发掘和梳理其中有价值、有意义的成果，并加以继承和发扬，作为中国史学话语体系的当代建构的不可缺少的重要资源。应当强调的是，这不仅是重要的，而且是必要的，因为这是建设和发展中国马克思主义史学的实际基础，也是显示历史学的中国特点、中国作风、中国气派的重要路径。在这方面，中国老一辈史学家作了艰辛的努力，取得了辉煌的成就。侯外庐在讲到他的研究原则和方法时，强调指出："注意马克思主义历史科学的民族化。所谓'民族化'，就是要把中国丰富的历史资料，和马克思主义历史科学关于人类社会发展的规律，做统一的研究，从中总结出中国社会发展的规律和历史特点。马克思主义历史科学的理论和方法，给我们研究中华民族的历史提供了金钥匙，应该拿它去打开古老中国的历史宝库。"[1] 这些话，是一位中国思想史研究者对自己数十年治学原则和方法的一个重要方面的总结。侯外庐主编的五卷本《中国思想通史》能够成为中国马克思主义史学的代表作之一，是他和他的合作者共同努力的结晶，但这也与全书中贯穿着他的上述治学原则和方法是密不可分的。这使我们想起了侯外庐于 1946 年在他的《中国古代思想学说史·再版序言》中所说的一段话："中国学人已经超出了仅仅于仿效西欧语言之阶段了，他们自己会活用自己的语言来讲解自己的历史与思潮了"；"他们在自己的土地上无所顾虑地能够自己使用新的方法，掘发自己民族的文化传统了。……同时我相信这一方面的研究会在业绩方面呈现于全世界的文坛，虽则说并不脱离其幼稚性，而安步总在学步之时可以看出来的"。这一段话，可以看做是对于中国马克思主义史学初步建立时期的一个总结。所谓"使用新的方法，掘发自己民族的文化传统"，就是运用马克思主义理论来总结中国的历史遗产，亦即使马克思主义史学带上中国

---

① 侯外庐：《侯外庐史学论文选集》上册，人民出版社 1987 年版，第 18 页。

作风和中国气派。这无疑是中国史学史上的一次伟大的变革。这一段真诚、自信而谦逊的话语，联系前引的那段总结性文字，或许可以看到中国马克思主义史学从"学步"走向成熟的一个缩影。

事物的发展，大多是在偶然性中蕴涵着必然性。正像郭沫若在 1929 年所说："大抵在目前欲论中国的古学，欲清算中国的古代社会，我们是不能不以罗（振玉）、王（国维）二家之成绩为出发点了。"① 侯外庐在 1946 年他的《中国古代社会史·自序》中，也把王国维、郭沫若称作他研究中国古史的"老师"②。郭、侯二位史学前辈的思想境界和治学态度，对于中国史学话语体系的当代建构，自有深刻的启示。这是因为，"任何一个时代的任何一种思想学说的形成，都不能离开前人所提供的思想资料"③。这说明不论是在理论上，还是在实际的研究活动中，在中国史学话语体系的当代建构中，史学遗产中的"思想资料"占有多么重要的地位，对于显示历史学的中国学派的特点、风格和气派是多么重要。

三 世界眼光与中国史学话语体系的当代建构

从全世界的史学发展史来看，中国是一个"史学大国"，一是因为中国文明的发展没有中断，故中国史学的发展亦未曾中断；二是中国有比较完备的史官制度和官修史书的传统，同时自孔子开创私人修史起，私家撰述历史活动在两千多年中十分发达，形成官修、私撰互相补充、相得益彰的格局；三是中国史书体裁丰富，以多种表现形式记载了历史进程中广泛而复杂的社会内容以及人与自然的关系，有些记载还涉及域外的历史、地理、社会、风俗等内容。可以这样认为，中国古代史学是世界东方文明最伟大的记录，是世界古代文明最辉煌的遗产之一。

至晚在隋唐时期，中国的历史典籍东传日本和朝鲜半岛等亚洲国家，至晚从 17 世纪或者更早一些时候起，中国的一些历史典籍相继传到欧洲少数国家。与此同时，西方国家的某些自然科学技术也开始传入中国。但是，由于清朝实行闭关锁国的政策，这种文化交流，尤其是中西文化交流

---

① 郭沫若：《中国古代社会研究自序》，见《郭沫若全集·历史编》第 1 卷，人民出版社 1980 年版，第 8 页。

② 侯外庐：《中国古代社会史论·自序》，河北教育出版社 2000 年版，第 3 页。

③ 侯外庐：《侯外庐史学论文选集》上册，人民出版社 1987 年版，第 13 页。

受到极大的限制。19 世纪 40 年代爆发的中英鸦片战争，以及其后各国列强对中国的侵略，震惊了国人，有识之士乃"睁眼看世界"，于是在史学领域有魏源的《海国图志》、梁廷枏的《海国四说》、夏燮的《中西纪事》、黄遵宪的《日本国志》、王韬的《普法战纪》和《法国志略》等撰述的面世。这是中国史学家的世界意识的一次新的觉醒。这种觉醒在 1919 年五四运动的推动下，在 20 世纪前半期达到高潮。于是有"新史学"和马克思主义史学的引入，有西方各种史学思潮、史学流派和史学方法的引入，这是中国史学出现根本性变革的 50 年。20 世纪 50 年代，史学界受苏联学人的影响，一方面扩大了对马克思主义史学的了解，另一方面也受到教条主义的影响，可谓得失两存。20 世纪 60 年代中期至 70 年代中期，中国学术内无生存环境，外无任何交流，整体上陷入停滞状态。改革开放以来，中国史学家迎来了世界意识的又一次觉醒，世界观念大为增强，中外史学交流出现了空前活跃的局面，中国史学也发展到了一个新的阶段。

本文之所以要作这一史学史上的回顾，旨在说明：第一，中国古代由于自身的优势，它的发展和进步，大致是在一个相对稳定的话语体系范围内实现的，从而显示出它鲜明的民族特色和民族风格。第二，近代以来，中国史学家先后出现两次世界意识的觉醒，促进了对外国史学的引入，推动了自身的发展，充分说明历史学界"睁眼看世界"的世界眼光的重要性。第三，这两次世界意识的觉醒和外国史学思潮、理论、方法的引入，在很大程度上改变了中国史学固有的话语体系，甚至于出现了用外国学人的话语体系来评论中国史学得失的倾向。第四，在 20 世纪的一百年中，中国史学遗产在许多年代里处于被轻视以至被批判的境地，只有少数史学家在为史学遗产争取它在当今史学发展中应占有的位置。

倘若上述概括大致可以成立的话，那么面对中国史学的当代话语建构的命题，中国史学工作者应采取何种态度和做法呢？依笔者的浅见是：在重视唯物史观和史学遗产的前提下，以更加开阔的视野、更加开放的心胸和气度，借鉴和吸收外国史学的一切积极成果所提供的思想、理论和方法，用以充实、丰富以至于融入中国史学的当代话语体系。概言之，这就是：明确的指导思想，鲜明的自我意识和开阔的世界眼光。20 世纪前半期关于外国史学方法的引入和借鉴，关于近代考古学的引入和史前史的研究；八九十年代关于文化史、社会史的引入与研究热潮，以及近年来关于全球史、环境史研究的兴起等，中国史学都在不同程度上充实和丰富了自身的话语体系，这些积极的影响是毋庸置疑的。中国史学的未来，还要这样继续努力去做。当然，任何事物都有两面性，当中国史学在以往的中外史学交流中有所得的时候，是否也有所失呢？或者说，还有做得不够的地方呢？从反省的视角来看，我想这也是毋庸置疑的。

第一，当我们以虔诚的求新的心态去接受外国史学方法时，是否也曾想到要对悠久的中国史学遗产中的方法加以总结呢？例如，在如何看待历史进程问题上，是否应考虑到司马迁提出的"见盛观衰"、"稽其成败兴坏之理"① 的方法论意义呢？在如何看待文献与历史事实的问题上，是否要考虑到裴松之为《三国志》作注、司马光为《资治通鉴》作"考异"，以及清代考史学派所采用的各种考史方法呢？当我们受到外国史学的影响，研究文化史、社会史、环境史等问题时，是否考虑到以中国史学的丰富遗产与之结合，提出有影响的宏大主题的研究，用以回应外国同行呢？近年，还有一个比较突出的事例，即关于"叙事学"的讨论。讨论的起因，仍是外国学者提出来的，是"后现代思潮"反映之一。中国学者多有反映，但这种反映有的是"响应"，有的是诠释，而真正有分量的回应，尚待时日。依我的浅见，对于这个问题的回应和展开，中国史学有丰富的资源，尤其是思想资料方面的资源。如司马迁《史记》被称为"善序事理，辨而不华，质而不俚"②；陈寿《三国志》因有总揽全局的器识，被誉为"善叙事，有良史之才"③；唐代史家刘知几是从史学审美的视角，即从更高的境界上来评论史书的"叙事"④；宋代史家吴缜是强调在尊重事实、合理评论的基础上，指出叙事"文采"的重要⑤；近代史家梁启超在全面评论史家的德、学、识、才的前提下，称赞司马光的史笔，说他善于把"事实"写得"飞动"起来⑥，即在事实的基础上评论史书的叙事，等等。对于这些关于史书"叙事"的见解、思想，怎样综合，怎样解读，怎样以此"回应"西方学者的"后现代历史叙事学"、"后现代叙事理论"等命题，或许还是有许多可以思考之处的。张岂之教授在一篇题为《关于生态环境

---

① 司马迁：《史记·太史公自序》，中华书局 1959 年版。
② 班固：《汉书·司马迁传》后论，中华书局 1962 年版。
③ 房玄龄等：《晋书·陈寿传》，中华书局 1974 年版。
④ 刘知几：《史通·叙事》，上海古籍出版社 1978 年版。
⑤ 吴缜：《新唐书纠谬·序》，丛书集成初编本，中华书局 1985 年版。
⑥ 梁启超：《中国历史研究法补编》总论第二章"史家的四长"，见《饮冰室合集》专集第 99，中华书局 1990 年版。

问题的历史思考》的论文中指出："西方环境伦理思想和马克思主义环境思想都有一个民族化的问题"，"要建立环境伦理不能完全靠移植西方理论，应和中国的民族文化及现实相结合，特别注意科学与技术的结合，以及人文社会科学与自然科学的融合"①。这同样也是一个涉及话语体系的当代建构的问题。

需要指出的是，本文所举的这些讨论叙事的见解和思想，都是从历史学的立场上来讨论问题的，或者说都是以历史是可以认识为前提来讨论问题的。由此又产生了一个问题：今天人们讨论"叙事学"的前提是什么？是历史学的"叙事"，还是文学创作的"叙事"，抑或是一般意义上的"叙事"。当然，作为"叙事"，它们之间自有一定的联系，甚至有共同之处，但作为不同学科意义上的叙事在性质上是有所不同的，如果模糊了这种性质上的差异，这种讨论也就失去了学理上的价值。从这一立场出发，我们或许可以引用中国一句古话，叫做"道不同，不相为谋"②。当然，"道不同"，可以展开辩难，但各自的"道"则必须是明确的，这样的讨论同样是有价值的，也可以促进不同话语体系的相互影响，乃至于相互吸收。

在中外史学交流中，或者说在中外史学"对话"中，从中国史学工作者来说，还有一个更重要的问题，是不能不引起我们更加重视的，即上文所讲到的，我们是否能够提出具有宏大主旨的问题，不仅为中国史学家所关注，也受到外国史学家的关注，由这种共同关注的而引发的讨论，必将在更加深刻的意义上推动中国史学话语体系的当代建构，并使其在世界范围内产生影响。因此，如何"发现"和提出这样有宏大主旨的问题，确是中国史学工作者应当深长思之的。概言之，即在我们不断"回应"外国学者所提出的问题时，也希望不断有越来越多的外国学者"回应"中国学者所提出的问题。如果用通俗易懂的语言来表达的话，那就是我们不仅有必要"回应"，也有必要学会倡导；不仅有必要"跟着走"，也有必要争取"领着走"。这就需要中国史学家的共同努力，既有这方面的自觉意识和学术责任感，又善于从整个学科发展状态或自己所熟悉的研究领域提出这样的问题，这是推进中国史学话语体系的当代建构的重要动力。试举例来

---

① 《张岂之自选集》，学习出版社 2009 年版，第 187 页。
② 《论语·卫灵公》，十三经注疏本，中华书局 1980 年版。

说，从历史上看，中国是一个曾经被鸦片带来重大灾难和耻辱的国家，中国人民为改变这种状况而进行了艰苦卓绝的斗争。从现实上看，制造、贩卖和使用毒品在全世界泛滥，一些国家也不同程度地受到毒品的危害，打击毒品走私是当今世界各国政府和人民的共同责任，为的是使世界各国人民在和谐、健康的氛围中走向明天。鉴于此种历史和现实，我们是否可以提出这样一个问题，即"毒品与世界的昨天、今天和明天"，希望全世界的许多史学家都来研究、探讨这一全人类共同关注的问题。还有，在世界文明发展史上，各国间的文化交流以至于东西方的文化交流产生了巨大的积极影响，在经济全球化趋势日益发展的今天，人们对于这种积极影响应有更全面、更深入的认识，以推动世界的和平与进步。基于这一认识，是否可以提出这样一个问题，即"东西方文化交流与世界文明发展：文献与研究"。从中外学者现有的研究来看，各自都有一些研究成果面世，但从这样一个宏大主旨着眼，作有系统的研究似尚有很大的空间。为了使这一研究建立在扎实的史料基础上，有必要对与此有密切关系的文献进行整理、汇编、出版，同时展开专题的或贯通的研究，使其具有较大的规模和广泛的影响。这或许比一般性地讨论"全球史"更为实际、更能为中外读者所理解，使各国人民从认识过去中展望世界文明的未来。从中国历史和中国史学来看，此种文化交流至晚在西汉已经开始，隋唐时期有了很大的发展，宋元明清时期，学人关于域外的记载更为丰富，可以整理、汇编的文献很多，可以进一步研究的问题也很多。同样，外国学者，尤其是西方学者也是如此。当中外学者把已有的研究和新的研究课题纳入上述这一宏大主旨来思考、分析、评论的时候，必将有新的认识产生出来。

以上这些，只是笔者的极其粗浅的设想，是以举例的方法来表明一种见解，未必中肯，为的是抛砖引玉，希望同行们能够提出一些真正有价值的宏大主题，引发国内外学者的关注和讨论，这对于推动中国史学话语体系的当代建构，自会产生积极的影响。

（原载《中国社会科学》2011 年第 2 期）

马克思主义唯物史观与世界史研究

世界历史:人类文明交往的
新自觉时期

彭树智

人类文明交往的根本性自觉是历史的自觉。这种自觉在人类历史发展总轨迹线上所呈现的是逐步摆脱旧的精神枷锁和思想桎梏、不断摆脱野蛮性而日渐文明化的过程。人类文明交往发展的历史特点,是由情绪化走向理智化,是由自在走向自为,是由必然走向自由,是由对立、对抗、战争走向对话、合作、和平,总之,是由自发性走向自觉性的演进过程。

我在《史学理论研究》2001 年第 4 期上发表了《论人类文明交往》一文,其中谈到这个历史进程:"文明交往的意义,不但表现于交往的内容和形式在新陈代谢中由低级向高级演进、由野蛮状态向文明化上升;而且也使历史交往由地域的、民族的交往,走向世界性的普遍交往,使历史逐步转变为全世界的历史。"

历史转变为世界历史,这是人类文明史的一个划时代转折。人类历史从此进入一个全世界性的、紧密联系的、文明交往的新的自觉时期。在上述文章中,我也谈到世界历史是全球化的文明交往时期:"所谓'世界历史'是指人类在交往中不断跨越时空的自然障碍和政治制度、文化传统等方面的社会障碍,在全球范围内逐渐实现充分沟通和达到共知、达成共识的结果。文明交往的每一进展,都包含着全球性发展趋势。这种趋势在 16 世纪加快了步伐,逐渐成为当今的全球化交往。"

人类文明交往的自觉来源于历史科学,而历史科学是关于自然和人类交往互动进程的宏观科学。马克思和恩格斯在《德意志意识形态》中指出:"我们仅仅知道唯一的科学,即历史科学。历史可以从两方面来考察,可以把它分为自然史和人类史。但这两方面是不可分割的;只要人类存在，自然史和人类史就彼此相互制约。"① 从自然界和人类社会交往互动的规律审视历史，就可以发现：历史是人类在文明交往中长期积累而形成的、深厚的自然—社会结构，它早在人类出现之前就有漫长发展的自然史。人类出现之后，也有文明的前史和文明史。在人类历史的发展过程中，它的自然性和社会性始终按着既有密切联系又有差异区别的逻辑，或直接、或间接，或明显、或暗隐，或线型、或面型地交织在一起。循此思路，人类的历史可以分为以下三个发展时期。

第一，人类的自然历史时期，或称人类文明前史。人类同自然（其他物种、自然环境、地球）相生相伴，如影随形，须臾不可分离。人类源于自然生物界中的动物界，后又从动物界分离出来，人猿揖别，实现了人与自然交往的一大转变。人类意识到自身的主体地位，是从赋予自然物质以人文因素开始的，表现了早期朦胧的交往自觉意识。第一件人工石器诞生之前，世界完全处于自然状态；第一件石器诞生之后，表明人类已开始以自己劳动之手、思维之脑创造石器工具，从而逐渐步入文明状态。真正进入文明时期，还必须在生产和精神劳动的漫长过程中，在自然和人的双重交往的过程中完成人类社会与自然界的本质统一。人类的原始社会是渔猎经济，其交往为原始的血缘交往，它把文明交往的许多基因，如血缘、家庭、家族、部落、种族以及兽性遗传给以后的时期。恩格斯在《反杜林论》中说过："人源于动物界这一事实已经决定了人永远不能摆脱兽性。所以问题永远只在于摆脱得多些或少些，在于兽性与人性之间的差异。"这种兽性与人性之间的差异，表明了野蛮与文明的分野，也说明了人类摆脱兽性欲望始终是文明自觉的不可忘记的目标。

第二，人类的文明历史时期，或称人类的文明交往的自觉时期。人类摆脱蒙昧和野蛮的状态以后，便逐渐发展到具有经济、政治、社会制度和文化传承的文明开化形态。文字的广泛使用、城市的出现、国家和法律秩序的建立、经贸交往及市场的扩大、活动范围的扩展，人类的文明自觉随着历史自觉的提高而走向深化。在畜牧农耕的自然经济时期，交往的地缘关系上升为主导地位，地域空间的面上交往范围愈来愈扩大。游牧世界和农耕世界之间的各种形式的交往特别频繁。交往主体随着地缘的扩展而表现为种族、民族乃至社会、宗教共同体，而等级制、宗法制、伦理道德体

---

① 《马克思恩格斯选集》第 1 卷，人民出版社 1995 年版，第 66 页。

系，成为文明交往的社会、政治和精神中枢。国家中央集权的强化，帝国霸权力量日增，自我中心主义膨胀。亚述君主自称"王中之王"、"宇宙之王"。自居天下之中的"中华帝国"强调"华夷之分"。波斯君主自称"世界之王"。而希腊、罗马帝国也视游牧世界为"野族世界"。此种霸权主义的遗留，也传至以后的资本主义全球支配时代。

第三，人类的世界历史时期，或称人类文明交往的新的自觉时期。人类文明交往史转折于西欧的农本向工商业发展基础上实现的以大机器工业为特征的工业革命和以全世界为市场的外向型商品经济。资本追求利益的最大化决定了它向世界范围扩张，资本主义本身就是一种跨国家、跨地区的生产方式和文明交往方式，由此就开始了马克思所说的历史向世界历史转变，这就是由地缘的国家性交往发展为全球化交往。这是完整意义上的世界史。文明交往的互动规律使"各个相互影响的活动范围在这个发展过程中越是扩大，各民族的原始封闭状态由于日益完善的生产方式、交往以及交往而自然形成的不同民族之间的分工消灭得越是彻底，历史就越是成为世界历史"[①]。全球化是一本打开了人类本质力量的书，其中蕴藏着人与自然、人与社会和人的自我身心的文明交往，特别是包含着国家主权、民族独立的坚持和社会生产力的提高与社会的全面进步。各种文明类型的国家都面对着全球化的人类交往的新时期。18、19 世纪建立起来的欧美日本民族国家体系和 20 世纪建立起来的亚非民族国家体系，都在国家主权、安全、发展利益与和平、对话、合作问题上，考验自身文明的自觉。

我是从世界历史、特别是从中东史研究中，结合人类学、社会学思考人类文明交往的自觉性问题。我愈是思考这个有关人类前途的问题，愈是感到深入研究历史的重要性，而且愈来愈感到久远的时间和广阔的空间给人们走向历史深处理解人的本性和文明自觉性，提供了现实的可能性。我的文明自觉论实质上是"文明交往自觉论"[②]，是以思想文化交往自觉为核心、以文明交往自觉活动为主线的人类创造历史的理论与实践活动。它的要点可简要概括如下相互联系、相互区别的九个方面。

第一，一个中轴律：人类文明交往互动的辩证规律。交往互动是矛盾

---

① 《马克思恩格斯选集》第 1 卷，第 88 页。
② 《中东国家通史》卷首《叙意》，见彭树智主编《中东国家通史·阿富汗卷》，商务印书馆 2000 年版，第 7—8 页。

对立与统一的辩证形态和矛盾辩证的运动过程。交往是双向的、多向的，又是一与多、同与异、常与变、主动与被动的相互变动状态。在人类文明交往过程中，文明对抗、冲突和文明共处、同进，是互动中两个彼此对立又互相转化的形态。斗争是手段，和谐是目的。认识和把握文明交往的互动规律的自觉性，要在深刻的矛盾对立中，把握不同条件下诸交往因素的各种作用，把对抗、冲突和共处、同进统一于历史选择的相融点和相契合点上，使之在这个中轴律上良性与平衡地运转。

第二，两类经纬线：人类文明交往互动的经线为相同文明之内的相互融合，纬线为不同文明之间的相互交流。交往不限于不同文明之间，而且不同文明之间的交往，首先取决于各个文明内部交往互动的发展过程；同时，每个文明的整体内部结构，也取决于它的社会经济发展阶段以及内部和外部文明交往发展的水平。交往的开放性首先是向外开放，这是文明内部改革的必然要求。对内的经线和对外的纬线的多重交织，集中于国家内部和国家之间的相互联系，并且在人类生产、生活、生存、发展中，织成了文明交往的多彩历史长卷，从而在人类回应全球文明化的联系性和整体性问题中获得自觉。

第三，三角形主题：人类文明交往互动围绕着人与自然、人与社会和人与自我身心这三大主题构成的三角形运行。三角形的底线为人与自然之间的互动，三角形两边分别为人与社会和人与自我身心的交往。人类立足于自然整体存在的底线上，实现着人的自然化、人的社会化和人的理性化。因此，文明交往自觉的命题表述应当是：人对自然的认知为"知物之明"，对社会的认知为"知人之明"，对自我身心的认知为"自知之明"。这"三知之明"是人类文明交往的互动内在联系，是对人类文明的知而明、明而后行，是在交往实践中知、又以知导行的反复循环、不断提高的过程。

第四，四个层面：人类文明交往包括物质文明、精神文明、制度文明和生态文明这四个层面的无数互相交错的力量，这些力量的作用与反作用推动着历史事件的产生和发展。这四个层面中，物质的基础性、精神的灵魂性、制度的根本性和生态的长远性的多元交往力制约着各个人的意志，使其以融合的总平均结果出现于人类文明交往的每一阶段的历史结局上。在现代文明中，人类对自己生存的生态环境的破坏与精神文明失落之间，有着紧密的关联。文明交往的自觉性在这里表现为人的情与理的互动交汇、人的集体理性追求的自利与利他、权利与责任和当前与长远利益相统一的社会制度建构的总体上。

第五，五种社会交往形态：人类文明交往史上存在着社会结构、社会制度、社会关系、社会意识和社会生活等五种社会交往形态。人类文明从根本上说是社会性的，它是由生产关系和交往实践所决定的历史社会形态。五种交往形态中，社会结构为基础；社会制度是文明的本质所在，正是社会制度构成了各种社会内部的体制形态。社会关系是人类本质属性之间的联系；社会意识是人类精神世界的表现；而社会生活是人类文明交往的基本前提和首要的历史活动。这五种社会形态组成了人类生命生存与发展的文明交往基本形态。

第六，六条交往力网络：人类文明交往的驱动力是生产力及其相伴随的交往力。生产力和交往力构成了人类文明的历史积累和现实生命力的创造源泉。六条交往力为：精神觉醒力、思想启蒙力、信仰穿透力、经贸沟通力、政治制权力和科技推动力。这六条交往力产生于物质、精神、制度和生态四大文明层面之中，从不同领域、不同角度的交往互动作用进程中，形成了思想解放、文明自觉的开放性的多点、多线相互联系的信息网络，与生产力一起共同推进人类历史的前进。

第七，七对交往概念：一切社会变革都必然深化为哲学思考，而哲学思考则有创造概念的特点。人类文明交往的自觉也是哲学的自觉，其概念有七对：传承与传播、善择与择善、了解与理解、对话与对抗、冲突与和解、包容与排斥、适度与极端。具体而言，传承为文明内部发展之脉，传播为文明外部交往之路，选择为文明交往之键，理解的前提为尊重对方，极端为文明交往应预防的危险倾向，而适度是交往应遵循之规。

第八，八项变化：人类文明交往的世界是变化的世界，它通之于变，成之于明，归之于化。人文化实践活动是人的特征，它的变化要旨在于"化"和"明"。文而化之为文化，文而明之为文明，只有人文化的明智，才能使文明交往走上自觉之路。这种变化的要义有八：教化、涵化、内化、外化、同化、人化、异化、互化。这八化也因时、因地、因人而有不同，《易·系辞》所讲的"穷神知化"是文明交往自觉所追求的目标。

第九，九何而问：人类文明交往的自觉在于问题意识的引导，它用批判的求真精神引导人们自觉地发现、提出、分析和解决问题。这些问题可归纳为"九何"：何时？何地？何人？何事？何故？何果？何类？何向？

何为？"九何"之"九"，意指数之极，言问题之多而求索不止，并非限于"九"而止步。文明交往自觉是独立的、自由的和富于创造性的实践活动，其获得自觉的周期率是：从问题始，以问题终，一个问题总是在引发另一个问题，问疑不息，由一个科学思维周期上升到更新的交往螺旋圆形周期。

总之，文明交往自觉论把世界历史看做自然和人类相互作用的发展过程，它的任务就在于发现这个过程的运动规律。人类只有对文明交往规律有所认识和把握，才能获得自觉。除了上述的自然、人类、文明、世界历史以及交往互动的九条文明交往自觉的理论要点之外，还有许多理论、历史与现实问题需要深入研究。尤其是对全球化、信息化、多样化等当今人类文明交往的新现象、新问题的规律性特征的研究，具有理论和现实意义。① 它有助于深化世界历史探索、提高全球化文明交往的自觉性，具有十分丰富的内容和广阔的研究空间。以上所论，系八十老翁的一得之见，谨供史学界同行参考，以期共同提高学术研究的自觉性。

（原载《史学理论研究》2011 年第 2 期）

---

① 详见彭树智《文明交往论》（陕西人民出版社 2002 年版）、《松榆斋百记——人类文明交往散论》（西北大学出版社 2005 年版）、《两斋文明自觉论随笔》（中国社会科学出版社 2012 年版，3 卷本），以及 2013 年将出版的《文明的历史观念》一书。

世界历史：马克思的概念及思想体系

——兼谈西方全球史学的成就与局限

何顺果

提要：为了回应西方全球史学对我国世界史教学、研究和编撰工作提出的挑战，本文对马克思的“世界历史”概念及思想体系进行了系统的考察，提出各民族“普遍联系”论和“社会形态”演进论，可视作其“世界历史”概念及思想体系的两个要点或思路，认为有关“世界历史”的横向发展问题和纵向发展问题它都注意到了，然后就由此产生的五大问题进行了初步的探讨，并通过这种探讨来揭示马克思“世界历史”概念的丰富内涵，论证社会的演化而非横向联系才是构成世界历史的主线，“大工业”的发展仅是世界历史中两种趋势发生“交集”的开始，而“国际社会”的形成和发展才是两种趋势的“真正交集点”，西方的全球史不是完整的世界史，因而不能取代传统的世界史。

之所以对这一主题产生兴趣不是没有缘由的。自20世纪下半叶以来，西方学者对全球史的研究取得重大进展。一批有关这方面的论著相继向世①，并在国际学术界产生了广泛影响。在我国，在打倒“四人帮”之后，

---

① 在西方全球史中，最重要的有L. S. 斯塔夫里阿诺斯：《全球通史》（L. . S. Stavrianos, *A Global History*），纽约1971年，1982年版；J. 本特利，H. 齐格勒：《传统与碰撞：从全球视角观察人类的过去》（J. Bentley, H. Zigler, *Traditions and Encounters: A Global Perspective on the Past*），麦格劳希尔公司2005年版；菲利佩·费尔南德斯—阿莫斯图：《世界通史》（Felipe Fernandez—Amesto, *The World: A History*），培生教育出版集团2003年版；坎迪斯·L. 古彻尔等：《全球史中的主题：均衡》（Candice L. Goucher and others, *In the Balance: Themes in Global History*），麦格劳希尔公司1998年版。它们已经或正在译成中文。

随着著名学者吴于廑先生关于世界史是"由分散到整体"的历史的界定出台①，世界史中的横向研究也渐成潮流。我个人甚至认为，如果仅仅从横向发展去理解马克思关于"世界历史"的概念，西方的这类新全球史可能堪称目前最好的世界史。但能不能像西方全球史学者所主张的那样，把"全球史"提升为一个与"世界史"并列的分支学科，进而完全用"全球史"取代已有的"世界史"，而他们所提出的"互动"概念又是否超越了马克思所使用的"交往"概念，甚至把"与外来者的交往"视作"社会变革的主要推动力"？我以为很难，因为它未能颠覆已有的"世界历史"概念，特别是马克思有关的概念及思想体系。

世界历史的概念源远流长，并非起源于卡尔·马克思。希罗多德著《历史》和司马迁著《史记》，均可以视为他们那个时代的"世界史"，但却不是我们所说的世界史，因为他们所考察和描述的世界，还仅限于作者当时生活和活动的区域。一般地说，古代的"世界"概念包括三个层面：区域、领域、视阈，"区域"只是客观自然世界的一部分，"领域"便是个人或群体领有或活动的圈子，"视阈"则是人们各自"已知的"世界，但不限于其领有或活动的范围，此外还可以用"世界"一词来描述一种生活或精神的"境界"。诚如 G. E. R. 劳埃德所说，"古代世界"可以表述为"ancient worlds"②，即古代的"世界"是一个复数概念。至于对世界历史的考察和解释由于对历史活动的主体即人类本身尚未展开人类学、民族学、社会学、考古学等的研究，还不能给出全面的、系统的和带规律性的说明，"世界历史"从事实到概念都需要有一个过程。中世纪晚期，人文主义史家如比昂多（1388—1463）虽然提出了把世界历史划分为"古代、中世和近世"三个阶段的概念，但由于不了解人类发展不可避免地伴随着社会在结构和性质上的演变，而不能对这种阶段划分作出正确的定义和解释，他们相信更多的是历史的循环论而不是发展观。直到 18 世纪后期和19 世纪前期，随着事物变迁论发展到生物进化论，然后又由生物进化论发展到社会进化论，才又有人在用唯物史观改造社会进化论的基础上，比较

---

① 威廉·H. 麦克尼尔：《不断变化的世界历史》（William H. McNeill, "The Changing Shape of World History"），《历史与理论》（*History and Theory*）第 34 卷第 2 期，1995 年 5 月，第 18 页。

② G. E. R. 劳埃德：《古代的世界，现代的回响：关于希腊和中国的科学文化的哲学思考》（G. E. R. Lloyd, *Ancient Worlds, Modern Reflections: Philosophical Perspectives on Greek and Chinese Science and Culture*），牛津大学出版社 2004 年版。

正式地提出"世界历史"的概念并给予科学的解释,这个人就是卡尔·马克思,其代表作便是《德意志意识形态》(1845)。

　　其实,马克思关于"世界历史"的概念和思想,本身也有一个形成的过程。它萌发于 1843 年所作的《克罗茨纳赫笔记》,发展于 1843 年和 1844 年之交完成的《〈黑格尔法哲学批判〉导言》,而形成于他和恩格斯合著的《德意志意识形态》(1845),其核心观点或总体看法是:"世界历史不是过去一直存在的,作为世界史的历史是结果。"① 有人认为在《〈黑格尔法哲学批判〉导言》中,马克思已正式提出了他的"世界历史"概念,而实际上在该文中"世界历史"是作为形容词(Weltgeschichtlichen)而不是作为名词使用的②,它之作为名词(weltgeschichte)来使用并反复使用应见于《1844 年经济学哲学手稿》,特别是 1845 年的《德意志意识形态》③。从文本学考察可知,马克思的"世界历史"概念有三重含义:(1)是指人类历史活动的统一性,(2)是指历史活动范围的全球化,(3)是指历史事件性质的世界性,其中最强调的还是人类活动和历史事件的"世界历史性"或"世界性"。上述总体看法或论断可谓"惊世骇俗",人类及其生活的世界自古就是客观存在了,为什么说世界的历史却"不是过去一直存在的"呢?马克思的"世界历史"概念,显然既不是单讲作为自然界的"世界"的变迁史,也不是单讲人类自身的发展和演变史,而是既包含上述两个方面又突出了二者通过以"生产活动"为基础产生的联系和互动,用马克思的话来说,即是:"整个所谓世界历史不外是人通过人的劳动而诞生的过程。"④ 推动马克思提出"世界历史"概念及思想体系的直接动力,是来自当时正在英伦海峡两岸如火如荼展开的大工业运动:一方面,在这个运动中涌现出的以蒸汽机为原动力的火车和汽船引发了人类史上真正的交通运输革命,使资本主义诞生之初就着手创建"世界市场"(Weltmarkt)⑤ 的事业基本完成,极大地拓展了西欧资产者和社会大众的视野;另一方面,大工业在保障资本主义制度赖以确立的同时,也空前地

---

　　① 《马克思恩格斯全集》第 46 卷(上),人民出版社 1974 年版,第 48 页。

　　② 《马克思恩格斯全集》第 1 卷,柏林 1957 年版,第 382 页。德文原文是:Die Geschite ist gründlich und macht viele phasen durch, wenn sit eine alte Gestalt zu Grabe trägt, Die letzte phase einer weltgeschichtlichen Gestalt ist ihre Komödie.

　　③ 《马克思恩格斯全集》第 3 卷,柏林 1958 年版,第 45 页。

　　④ 马克思:《1844 年经济学哲学手稿》,人民出版社 2000 年版,第 3 页。

　　⑤ 《马克思恩格斯全集》第 3 卷,柏林 1958 年版,第 36 页。

暴露了资本主义社会内部的深刻矛盾，使马克思有机会认真地思考和探索资本主义在世界史上的历史地位，以及整个人类社会发展的客观规律和未来远景。因此，马克思"世界历史"概念的创立，既可以看做上述两方面发展在历史观上的反映，也同时为就两方面的发展进行研究提供了思考和理论的框架。

当然，除了工业革命和大工业的发展而外，之前众多的思想家都为马克思"世界历史"概念及其思想体系的创立提供过思想的资料，因为在马克思之前还有 18 世纪法国的启蒙运动，再往前还有 17 世纪英国的科学革命，再往前还有意大利的文艺复兴，可以一直追溯到古希腊罗马的古典哲学，不管这种思想资料的影响是直接的还是间接的、正面的还是反面的、大的还是小的。具体而言，其中最重要的思想资料可包括以下几种：（1）是西方古代的"地圆说"，这种学说在古希腊柏拉图和亚里士多德的著作中都可找到，但比较确定的概念见于公元 2 世纪托勒密的《地理学导言》，可惜它 1475 年才正式出版；（2）是基督教的"普世主义"，这种主义认为上帝是全人类的天父，其救赎是普及全人类的，世界应以"自由、和平、公义"为基础组成为一个"大社会"，它在 18 世纪发展成为一个教派，在 19 世纪演变成为一种运动；（3）是 19 世纪上半叶形成的"社会进化论"，它以拉马克和达尔文的生物进化论为基础，以摩尔根（1818—1881）所著《易洛魁联盟》、《人类家庭的血亲和姻亲制度》和《古代社会》为代表作，阐述了人类社会的发展本是进化的产物这样一种观点。

尽管如此，马克思关于"世界历史"的概念和思想，仍然是我们从事世界史研究和讨论的基本的和重要的出发点，因为其概念和思想不仅是体系性的，而且在学术上是原创性的。以本人的理解，从纯历史学的角度看，马克思关于"世界历史"的概念及思想体系包括了两个要点或思路：一个是各民族"普遍联系"论，此论认为作为历史的"世界历史"是在人们的"交往"中，以往原始的闭关自守的各民族最终达至"普遍联系"而形成的，这一理论的关键词"交往"承载了马克思关于"世界历史"此一要点或思路社会学和行为学解释的核心功能，它应是有关研究和叙述的其他一切概念的基础而不能被取代，因为"交往"是"互动"的前提。以下论述集中体现了马克思的这一要点或思路：在人类史上，交往总是伴随着生产的发展而发展的，"各个相互影响的活动范围在这个发展进程中愈来愈扩大，各民族的原始闭关自守状态则由于日益完善的生产方式、交往以及因此自发地发展起来的各民族之间的分工而消灭得愈来愈彻底，历史也就愈来愈大的程度上成为世界历史，例如，如果在英国发明了一种机器，它夺走了印度和中国的无数的工人的饭碗，并引起这些国家的整个生存形式的改变，那末，这个发明便成了一个世界历史性的事实"①；另一个是"社会形态"演进论，此论认为人类历史发展的不同时代的划分和更迭是通过"社会形态"的演进来实现的，在"社会形态"及其演进概念中融入了此前任何人也未表达过的系统的唯物论和辩证法思想，旨在从哲学上揭示人类社会发展的内在机理但不是指具体史实，因为历史的细节是千差万别的。以下著名论断集中体现了马克思的这两个要点或思路："无论哪一个社会形态，在它们所能容纳的全部生产力发挥出来以前，是决不会灭亡的；而新的更高的生产关系，在它存在的物质条件在旧社会的胎胞里成熟以前，是决不会出现的。所以人类始终只提出自己解决的任务，因为只要仔细考察就可以发现，任务本身，只有在解决它的物质条件已经存在或至少是在形成过程中的时候，才会产生。大体说来，亚细亚的、古代的、封建的和现代资产阶级的生产方式可以看作是社会经济形态演进的几个时代。"② 这两个要点或思路，在《德意志意识形态》中都可以找到根据，但只有前者在《德意志意识形态》中已获得完整的表述，而后者则要到1859 年的《〈政治经济学批判〉序言》才获得完整的表述。这两个要点或思路，既考虑到了"世界历史"的横向发展问题，也考虑到了"世界历史"的纵向发展问题，均是马克思"世界历史"概念及思想体系的有机组成部分，只不过前者着重解决的是世界历史的结构问题，而后者着重解决的是世界历史的动力问题，是不能把二者截然分开的。不幸的是，自吴于廑先生把世界历史界定为"由分散到整体"的历史以来，人们似乎完全忘记了后一点，而仅仅记住了前一点，这是一种误解。因为"由分散到整体"本来主要强调的是横向联系及其结果，而许多人甚至包括吴先生本人却把它当成了对世界历史"全部历程"的概括③。不过，上述关于马克思"世界历史"概念及思想体系所作的概括，尚有两点需要交代：

① 《马克思恩格斯选集》第 1 卷，人民出版社 1966 年版，第 49 页。

② 《马克思恩格斯选集》第 2 卷，第 82—83 页。

③ 吴于廑先生认为，世界历史的研究任务，就是"以世界为一全局，考察它怎样由相互闭塞发展为密切联系，由分散演变为整体的全部历程，这个全部历程就是世界历史"。见《中国大百科全书·外国历史》，中国大百科全书出版社 1990 年版，第 15 页。

其一，在《德意志意识形态》中，"交往"和"普遍交往"的使用比"联系"和"普遍联系"还多，为什么对马克思关于"世界历史"概念及思想体系第一个要点或思路的表述采用"普遍联系"而不采用"普遍交往"，对此我愿作如下说明：（1）在德语中，"Verkehr"（交往）一词本包含着"联系"的含义①，因此"universeller Verkehr"（普遍交往）一语在某种意义上亦可译为"普遍联系"，二者并不完全相悖；（2）在《德意志意识形态》中，"交往"和"普遍交往"的使用情况，确实比"联系"和"普遍联系"的使用要多，这是一个不容否认的客观事实；（3）但在马克思当时的思想中，与"交往"有关的几个复合词，如"交往形式"（Verkehrsform）、"交往方式"（Verkehrsweise）、"交往关系"（Verkehrsverhältenisse），是正在形成中的"生产关系"的同义语，因此"交往"常常特指"生产方式"②，此点读者当多加留意；（4）"交往"一语之所以成为马克思"世界历史"这一要点或思路的关键词，是因为他认为无论是民族内部的还是民族之间的交往，都是以"生产"和"生产力"的发展为基础的，因此民族之间交往的扩大也意味着生产关系和生产方式的扩大，这在马克思看来是一种必然的和自然的事情；（5）但如果仔细阅读《德意志意识形态》就可发现，在马克思关于"世界历史"这一要点或思路中，确有一个比"交往"更宽泛或更包容的概念即"联系"（德语为"Band"）③的概念，因为马克思说在由文明创造的所有制形式下"联系仅限于交换"④，可见一般地说马克思认为"联系"本不应限于"交换"、"交往"，因为"Verkehr"只有少部分意义可释为"联系"，而"联系"是源于"纽带"（Band）一词的基本的和主要的含义；（6）马克思关于"历史关系"的说明，可以作为上述理解的一个佐证，因为在《德意志意识形态》一书中他在谈及"历史关系"的内涵时，认为构成"历史关系"的因素不仅包括物质资料的生产、生产工具的生产、家庭和人的再生产，

---

① 2000 年由上海译文出版社出版的《新德汉词典》的"Verkhr"词条给出了 5 个释义，其中第 3 个释义就是"联系"，指"人与人之间"的交往。见潘再平主编《新德汉词典》，上海译文出版社 2000 年版，第 1263 页。

② 参阅《马克思恩格斯选集》第 1 卷，第 580 页，注 8。

③ 《马克思恩格斯全集》第 3 卷，柏林 1958 年版，第 65 页。

④ 同上。德文原文为：Der erste Fall setzt voraus, daB die Individuen durch irgendein Band, sei es Familie, Stamm, der Boden selbst pp. zusammengehören, der zweite Fall, daB sie unabhängig uoneinander sind und nur durch den Austausch zusammengehalten warden。

还包括了交往迫切需要的"语言和意识"的生产,而不仅仅是物质资料的生产[1];(7)其实,在马克思的有关论述中,"交往"并不完全等于"生产方式",否则他就不会时不时地将"交往"与"生产方式"或"生产力"并提,因为单独使用时的"交往"一词和复合词"交往形式"、"交往方式"、"交往关系"相比,其涵盖面要宽泛得多,而《马克思恩格斯全集》俄文版编者在一个注中也说:"在《德意志意识形态》中,'Verkehr'(交往)这个术语的含义很广。它包括个人、社会团体、许多国家的物质交往和精神交往。"[2] 正因为如此,笔者在概括马克思关于"世界历史"概念及思想体系的第一个要点和思路即世界历史的横向发展问题时选择了"普遍联系"的概念,但"交往"始终还是这一要点或思路的关键词,并体现着这种横向发展的核心功能。

其二,在表述马克思关于人类历史纵向发展,即他关于"世界历史"概念及思想体系的第二个要点或思路时,我们为什么要采用"社会形态"演进的概念而不采用"五种生产方式"更替的提法,要知道"五种生产方式"的提法似乎在舆论界更为流行。诚如许多研究者所公正地指出的,"五种生产方式"这一术语所指的内容,即原始公社制的、奴隶占有制的、封建制的、资本主义的和社会主义的生产方式,其实在马克思所写的《〈政治经济学批判〉序言》中都可以找到。但"五种生产方式"的提法是首次见于斯大林1938年所写的《论辩证唯物主义和历史唯物主义》一文,只不过该文原话说的是"历史上有五种基本类型的生产关系"[3]。有趣的是,尽管有那么多的学者先后对斯大林的提法提出质疑,却很少见到有关这一提法的具体的和令人信服的分析,从而使争议长期停留于政治层面而不能深入到学术领域,因为那些质疑所针对的主要对象其实只是社会主义。为了弄清这些争议的问题所在,我们不妨将斯大林的提法与马克思在《〈政治经济学批判〉序言》(1859)中的以下经典表述做一对比:"大体说来,亚细亚的、古代的、封建的和现代资产阶级的生产方式可以看作是社会经济形态演进的几个时代。"两相比较,在斯大林和马克思之间究竟有何不同呢?第一,马克思所讲的是社会经济形态的"演进","演进"

---

① 参阅《马克思恩格斯选集》第1卷,第31—34页。
② 《马克思恩格斯选集》第1卷,第580页,注8。
③ [苏]斯大林:《列宁主义问题》,人民出版社1973年版,第649页。

（progressive）一语点明了该论断的主旨或灵魂所在，而斯大林的论断和表述中则似乎不存在"演进"的意思，一个"有"字突出地反映了这种思想上的差异，说明他强调的只是客观事实及其存在；第二，马克思强调的主体是"社会经济形态"，而不是"生产方式"，只是把"生产方式"视作与之对应的那种"社会经济形态"的标志，即该社会经济形态中占主要地位并具有决定作用的生产方式①，而斯大林在其论断中强调的主体则是"生产方式"（甚至只是"生产关系"），而不是"社会经济形态"，"基本类型"一语表明他所讲的是那几种生产方式在整个人类史上无数生产方式中的地位，而不是就它们各自在其所在社会经济形态中的地位而言的；第三，在马克思的表述中，虽然斯大林所讲的那些生产方式他都提到了，但马克思只把它们称为"几个"即使用了复数概念，而斯大林却明确地把它们变成了"五种基本类型"，从而变成了一种固定数字；第四，在马克思的表述中，先后使用了"大体说来"和"可以"两个或然语，说明马克思认为自己的论断包含着某种猜测性，而斯大林却用一个固定数字把它变成了一个带有某种被视为"僵化色彩"的公式。这其中的差异不言而喻，也就是我在概括马克思关于"世界历史"概念及思想体系第二个要点或思路时，为什么要采用"社会形态"演进论而不采用"五种生产方式"提法的理由。[应当清楚，我们的文明社会只存在了几千年，之前人类社会经过了几百万年的演化，今后人类社会还将长期存在下去，并会发生更为巨大的变化。从已知的文明社会的历史来看，任何一种社会形态都拥有这样那样的变体，而由一种社会形态向另一种社会形态的演变也会产生这样那样的过渡形态。资本主义虽然只有几百年的历史，但已由重商主义演变为自由资本主义、垄断资本主义、福利资本主义或曰"社会民主主义"，目前在形式和动力方面发生的变化更是令人眼花缭乱。凡此种种，如果我们在社会形态及其演变的问题上说得太死，在理论上是很危险的。]② 但须再次提请读者注意，马克思的"社会形态"演进论，本已包含了"五种生产方式"的基本内容。

当然，上面所做"交代"，并不是为交代而交代，而是想通过这种"交代"达到两个目标：一方面，是通过这种"交代"具体地说明本人对

---

① 参阅何顺果：《生产方式≠社会形态》，《世界历史》1998 年第 3 期。
② 方括号中的内容，是收入本文集时由作者所加。——作者注。

马克思关于"世界历史"概念及思想体系的两个要点或思路的把握和理解;另一方面,是要通过这种"交代"进一步揭示马克思两个要点或思路的具体内容和要旨。它使我们清晰地懂得了,如果说"世界历史性"是马克思"普遍联系"论的核心观念的话,那么"演进"即对人类历史发展中社会性质先进与否的判断,便是马克思"社会形态"演进论的灵魂,这是我们在探讨马克思关于"世界历史"的概念及思想体系时必须牢记的。然而,事情并没有到此为止,如果我们承认各民族"普遍联系"论和"社会形态"演进论均是马克思"世界历史"概念及思想体系的有机组成部分,那么我们就不可避免地会遇到由此产生的一系列难题或问题:(1)如果说各民族"普遍联系"论和"社会形态"演进论均是马克思"世界历史"概念及思想体系的有机组成部分,那么二者在思路方向上和发展方向上的差异或矛盾是怎样获得统一的?(2)在历史实践中,世界历史的横向发展和纵向发展均有自己固有的规律或逻辑,但都要受制于或离不开人类社会历史发展总的规律或逻辑,这两个不同方向发展的内在交集点在哪里?(3)从历史学的角度看,世界历史中的横向发展和纵向发展总是平衡的吗?如果这两个不同方向上的发展并非总是平衡的或从来就未平衡过,那么两者相较哪一个在人类社会的发展中或对人类社会本身而言显得更为重要?(4)就事实而言,人类各民族之间的"普遍联系"主要是由资本主义启动的,而且资本主义在范围上和规模上均获得了自本身产生以来空前的发展,那么封建社会及一切前资本主义社会与资本主义社会相比,其普遍性是否就一定不如资本主义?(5)此外,社会主义自始就有其强大的对立面,20世纪90年代发生的苏东剧变又使社会主义遭受重大挫折,如今人们对"五种生产方式"的提法争议很大,那么"社会形态"演进论本身是否就会因此而遭到怀疑甚至被否定呢?这些都是重大的理论和实践问题,它们的提出虽然都源于马克思关于"世界历史"的概念及思想体系,但问题的讨论和解决可能会大大超出该概念及思想体系的范围,但迄今为止,这些问题均未引起足够的重视和研究,有的问题此前在国内及国外学术界尚未被提出过,而若忽视这些问题的探讨、研究和解决,那么整个世界历史的教学、研究和编撰,肯定是难以做好的。这里只能谈一些个人的粗浅看法。

先来说第一个问题。各民族"普遍联系"论和"社会形态"演进论,均有关"世界历史"的形成和发展问题又都是由马克思本人首次提出的,当然应是其"世界历史"概念及思想体系的有机组成部分，这可以说是不言而喻的。那么这个体系内部是否存在着"矛盾"呢？从哲学上讲"差异"就是矛盾，该体系的第一个要点着重讲"世界历史"的结构问题即各民族之间的横向联系和发展，并建立和拥有一套自己独特的话语系统："联系"、"交往"、"相互影响"和"交通革命"及"世界历史性"、"世界性"等；该体系的第二个要点着重讲"世界历史"的动力问题即人类整个社会的纵向演进和发展，亦建立和拥有一套自己独特的话语系统："生产力"和"生产关系"、"经济基础"和"上层基础"及"社会变革"、"演进"等，在思考方向上和内容上明显不同，这不就是"矛盾"吗？在某种意义上可以说，正如一位著名学者所指出的，这种横向发展和纵向发展的矛盾，也就是"结构主义"和"历史主义"的矛盾。如果我们承认横向发展着重解决的是"世界历史"的结构问题，那么有关马克思"世界历史"概念和思想体系第一个要点或思路的讨论最终就不能不涉及"结构主义"问题，而我们知道结构主义乃是结构多样性分析方法中的革命，认为"多样性中每个因素的本质（功能）都由其内在化的结构决定"，但"结构永远也不能完全实现，因为它总是在历时性地增长变化（经历时间），获得或失去某些因素"，而"结构上的共时性，或者因素（在时间内）运作、共存以及通过反复多变和有系统的联系互相生成意义的方式，是理想的，在时空上无法定位"①；同理，如果我们承认纵向发展着重解决的是"世界历史"的动力问题，那么有关马克思"世界历史"概念及思想体系第二个要点或思路的讨论最终就可能不能不涉及"历史主义"问题，而我们知道"历史主义的基本原则"认为"我们关于事物（文化、文本、客体、事件）的知识，完全或部分取决于其历时性（即它们在其赖以产生的原始历史语境中，及其后来的发展中的地位和功能）的观念"，因为经典的历史主义即"兰克历史主义的理想预设了一种信仰：我们完全拥有获得一去不复返的历史现实客观、真实的确切知识的能力"。② 但结构主义与历史主义的矛盾，并不等于马克思关于"世界历史"概念及思想体系两个要点或思路的矛盾，因为虽然兰克（1795—1886）是马克思的同代人，但

---

① ［美］维克多·泰勒、查尔斯·温奎斯特编：《后现代主义百科全书》，吉林人民出版社2007年版，第465页。

② 同上书，第222—223页。

"结构主义"的产生和发展却是 20 世纪上半叶的事情，且它们是两股思潮和体系的矛盾而不是一个思想体系内的矛盾。实际上，马克思关于"世界历史"概念及思想体系的两个要点或思路，虽然在方向上存在着差异或矛盾，但二者在本思想体系内是统一的，因为二者都是从一个观点即物质资料的生产是人类一切社会活动的基础这样一个观点出发的：从纵向发展上看，马克思认为，围绕物质资料生产形成的生产关系与生产力的矛盾、上层建筑与经济基础的矛盾，是推动一切社会变革即社会形态演进的原动力；从横向发展上看，马克思认为，各民族之间日益密切的联系和交往取代原始的闭关自守的各民族之间自然形成的分工的过程，在本质上则是在生产力发展的条件下围绕物质资料生产形成的生产关系在广度上的扩展。这样，在方向上不同的两条思路和两种发展趋势，就以唯物史观为出发点统一起来了。在这里，关键是要记住马克思以下的名言："不仅一个民族与其他民族的关系，而且一个民族本身的整个内部结构都取决于它的生产以及内部和外部的交往的发展程度。"① 但同时还必须记住："各个人借以进行生产的社会关系，即社会生产关系，是随着物质生产资料、生产力的变化和发展而变化和改变的。"②

再来说第二个问题。一般而言，上面所说的两套话语系统，即可分别视作"世界历史"横向发展和纵向发展各自的内在规律或逻辑，而将这两种不同发展趋势和方向统一起来的唯物史观，便是人类社会发展的总的规律和逻辑，但在具体历史实践中"世界历史"的这两种不同的发展方向和趋势的真正交集点在哪里呢？因为理论和实践毕竟不是一回事。在实践上，尽管从人类社会诞生之日起，就存在着横向发展和纵向发展问题，由氏族、部落发展到部落联盟可视作早期横向发展的典型现象。而由原始公社、复杂社会发展到民族国家则可视作早期纵向发展的典型现象，但不要忘了：第一，如果承认人类的起源是同源的，在人类走出非洲之后的多少万年间，由于迁徙而来的各大洲的人类及其后裔忙于适应不同气候和生活环境，并以此为基础和条件发生种族的分化而有白种、黄种与黑种之分，以农业的发明为契机开始由狩猎和采集转为定居而导致无数文明中心的形成，同时各族群也在所处自然环境和社会结构制约下以不同方式和道路走

---

① 《马克思恩格斯选集》第 1 卷，第 25 页。
② 马克思：《雇佣劳动与资本》，《马克思恩格斯选集》第 2 卷，第 363 页。

向成熟，此间各民族、国家、地区之间的区隔大于联系；第二，在一个民族孕育、国家兴起、版图形成的过程中，对权威的崇尚、治理的需要、权力的集中支配乃至主宰着国家行为和活动的主要内容和方向，在这种情况下对"内聚力"的需求明显高于由于国家机器的建构形成的"外延力"，它不仅强化了早期民族和国家自然形成的孤立状态，甚至还会导致人为的闭关自守政策和措施的出台，为民族间的联系平添了许多障碍；第三，在漫长的历史中，直到资本主义产生之前，人类所能利用的主要还是自然形成的生产力或半人工半自然的生产力，其经济一般地说尚处于所谓"自然经济"的范畴，其生产主要还是"使用价值"的生产而不是"交换价值"的生产，即主要是为了满足人们自身生存的需要，这种情况从整体上决定并限制了当时民族内部及民族之间的交往及其程度，只有罗马帝国、秦汉帝国以及后来的蒙古帝国有些例外。14、15 世纪在西欧发生资本主义萌芽，16、17 世纪资本主义从西欧封建农奴制社会结构中破壳而出，迅速地改变着几千年来存在的落后保守的闭关自守状态，在亚欧大陆的西欧一隅形成不大不小的"世界经济"（World Economy），因为积累日益雄厚的"商业资本"这时开始主导这种新的生产方式或新型经济发展模式，而"商业资本"具有极大的开放性并很快就把自己的视线从它们的"已知世界"转向广阔的"未知世界"。但"商业资本"根底太浅，它积累和活动的领域主要是流通领域而不是生产领域，其扩张所能利用的手段和工具（特别是交通运输工具，如畜力、车辆、舟船等）绝大部分只能是现存的，难以革命性地改变世界历史发展的现状。给"世界历史"发展，包括纵向发展和横向发展，带来真正革命性改变的是 18、19 世纪出现的"大工业"，而大工业发展的动力是 17 世纪的"科学革命"和 18 世纪的"工业革命"特别是这场革命中由瓦特发明的蒸汽机，因为它完全用人工生产力代替了自然的生产力和半人工半自然的生产力。它对"世界历史"的影响是：在纵向发展上，它通过"工厂制度"的建立不仅使资本主义制度得以确立，还孕育了工业资产阶级和产业无产阶级这两大新的阶级，从而根本改变了人类社会发展的进程；在横向发展上，它在把蒸汽机安装到火车和汽船后，引发了人类历史上空前的"交通运输革命"，从而使各民族内部和各民族之间的交往无论是规模上还是频率上均发生了根本性改变。这样，"世界历史"的横向发展和纵向发展就破天荒地找到了或者说形成了自己的"交集点"，因为它对世界历史的横向发展和纵向发展而言均是新的出发点和转折点。正是在这个意义上，马克思说大工业"首次开创了世界历史"①，只不过人们常常误以为它只是就世界历史的横向发展而言的。但应当指出，很少有人注意到，这一"交集"其实还只是一个正在发生的新的进程的起点，而这个新进程在可预见的将来的一个结果便是"国际社会"（international society）的形成和发展，其实质乃是人类各民族社会经济生活逐步趋于国际化，正是这种国际化构成了"国际社会"赖以形成和发展的基础。从这个意义上说，"国际社会"的形成和发展，才是"世界历史"中横向发展（它在当代被称为"全球化"）和纵向发展（它在当代被称为"现代化"）两大趋势真正的"交集点"。②

接着来说第三个问题。这是"世界历史"教学、研究和编撰中，无论如何不能回避但常常被自觉或不自觉忽视的一个问题。关于这个问题，据笔者的研究和理解，在马克思关于"世界历史"概念及思想体系的两个要点或思路，即世界历史的横向和纵向这两个不同方向的发展和趋势中，从根本上说最基本最重要的始终还是纵向发展，尽管马克思在不同场合强调或关注的重点不一样，而历史学家在不同时期关注或研究的重点也不一样，研究者关于这个问题的认识和兴趣也会不一样。我的理由是：第一，从哲学上讲，内因才是事物变化的根据，而外因只是事物变化的条件，任何社会作为一种事物的演变，都概莫能外；第二，所谓"世界历史"，当然不仅仅是作为自然的"世界"本身的演化史，主要的还是生活于其上的人类活动及其与自然界互动的历史，因为人类无论在诞生之前还是诞生之后始终都是自然的一部分，人类永远不能离开自然而存在；第三，人类本身的历史，在本质上则是一种"社会"或"社会形态"变迁或演化的历史，因为人是作为社会的人即处于不同社会关系中的人而存在的，而"社会关系"乃是"社会形态"或"社会结构"的同义语，人的本质的规定性就取决于"一切社会关系的总和"。正因为如此，恩格斯说"关于社会的科学，即所谓历史科学和哲学科学的总和"③，认为历史学关注的主要对象应是"社会"或"社会形态"，是各种社会经济形态的产生、发展和衰

① 《马克思恩格斯选集》第1卷，第64页。
② 参阅何顺果《全球化、现代化与国际社会》，《光明日报》2010年10月26日，《理论周刊》，《新华文摘》2011年第1期；《全球化：一个历史学的解释》，《全球化的历史考察》，江西人民出版社2010年版。
③ 《马克思恩格斯选集》第4卷，第226页。

落的过程。李守常先生也说：所谓历史，从横向上看是社会，从纵向上看就是历史。换言之，纵向发展，即人类社会的变迁，或人类"社会形态"或"社会结构"的演进，才是整个"世界历史"发展的主要线索或基本内容；第四，与纵向发展相比，就横向发展而言，即使交往在形式、内容和频率方面不断有所更新，但交往在空间的扩展方面毕竟是有限度的，只要人类还生活在这个地球上这种限制就一直会存在，而人类社会的纵向演进则不会受时间的限制，因为时间是一个矢量。总之，我们根本不能离开人类社会的演进——即"世界历史"的主要趋势——来谈横向发展问题，因为这种趋势作为"世界历史"的主要线索和内容，在很大程度上制约着横向发展的规模和频率。说到底，如果按马克思的意见，把"交往"理解为"生产关系"或"生产方式"，民族之间交往和联系的发展，只不过是这种生产关系的扩大。

第四个问题涉及的是私有制的普遍性问题。如前所述，人类各民族之间的"普遍联系"是由资本主义启动的，而且资本主义在范围和规模上均获得了其产生以来空前的发展，资本主义成为马克思所说的私有制的"最普遍的形式"。① 这是有事实为据的，自资本主义产生以后，西方国家先是以移民殖民地和国家的形式把资本主义制度扩大到包括澳大利亚在内的"新大陆"，后又以殖民地和附属国的形式把旧大陆广大亚非传统农业社会纳入其中，现代帝国在19世纪后半叶和20世纪上半叶成为强化资本主义制度在全世界存在和发展的主要形式，万维网的诞生则把15世纪开创的资本主义"全球化"运动推进到"网络时代"。那么，这是不是说，封建主义及一切前资本主义社会和制度与资本主义相比，其普遍性就一定不如资本主义呢？笔者认为，并不尽然，在所有前资本主义的社会经济制度中，至少封建主义的普遍性可与资本主义一比，这应是一个非常值得关注和探讨的问题，尽管迄今为止鲜见此类问题的提出。可以分别从两个方面进行观察：就资本主义而言，在资本主义国家内部，资本主义向农业领域的渗透从来就不彻底，至今小农所有制甚至地主制仍大量存在；在西方发达国家之外，随着20世纪两次世界大战的爆发和结束，在资本主义国家因自相残杀而削弱的情况下，在旧殖民主义体系土崩瓦解的同时，社会主义曾发展成为以苏联为首的阵营，一度得以与西方资本主义分庭抗礼，而

① 马克思：《1844年经济学哲学手稿》，第77页。

今虽然"全球化"运动如火如荼迅猛扩展，但"反全球化"运动在世界各地甚至发达国家内部也此起彼伏，地区化、本土化、多元化正取代边缘化、半边缘化及"一体化"，成为人们关注的新的焦点，这是一方面。另一方面，就封建主义而言，如果不以狭隘的"农奴制"而以广义的"地主制"给予定义，地主制存在的范围几乎是无与伦比的，因为世界历史上没有一个社会和民族的发展不以农业为基础，而封建"地主制"乃是农业社会发展到成熟阶段和最高阶段的标志。换言之，封建主义曾有过并不亚于资本主义的普遍性。或许有人会说，今天商品经济已获得空前的扩展，其普遍性已超越了以往任何时代，但商品经济并不等于资本主义，因为商品经济自古就存在了。总之，我们可以承认资本主义是迄今为止私有制的"最普遍的形式"，但又不能把问题说得太死。

关于第五个问题，更是一个重大的理论问题。众所周知，长期以来，关于斯大林"五种生产方式"的提法一直存在争议，前不久还因某杂志的文章而引起不大不小的风波。笔者认为，对"五种生产方式"的质疑尚停留在政治层面，而未能将讨论深入学术层面，所以特在上文对斯大林的"五种生产方式"的提法与马克思的"社会形态"演进论进行了比较，阐述了本文采用马克思"社会形态"演进论而不采用斯大林提法的理由。这里我要进一步提出的问题是：即使"五种生产方式"的提法遭到质疑，马克思的"社会形态"演进论本身是否会因此而被否定呢？笔者以为不能，其理由有二：其一，马克思的"社会形态"概念有一个替代概念："社会结构"，而西方学界一般来说并不否认"社会结构"概念；其二，尽管20世纪以来不断有人出来质疑和挑战"社会进化"论，但从未达到根本颠覆整个"社会进化"论的程度。关于"进化"论的争议说来话长，并非三言两语可以把事情说清，或许需要另作专文进行讨论，此处不再赘述。关键是"社会结构"问题，此问题又可分两头来说：一是"社会结构"概念可否视作马克思"社会形态"概念的同义语，二是西方学界是否并不否认"社会结构"这一概念。"社会结构"概念是否可视为马克思"社会形态"概念的替代物呢？当然可以。据笔者研究，在马克思提出的"大体说来，亚细亚的、古代的、封建的和现代资产阶级的生产方式可以看作是社会经济形态演讲的几个时代"这一著名论断中，某种"社会经济形态"就是由与之相对应的那种生产方式主导的多种生产方式构成的经济共同体，因为"看作"马克思使用的德文原文"bezeichnet"一词的最基本含义乃是"标志"、"标明"之义,即该生产方式必须是与此对应的那种社会经济形态中占主导地位的生产方式否则便不配称其为"标志"①,这和恩格斯在《共产党宣言》1888 年英文版序言中的以下说明相一致:"构成《宣言》核心的基本原理是属于马克思一个人的。这个原理就是:每一历史时代主要的经济生产方式与交换方式以及必然由此产生的社会结构,是该时代政治的和精神的历史所赖以确立的基础。"② 那么,为什么说西方学界并不否认"社会结构"的概念呢?主要根据有二:其一,在理论上,西方有所谓"结构主义"(structuralism),在 20 世纪上半叶几乎占据了学术话语"霸权"的地位,该哲学认为事物"多样性中每个因素的本质(功能)都由其内在化的结构决定"③,而先后被引入包括"社会科学"在内的广泛学术领域;其二,在实践中,西方从来不忌讳对所谓"中产阶级"的培植和宣传,认为"中产阶级"是资本主义社会存在、发展和稳定的主要支柱,但既然有"中产阶级"就必然有"上层阶级"和"下层阶级",实际上也就承认了"社会结构"的客观存在。至于"社会形态"演进论是否是"单线发展论"问题,正如我在《生产方式≠社会形态》一文中证明了的,马克思的"社会形态"是多种生产方式结合的共同体,他提到的每一种生产方式只是与之相对应的社会经济形态中占主导地位的生产方式,并不是每一种生产方式也不是在每一个地方都可以上升到占主导的地位,这就从根本上排除了所谓"单线论"。所以,笔者以为,即使质疑甚至否定了"五种生产方式"的提法,也不能因此而否定马克思的"社会形态"演进论。

通过以上五个问题的讨论,我们充分地揭示了马克思"世界历史"概念及思想体系的丰富内涵,了解了该思想体系内在的矛盾性和统一性,以及世界历史中横向发展和纵向发展的不平衡性,进而确立了纵向发展作为世界历史教学、研究和编撰主要线索和内容的理念,并重新认识了马克思"社会形态"演进论在理论上的不可动摇性,由此我们也就有可能对国际学术界的"全球史"热作出某种评判,因为我们从上面的讨论和探索中获得了一些有关"世界历史"的新的理解和视野。不可否认,西方学者,特别是美国的全球史学者,在"后现代主义"思潮的推动下,为了摆脱和纠

---

① 何顺果:《生产方式≠社会形态》,《世界历史》1998 年第 3 期。

② 《马克思恩格斯选集》第 1 卷,第 226 页。

③ [美] 维克多·泰勒、查尔斯·温奎斯特编:《后现代主义百科全书》,第 465 页。

正"西欧中心论"在世界历史教学、研究和编撰中的影响，以"与外来者的交往是社会变革的主要推动力"① 为中心论点，探索了世界史上民族之间交往和互动的诸多历史形态，如"跨文化贸易"、"物种传播与交流"、"文化碰撞与交流"、"帝国主义与殖民主义"、"移民与离散社群"等，在此基础上展开了别具一格的"大范围进程"研究和"宏观社会学"比较研究，并提出了"欧亚非共生圈"或"欧亚非复合体"（the ecumenical system or the ecumenical world system）的概念，在世界史研究和编撰中取得重大成就和进展，开辟了世界史研究和编撰的新领域和新路径。但也正是"与外来者的交往是社会变革的主要推动力"（encounters with strangers were the main wheel of social change②）这一中心论点，集中地体现了同时也充分地暴露了西方全球史学者主要的和突出的问题和局限：第一，它表明，西方的"全球史"所研究的是横向发展的历史而不是完整的世界史，因为它强调其研究的对象是"与外来者的交往"，即历史上"人与人之间"的关系与交往；第二，它虽然包含了"社会变革"的概念，但由于把"人与人的关系"即横向联系和交往，而不是人类社会本身的演化视作世界历史发展的主要线索和内容，从传统的"世界历史"的角度看恐怕就不仅是顾此失彼问题，而是存在重大缺失了；第三，由于把"与外来者的交往"视作"社会变革的主要推动力"，全球史学者便夸大了横向联系和交往在世界历史上的地位和作用，从而忽视甚至回避了对一个社会、民族、国家乃至整个人类变迁有着巨大影响的政治、经济和社会的深层原因的探讨。事实上，由于只强调世界历史的横向发展而忽视其纵向发展，便只能把"与外来者的交往"视作"社会变革的主要推动力"，而不能更深入地挖掘推动和影响人类历史发展的根本动力，我们在一些由西方学者编撰的全球史著作和教材中，很少看到对不同历史时代和不同社会结构的深入讨论和分析，其论证和叙述的深刻性因此而大打折扣，亦难以给学生和读者必要的规律性的历史认识。这可能是此类著述和教材根本性的缺陷，恐怕也是其难以克服的障碍，因为他们不相信社会科学赖以确立的唯物史观。

　　2010 年年中，北京大学出版社方面因引进和出版几部大型的全球史，约请我谈谈有关这些著作和教材的看法，在 2000 年度中国社科院世界史

---

　　① ［美］威廉·H. 麦克尼尔：《不断变化的世界历史》，第 18 页。
　　② 同上书，第 18 页。

所举办的世界史论坛上，笔者再次应邀就这次访谈的一些核心观点作了发言，现将谈话和发言整理成文以就教于读者和同人。我的主要目的，是想借马克思之口提醒学界，推动社会变革的真正基本的和深层的原因应是深埋于一个社会结构内部的矛盾，世界历史的教学、研究和编撰不能不关注人类社会本身的状况及其变迁。最近在中东，在这个传统的所谓欧亚非"共生圈"内，在这个不乏"与外来者交往"的地方，在多年来表面平静的国度似乎突然爆发的动荡或"革命"，究竟其动因主要是来自这些国家内部还是来自"与外来者的交往"，难道还不够发人深省吗？

（原载《世界历史》2011 年第 4 期，作者有修订）

中日历史问题的对话空间

步　平

中日历史问题①长期以来是阻碍中日关系发展的因素之一，围绕历史认识的争论从第二次世界大战结束后到现在始终没有停止过。近年来，围绕历史问题，开展了中日两国民间、学者间和政府间的对话，已经并即将推出一批研究成果。不过，仍有相当多的人表示怀疑：长期积累的中日历史问题，是否能够通过学者间的对话得到解决？

笔者作为中日政府间历史共同研究的中方首席委员，在强调学者间对话意义的同时，更想强调指出：中日历史问题其实是反映在政治判断、民众感情与学术研究三个不同的但又相互联系的层面上的问题，三层面的问题表现形式有差异，影响范围不相同，不能用同一种方式加以处理。由于三个层面的问题经常交错在一起，相互影响，呈现复杂的局面。处理这样的问题，更需要清醒的思维和认识。

一　侵略战争还是"解放战争"
——政治层面判断的原则性

2007 年初，日本首相安倍晋三违背 1993 年日本官房长官河野洋平承认日本军队曾强制征用"从军慰安妇"并表示道歉的谈话精神，冒着会受到世界舆论批评的风险，提出所谓"广义性"和"狭义性"的强制的问题，结果导致美国众议院在 7 月 30 日通过了由议员麦克·本田等 6 人联名

---

① 这里所说的中日历史问题，指存在于中日两国间就近代历史认识领域的问题，而不包括与历史有关，至今仍悬而未决或正在解决的中日关系中的现实问题，如处理遗弃化学武器问题、钓鱼岛、东海油气田等领土资源问题。

提出的新议案（H. Res. 121），要求日本政府承认关于慰安妇的责任。加拿大、荷兰等国家和欧洲议会，甚至日本国内一些地方也提出了严厉批评。① 这一事件引起的风波尚未平息，日本航空自卫队总参谋长田母神俊雄就又在 2008 年 11 月发表了根本扭曲历史事实的文章，强调日本通过甲午战争和日俄战争取得的在中国大陆的权益得到国际法的保障，从而否认对中国的侵略，使沉默了一段时期的日本社会再度掀起"历史认识风波"。日本政府虽以快刀斩乱麻的方式开除了"问题军官"，可是向来主张"自由主义历史观"的保守派论客却借此机会大动干戈，发文袒护被开除的自卫队首领，将其捧为"历史英雄"。② 这些情况说明：直到今天，关于日本对中国的战争性质问题的政治判断仍然是在日本社会存在相当大争议的问题。

日本前首相村山富市曾在 1995 年发表了关于战后 50 周年的谈话，对侵略战争进行了思考与反省：

"我国在不久的过去一段时期，国策有错误，走了战争的道路，使国民陷入存亡的危机，殖民统治和侵略给许多国家，特别是亚洲各国人民带来了巨大的损害和痛苦。为了避免未来重犯错误，我就虚心地对待毫无疑问的这一历史事实，谨此再次表示深刻的反省和由衷的歉意。同时谨向在这段历史中受到灾难的所有国内外人士表示深痛的哀悼。"

"今天，日本成为和平富裕的国家，因此我们会常常忘记这和平之可贵与来之不易。我们应该把战争的残酷告诉给年轻一代，以免重演过去的错误。我们要同近邻各国人民携起手来，进一步巩固亚太地区乃至世界的和平。为此，重要的是同这些国家建立基于深刻理解与相互信赖的关系。日本政府将本着这种想法，开展在近代史上日本同近邻亚洲各国的关系的研究，并扩大同该地区的交流这两个方面的和平友好事业。"③

---

① 安倍首相针对美国众议院外交事务委员会 2007 年 1 月举行的关于慰安妇问题听证会上的证词，公开表示"没有关于强征的证词、证据"，"没有官宪闯入民家将人强行带走这种狭义强制性的证明"，还在国会发表讲话，称即便美国国会通过关于慰安妇的决议，日本也不会就此再次道歉。但是在他 4 月访问美国时，又放低姿态再度就慰安妇问题表示抱歉，但认为美国媒体没有正确反映他的说法。于是，美国众院（2007 年 7 月 30 日）、荷兰众院（2007 年 11 月 8 日）、加拿大众院（2007 年 11 月 28 日）、欧洲议会（2007 年 12 月 13 日）以及日本的宝塚市、清濑市和札幌市的议会等都通过要求日本政府对强制慰安妇问题进行正式反省和道歉的决议。

② 《产经新闻》2008 年 11 月。

③ ［日］竹内实编：《中日邦交正常化文献集》，日本苍苍社刊 2005 年版，第 440—441 页。

村山富市首相的谈话是战后历届日本首相中态度最明确的,而且被其后任历届首相都作为代表日本政府对战争责任的正式的历史认识。而在此之前,也有日本首相表示过一定的反省态度。如 1985 年 10 月 29 日,中曾根前首相在众议院预算委员会上说:"我说过所谓太平洋战争,也称为大东亚战争,是不应该进行的战争,是错误的战争。另外,我也说过对中国有侵略的事实。这一点没有变化。" 1993 年,当时的新任首相细川护熙曾在上任后的记者招待会上坦承上一次战争是"侵略战争",是"错误的战争",还表示在即将到来的战争结束 50 周年时表明日本关于战争责任的谢罪。① 有人统计了类似的道歉,称已达 20 次以上。②

尽管上述日本政治家关于战争责任问题有明确的表态,但并不能阻挡保守派政治家们在这一问题上的胡言乱语,这是因为战后部分保守派政治家与战前有着千丝万缕的联系,岸信介是其中的典型。岸在日本发动的侵华战争期间担任过伪满洲国政府中的要职,战后一度作为甲级战犯嫌疑人被关押,但在 20 世纪 50 年代成为日本首相。岸信介在被监禁时就想为自己辩护,主张日本是"正当防卫"。当时他只承认日本有"战败"的责任,而不承认有侵略的责任,因此他从不认为需要对战争责任进行反省。③ 但是为了竞选,每当在野党在国会上追究其"战争责任"的时候,他又总是将"反省"挂在嘴上。在其出任首相前 5 天,即担任代理首相的时候表示:"关于大东亚战争,我想谈一谈。我是当时内阁的成员。我本人在以后的十多年里,或者在巢鸭监狱以及撤销对我的开除公职的处分后,我都进行了充分的反省。……今后我国所走的道路,毫无疑问应该是坚持民主的道路,祈求世界和平并努力付诸实现。……我立志以振兴祖国,致力于世界各民族的繁荣为从政目标,之所以谋求在国会的席位,就是为了将自己的理念诉诸国民,接受国民的批评。我要将上述反省和信念贯穿于今后的外交与更广泛的政治。"④ 这样的表态看似诚恳,但是找遍国会议事记录,却没有发现他对"满洲国"时期的事情有任何交代,而且在 1965 年,也就是他卸任 5 年后,在

① 《朝日新闻》1993 年 8 月 20 日。
② 〔日〕杉本信行:《大地的咆哮》,日本 PHP 研究所 2006 年版,第 328—329 页。
③ 〔日〕原彬久着:《岸信介——权势的政治家》,东京 1995 年版,第 121—122 页。
④ 岸信介首相在众议院外交委员会上的答辩,1957 年 2 月 20 日。

他主持编写的《啊，满洲》中，却称赞"满洲国"是闪烁着"民族协和、王道乐土"理想光芒的"以科学、良心和果敢进行的实践"，是"东亚的希望"①。由于有这样一批政治家，严重阻碍了日本战后对侵略战争的认识。

20 世纪 60 年代，作家林房雄提出"大东亚战争肯定论"，认为：日本自 19 世纪中期开国以来的所有的战争，即包括幕府末期的"萨英战争"、"下关战争"，明治维新时期与英法的"谋略战"、征韩论，以至中日甲午战争、日俄战争、吞并朝鲜、1931 年开始到 1937 年扩大的对中国的战争、1941 年的太平洋战争等，都是日本"率领亚洲对英美列强的抵抗"，是在亚洲许多国家对英美几乎没有能力抵抗而成为其殖民地的情况下，由日本单独举起抵抗欧美旗帜所进行的"东亚百年战争"；而与同时发生的日本对亚洲的"进出"，其目的是为了东亚的解放，而不是对亚洲的政治支配与经济掠夺，所以是"解放亚洲的战争"。② 很明显，"大东亚战争肯定论"把日本的近代历史完全定位在对抗西方列强侵略的正当性上，完全抛开了亚洲各国的历史体验，当然也不考虑国际社会的公论，仍然是战争期间为动员民众和使侵略战争正当化而制造出来的欺骗性理论。冷战状态下提出的"大东亚战争肯定论"，使从未从根本上反省战争责任的政治势力得到了思想能量的补充，也得到了基于狭隘民族主义立场的日本政治家的呼应。

到了 20 世纪 80 年代中期，由于日本经济实现了高速增长并成为世界第二大经济体，一些政治家头脑发热，认为到了重塑"值得夸耀"的日本"国际形象"的时代，而认为战后对日本的审判是阻碍"日本人自信和自豪"的沉重包袱，因此对东京审判提出批判，制造出所谓"东京审判史观"的概念。③ 在这一背景下，发生了历史教科书中取代"侵略"概念的问题，发生了首相带领内阁大臣"公式参拜"靖国神社的问题。而这些问

---

① ［日］山室信一：《怪物——满洲国的肖像》，东京 1993 年版，第 10 页。

② ［日］林房雄：《大东亚战争肯定论》，先在 1963—1965 年的日本《中央公论》上连载，后被多家出版社出版。

③ 中曾根首相批评说："（东京审判）根据盟国的法律将日本定为被告，并用文明、和平与人道的名义进行审判。"他明确表示不同意让这一审判的结果影响日本的近代历史，呼吁人们应冲破把日本人全都判断为"恶"的"自虐思想"的影响，对东京审判的原则、判决重新做出评价。《朝日周刊》1985 年 12 月 27 日。

题刺激战争被害国民众的感情，使政治层面的历史认识问题国际化。① 尽管当时发表谬论的一些政治家有的提出了辞职②，日本政府也就教科书问题提出了在今后教科书审查的时候要考虑近邻国家国民感情的"近邻诸国条款"③，并且表示停止首相对靖国神社的参拜④，但是，关于战争侵略性质的判断，越来越严厉地检验着日本政治家的立场。

如何正确评价东京审判的意义，对许多日本人来说确实是充满矛盾的难题。虽然从实证与法律的角度，东京审判留下了诸多未解决的问题，但是不能不承认：如果没有东京审判，战后的日本就不可能顺利地回归国际社会，更不可能走上至今仍感十分自豪的和平道路。所以有许多人认为：从推动日本战后走上和平道路的角度，东京审判确实是难得的精神武器。⑤

1993 年，持续了近四十年的"五五体制"被打破。急于恢复旧局面的日本社会上的右翼与保守势力便借新任首相细川护熙关于"侵略战争"的表态掀起轩然大波，鼓动各地议会通过反对决议。不久，这一波澜就与

---

① 1982 年 6 月 26 日，日本各大媒体报道了前一日结束的文部省对教科书审定的结果，在国际社会引起轩然大波。为此，日本的铃木善幸内阁通过官房长官宫泽喜一发表了被称为"近邻诸国条款"的谈话，表示政府在审定教科书的时候要"从国际理解与国际协调的角度考虑近邻亚洲各国对近现代史的认识"。后来，有人为改变政府这一立场，提出所谓的媒体"误报"与外国干涉内政的问题。而据当时文部省初等中等教育局长铃木勋 1982 年 7 月 27 日接受《朝日新闻》记者采访时承认："教科书问题"事出有因，至少有两处有关"侵略"的记述是根据文部省教科书审定委员会的"改善意见"修正的。（《朝日新闻》1982 年 7 月 27 日《采访铃木初中局长》）可见强调所谓"误报"是企图掩盖问题的本质。

② 1986 年被免职的当时的文部省大臣藤尾正行称："人们都说南京的屠杀事件是日本侵略的最恶劣的行为，是么？那是在战争中的事情，根据国际法，那不是杀人。还强调说被杀的有多少万，那是有理论根据的吗？"1988 年 5 月辞职的国土厅长官奥野诚亮在 1988 年称"大东亚战争的当时，日本没有侵略的意图"，"被日本称为的日中战争（事变）是偶然的"。《朝日新闻》1980 年 7 月 23 日。

③ 日本外务省网页，http：//www. mofa. go. jp/mofaj/area/taisen/miyazawa. html，《朝日新闻》1982 年 8 月 27 日。

④ 中曾根在首相任职期间，再也没有参拜过靖国神社，并于 1986 年 8 月 15 日致信胡耀邦总书记，表示："作为战后 40 年的纪念活动之一，考虑到战殁者遗族会及各方面的悲伤的心情，我作为首相第一次正式参拜了靖国神社。但目的不是肯定战争与军国主义，恰恰相反，是尊重我国国民的感情为了表示对为国牺牲的一般战殁者的追悼与对国际和平的祈求。但是，虽说战争已经结束 40 年来，不幸的历史的伤痕依然深深地留在亚洲近邻各国人民的心上。对祭祀着持有侵略战争责任的特定的指导者的靖国神社进行正式参拜，伤害了以贵国为首的亚洲近邻各国国民的感情。为使今后避免这样的结果的发生，我们做出了今年不正式参拜靖国神社的高度的政治决断。"中曾根康弘：《致胡耀邦总书记私人信件》，载《中曾根内阁史资料篇（续）》，世界和平研究所 1997 年版，第 248 页。

⑤ ［日］大沼保昭：《东京审判·战争责任·战后责任》，东京 2007 年版，第 53—54 页。

反对在 1995 年通过国会的"不战决议"及村山首相的上述谈话的运动结合起来。

当时，日本社会就如何对应战后 50 周年产生了激烈的讨论，而由 105 名自民党国会议员组成的自民党历史研讨委员会①十分活跃。他们首先发表声明，对细川首相提出批评，认为"细川首相关于侵略战争的发言和关于战争责任的谢罪是以反省战争的名义宣扬'自虐史观'，我们认为当前最重要的是要在公正的历史事实的基础上建立日本人自己的历史观"②。接着，该委员会邀请一批学者撰写的《大东亚战争的总结》，对日本发动的侵略战争性质进行全面的翻案，强调那场战争是日本把亚洲从欧美的统治下"解放"出来的战争，否认战争中日本军队对亚洲各国人民造成的痛苦与灾难，声称南京大屠杀是"虚构"，"从军慰安妇"是商业性质，等等。

保守派议员及其发行的《大东亚战争的总结》在日本社会引起了相当大的反响。在日本有相当大影响力的保守组织"保卫日本国民会议"受到鼓动，组织了纵贯全日本的"大串联"，在各地举行集会、放映电影、开办展览、征集 500 万人的签名，宣传"大东亚战争的真实"，阻止国会通过"不战决议"。"保卫日本国民会议"议长黛敏郎在该组织发行的宣传册上发表文章，提出：导致"支那战争"发生的"卢沟桥事变"不过是"中国共产党指挥的学生为挑起反日情绪而制造的事件"。③

在这一形势下，靖国神社也发表声明，表示对"在接近战后 50 周年的时候，追究我国的战争责任的活动日趋增加"的局面表示忧虑，提出"必须阻止建立在错误的历史观基础上的反省与谢罪的国会决议"。靖国神社拟定了反对谢罪的请愿书，广泛动员日本的遗族签名呈递给国会。④

一些日本政治家就历史问题发表言论，明确否认了侵略战争的责任。

---

① 这一部分国会议员为了阻止通过在国会通过"不战决议"，还成立了"终战 50 周年国会议员联盟"，提出"必须修正认为我国有罪的自虐的历史认识，基于公正的历史事实解释历史，恢复日本及日本人的荣誉"。这一议员联盟以奥野诚亮为会长，以板垣征四郎之子板垣正为事务局长，开始时有 57 人，1995 年增加到 160 人。（［日］战后 50 年市民不战宣言运动编：《战后 50 年——决不能再战》，社会评论社 1995 年版，第 232—233 页）

② 历史研讨委员会编：《大东亚战争的总结》，东京 1995 年版。

③ 战后 50 年市民不战宣言运动编：《战后 50 年——决不能再战》，第 231 页。

④ 同上书，第 232—233 页。

　　曾任法务大臣的永野茂门认为：迄今为止关于侵略战争的定义是错误的："日本所说的大东亚战争，是以侵略为目的吗？""所谓的南京事件是捏造的。……日本没有将那里作为日本的领土，没有占领那里。"①

　　曾任国土厅长官的奥野诚亮激烈批评日本的媒体迎合中国与韩国的观点，强调说："作为日本人就要肯定大东亚战争"，而且称"我们的战争是以人种平等为目标，改变了白人优越的状态，在满洲还实现了五族协和。虽然日本不幸失败，但是亚洲独立了，而且波及非洲。所以我们坚决不能同意把我们的前辈作为罪人看待的决议。"②

　　这些政治家的言论证明：虽然战争已经结束 50 年，但坚持战争时期的历史观的人仍然存在。日本的政治家之所以在战争历史的认识上出现这样的状况，正如有人指出的：与欧洲不同，日本那些对这场战争负有责任的人并没有受到彻底的清洗，其中一些人还融入了政坛，甚至摇身一变成为日本新的主流阶层。这些人对自己参与的侵略战争并没有明确的反省意识，在有机会的时候依然会竭力宣扬军国主义的战争观。

　　综上所述，战后日本国内的和平力量在反省战争走和平道路方面进行了相当积极的努力，但是由于始终存在右翼与保守势力否认侵略战争责任，坚持战争时期历史认识的言行，使日本在国际社会的形象严重受到损害。新加坡前总理李光耀曾指出："尽管日本首相屡次进行深刻道歉，但亚洲各国对日本的所谓'误解'总是不能消除，其原因就在于日本的右翼政治家们的言行。"③ 这就是所谓的"零和博弈"的现象。不过，也正是"零和博弈"现象提醒人们：不能因为存在保守与右派政治家的言论而完全否认日本战后的思考与反省，当然也不能认为反省战争责任的政治判断任务已经完全结束。对于亚洲及世界爱好和平的国家与人民来说，今后的任务是同日本社会的和平力量一起，共同抵制保守与右派政治家关于战争责任的错误的政治判断。这是中日历史问题在政治层面始终需要面对的任务。

---

①　《每日新闻》1994 年 5 月 3 日。

②　战后 50 年市民不战宣言运动编：《战后 50 年——决不能再战》，第 257 页。

③　若宫启文著，吴寄南译：《和解与民族主义》，上海译文出版社 2007 年版，第 63 页。

二 "被害"与"加害"
——民众层面战争体验的差异

虽然与上述政治层面的问题性质不同，但中日两国民众层面关于历史问题也存在不同的认识。这一层面的对话的主题是围绕战争"被害"与"加害"的讨论，这是因为民众的历史记忆源于不同的战争体验。当然在政治层面分歧的影响下，民众层面的认识容易带上明显的感情因素。

无论是在中国还是在日本，民众层面关于战争历史记忆最深刻的是战争被害。例如，在中国，关于侵略战争的关键词有"南京大屠杀"、"731细菌部队"、"三光作战"等概念，而在日本，则主要有"广岛长崎原子弹爆炸"、"东京大空袭"、"冲绳作战"等。这一情况与两国民众的战争体验有直接的关系。

作为遭受日本侵略的中国，其民众受到战争伤害是显而易见的，问题是作为战争加害国的日本，其民众是否存在着装被害及关于战争被害的记忆。

对于日本民众来说，"唯一的原子弹被爆受害者"的认识已经形成了其关于战争的集体记忆的一个重要组成部分，"反核"是战后日本和平运动的出发点。

人类历史上第一次在战争中使用的原子弹在爆炸后给日本民众造成的灾难无疑是相当深重的。尽管美国占领军1945年9月曾规定不许发表与原子弹爆炸有关的一切作品的命令，但关于原子弹威力与伤害的流言仍然不胫而走，甚至有"被炸后的废墟将在70年间寸草不生"的传说①。1952年旧金山和约签署后，媒体开始大量报道原子弹爆炸的巨大灾难，广岛、长崎被害者的遭遇开始为世界各国民众所了解，引起了人们对使用核武器的担心。此后每年的8月前后，关于"原爆"的报道便充斥了日本的所有媒体，有关的图片、连载、白皮书、报告书及影片与录像更是令人目不暇接。② 战后的日本人通过广岛、长崎的原子弹爆炸认识了核武器的威力，

---

① 中国新闻社：《广岛年表——核时代50年的记录》，中国新闻社1995年广岛版，第14页。
② 宇吹晓：《走向废绝核武器的新世纪》，引自《广岛年表——核时代50年的记录》，第1933页。

同时也更认识到了限制以核武器为代表的大规模杀伤武器的重要性。以广岛、长崎"反对使用原子弹氢弹"运动为出发点的日本的和平运动也从此成为世界性和平运动的主要组成部分。① 战后日本的民众积极参加了 20 世纪 50 年代的反核运动、六七十年代的反对越南战争和要求归还冲绳运动、80 年代呼吁废除核武器和建立非核自治体运动等运动，这些反对以武力和军事行动解决国际纷争的努力体现了日本民众战后始终不渝地追求和平主义的方向。②

　　从和平与人道的角度，这样记述"原爆"的逻辑似乎并无不妥，但是由此形成的战后日本战争文学的风格，固化了的历史学者及一般人记录战争体验的思维模式，即："战争是从外部被强加的，日本人是悲惨的被害者的形象"③，则显然强化了日本人的战争被害意识，所以，日本人从反核运动出发的和平运动的合理性也受到了挑战，在许多场合甚至遭到质疑和批评。战后 50 周年的时候，以反映广岛原子弹爆炸伤害与呼吁和平为主题的展览计划在美国受到抵制被迫搁浅，原因就是当年的美国军人完全不能接受日本人从战争受害立场的控诉。④ 在战争中遭受到严重伤害的中国及亚洲一些国家的民众，也不能理解日本人的战争被害感情。当日本人在强调原子弹爆炸被害的时候，往往会有来自外部的"缺乏整体的客观性"的不满与批评。⑤ 这一现实情况说明：日本民众与遭受日本侵略的国家民众之间建立沟通的桥梁，还存在着严重的障碍。

　　如果跳出广岛、长崎原子弹被爆的受害视角，而从更广阔的角度对原子弹爆炸的情况进行考察，则会发现不同的历史记忆。例如，对于饱受以"南京大屠杀"、"731 细菌部队"、"三光作战"等为代表的侵略战争的灾难的中国民众来说，当时对美国向日本投放原子弹基本持欢迎态度：认为

---

　　① ［日］松江澄：《从广岛开始的反核运动》，东京 1984 年版，第 16 页。
　　② ［日］安斋育郎、池尾靖志：《从日本出发的和平学》，法律文化社 2007 年版，第 48—52 页。
　　③ 战后日本著名的关于战争的文学作品如《缅甸的竖琴》、《二十四只眼睛》，火野苇平的战争记录小说《麦与士兵》、《花与士兵》等关于战争伤感三部曲，都是以战争被害为题材的作品。见［日］手塚千鹤子《对日中相互理解道路的探索——对日本人关于原子弹爆炸心理的分析》，载法政大学国际日本学研究所编《关于相互理解的日本研究》，东京 2007 年版。
　　④ 1993 年 4 月，美国史密森学会下属的航空宇宙博物馆希望广岛的原子弹爆炸资料馆提供展品举办特别展览，但是由于与广岛原子弹爆炸资料馆强调日本人受害的立场有分歧，最终未能成功。当时在日美两国内部也有种种意见的讨论。
　　⑤ ［日］荒井信一：《战争责任论》，岩波书店 1995 年版，第 218—219 页。

"新发明的原子炸弹"的投放将"完全击毁日本之作战能力，日本不投降即招毁灭矣"①。当时中国的《中央日报》社论明确提出：使用原子弹可以提早结束对日作战，如果不使用原子弹的话，战争将陷入僵局，不知何时能结束战争②。当然，《中央日报》也同时指出：一方面，原子炸弹之威力已被世人所知，科学进步已导致了武器的迅速发展，侵略者今后一定会出于畏惧而改变战争形态，也就是"武器决定战术和战略"，另一方面，也需要注意"如何控制其破坏力"的问题③；而中国在战后的国际社会中应该"置身于国际合作之中而分担世界和平的责任"④。

当时《新华时报》的报道也反映了中国共产党对原子弹爆炸的基本态度，即：首先认为日本侵略者遭到具有"人类史上空前"破坏力和杀伤力的巨大的原子弹的攻击是"对法西斯侵略者当然的报应"；在表示对日本军阀不寄予任何怜悯之情的同时，还认为对受到欺骗的没有罪过的日本人民另当别论；强调应为了人类的福利而使用原子力，如果必须将其作为武器使用，应受到联合国安全保障理事会的管制⑤。

尽管受美苏两个大国的影响，国民党与共产党对原子弹爆炸的态度有所差异，但将原子弹爆炸与日本的加害责任结合起来的认识则是一致的，均认为日本遭到原子弹攻击是"罪有应得"，这也是当时绝大多数中国国民的感觉。显然，这种感觉源于战争中始终遭受日本军队伤害的体验，与广岛、长崎民众遭受原子弹伤害的体验并不相同。

与原子弹爆炸问题相同，日本民众关于战争期间因空袭而造成的无差别伤害的历史记忆，也存在与战争被害国民众对话的障碍。

第二次世界大战期间，美国空军对日本进行了空袭，除了军事目标外，包括东京在内的 67 个日本的城市受到轰炸。日本内务省防空本部战败后在 1945 年 8 月 23 日曾公布了在战争中因美国军队的飞机的空袭而被害的平民的情况，即死亡 26 万人，负伤 42 万人⑥，这一数字后来不断被充实，到 1995 年 8 月，《东京新闻》特集公布的在日本 47 个都道府县的

---

① 《新发明原子炸弹袭倭时首次应用》，《中央日报》1945 年 8 月 7 日。
② 《中央日报》社论《原子炸弹之威力》，《中央日报》1945 年 8 月 9 日。
③ 《警告日本：提早投降》，《中央日报》1945 年 8 月 9 日。
④ 《中央日报》社论《自制与互助》，《中央日报》1945 年 8 月 7 日。
⑤ 《新华日报》时评《从原子弹所想起的》，《新华日报》1945 年 8 月 9 日。
⑥ ［日］荒井信一：《空袭的历史》，东京 2008 年版，第 138—139 页。

400 个市区町村中，因空袭中死亡的数字为 95 万人，这还不包括在冲绳作战中死亡的人数。①

战后，日本各地曾受到过空袭的城市相继建立记忆"大空袭"历史的组织，开展了许多活动。据统计，从事记忆空袭历史的人们平均年龄 73 岁，他们有感于发生在伊拉克等地的战争、空袭，特别是受到日本向伊拉克派遣自卫队，修改宪法，国民保护法的具体化等刺激，出于"不能使战争与空袭再度发生"的动机而进行这一活动。从人道主义的立场看，这种记忆历史的活动当然有其存在的合理意义。

但是，中国民众关于空袭的历史记忆却是与日本军队的加害责任有直接关系的。在战后进行的关于中国国民在战争中遭受空袭而伤亡损失的统计中，死亡为 33.6 万人，受伤 42.6 万人。② 另外，根据 1944 年国民政府航空委员会航空总监部使用统计调查方法在全国范围内进行的初步调查，在大后方的各都市被害是：死亡 94522 人，负伤 114506 人（不包括在战场及其周围的伤害）。在这些空袭中，对于中国国民印象最深刻的，莫过于日军飞机从 1938 年 2 月到 1943 年 8 月对重庆的大空袭，其中仅 1941 年 6 月 5 日的一次空袭，就造成了数千人（确切数字需要进一步研究）的死亡，被称为"六五隧道大惨案"。至今，重庆的市民仍然在为纪念空袭的遇难者而进行各种活动。

也就是说，作为发动了侵略战争的国家的国民，日本人一方面受到空袭的伤害，同时也承担了战争加害者的角色，认识战争被害与战争加害的重层性，是建立正确历史认识的基础，而如果缺少加害者意识，忽视中国国民的历史感觉，难免会被认为是对战争责任缺乏反省意识，难以形成共同受害的战争历史记忆。

东京大学教授大沼保昭先生对同样追求和平目标的中日两国民众由于战争体验的不同而产生历史认识差异，难以达成关于战争历史的共同记忆的原因进行了反思，指出：日本人从战争受害出发的关于和平的思考虽然并非有意识地忽视对其他民族的战争责任，但是被局限在"本国内部的狭隘的视野"中③，不可能了解同一历史过程对于战争被害国国民的体验是

① ［日］荒井信一：《空袭的世纪性法理与日本》，《战争责任研究》第 53 号，2006 年。
② 韩启桐：《中国对日战事损失之估计》，中华书局 1946 年版。
③ ［日］大沼保昭：《东京审判·战争责任·战后责任》，东京 2007 年版，第 144 页。

什么样的情况，因此也难以得到其他民族的理解。这说明：与上述政治家有意否认侵略战争责任的情况有根本的区别，日本民众层面关于战争加害意识缺失的主要原因除了基于自身的战争体验外，主要是"视野的狭隘"，而原因则是战前日本政府对媒体的严格控制和巧妙利用。

战前日本政府对媒体的控制确实十分严格，其对媒体利用也煞费苦心。如九一八事变前，多数日本报纸还能够提倡裁军，甚至对军部提出批评，但是随着事态的发展和政府对媒体的控制，各主要报纸向战场派出的大量特派员，报道战争形势的同时竭力颂扬军队的行动①。1937年卢沟桥事变发生后，日本政府建立内阁情报部，根据军事机密保护法强化对媒体的管理，到1938年国家总动员法颁布，各媒体事实上成为政府、军部的下属组织。随着国内法西斯性质的大政翼赞体制的建立，1940年成立的情报局更对日本全国的报道宣传实行了一元化的新闻统制。在这样的体制下，媒体必须全面支持和拥护战争。著名的反战思想家桐生悠悠编辑的刊物《他山之石》在1941年9月被禁止后，日本媒体界中连与军部"孤军奋战"和"恶战苦斗"的声音也完全消失了。② 正如有学者描述的：从那以后，"国民每天看到的都是所谓'胜利了'、'胜利了'的报道，丝毫不知道事实的真相。一旦知道了真相的时候，却已经是悲惨的失败了"。③ 参加侵略战争的一些日本军人也证明：日本对中国发动全面战争后，强化了陆海军对报纸进行的检查，也强化了宪兵对言论文章的检查和取缔。政府成立内阁情报部，压制国民言论与思想自由。④ 在这样的情况下，报道战争中中国民众的战争受害当然就更不被允许。民众得不到关于战争过程的真相，特别是不了解中国民众的受害即日本军队的加害实情是可以想象的。而在这样的基础上开始的战后日本的反战和平运动当然存在着先天的不足。另一方面，这种情况与战后审判与处理的不彻底也有很大关系。"大多数的日本国民对于由盟国主导的东京审判及其它的战犯审判，基本是持一种旁观的态度。由于只让被审判的少数人背负罪责，人们几乎没有

---

① 《读卖新闻》检证战争责任委员会：《检证战争责任》第一卷，东京2006年版，第170—171页。

② 太田雅夫编辑解说：《桐生悠悠反军论集》，东京1980年版。

③ ［日］松下芳男：《三代反战运动史》，东京1960年版，第351—352页。

④ ［日］国友俊太郎：《"洗脑"的人生》，东京1999年版，第41页。

思考自己参加十五年战争的问题"。①

　　另外，大多数日本民众在作为局外人经历了东京审判后，渐渐产生了一种错觉，认为自己只是军部的欺骗宣传的牺牲品，而淡化了对自己参与战争的反思。在批评了军部和东条英机后，许多人便觉得自己的良心得到了解脱，心安理得地作为受害者来认识那场战争了。战后，这种战争受害者的意识在日本普遍存在，而且有相当大的社会基础。如战后不久就建立的著名的反战组织——悼念日本阵亡学生的组织"海神会"强烈批判日本政府使民众遭受原子弹爆炸与空袭，承受战争中的饥寒交迫，反映了强烈的厌战情绪，但都是从被害的立场进行的，没有对那一战争的赎罪意识。②

　　缺乏加害意识，成为日本国民的战争责任感迟钝的社会原因，也是难以同中国的民众在感情上得到真正沟通的原因。③ 但是也要看到，战后的日本和平运动对这一问题是有所自觉的。

　　日本的和平运动对战争加害责任的自觉开始于 60 年代后期，即大规模反对美国对越南战争的时期。那时，和平力量在组织反战运动的同时，逐渐意识到两个问题：一是原子弹爆炸的受害者不仅是日本人，而且还有包括朝鲜人在内的亚洲各国的民众，甚至还有成为俘虏的美国士兵；二是导致原子弹爆炸的原因是日本的战争责任。④ 从这一时刻起，一些经历过战争而有觉悟的日本人开始从单纯记忆自己战争受害的意识中跳出来，克服一国和平主义的狭隘的视野，与亚洲邻国的民众一起思考战争责任与和平问题。⑤ 应当说这是日本民众战争责任认识的重大的飞跃，正是由于这个原因，日本进步的知识分子开始致力于让日本人了解日本军队在战争中的加害事实。日本《朝日新闻》记者本多胜一先生来中国考察后发表的《中国之旅》是从加害立场进行思考的典型，迄今为止，这本书已经再版20 余次。本多胜一先生曾表述了到中国进行考察的理由：一、在一般的日本人看来，战争中数以千百万的中国人牺牲的事实似乎是虚构的，至多也只有抽象的认识，而没有任何感性的知识，结果导致日本国内否认侵略战

---

　　① ［日］高桥彦博：《民众方面的战争责任》，东京 1989 年版，第 106 页。
　　② ［日］梅靖三：《战争是罪恶》，东京 1994 年版，第 192 页。
　　③ 姜克实：《日本人历史认识问题的症结点》，载《朝日新闻》1980 年 7 月 23 日。《抗日战争研究》2007 年第 1 期。
　　④ ［日］吉川勇一：《市民运动的课题》，东京 1991 年版，第 206 页。
　　⑤ ［日］石田雄：《反战和平思想与运动中的历史认识》，载高桥哲哉编《"历史认识"论争》，东京 2002 年版，第 779 页。

争责任的活动的泛滥;二、最近,在日本进行了记录广岛、长崎的原子弹爆炸的被害,记录东京大空袭被害的活动,但是关于亚洲国家人民的被害的记录却没有;三、对于中国民众来说,"日本军国主义"不是抽象的概念或数字,而是自己的亲人被杀害,住房被烧毁的具体的历史记忆。而日本人如果不了解中国人的具体的历史记忆,就不会理解中国为什么对"日本复活军国主义"抱有极大的警惕心。①

继本多先生之后,有更多的日本进步人士进行了积极的努力。到70—80年代,日本民众对侵略战争性质的认识发生了改变,促进了日本民众与中国民众关于战争历史认识的交流与形成共识的条件。曾任广岛市市长的平冈敬先生在原子弹爆炸展览受美国抵制而未能举办后也思考了这样的问题:"作为日本人,我们在谈到原爆的威胁,谈到被害的残酷性的时候,往往会听到这样的批评:'你们站在广岛长崎的被害者的立场讲话,把日本作为被害者,是不是要回避和掩盖战争中日本军队犯下的累累的残暴罪行呢?'所以,我们一旦说到'广岛',美国人立即就反应出'珍珠港'。特别是亚洲各国的人们也都认为'日本不是被害者,而是加害者'。这是为什么?就是因为日本作为一个国家,对战争责任的问题并没有从正面认识,不仅如此,广岛关于自己在战争中受到原爆原因的研究也很滞后。我们必须正视过去的历史,对日本军队的殖民地统治和日本军队的残暴的罪行进行反省,进行谢罪。"② 20世纪90年代以来,特别是冷战局面结束后,伴随日本国内市民运动的高涨,追究侵略战争责任的活动也相当活跃。日本的历史教科书在叙述战争中日本战争责任的问题上,整体出现了"改善"的趋势;积极思考日本加害责任的社会团体越来越多;理解战争被害国民众的体验甚至支持他们的赔偿诉讼要求的市民团体陆续建立。所以也有人认为:90年代中期表现在政治层面的保守势力鼓吹历史修正主义的风潮,其实是出于对上述民众历史认识觉悟的紧张与对抗。

不过,随着体验过战争的老一辈的逐渐逝去,中日两国的民众都需要共同面对新的问题的挑战,那就是在进入20世纪90代,特别是进入21世纪后,关于战争历史记忆的逐渐淡化。对于完全没有战争经历的中日两国的年青一代,尽管然表现形式不同,但所谓的战争记忆都有"空洞化"与

---

① 〔日〕本多胜一:《中国之旅》,朝日文库1981年东京版,第10—12页。
② 〔日〕平冈敬:《希望的广岛》,东京1996年版,第67—68页。

"抽象化"的倾向。

明治大学教授山田朗先生曾经从 1999 年起连续 5 年对自己所在大学的学生的历史认识进行调查，他发现在接受了中学与高中的历史教育后的一般的大学生中，71% 认为九一八事变是对中国的侵略，而 78% 认为卢沟桥事变开始了日本对中国的侵略战争。① 2006 年，日本《读卖新闻》的调查也证实：认为日本对中国战争是侵略战争的比例为 68.1%②。应当说这是一个比较积极的结果，但如果考虑到上述"空洞化"与"抽象化"的问题，上述数字反映真实历史认识的程度还是有限的。对上述统计数据进行综合的分析也可以看出：对中日战争持"侵略战争"认识的比例是逐年降低的，同时还存在许多模糊甚至相反的认识。特别是继续对这些调查数据进行更深入的分析还会发现：在回答"日本对中国进行了侵略"的人中间，真正了解战争的历史，具有明确的反省意识的比例，在初中学生中占13.9%，在高中生中占 17%，在大学生中也只有 28.3%。可见比例还是相当低。③ 这一情况是关于战争历史的了解越来越淡化的反映，也对解决中日两国民众层面的历史认识的相互理解提出了新的挑战。

关于这一情况，东京大学教授高桥哲哉先生不无忧虑地说："我作为战后出生的日本人之一，一直把解决日本的战后责任问题，看作是一个大好时机。这是因为如能做到认真对待受害者的追究，把在半个世纪前就应该承担的责任承担起来的话，就可以重新恢复日本在侵略战争中失去的邻邦的信赖关系。才能以此为出发点，使日本同永久的邻邦中国和朝鲜半岛的人们成为睦邻，在东亚和平共处。正是这些想法一直驱使着我要在战争责任、战后责任问题上尽自己的微薄之力。然而，遗憾的是纵观日本社会这十年来的动向，情况并没有按照我的愿望发展。"④ 所以他向日本的年青一代大声疾呼应正视日本人的战争责任与战后责任。

尽管存在这些问题，但当人们了解了战后日本和平运动的种种努力后，还是应当思索如何在感情层面与日本民众对话的问题。其实，日本民众关于战争被害与加害重层性认识毕竟表明了民主主义与和平运动的发展与成熟，对于促进与中国民众的相互理解也是积极的努力。这一情况为我

① ［日］山田朗：《克服历史修正主义》，东京 2001 年版。
② 《读卖新闻》战争责任检证委员会：《检证战争责任》第二卷，东京 2006 年版。
③ ［日］吉田裕：《现代历史学与战争责任》，东京 1997 年版，第 11 页。
④ ［日］高桥哲哉：《战后责任论》中译本序言，社会科学文献出版社 2008 年版，第 1 页。

们思考解决民众感情层面的历史问题提供了条件。解决融入感情因素的民众层面的历史认识的差异，与在政治判断层面坚持原则的斗争方式不同，主要的方式应是促进民众间的相互理解。

三 必然性与偶然性

——学术层面的思维逻辑与研究方法

与政治判断层面与民众感情层面的中日历史问题相关联但又独立存在的是学术研究层面的问题，在对前述两个层面的问题进行相对的剥离后，学术层面的问题便比较清晰地显露出来。在学术层面，中日历史问题主要表现在思维逻辑、研究方法等方面。

第一，学术研究领域中关于两国间发生战争原因的思维逻辑。

中国的多数学者倾向于从东亚近代国际关系演变的视野中分析观察中日战争的宏观原因。1889 年日本首相山县有朋在第一次帝国议会上即提出日本的"主权线"和"利益线"的概念[1]，而在 1893 年提出"军备意见书"后，就确立了向外扩张的政策基石。1927 年，在日本政府讨论对华政策的"东方会议"上，以"满蒙"为日本国防和经济上的生命线的思想则更加明确起来。主导这次会议的外务次官森恪总结说："……满洲的主权属于支那，但是，它不仅为支那所有，日本也拥有参与的权利。因为满洲是国防的最前线，所以日本要进行保卫。"[2] 因为日本早已将"满蒙地区"划在其利益线之内，所以关东军及军部分别拟订了武力侵占中国东北的计划：如 1930 年到 1931 年，关东军参谋部就"占领满蒙地区的文件"进行研究；1931 年 4 月，陆军参谋本部制定《昭和六年度情势判断》；同年 6 月 11 日，在陆相南次郎的同意下，陆军省、参谋本部秘密组成以建川美次为首的"五课长会"，研讨上述情势判断的对策，并制定《解决满蒙问题的方策大纲》等。而九一八事变后，正是在这样的思想指导下，日本不仅在中国东北建立了傀儡政权，为了"保卫"在中国东北的既得利益，"自然"地越过长城一线，实施"华北分离"措施，导致 1937 年卢沟桥事

---

① 山县有朋内阁总理大臣在日本帝国议会第一次通常会议上的施政方针演说，见东京大学"日本议会演说资料库"。

② 《读卖新闻》战争责任检证委员会：《检证战争责任》第二卷，中央公论新社 2006 年东京版，第 8 页。

变的爆发，进而将战火燃烧到中国大部分地区，直到 1945 年战败。于是，从学术研究的角度，上述日本向中国和亚洲扩张的过程被归纳为"东北——华北——中国——世界"的步骤。

与上述中国学者的论述相比，日本方面多数学者的研究重在叙述关东军参谋、司令部、陆军中央、日本政府与内阁在事变发生前后的活动。如作战参谋石原莞尔与高级参谋板垣征四郎的周密计划和构想；日本政府对军队的行动开始不同意，"甚至连陆军指导层的激进分子也没有同意占领满洲的方案"，但最终又不得不无奈地承认当地军队的行动；政府并不积极支持"在满洲建立独立国家"的石原等人的设想，却尝试"以直接交涉来解决事变"，但是和平努力因受到日本国内强硬派的阻挠而毫无成效。而关于卢沟桥事变，日本的一些学者①以大量的资料分析卢沟桥事变前后的中日两国军队的驻地情况与两国政府间的动向，证明卢沟桥事变的突发性，即进行所谓"第一枪"的研究，从而将事变归结为"偶然"的失误，进而证明日中战争的发生是偶然的；即使在事变发生后，陆军内部也存在"不扩大派"和"扩大派"的对立，开始采取"不扩大"方针的近卫文麿内阁最终还是同意陆军省部要求派遣 3 个师团的提议，所以"政府和舆论都有责任"，包括一边倒的媒体的论调等，都是助长日军趋向于侵略华北的综合因素。

从上述双方对两起事件的描述中可以看出：日本方面的研究确实对两次事件中日本方面的决策过程有相当详尽的描写，使人们了解了其中的曲折性与复杂性。对于历史研究来说，这样的工作是必要的。从对这些事件进行具体的研究，的确可以看出其发生有一定的偶然性。但是，也不能不指出：只有将这些表面看来似乎孤立、偶然的事件联系起来，才能够解释中日战争之所以不断扩大的内在逻辑性，才能对问题的性质有所把握，从而总结出有益的经验与教训。② 如果不把明治维新后日本军国主义的形成及发动的扩张战争放在一定历史背景下加以分析，如果不研究各个行动间的前因后果的逻辑关系，无视事件的必然性与必然的因果关系，而是强调各行动之间的非连续性、偶发性、外因性，甚至美化歌颂其中的一部分行

---

① 参见日本学者秦郁彦的著作《卢沟桥事件之研究》第四章，东京大学出版会 1996 年版。他认为是中国军队打响了第一枪。

② ［日］中村政则：《"坂上风云"与司马史观》，岩波书店 2009 年东京版，第 3—5 页。

动，确实是一种很危险的"无构造的历史观"。①

当然，论述历史过程中诸事件的连续性、必然性的时候，引用资料的真实可靠与全面完整是基本的前提。一些中国学者在论证日本侵华的计划性与一贯性的时候，往往以"田中奏折"作为论据。但是，被作为文件提出的当时，"田中奏折"确实因在行文格式及所涉事件的叙述方面有较多漏洞，存在许多不明之处，对其真实性的问题一直存在争论。这种争论一直到战后，日本学术界（包括各派）基本不认可"田中奏折"的存在。而从实证研究的角度，有的中国学者也对其存在或真实性表示了怀疑。② 在"田中奏折"作为文件的真实性尚存在争议的情况下，简单地以该文件作为日本侵华政策一贯性的证据显然是不妥当的。学者应当关注的是：在那之后东亚发生的事态及日本的行动确与"田中奏折"中的表述一致。所以，重光葵才不能不承认："之后发生的东亚的事态，以及与之相伴的日本的行动，恰似以田中奏折（原文为'田中备忘录'）为教科书推行的，因此，也就难以拭去外国对此文书的疑惑。"③ 其实，就"田中奏折"的真伪可以进行讨论纯属学术问题，但如果"否定田中奏折意在否定田中外交的侵略性，想利用田中奏折伪造说，给田中义一带上免罪符"，才是根本错误的。④

第二，实证研究和如何处理实证研究结果。

历史学研究按照认识层次的不同，一般可以分为实证性研究、抽象性（理论性）研究和价值性研究，对具体的历史问题进行实证性研究，本来是历史学研究中十分必要而且属于基础性的工作，是理论和价值判断的根基。所谓"论从史出"的历史学研究的基本原则就是从这一意义上说的，任何一位历史学者都不能违背。轻视实证研究，将其完全被动地置于理论或价值判断的从属地位，就会使研究结论成为无源之水、无本之木，陷入唯心主义的泥潭。不过，实证研究并不能取代对历史过程的整体性进行理论性分析和价值性的判断，后者虽然属于理论和思想史研究的范畴，但对

① 姜克实：《日本人历史认识问题的症结点》，《抗日战争研究》2007 年第 1 期。

② 刘杰、三谷博、杨大庆编：《跨越国境的历史认识》，东京大学出版会 2006 年版，第 102 页。

③ ［日］重光葵：《昭和的动乱》上卷，中央公论社 1952 年东京版，第 33 页。

④ ［日］江口圭一：《田中奏折之真伪》，《日本史研究》第 80 号，1965 年，第 60—65 页。同稿收入江口圭一《日本帝国主义史论》，青木书店 1975 东京版，第 297—301 页。

于全面完整的历史研究来说也是必不可少的，历史学的科学属性正是体现在这些层面的研究成果上面。实证性研究、抽象性（理论性）研究和价值性研究的关系，从理论上比较容易说明，但在具体问题的处理上，则时常令人困惑。

首先，在中日历史问题研究中经常遇到如何客观地对待历史资料中数字的精确性的问题。在这里，我们以围绕南京大屠杀中中国遇难同胞数量问题在学术层面的争议为例展开分析。

关于在南京大屠杀中中国遇难同胞的数量，在战后的东京审判与南京审判中都有涉及，因为迄今为止关于该惨案被害人数的最基础的数量来源，是日本军队战争犯罪的重要证据。

东京审判的判决书（1946年1月19日）确认：

> 后来的估计显示，在日军占领后的最初六个星期内，南京城内和附近地区被屠杀的平民和俘虏的总数超过20万。这一估计并非夸大其词，而是可以通过埋尸团体和其他组织提供的证据加以证实的。①

南京审判的判决书（1947年3月10日）确认：

> （中华民国）二十六年十二月十二日至同月二十一日，亦即在谷寿夫部队驻京之期间内，计于中华门外花神庙、宝塔桥、石观音、下关草鞋峡等处，我被俘军民被日军用机枪集体射杀并焚尸灭迹者，有单耀亭等十九万余人。此外，零星屠杀、其尸体经慈善机构收埋者十五万余具。被害总数达三十万人以上。②

众所周知的事实是：大屠杀事件发生的当时，南京的状况是后代的人们极难想象的空前动荡的战争状态，东京与南京审判所做出的关于受害人数的数量判断，尽管精确度只达万位，但已经是尽力收集了种种资料与证

---

① 见东京审判判决书，该判决书有多种文本，各种文本关于南京大屠杀被害人数的记载是相同的，这里利用的是根据美国国家档案馆馆藏档案翻译的，档案号 Group 153，Entry 169，location：270/2/21/03，box 8。
② 见中国国民政府国防部审判战犯军事法庭对战犯谷寿夫的判决书，引自《南京大屠杀史料集》第24集，江苏人民出版社2006年版，第389页。

据、记录的结果，为后代的人们提供了了解南京大屠杀的基本事实。当然，从理论上讲，追求更精确数字的实证性研究是必要的，如果具备相应的实证研究的时间与条件，对上述数字进行实证研究也有必要，深入的学术研究即使在今天也具有一定的意义。但也不能不承认：在上述审判的当时，就已经不可能对发生在十多年前的实况进行复原了，而在这一状况至今仍无大的改变的情况下，质疑白纸黑字写在上述判决书中的受难者的数字不仅没有任何意义，而且会导致历史认识的混乱。

南京大屠杀问题的本质是日本军队对中国民众进行的惨无人道的伤害，包括对妇女的性暴力、对放下武器的俘虏的集体屠杀、对城市建筑与居民房屋的破坏等。从战后国际关系发展的历史来看，重要的是总结这一重要的历史教训，避免类似事件的发生。

本来，对南京大屠杀问题的研究，无论从哪一角度进行论证，即使是对数字问题进行实证性研究，都不能回避反省战争责任和总结历史教训的问题。事实上，战后很长一段时间里，真正的历史研究者并没有纠缠于南京大屠杀被害人的具体的数量，精确到万位的判决书并没有影响对侵略战争责任的判断，也没有阻碍日本战后总结教训走上和平道路。问题是从20世纪80年代开始，日本的右翼与保守势力为了从根本上推翻日本应承担的战争责任，企图从否认南京大屠杀的存在开始。由于他们无法从性质上否认南京大屠杀的事实，为了转移人们的注意力，便开始从数量问题上寻找所谓的"缺口"，制造所谓"数字不可靠而屠杀不存在"的荒唐逻辑。企图将性质确认或价值判断层面的是非原则问题转换为数量统计层面的所谓实证研究问题。可见，以强调实证研究的名义对数字提出怀疑，其实是右翼与保守派学者设置的陷阱。① 但是，也有一些学者并没有识破上述政治陷阱，就数量问题进行了长期的基本上是毫无建设性意义的争论。实证研究固然重要，但把实证研究及其精确度的重要性提到不恰当的位置，只见树木而看不见森林，就会出现片面描写事件的情节而看不到历史趋向的结果，实际是落入了右翼与保守势力设置的陷阱，这是值得警惕的。

在人类社会历史发展过程中，历史的必然性决定着历史发展的前途和基本方向，而历史的偶然性则具有加速或延缓历史发展的作用。揭示历史发展的必然性，是历史科学最根本的任务之一。一方面，历史必然性不能

---

① ［日］笠原十九司：《南京事件论争史》序，平凡社2007年东京版。

抽象地存在，必须具体表现为偶然的事件，偶然性是体现必然性的唯一现实的方式。另一方面，反映历史必然性的内在主要矛盾借助事件的偶然性展开，各种因素共同作用而产生的各个方向的合力成为历史的必然性。否认历史发展的必然性或规律性，就会把历史看成是杂乱无章、无规律可循的偶然事件的集合。当然，也不能机械地理解历史必然性，即将一切社会现象都当做必然的。历史必然性理论并非预成论，把一切现存都看作是必然的产物，是一种机械决定论的看法。

综上所述，反映在政治判断、民众感情与学术研究三个不同的但又相互联系的层面的中日历史问题，构成了中日两国间对话的困难与复杂，中日关系的发展不可避免地受上述三层面问题的影响。三层面的问题虽然并非完全重合，但也并非单独孤立地存在，而是像三个呈三角排列的相交的圆形一样，复杂地交错在一起，形成不同的区域。政治家关于历史问题的错误认识影响民众的感情，为学术研究制造障碍；民众基于感情色彩较浓的历史记忆反过来或被政治家利用，或给学术研究以影响。而表现在思维逻辑与研究方法上的学术研究层面的问题，或被日本右翼与保守势力从政治层面利用以混淆黑白，或给民众的感情以正面或负面的影响，当然后者也会影响前者。

不过，由于学术研究层面的问题首先需要在中日两国历史学者之间对话，如果学者能够科学地研究中日历史问题的具体问题，从学术研究的高度为政治家与民众之间的对话提供准确客观的历史依据，同时厘清产生历史认识分歧与争论的不同层面，对于促进在不同层面建立对话的话语体系是有积极意义的。就历史问题进行深入有成效的对话，是摆在中日两国历史学者面前的重要任务。

（原载《世界历史》2011 年第 6 期）

加强我国世界史学科的史学史研究

于 沛

中华民族历来就有治史、学史、用史的传统。中国共产党在领导革命、建设和改革的过程中，一贯重视对历史经验的总结和运用。当前，在世情、国情、党情发生深刻变化的新形势下，我们要做好工作、推动发展，更加需要重视学习历史知识，从中汲取营养和智慧，不断提高认识能力和精神境界。学习历史知识，不仅要学习中国历史，还要学习世界历史；不仅要有深远的历史眼光，还要有宽广的世界眼光。2011 年，国务院学位委员会和教育部公布了新的《学位授予和人才培养学科目录（2011年)》，世界史升级为一级学科。这是中国几代世界史学者长期努力的结果，也是当今时代和当代中国社会发展的需要，同时对我国世界史学科建设提出了新的要求。加强我国世界史学科建设，一个重要方面就是加强我国世界史学科的史学史研究。

世界史学科建设需要相应的史学史研究

作为一级学科的世界史，不仅应有自身的理论和方法、有反映学科发展方向的标志性课题和示范性成果、有一支在国内外学术界有广泛影响的研究队伍和学术带头人，而且应有对世界史学科的学术史即史学史的深入研究。没有对学科自身发展的学术史有深入研究的学科，不是完整的、现代意义的学科。因此，世界史要成为名副其实的一级学科，摆在我们面前有许多重要的事情要做，而加强我国世界史学科的史学史研究应是其中的重要方面。

20 世纪以来，海内外已有多部《中国史学史》问世，但令人遗憾的是，无论是多卷本或单卷本的《中国史学史》，包括高校的《中国史学史》教材，都没有涉及中国的世界史研究，似乎在中国历史学发展进程中从来不曾有中国学者进行过世界史研究，这显然与事实不符。事实上，中国的世界史研究所取得的成就令人瞩目，一系列重要成果在国内外有着广泛影响，已成为中国历史学的重要组成部分。

中国史学史，顾名思义应该就是中国历史学的历史，这自然应该包括中国学者有关世界史研究的内容。今日之世界史研究与昨日之世界史研究不能割裂，时间的流逝并没有消解它们之间的内在联系，相反，某些问题经过时间的积淀会认识得更完整、更清楚。因此，积极开展我国世界史学科的史学史研究，对世界史学科建设具有十分重要的作用。例如，通过对我国世界史学科发展历史的梳理，可以在考实的基础上，具体分析我国世界史研究的突出特点及某些规律性的内容；通过对 19 世纪中叶救亡图存和中国世界史研究的萌生、甲午战争之后的外国亡国史研究、辛亥革命时期外国革命史和建国史的编译、20 世纪上半期西方史学理论和历史哲学的介绍、唯物史观传入对中国世界史研究的深刻影响，以及新中国成立后特别是改革开放以来中国世界史研究日新月异的发展等的研究，人们可以清晰地看到，中国世界史研究的主流，从不曾脱离时代的主题，而是与中国社会历史发展的脉搏一起跳动。中国世界史研究的突出特点是关注现实，努力做到历史感与现实感的结合，在不同时期的世界史研究中都表现出鲜明的时代精神。

中国的世界史研究具有自己的理论成就

对于中国的世界史研究，长期以来存在这样一种偏见，即认为中国的世界史研究没有自己的理论与方法，更谈不上自己的理论体系，谁一提体系问题，谁就是"瞎胡闹"，似乎只能仰人鼻息才是正道。对于这种偏见，只要我们回顾一下中国世界史研究的发展历程，去研究它的史学史，其荒谬就不言自明。

早在五四新文化运动前后，陈独秀、李大钊、蔡和森、李达、瞿秋白、恽代英等中共早期领导人，就开始用唯物史观分析中国和世界的历史。1919—1920 年，李大钊在《新青年》等刊物上发表《唯物史观在现代史学上的价值》、《史观》、《研究历史的任务》、《物质变动与道德变动》、《由经济上解释中国近代思想变动的原因》等，不仅为中国马克思主义史学诞生奠定了坚实的理论基础，而且对中国的世界史研究产生了深远的影响，直至今日。

在我国的世界通史研究中，有三部标志性的著作，足以说明中国世界史研究的理论成就以及什么是中国世界史研究的理论体系。其一，周谷城所著的《世界通史》3 册，1949 年由商务印书馆出版。这部著作参阅外文资料达 100 多种，但旗帜鲜明地批判了"欧洲中心论"。周谷城说：欧洲通史并非世界通史之中心所在。欧洲学者著世界通史，偏重欧洲，情有可原；且 15 世纪以后，欧洲人在世界各地本也非常活跃。但 15 世纪以前，所谓世界活动，几乎只限于亚、欧、非三洲之间，因此我们断不能忽视亚洲及欧亚之间的活动。其二，吴于廑、齐世荣主编的《世界史》（6 卷本），高等教育出版社于 1992—1994 年出版。吴于廑基于马克思的"世界历史理论"，在该书的《总序》中重申了他在《中国大百科全书·外国历史卷》"世界历史"（1990 年）一文的基本观点：人类历史发展为世界历史，经历了一个漫长的过程。这个过程包括纵向发展和横向发展两个方面。既然历史在不断的纵向和横向发展中已经在越来越大的程度上成为世界历史，那么，研究世界历史就必须以世界为一全局，考察它怎样由相互闭塞发展为密切联系，由分散演变为整体的全部历程。其三，齐世荣任总主编的《世界史》（4 卷本），2006 年由高等教育出版社出版。编写者首先彻底摒弃了所谓"当代人不写当代史"的陈规旧说，下限写到"千年交接的世界"，主要内容包括经济全球化和区域经济集团化、和平与发展的时代主题等。关于"社会形态的更迭"这个被搞乱了的重大理论问题，齐世荣在《前言》中深入浅出地作了马克思主义的阐释：马克思主义把人类历史发展的诸阶段区分为原始公社制、奴隶制、封建制、资本主义制和共产主义制几种生产方式和与之相应的几种社会形态。但不是所有民族、国家的历史都一无例外地按照这个序列向前发展。有的没有经历过某一阶段，有的长期停顿在某一阶段。人类历史由低级社会形态向高级社会形态的更迭发展，尽管先后不一，形式各异，但这个纵向发展的总过程仍然具有普遍的、规律性的意义。之所以认为这三部著作是"标志性"的，是因为这些著作是中国世界史研究长期积累的产物，凝聚了几代中国世界史学者的心血，同时汲取了西方和苏联史学的有益内容，又和"欧洲中心主义"、"大俄罗斯主义"等划清界限，与我国其他世界通史性著作相比，取得了重大进展。如果脱离我国世界史学科发展的历史孤立地去看这三部著作或某一部著作，对其认识往往会有就事论事的局限。只有将它们放在我国世界史研究的长河中，才能看清其价值所在。

世界史成为一级学科后，其重要研究方向之一是史学史研究，但切不可误认为这一研究只与外国史学家的研究成果有关，而将中国世界史学者的研究成果排除在外。应该明确，对中外史学家的世界史研究成果，都可以而且应该从史学史的层面进行研究。中国的世界史学者更应该从仅仅关注外国史学家研究成果的局限中解放出来，大力开展与我国世界史学科建设息息相关的史学史研究，这是我们义不容辞的责任。几代中国世界史学者的丰硕研究成果以及当代中国世界史学科的迅速发展，是加强我国世界史学科史学史研究的宝贵资源。相信随着我国世界史学科的史学史研究的不断深化，我们对中国世界史研究的发展历程、理论成就等会有更清醒的认识，而这又必将推动我国世界史学科建设取得更大的成绩。

（原载《人民日报》2011 年 11 月 17 日）